Klippert / Müller · Methodenlernen in der Grundschule

Heinz Klippert / Frank Müller

Methodenlernen in der Grundschule

Bausteine für den Unterricht

Mit Illustrationen von Tanja Schug

4. Auflage

Beltz Verlag · Weinheim und Basel

Dr. Heinz Klippert ist Diplom-Ökonom, ausgebildeter Lehrer und seit 1977 Dozent am Erziehungswissenschaftlichen Fort- und Weiterbildungsinstitut der Evangelischen Kirchen in Rheinland-Pfalz (EFWI) mit Sitz in Landau. Er arbeitet als Trainer, Berater und Ausbilder in Sachen »Pädagogische Schulentwicklung«.

Frank Müller ist ebenfalls Dozent am EFWI. Er hat einen Lehrauftrag an der Universität Koblenz-Landau und war als Fachleiter Deutsch und in der Schulleitung tätig.

2., unveränderte Auflage 2004
3., unveränderte Auflage 2007
4., neu ausgestattete Auflage 2009

Lektorat: Peter E. Kalb

www.beltz.de
Herstellung: Klaus Kaltenberg
Satz: Media Partner Satz und Repro GmbH, Hemsbach
Druck: Druck Partner Rübelmann, Hemsbach
Umschlaggestaltung: glas ag, Seeheim-Jugenheim
Umschlagabbildung: Florian Mitgutsch, München
Printed in Germany

ISBN 978-3-407-62660-8

Inhaltsverzeichnis

Vorwort 9
Einleitung 11

I. Methodenschulung als Aufgabe der Primarstufe 17

1. Viele SchülerInnen haben wenig Methode 18
   1.1 Impressionen aus dem Schulalltag 18
   1.2 Ungünstige Sozialisationseinflüsse 21
   1.3 Offener Unterricht als Problemfeld 24
   1.4 Fragwürdige intuitive Methoden 28
   1.5 Wenn Methoden geläufig sind 32

2. Methodenschulung als Unterrichtsgegenstand 36
   2.1 Die Strategie der kleinen Schritte 36
   2.2 Eigenverantwortliches Arbeiten 40
   2.3 Das kleine Einmaleins des Trainings 46
   2.4 Regelmäßige Reflexionsphasen 51
   2.5 Methodenpflege im Fachunterricht 57
   2.6 Veränderte Unterrichtsvorbereitung 63
   2.7 Methodenorientierte Lernkontrollen 66
   2.8 Sitzordnung und Raumausstattung 71

3. Eine verstärkte Methodenschulung lohnt sich 75
   3.1 Mit Methode(n) zu mehr Lernerfolg 75
   3.2 Schüler als Helfer und Miterzieher 78
   3.3 Motivationseffekte des Könnens 82
   3.4 Entlastungsperspektiven für Lehrer 83
   3.5 Positive Resonanz der Elternschaft 85

II. Lernspiralen zu gängigen Themen der Grundschule 89

1. Lernspiralen zu ausgewählten Deutsch-Themen 94
   L 1: Freies Erzählen von Fantasiegeschichten 94
   L 2: Personenbeschreibungen genau erfassen 101

L 3: Eine Geschichte schrittweise erschließen ... 106
L 4: Buchstaben erkennen und herstellen ... 109
L 5: Zu Bildern Wörter/Buchstaben finden ... 112
L 6: Schriftbilder erkennen und zuordnen ... 116
L 7: Verben und Nomen gezielt zuordnen ... 118
L 8: Bildergeschichte ergänzen und schreiben ... 121
L 9: Tabelle zum Thema »Wortarten« erstellen ... 123
L 10: Wortmaterial einzelnen »Artikeln« zuordnen ... 125
L 11: Sätze mit treffenden Präpositionen bilden ... 129
L 12: Reimwörter suchen und Gedichte schreiben ... 131
L 13: Planvolles Arbeiten zum Thema Gedichte ... 133
L 14: Rollenspiel vorbereiten und durchführen ... 137
L 15: Werkstatt zum Thema »Schreibspiele« ... 140
L 16: Alternative Diktate selbstständig üben ... 147

2. Lernspiralen zu ausgewählten Mathematik-Themen ... 152
L 17: Ordnung in Zahlenreihen entdecken ... 152
L 18: Zählen im Zahlenbereich 1–20 üben ... 154
L 19: Addition/Subtraktion im Bereich bis 100 ... 159
L 20: Teilmengen zu »Schülerhobbys« bilden ... 162
L 21: Domino im Bereich bis 10000 herstellen ... 166

3. Lernspiralen zu ausgewählten Sachkunde-Themen ... 168
L 22: Visualisieren zum eigenen Berufswunsch ... 168
L 23: Steckbrief zu einem Berufsbild erstellen ... 170
L 24: Berufsspezifische Merkmale überprüfen ... 173
L 25: Aussagen zum Thema »Regen« ordnen ... 175
L 26: Stationengespräch zum Thema »Geld« ... 177
L 27: Frage-Antwort-Spiel zum Thema »Hunde« ... 185
L 28: Mindmap zum Thema »Katze« erstellen ... 188
L 29: Körperteile erkennen und beschriften ... 190
L 30: Einen Biologie-Text gezielt markieren ... 193
L 31: Gruppenpuzzle zur Klärung der fünf Sinne ... 197

4. Lernspiralen zu anderen Fächern der Grundschule ... 203
L 32: Brainstorming: Was im Leben wichtig ist ... 203
L 33: Nachschlageübung zum Neuen Testament ... 208
L 34: Assoziationen zum Thema »Freundschaft« ... 211
L 35: ABC-Übung zum Thema »Freundschaft« ... 213
L 36: Texte zu berühmten Malern auswerten ... 215
L 37: Aus einem Gedicht etwas Eigenes machen ... 218
L 38: Memory-Übung zur modernen Popmusik ... 221

III. Trainingsspiralen zu wichtigen Methodenfeldern 223

1. Methodenbereich »Lern- und Arbeitstechniken einüben« 224
T 1: Handwerkliche Grundtechniken einüben 230
T 2: Ordnung am Arbeitsplatz halten 237
T 3: Unterstreichen und Markieren üben 241
T 4: Lernkärtchen herstellen und damit üben 245
T 5: Einfache Strukturmuster entwickeln 249

2. Methodenbereich »Kommunikation und Kooperation« 253
T 6: Freies Erzählen und Sprechen üben 253
T 7: Aktives Zuhören und Nacherzählen trainieren 257
T 8: Regeln für die Gruppenarbeit entwickeln 260
T 9: Umgang mit Konflikten in Gruppen lernen 267
T 10: Kooperative Präsentationsformen einüben 270

IV. Hinweise und Beispiele zur schulinternen Umsetzung 275

1. Lehrertraining als Basisstrategie 276
2. Konsequente Teamarbeit im Kollegium 282
3. Produktive Workshops und Konferenzen 286
4. Mit Fahrplänen zu mehr Verbindlichkeit 294
5. Methodenzentrierte Elternveranstaltungen 297
6. Gezielte Evaluation und Öffentlichkeitsarbeit 300
7. Praxisberichte aus zwei Grundschulen 305

Literaturverzeichnis 311
Abbildungsnachweise 313

Gereimtes zum Thema dieses Buches

Mit Methoden den Lernstoff aufbereiten,
das wusste schon Gaudig zu alten Zeiten,
das fördert das Lernen der Kinder immens,
da haben die Experten kaum noch Dissens,
es geht nicht um Inhalt oder um Methoden,
beim Lernen sind beide Seiten zu verknoten,
methodische Vielfalt heißt das Zauberwort,
in der Primarstufe hat das längst seinen Ort.

Das Lernen zu lernen tut Kindern sehr gut,
methodisches Können macht fraglos Mut,
geschickt zu lesen und gut zu markieren,
im Stuhlkreis sensibel zu kommunizieren,
ein Ergebnis im Plenum frei vorzutragen,
die Mitschüler auch mal kritisch zu fragen,
bei Gruppenarbeit anregend mitzumachen,
den vorgesehenen Zeitplan zu überwachen,
die Arbeit insgesamt planvoll zu gestalten,
die verabredeten Regeln präzis einzuhalten.

Das alles ist fraglos verstärkt zu trainieren,
da gilt es gar manches neu auszuprobieren,
mit Teamgeist, Ideen und überlegtem Plan,
kommt die Schülermethodik gewiss voran!

Viel Spaß und Erfolg beim Methodenlernen
wünschen die Verfasser

Vorwort

Nach mehrjähriger Erprobungsarbeit ist es nun endlich soweit. Der Nebel in Sachen Methoden-, Kommunikations- und Teamtraining in der Grundschule hat sich gelichtet. Dank der von mir ausgebildeten TrainerInnen in den Regionen Herford und Leverkusen ist mittlerweile ziemlich klar geworden, was in den Grundschulen geht und in welcher Weise angegangen werden sollte. Denn nicht alles, was in punkto Methodenschulung in der Sekundarstufe I machbar ist, ist auch auf die Grundschule zu übertragen; aber vieles von dem, was in meinen Methodenbüchern für die Orientierungs- und Mittelstufe angeboten wird, kann sehr wohl mit Gewinn auch in den Grundschulen eingesetzt werden – modifiziert zwar, aber von den Intentionen und Abläufen her durchaus ähnlich. Das lässt sich aus den Erfahrungen in den angesprochenen nordrhein-westfälischen Grundschulen zweifelsfrei ableiten. Das vorliegende Buch spiegelt den aktuellen Erkenntnisstand und zeigt ebenso differenziert wie konkret, wie und warum die hier in Rede stehende Methoden-, Kommunikations- und Teamschulung (kurz: Methodenschulung) in den Grundschulen ausgebaut werden kann und muss.

Methodentraining in der Grundschule – ist das nicht Eulen nach Athen tragen? Stehen in den Grundschulen nicht ohnehin die Methoden über Gebühr im Vordergrund? Richtig ist sicherlich, dass die methodische Aufgeschlossenheit in den Grundschulen seit Jahr und Tag deutlich größer ist als in den Schulen des Sekundarbereichs. Moderne Unterrichtsverfahren wie Freiarbeit, Stationenarbeit, Werkstattarbeit, Projektarbeit, Wochenplanarbeit und andere Formen des Offenen Lernens werden vor allem in den Grundschulen ein- und umgesetzt und tragen fraglos dazu bei, dass den SchülerInnen in punkto Selbstständigkeit, Selbstverantwortung und Selbstorganisation eine Menge zugemutet und zugetraut wird. Aber heißt das bereits, dass die Schülerinnen und Schüler mit diesen Lern- und Arbeitsformen auch tatsächlich kompetent und selbstbewusst umgehen können?

Bei genauerem Hinsehen entdeckt man vielerorts ein ernst zu nehmendes pädagogisches Dilemma. Verändert haben sich in den beiden letzten Jahrzehnten vor allem die Lehrermethoden, nicht aber gleichermaßen die methodischen Fähigkeiten und Fertigkeiten der Schülerinnen und Schüler. Die Reform der *Lehrermethodik* steht häufig in deutlichem Gegensatz zum Können bzw. zum methodischen Rüstzeug der Kinder. Vor allem die große Gruppe der eher antriebsarmen, verwöhnten, leistungsschwächeren, ängstlichen, unsicheren und/oder entscheidungsschwachen »Mitläufer« in den Klassen verfügt häufig weder über die nötige Eigeninitiative und Selbstsicherheit noch über die erforderlichen methodischen Fähigkeiten und Routinen, wie sie im Rahmen offener Arbeitsformen benötigt werden. Kein Wunder also, dass sie in Freiarbeits-, Wochenplan- oder Projektphasen eher hilflos herumtrödeln, vorschnell fragen und sich helfen lassen oder gedankenlos von irgendwelchen Mitschülern abschreiben.

Wenn die SchülerInnen diese offenen Lern- und Arbeitsformen durchdacht, routiniert und lernwirksam nutzen sollen, dann brauchen sie möglichst abgeklärte methodische Fähigkeiten und Fertigkeiten, die ihnen Sicherheit vermitteln, Zielstrebigkeit ermöglichen und nicht zuletzt gute Erfolgschancen im Lernprozess eröffnen – und genau an diesem Punkt setzt das vorliegende Buch an. Spätestens seit Erscheinen der PISA-Studie ist den meisten Lehrkräften, Eltern und Bildungspolitikern klar geworden, dass vielen SchülerInnen exakt dieser methodische Unterbau für ein durchdachtes und nachhaltiges Lernen, Verstehen und Anwenden von Sach- und Fachwissen fehlt. Gelernt wird überwiegend rezeptiv, schematisch, tafelbildbezogen und insgesamt zu oberflächlich. Das gilt auch und nicht zuletzt für die Grundschulen.

Die verbreitete Hilflosigkeit vieler SchülerInnen wiederum löst auf Seiten der Lehrkräfte nicht selten Schutzreflexe aus, die eher in die falsche Richtung weisen. Den Kindern wird vorschnell geholfen und methodisches Entscheiden und Disponieren abgenommen. Das Fatale daran ist, dass sich die meisten Schülerinnen und Schüler sehr schnell daran gewöhnen und das eigenverantwortliche Arbeiten und Lernen über Gebühr einstellen. So gesehen, muss das hier in Rede stehende Methodenlernen mindestens auf vier Ebenen ansetzen: Erstens muss den SchülerInnen der Sinn und Zweck des eigenverantwortlichen Arbeitens und Lernens sukzessive einsichtig gemacht werden; zweitens muss ihnen durch eine Vielzahl elementarer Übungen ein gewisses Maß an methodischer Sicherheit und Routine vermittelt werden; drittens müssen die zuständigen Lehrkräfte stärker Zurückhaltung und Verantwortungsdelegation lernen und viertens schließlich muss ihnen im Rahmen einschlägiger Fortbildungsveranstaltungen Gelegenheit gegeben werden, ein möglichst ausgefeiltes und alltagstaugliches Methodenrepertoire für die anvisierte Trainingsarbeit im Unterricht kennen zu lernen bzw. zu erarbeiten. Das vorliegende Buch bietet diesbezüglich umfangreiche Anregungen, Beispiele und praktische Hilfen für die schulinterne Innovationsarbeit.

Danken möchte ich meinem Kollegen und Mitautor Frank Müller, der mein Methodenrepertoire für den Grundschulbereich konkretisiert und die Lern- und Trainingsspiralen in den Kapiteln 2 und 3 in wesentlichen Teilen erarbeitet und mit Hilfe interessierter Grundschullehrerinnen und -lehrer praktisch erprobt hat. Ihnen allen gebührt Dank und Anerkennung. Danken möchte ich ferner Frau Dillmann, Frau Röttger, Frau Schnelle, Frau Stahl und Herrn Ebeling, die in den Regionen Herford und Leverkusen seit mehreren Jahren mit großem Engagement und Erfolg dabei sind, mein Trainings- und Reformprogramm grundschulgemäß umzusetzen. Ihnen verdanke ich wichtige Rückmeldungen und Anregungen. Vor allem Frau Dillmann und Frau Röttger haben mir mit ihren konkreten Unterrichtsbeispielen und -materialien sehr dabei geholfen, meine Vorstellungen von der Trainingsarbeit in der Grundschule praxisnah weiterzuentwickeln. Und Dank sagen möchte ich nicht zuletzt Frau Tanja Schug, die mit ihren zahlreichen Illustrationen dazu beigetragen hat, dass das vorliegende Buch nicht nur ein anregendes, sondern auch ein anschauliches Buch geworden ist.

Landau, im Januar 2003 *Heinz Klippert*

Einleitung

PISA und TIMSS haben es an den Tag gebracht: In den deutschen Klassenzimmern wird nicht besonders effektiv gearbeitet und gelernt. Die SchülerInnen vergessen schnell und *können* zu wenig. Das beginnt beim verständnisvollen Lesen und reicht über das Auswerten und Anwenden von Informationen bis hin zum eigenständigen Denken und Lösen von Problemen. Überall sind Abstriche zu machen und Fragezeichen zu setzen. Hinzu kommen die seit Jahr und Tag bekannten Defizite in den Bereichen Kommunikationsfähigkeit, Präsentationsfähigkeit und Teamkompetenz. Schlüsselqualifikationen dieser Art (vgl. Abbildung 1) werden in unseren Schulen offenbar nicht konsequent genug gefordert und gefördert. Das gilt keinesfalls nur für die Sekundarschulen, sondern auch und nicht zuletzt für den Grundschulbereich. Denn das Einüben elementarer Lern-, Arbeits-, Kommunikations-, Präsentations- und Kooperationsmethoden muss bereits in der Vor- und Grundschulphase möglichst konsequent beginnen und verfolgt werden.

Selbstverständlich gibt es in allen Grundschulen Lehrkräfte, die genau diese Methodenklärung im Unterricht zu erreichen und zu vermitteln versuchen. Allerdings deuten die im Rahmen von Fortbildungsseminaren gewonnenen Rückmeldungen darauf hin, dass diese Methodenklärung vielerorts (noch) nicht hinreichend konsequent, kleinschrittig und verbindlich genug geleistet wird. Vorherrschend sind eher punktuelle Tipps, Ermahnungen, gezielte Anweisungen, gelegentliche Gespräche und Regelfestlegungen durch die Lehrkräfte. Ein systematisches Methodentraining mit integrierten Reflexions- und redundanten Übungsphasen scheint dagegen eher die Ausnahme und keinesfalls die Regel zu sein. Genau um diese konsequente Förderung der Schülermethodik aber geht es in diesem Buch.

Bislang ist es eher so, dass die meisten Lehrerinnen und Lehrer darauf hoffen und vertrauen, dass die SchülerInnen ihre Methodik schon irgendwie von selbst entwickeln werden. Doch das ist ein ziemlicher Trugschluss. Die Zahl der autodidaktischen Lerner, die es verstehen, in eigener Regie zu einem ausgefeilten Methodenrepertoire zu gelangen, ist recht begrenzt. Zwar gibt es in jeder Klasse einige Schülerinnen und Schüler, die ihre methodischen Kompetenzen auch ohne die dezidierte Förderung durch die Schule entwickeln. Das Gros der Kinder ist erfahrungsgemäß jedoch ganz elementar darauf angewiesen, dass ihre LehrerInnen sie ebenso gezielt wie konsequent dabei unterstützen, die angedeuteten methodischen Verfahrensweisen einzuüben und im Wege des wiederholten »learning by doing« allmählich zu festigen und zu verinnerlichen. So gesehen zielt das hier in Rede stehende Methodentraining auf Routinebildung im besten Sinne des Wortes.

Die in Kapitel I, Abschnitt 1 skizzierten Impressionen aus dem Grundschulalltag machen deutlich, dass es um diese Routinebildung bei vielen SchülerInnen noch ziemlich schlecht bestellt ist. Das Gros der Schülerinnen und Schüler arbeitet mit mehr oder weniger fragwürdigen Methoden – heute mal so, morgen wieder anders. Ihre Arbeitsmethodik ist in der Regel weder besonders durchdacht noch steht sie ausreichend im Einklang mit den gängigen Befunden der Lernforschung. Ein einfaches Beispiel soll dieses deutlich machen: Es betrifft das alltägliche Markieren. Jeder weiß, dass unser Gehirn ganz zentral darauf angewiesen ist, dass die zu lernenden Informationen sinnfällig reduziert und anschaulich verknüpft werden. Das Markieren ist ein einfaches Mittel, um diese geistigen Netze anzubahnen und so zu flechten, dass ein längerfristiges Behalten und Reproduzieren des jeweiligen Lernstoffes gewährleistet ist. Doch die Praxis der SchülerInnen sieht meist anders aus. Das Gros der Schülerinnen und Schüler markiert viel zu viel und tendiert dazu, eher unsystematisch vorzugehen. Haben sie zufällig einen gelben Textmarker zur Hand, so ist der betreffende Text am Ende weitgehend gelb eingefärbt. Steht ein Bleistift zur Verfügung, so ist üblicherweise zwar viel unterstrichen, aber optische Blickfänge sucht man zumeist vergebens. Gleiches gilt für blaue Kugelschreiber oder Filzstifte, die ebenfalls wenig markante Eindrücke vermitteln. Kein Wunder also, dass die SchülerInnen dem Markieren nicht viel abgewinnen können.

Wenn sich an dieser fatalen Praxis etwas ändern soll, dann muss das sinnfällige Markieren lernrelevanter »Schlüsselinformationen« verstärkt geübt, reflektiert und von den SchülerInnen als grundlegende Arbeitsmethode sukzessive verinnerlicht werden. Natürlich muss sich das Markieren nicht zwangsläufig auf Schriftzeichen beziehen, sondern kann sehr wohl auch auf wichtige Symbole oder Bildelemente gerichtet sein. Letzteres ist vor allem für die ersten Klassen der Grundschule wichtig, in denen die Schülerinnen und Schüler noch keine hinreichende Schrifterfassung leisten können. Warum nicht z.B. ein bestimmtes Tier oder eine bestimmte Pflanze aus einer Bildcollage herausfiltern und mit einem Textmarker optisch hervorheben lassen!? Das ist der gleiche Vorgang wie beim selektiven Markieren von Texten. Entscheidend ist nur, dass sich die SchülerInnen bewusst darin üben, eine größere Informationsfülle gezielt zu reduzieren und etwaige wichtige Kernelemente möglichst augenfällig hervorzuheben. Das fördert nicht nur das Erfassen, sondern auch das längerfristige Behalten des jeweiligen Lernstoffes.

Nur, wer lässt derartige Methoden so regelmäßig und konsequent im Unterricht üben und reflektieren, dass die SchülerInnen den sprichwörtlichen »siebten Sinn« für gedächtnisstützende Maßnahmen entwickeln können? Das Problem in unseren Schulen ist, dass es keine klaren Zuständigkeiten bezüglich der Methodenschulung gibt. Eigentlich sollten alle Lehrkräfte für eine angemessene Methodenkompetenz der SchülerInnen sorgen, de facto ist jedoch niemand so recht verantwortlich. Dieses Verantwortungsvakuum führt dazu, dass das Methodenlernen in unseren Schulen seit Jahr und Tag über Gebühr vernachlässigt wird. Das gilt selbstverständlich nicht nur für das Markieren, sondern ganz ähnlich für andere Arbeits-, Kommunikations- und Kooperationstechniken wie das Memorieren, Recherchieren, Visualisieren, Strukturieren, Nachschlagen, Klassenarbeiten vorbereiten, Zeitmanagement, Präsentieren, Interviewen, Diskutieren oder das regelgebundene, konstruktive Arbeiten im Team. Diese und andere »Skills« müssen im Unterricht möglichst oft und regelmäßig geübt, reflektiert und in den verschiedenen Fach- bzw. Sachbereichen angewandt werden, damit die erwähnten alltagstauglichen Routinen entstehen können.

Fachwissen alleine genügt nicht !

Fachwissen

Selbstständigkeit

Ordnung halten

verständnisvoll lesen

Teamfähigkeit

rasch nachschlagen

Klassenarbeit vorbereiten

Lernstoff strukturieren

Zeit planen und einteilen

Anderen helfen

Selbstvertrauen

Arbeitsdisziplin

Erzählen und nacherzählen

frei vortragen

Konflikte managen

Verantwortung übernehmen

etc.

Abb. 1

Das Methodenlernen ist dabei keinesfalls Selbstzweck, sondern Grundlage und Gewähr auch und zugleich für nachhaltiges inhaltliches Lernen und Behalten. Dieser grundlegende Zusammenhang zwischen methodischem Lernen und inhaltlichem Begreifen wird bei uns häufig übersehen bzw. gering geschätzt. Kinder, die gelernt haben, selbstbewusst und methodisch versiert zum jeweiligen Lernstoff einfache Exzerpte zu erstellen, gehirngerecht zu markieren, planvoll mit Nachschlagewerken zu arbeiten, Lernkärtchen zu erstellen und gezielt zu nutzen, durchdacht zu malen und zu visualisieren, neue Medien geschickt zu nutzen, Klassenarbeiten überlegt vorzubereiten, eigene Gedanken in freier Rede darzubieten, Lernergebnisse vor der Klasse zu präsentieren, den Mitschülern verständnisvoll zuzuhören, vereinbarte Gesprächsregeln zu beachten, konstruktiv mit anderen SchülerInnen zu diskutieren, regelgebunden in Gruppen zu arbeiten, durchdachte Zeit- und Arbeitspläne zu erstellen etc. – diese Kinder werden den betreffenden Lernstoff auch relativ nachhaltig erschließen und »be-greifen«. Und sie werden darüber hinaus natürlich auch wichtige Fähigkeiten und Fertigkeiten im kommunikativen und kooperativen Bereich anbahnen und entwickeln. Wer wollte bestreiten, dass dieses zeitgemäße und zukunftsgerichtete Bildungsarbeit ist!?

Auch wenn die weiterführenden Schulen des Sekundarbereichs die angeführten Fähigkeiten und Fertigkeiten nicht immer zu schätzen wissen, so kommen sie den Grundschulkindern über kurz oder lang doch fraglos zugute. Egal wie die Prüfungsmodalitäten aussehen: Wer selbstständig, durchdacht und methodisch versiert zu arbeiten gelernt hat, der wird auch bei den gängigen Prüfungsverfahren relativ gut abschneiden. Das gilt selbstverständlich umso mehr, je stärker moderne Anforderungen bis hin zum Assessment zum Tragen kommen. Und noch positiver sieht die Erfolgsperspektive der SchülerInnen aus, wenn ihr späterer Eintritt in die Universität oder den Beruf ins Auge gefasst wird. Denn dort werden die angeführten »Schlüsselqualifikationen« schon heute sehr hoch eingeschätzt und nicht selten sogar als zwingende Zugangsvoraussetzung verlangt. So gesehen empfiehlt sich auf jeden Fall die frühzeitige Forcierung des Methodenlernens in den Grundschulen. Vieles spricht dafür, dass die weiterführenden Schulen nach PISA ohnedies nachziehen müssen.

Zum Aufbau des Buches: In Kapitel I werden einige grundlegende Informationen, Problemanzeigen und Befunde zum Aufgabenfeld »Methodenschulung in der Grundschule« dargelegt. Der Begriff »Methodenschulung« ist dabei übergreifend zu verstehen. Er umfasst sowohl das Training elementarer Lern- und Arbeitstechniken als auch das Einüben grundlegender kommunikativer und kooperativer Fähigkeiten und Fertigkeiten. Das besagte Einführungskapitel beginnt mit einer Nahaufnahme der alltäglichen Erziehungs- und Bildungsarbeit und einem damit korrespondierenden Problemaufriss. Im zweiten Abschnitt wird die ins Auge gefasste Methodenschulung näher umrissen und auf die Besonderheiten der damit verbundenen Trainings- und Lernspiralen eingegangen. Und im dritten Abschnitt schließlich werden die Chancen und Vorteile, die ein verstärktes Methodenlernen für die SchülerInnen wie für die Lehrkräfte mit sich bringt, eingehender gewürdigt und verdeutlicht.

Den eigentlichen Schwerpunkt dieses Buches bilden die Kapitel II und III. In diesen Kapiteln wird eine breite Palette erprobter und bewährter Übungsbausteine für die alltägliche Methodenschulung in der Primarstufe dokumentiert. Dabei geht es in Kapitel II zunächst um den Bereich der Methodenpflege mittels einfacher Lernspiralen. Dokumentiert und kommentiert werden nahezu 40 methodenzentrierte Lernspiralen (Mikrospiralen) zu gängigen Lehrplanthemen aus den Bereichen Deutsch, Mathematik, Sachkunde und einigen weiteren Fächern der Grundschule. Diese Lernspiralen zeigen exemplarisch, wie sich in den genannten Unterrichtsfächern mit relativ einfachen Mitteln eine recht konsequente Methodenpflege realisieren lässt. Methodenlernen und inhaltliches Lernen gehen dabei Hand in Hand.

Im Mittelpunkt des dritten Kapitels steht die Ausgestaltung einschlägiger Trainingseinheiten zu den beiden großen Methodenbereichen »Lernen lernen« und »Kommunizieren und Kooperieren lernen«. Zu diesen beiden Methodenbereichen werden diverse Trainingsspiralen zu ausgewählten Elementar-Methoden wie z.B. Heftführung, Umgang mit der Schere, Markieren, aktives Zuhören, freies Erzählen, Teamregeln entwickeln etc. dokumentiert. Darüber hinaus wird gezeigt, wie diese Trainingsspiralen zu mehrtägigen Sockeltrainings zusammengefügt werden können. Diese »Crashkurse« erstrecken sich in der Regel über vier bis fünf Unterrichtstage á drei bis vier Unterrichtsstunden pro Tag und sind ausgefüllt mit vielfältigen Übungen und Reflexionen der SchülerInnen zum jeweiligen Methodenbereich. Welche Trainingsbausteine sich dabei anbieten, wird im besagten Kapitel näher gezeigt. Die dokumentierten Bausteine sind dabei keineswegs als starres Programm zu verstehen, sondern sie bilden ein Wahlangebot, das von interessierten Lehrkräften situationsbezogen genutzt und selbstverständlich auch modifiziert und ergänzt werden kann.

Im letzten Kapitel des Buches wird die schulinterne Umsetzung des skizzierten Programms näher unter die Lupe genommen. Dabei geht es sowohl um schulorganisatorische Fragen als auch um Fragen der Lehrerfortbildung, der Teamentwicklung im Kollegium, der Materialerstellung und -archivierung, der Eltern- und Öffentlichkeitsarbeit sowie der Evaluation des vorgesehenen Innovationsprogramms. Dazu werden praxiserprobte Anregungen und Erfahrungswerte vorgestellt. Rekurriert wird dabei schwerpunktmäßig auf die Umsetzungsstrategien, wie sie im Rahmen des Modellversuchs »Schule & Co« in den Regionen Herford und Leverkusen in NRW verfolgt wurden. Am Beispiel der Grundschulen Herzogstraße in Leverkusen-Opladen sowie Stift Quernheim im Kreis Herford wird exemplarisch aufgezeigt, wie die hier in Rede stehende Methodenschulung unter Alltagsbedingungen ebenso konsequent wie erfolgreich realisiert werden kann.

I. Methodenschulung als Aufgabe der Primarstufe

Erfolgreiches Lernen ist mehr als Stoffvermittlung und braves Befolgen von Lehreranweisungen – keine Frage. Wer nachhaltig und zeitgemäß lernen will, der muss dafür sorgen, dass der Lernstoff mit möglichst vielen Sinnen erschlossen wird: durch lesen, schreiben, hören, sehen, erzählen, zeichnen, markieren, fragen, antworten, spielen, erkunden, beobachten, riechen, fühlen, gestalten, experimentieren, diskutieren, memorieren, strukturieren etc. Dieses mehrkanalige Lernen ist eine entscheidende Voraussetzung dafür, dass die SchülerInnen den jeweiligen Lernstoff ebenso vielseitig wie »eindringlich« aufnehmen, vernetzen und behalten. So gesehen geht diese Art des Lehrens und Lernens keinesfalls zu Lasten der Inhalte, wie das in Lehrerkreisen immer mal wieder gemutmaßt wird.

1. Viele SchülerInnen haben wenig Methode

Das besagte mehrkanalige Lernen funktioniert freilich nur, wenn die Schülerinnen und Schüler die entsprechenden Methoden einigermaßen beherrschen. Das heißt, die Kinder müssen bereit und in der Lage sein, die je anstehenden Aufgaben methodisch versiert anzugehen und planvoll, zielstrebig, konstruktiv und regelgebunden alleine, zu Zweit oder in Gruppen zu erledigen. Sie brauchen also Methoden-, Kommunikations- und Teamfähigkeit. Doch wo, wie und von wem werden sie diesbezüglich konsequent gefordert und gefördert? Das zu beobachtende Lern- und Sozialverhalten der SchülerInnen spricht eher dafür, dass diesem Fordern und Fördern im Unterricht zu wenig Raum und Gewicht beigemessen wird.

1.1 Impressionen aus dem Schulalltag

Wie sich die methodische Unbedarftheit und Unsicherheit der Schülerinnen und Schüler im Unterricht der Grundschule auswirkt bzw. auswirken kann, verdeutlichen die nachfolgenden Streiflichter. Zwar sind diese Beobachtungen nicht repräsentativ, gleichwohl lassen sie erkennen, wie sehr der alltägliche Unterrichtserfolg durch die mangelhafte Methodensicherheit einzelner SchülerInnen beeinträchtigt wird.

- *Fragwürdige Wochenplanarbeit:* In der dritten Klasse einer Grundschule ist Wochenplanarbeit angesagt – eine von insgesamt vier Stunden pro Woche. Die auf den Fensterbänken und separaten Tischen ausliegenden Aufgabenblätter und Arbeitsmaterialien sind beeindruckend und verlangen nach zielstrebiger und kompetenter Bearbeitung durch die SchülerInnen. Doch genau das ist das Problem. Als die Lehrerin nach einigen einführenden Hinweisen das Startsignal gibt, nehmen die SchülerInnen zwar hastig die im Angebot befindlichen Aufgaben und Materialien in Augenschein und wählen auch irgendetwas aus; doch sehr schnell senden die ersten ihre Hilferufe in Richtung Lehrerin aus. Da hilft es auch wenig, dass sich die Lehrerin an ihren Tisch in einer Ecke des Klassenraums zurückgezogen hat; die Schlange der Rat suchenden Kinder wird rasch länger. Geduldig nimmt die Lehrerin die erste Anfrage entgegen, die da lautet: »Frau X, ich soll hier im Text Pflanzennamen unterstreichen; soll ich die rot oder grün unterstreichen?« Kein Versuch, dies selbst zu entscheiden! Ein zweiter Schüler mit dem gleichen Arbeitsblatt ist ebenfalls unsicher und will wissen, ob er zum Unterstreichen auch einen Textmarker verwenden darf. Auf die Rückfrage der Lehrerin, welche Farben er denn habe, will er gleich sein ganzes Mäppchen holen, in dem sich mehrere Textmarker befinden. Als ihn die Lehrerin davon abhält und mit freundlichen Worten die Farbe gelb empfiehlt, gibt es für den betreffenden

Schüler kein längeres Zaudern. Er markiert emsig mit seinem gelben Marker – gestützt auf die methodische Klärung und Erklärung der Lehrerin. Er markiert zwar viel zu viel, aber das macht er wahrscheinlich immer so. Warum er den empfohlenen gelben Marker benutzt und wie man möglichst sinnfällig markiert, das ist ihm offenbar (noch) nicht klar. Freilich: Dieser Schüler steht mit seiner methodischen Ahnungslosigkeit keinesfalls alleine. Auch zahlreiche andere Kinder haben in puncto Arbeitstechnik und Arbeitsweise eine Menge Fragen, die sie eigentlich selbst entscheiden und verantworten müssten. Eine frühzeitige und konsequente Methodenschulung und -klärung hätte ihnen sicherlich gut getan und die gedankenlose Fragerei um einiges reduziert.

- *Von wegen Teamfähigkeit:* In der vierten Klasse einer Grundschule geht es um das Thema »Weihnachten feiern in Europa«. Die SchülerInnen sollen in Gruppen je ein Land genauer unter die Lupe nehmen und auf der Basis vorliegender Materialien einen kleinen Bericht vorbereiten und später in der Klasse vorstellen. Dazu stehen ihnen unterschiedliche Materialien zur Verfügung: Schulbuch, Kinderlexikon, Atlas und ein Puzzle. Außerdem haben die SchülerInnen Zugang zu fünf Computern im Klassenraum, um anhand vorgegebener Suchbegriffe im Internet zu surfen und relevante Informationen zu den Weihnachtsgepflogenheiten in ihrem jeweiligen »Partnerland« zu beschaffen. Die Gruppen selbst sind nach dem Zufallsprinzip gebildet, damit innerhalb der jeweiligen Gruppe ein möglichst tragfähiges Helfersystem existiert. So gesehen haben es die SchülerInnen mit einem recht anspruchsvollen Lernarrangement zu tun, das ihnen in inhaltlicher wie methodischer Hinsicht eine ganze Menge abverlangt. Doch was geschieht? Kaum dass der Arbeitsauftrag erteilt ist, kommt es in einer der Gruppen bereits zu gravierenden Dissonanzen. Mitglieder dieser Gruppe sind drei Jungen und ein Mädchen. Während das Mädchen möchte, dass die Arbeit zunächst einmal genauer geplant und das vorliegende Material gesichtet wird, wollen die drei Jungen gleich an den Computer. Sie tun dies auch einfach, ohne auf die durchaus richtigen und wichtigen Argumente des Mädchens zu hören. Die Folge: Das Mädchen protestiert und bekommt prompt Streit mit ihren Gruppenmitgliedern. Als sie sich deswegen bei der Lehrerin beschwert, ist das potenzielle »Wir-Gefühl« endgültig zerstört. Wechselseitige Vorwürfe beherrschen die Szene. Die Lehrerin versucht zu schlichten, doch das ist nicht nur schwer, sondern führt zudem dazu, dass die anderen Arbeitsgruppen ebenfalls abgelenkt werden und ihre gerade beginnende Arbeit umgehend einstellen. Offenkundig wird bei alledem: Die Fähigkeit und Bereitschaft zum planvollen Vorgehen und zur konstruktiven Zusammenarbeit ist in der betreffenden Gruppe fraglos unzureichend entwickelt. Erkennbare Interaktions- und Ablaufregeln fehlen ebenso wie die für eine gedeihliche Gruppenarbeit unerlässlichen Regelbeobachter. Wer also sorgt für Disziplin, zielstrebiges Arbeiten und konstruktives Miteinander in der/den Gruppe/n? Ein Schuss Teamentwicklung könnte hier gewiss weiterhelfen.

- *Oberflächlicher Aktionismus:* In einer dritten Grundschulklasse steht das Thema »Stockente« auf dem Programm. Dazu sollen die SchülerInnen eine Stationenarbeit durchlaufen und in verschiedenen Neigungsgruppen unterschiedliche Aufgaben erledigen. Die einzelnen Stationen sind übersichtlich gekennzeichnet und mit spezifischen Materialien (Arbeitsblätter, Stifte, Scheren, Klebstifte, Pappe, Wasserbehälter etc.) ausgestattet. An Spielregeln gibt die Lehrerin den Kindern mit auf den Weg: Bitte leise arbeiten, kein Material mitnehmen, keine Stühle mitnehmen, gegenseitig helfen, nicht mit Wasser spritzen, den Arbeitsplatz ordentlich verlassen. So viel zum äußeren Rahmen. Dann geht es los. Die Bildung der Neigungsgruppen verläuft noch einigermaßen zügig. Doch dann tritt eine ebenso erschreckende wie ernüchternde Hilflosigkeit und Disziplinlosigkeit zutage. Einige SchülerInnen monieren bereits nach kürzester Zeit, dass sie den Arbeitsauftrag nicht verstünden – offenbar, ohne sich ernsthaft um Verständnis bemüht zu haben. Einige wenige geben gleich auf. Einige andere signalisieren unverkennbares Desinteresse und schauen mehr oder weniger gelangweilt und/oder vorwurfsvoll in Richtung Lehrerin. Wieder andere trödeln und träumen herum. Als die Lehrerin zur zügigen Arbeit auffordert und zwei Schüler wegen eines kleinen Scharmützels mit leicht ärgerlichem Unterton ermahnt, wird es hörbar lauter in der Klasse. Einige albern herum, Killerphrasen werden ausgetauscht, es wird mit Wasser gespritzt, mit der Schere ziellos herumgeschnipselt und insgesamt recht unkonzentriert, planlos und punktuell gearbeitet. Das gilt für rund die Hälfte der Klasse. Nur drei von 25 Kindern absolvieren die aufgebauten Lernstationen wirklich mit Bravour; sie lassen sich durch die Trödler und Meckerer weder beirren noch aufhalten und schaffen ihr Soll unabhängig voneinander in Einzelarbeit. Die von der Lehrerin zu Beginn angemahnte gegenseitige Hilfe findet so gut wie nicht statt. Von gepflegter und konstruktiver Kommunikation ist wenig zu hören. Kein Zweifel: Hier liegt erzieherisch wie methodisch vieles im argen. Das mehr oder weniger planlose und oberflächliche Arbeiten der SchülerInnen signalisiert gravierende methodische Defizite. Die Lehrerin versucht zwar immer wieder durch gezielte Hinweise und Ermahnungen Ordnung und Disziplin in das bunte Treiben hineinzubringen, aber Erfolg hat sie damit nur wenig. Mein Eindruck: Die aufwändig vorbereitete und aufgebaute Stationenarbeit ist eine chronische Überforderung für das Gros der Schülerinnen und Schüler. Ohne eine nachdrückliche Methoden-, Kommunikations- und Teamschulung wird sich daran wohl wenig ändern.

- *Erziehung zur Unselbstständigkeit:* Die erste Klasse einer Grundschule schickt sich an, den Unterricht zu beginnen. Ein Mädchen kommt zu spät und entschuldigt sich mit der Bemerkung, ihre Mutter habe ihr den Ranzen erst noch packen müssen und dabei festgestellt, dass ein Heft fehle. Die Suche nach diesem Heft habe solange gedauert, dass der Bus bereits weg gewesen sei; deshalb die Verspätung. Dann die Hausaufgabenüberprüfung: Zwei Kinder haben ihre Hausaufgaben nicht gemacht und erklären das damit, dass ihre Mütter keine Zeit gehabt hätten, ihnen zu helfen. Vier weitere haben ihr Hefte vergessen und machen auch dafür ihre »unzuverlässigen« Eltern verantwortlich. Die übrigen SchülerInnen haben die aufgetragenen Hausaufgaben zwar erledigt, aber ihre Heftgestaltung (Rand, Platzaufteilung etc.) lässt in mehreren Fällen doch sehr zu wünschen übrig. Kein Wunder also, dass der Lehrerin der Start in den Schulvormittag bereits ziemlich vermiest ist, bevor er richtig begonnen hat. Doch es kommt noch schlimmer. Als die Lehrerin die SchülerInnen auffordert, Ihre Malsachen auszupacken, weil sie damit arbeiten sollen, gestehen gleich sechs SchülerInnen, ihre Malsachen nicht dabei zu haben. Auch sie machen keinesfalls den Eindruck, als fühlten sie sich dafür persönlich verantwortlich. Wozu hat man schließlich Eltern!? Als die Lehrerin die fehlenden Malsachen aus ihrem Reservebestand zur Verfügung stellt, wirft ein Schüler beinahe vorwurfsvoll ein, die seien viel schöner und neuer; dann bringe er beim nächsten Mal auch nichts mit. Der nachfolgende Arbeitsprozess verläuft schließlich auch nicht gerade schülerzentriert und selbstgesteuert. Die SchülerInnen arbeiten zwar emsig, aber sie haben auch und zugleich einen schier unerschöpflichen Bedarf an Hilfen und Bestätigung durch ihre Lehrerin. »Ist das schön so?«; »Ist das richtig?«; »Wie soll ich das denn machen?«; »Darf ich auch die Wachsmalstifte nehmen?«; »Kann ich nicht mit Tina zusammenarbeiten?« – so oder ähnlich signalisieren sie ihr Abgleiten in die Verantwortungslosigkeit. Soll sich daran etwas ändern, dann muss dem Training von Selbstständigkeit und Methodenkompetenz im Unterricht ein erheblich größerer Stellenwert als bisher beigemessen werden.

Fazit: Selbstverständlich dürfen die skizzierten Hospitationserfahrungen nicht generalisiert werden, denn in vielen Grundschulen werden seit Jahren ebenso engagierte wie erfolgreiche Anstrengungen unternommen, die Selbstständigkeit und Selbstverantwortung der SchülerInnen zu stärken. Dennoch: Der Eindruck bleibt, dass in vielen Grundschulen die einfachen »Skills« der Kinder zu wenig gesehen und zu wenig konsequent gefördert werden. Verantwortlich für diesen Mangel an kleinschrittigem Methodenlernen sind freilich nicht nur die unwilligen und/oder »unfähigen« Schülerinnen und Schüler, sondern auch und nicht zuletzt die Lehrkräfte selbst. Der Beitrag der Lehrerschaft zum Entstehen der angedeuteten Methodendefizite besteht darin, dass viele GrundschullehrerInnen über Gebühr dazu neigen, ihr »Helfersyndrom« auszuleben und den Kindern mit einer nachgerade erdrückenden Fürsorglichkeit und Bevormundung zu begegnen. Sie meinen es gut, bewirken letztlich aber oft das Gegenteil von dem, was sie eigentlich wollen. »Hilfe zur Selbsthilfe«, so hat Maria Montessori ihre pädagogische Losung einst formuliert. Und genau dies trifft bis heute den Kern der pädagogischen Aufgabe. Doch dieses Gebot wird im Schulalltag nur zu oft sträflich vernachlässigt. Kein Wunder also, dass viele Schülerinnen und Schüler recht hilflos reagieren, wenn die gewohnten Lehrerhilfen und -anweisungen fehlen. Die gelegentliche Methodenbelehrung durch die Lehrkräfte bewirkt letzten Endes nur wenig, da sie mehr oder weniger abstrakt und appellativ bleiben muss. Methoden müssen experimentell im Wege des »learning by doing« eingeübt und *be-griffen* werden; sie können nur sehr begrenzt »gelehrt« werden. Dementsprechend heißt es im englischsprachigen Raum: »What I hear I forget; what I read I remember; what I do I understand«. Dieser Erkenntnis kann hier nur zugestimmt werden. Die Konsequenz daraus: Methodenzentrierte Übungen und Klärungen müssen im Unterricht der Grundschulen viel stärkeres Gewicht als bislang erhalten. Das vorliegende Buch will dazu beitragen.

1.2 Ungünstige Sozialisationseinflüsse

Dass es um das naturwüchsige Lernen von Selbstständigkeit und Methodenkompetenz der heutigen Schülergeneration nicht zum Besten bestellt ist, wird von Pädagogen aller Couleur konzediert und häufig auch beklagt. Die Lebensbedingungen und -gewohnheiten der Schülerinnen und Schüler haben sich in den beiden letzten Jahrzehnten rasant gewandelt – und dies keinesfalls nur zum Positiven hin. Mediengeprägte Kinder, verwöhnte Kinder, vernachlässigte Kinder, hedonistische Kinder, Kinder ohne hinreichendes

Sozialverhalten, Kinder mit ausländischen Prägungen und gravierenden sprachlichen Defiziten – das sind nur einige der Problemlagen, mit denen Lehrerinnen und Lehrer heutzutage zu kämpfen haben. Das gilt für die Grundschulen genauso wie für die weiterführenden Schulen. So gesehen ist die alltägliche Erziehungs- und Unterrichtsarbeit für viele Lehrkräfte fraglos schwieriger und nicht selten auch belastender und frustrierender geworden.

Viele Kinder sind, wie Horst Hensel seine Untersuchungsbefunde resümiert, im Laufe der letzten Jahrzehnte angriffslustiger und zappeliger, kindischer und altkluger, trauriger und kranker geworden (vgl. Hensel 2000, S. 11). Das betreffe einen Kern von vielleicht zehn bis 30% der Schülerschaft – je nach Schule und Klasse. Die entsprechenden Kinder seien nervös, könnten sich schlecht konzentrieren, bedürften immer neuer Reize, könnten nicht mit sich allein sein, behielten wenig, strengten sich kaum an – kurzum: Das Konstante ihrer Persönlichkeit sei die Flüchtigkeit (vgl. ebenda). Hensel konstatiert weiterhin eine gewisse »Aristokratisierung« des kindlichen Verhaltens. Es sei gerade so, als habe man es bei den »neuen Kindern« mit Prinzessinnen und Prinzen zu tun, die entweder verwahrlost, aber sehr durchsetzungsfähig seien, oder verhätschelt würden und an die Dienstleistungen anderer höchste Ansprüche stellten. Weiterhin stellt er fest: In den Schulklassen fehle es an der breiten Mitte der Kinder mit sozialverträglichen Verhaltensweisen. Die »neuen Kinder« seien altklug und kindisch zugleich. Sie hätten ein Bedürfnis nach Bindung, ohne fähig oder willens zu sein, die sich daraus ergebenden Verpflichtungen einzugehen. Erwachsene sollten auf ein Fingerschnipsen hin dienstbar sein und sich auf ein weiteres Fingerschnipsen hin wieder zurückziehen. Doch glücklich mache die betreffenden Kinder das skizzierte Verhaltensrepertoire auch wieder nicht. Sie empfänden ihre Flüchtigkeit und Trödelei keinesfalls als wohltuend, ihre Angriffslust nicht als befreiend. Ihr schulisches Misslingen lasse sie nicht gleichgültig, sondern mache sie eher unsicher (vgl. ebenda).

Schuld an dieser Verunsicherung ist unter anderem die allmähliche *Auflösung der Kernfamilie*. Mehr als die Hälfte der deutschen Kinder wächst mittlerweile in Ein-Kind-Familien auf; mindestens jedes fünfte Kind lebt nur noch mit einem Elternteil zusammen; jedes dritte Schulkind erlebt während der Schulzeit die Scheidung seiner Eltern; rund 40% der Mütter sind berufstätig und können deshalb ihren Kindern als Erzieherinnen weniger häufig zur Verfügung stehen. Diese und andere Eckdaten der Familien- und Sozialstatistik machen deutlich, dass die Schulkinder von heute deutlich anderen Einflüssen und Prägungen ausgesetzt sind, als das früher der Fall war. Konsum tritt an die Stelle elterlicher Zuwendung. Finanzielle Vergünstigungen sollen für den Mangel an Zeit und sozio-emotionalem Miteinander entschädigen. Das Fordern und Fördern der Kinder spielt in zahlreichen Familien eine zunehmend geringere Rolle; stattdessen herrscht eine fragwürdige Liberalität und Beliebigkeit vor. Für innerfamiliäres soziales Lernen bleibt aufgrund der fehlenden Geschwister nur noch begrenzt Gelegenheit; die instabilen Familienstrukturen wirken zudem verunsichernd auf die betreffenden Kinder und verstärken deren Bedürfnis nach ausgeprägter Zuwendung und Bestätigung – u.a. durch die Lehrkräfte. Gleichzeitig wächst in einer Reihe von »Ein-Kind-Haushalten« der Erwartungsdruck der Eltern so sehr, dass die betreffenden Kinder in eine chronische Überforderungssituation hinein geraten. Giesecke konstatiert diese Überforderungsgefahr vor allem für statusbewusste

Mittelschichtfamilien, in denen sich »... ein neuartiger ›Erziehungsdruck‹ breit macht, der nicht mehr mit Stock und Prügel und mit Drohungen operiert, sondern mit pausenloser ›Zuwendung‹ und mit psychologischen Tricks zur Durchsetzung des elterlichen Willens« (Giesecke 1991, S. 7). Insgesamt, so kann in Anlehnung an Reinhart Lempp festgestellt werden, sind viele Familien aufgrund der skizzierten Veränderungen immer weniger in der Lage, die auf die Jugendlichen zukommenden Belastungen kraft eigener Stabilität aufzufangen und den belasteten Kindern die nötige emotionale, soziale und intellektuelle Geborgenheit und Sicherheit zu gewährleisten (vgl. Lempp 1991, S. 27).

Beeinträchtigt werden die Lerndispisitionen der Kinder aber nicht nur durch die Veränderungen im innerfamiliären Beziehungsgefüge, sondern auch und besonders durch die modernen Medien. Das beginnt beim normalen Fernsehprogramm mit seinen vielfältigen Angeboten und reicht über Videoclips und eigene Videomitschnitte bis hin zu Computerspielen, Musik-CDs und sonstigen Entertainment-Angeboten der Medienbranche. Allein das normale Fernsehprogramm nutzen die fernsehenden Kinder der Altersgruppe zwischen sechs und 13 Jahren pro Tag mittlerweile durchschnittlich rund zweieinhalb Stunden pro Tag. Die Fernsehverweildauer derjenigen Kinder, die über ein eigenes Fernsehgerät verfügen – und das waren 1999 immerhin ca. 30% – liegt sogar bei rund drei Stunden täglich (vgl. Feierabend/Simon 2000, S. 159 ff.). Hinzu kommt, dass sich die Anbieter der Video- und Computerbranche in den letzten Jahren eine Menge haben einfallen lassen, um die Kinder an die Bildschirme zu locken, um die eigenen Produkte konsumieren zu lassen. Inzwischen nutzen rund 50% der Kinder Computer, und zwar ganz vorrangig Computerspiele (vgl. Breunig 1999, S. 651). Darüber hinaus bedient sich die Hälfte der Kinder mindestens einmal pro Woche irgendwelcher Videokassetten; dabei dominieren Zeichentrickfilme und sonstige Unterhaltungsfilme (vgl. ebenda).

Zwar ist die Wirkung dieses Medienkonsums keinesfalls nur negativ zu sehen, da sich interessierte Kinder auf diesem Weg durchaus beachtliches Faktenwissen aneignen können (vgl. Struck 1992, S. 72); gleichwohl ist das Hauptanliegen dieser Medien auf Zerstreuung und Unterhaltung, auf Gedankenlosigkeit und Vergessen, auf Oberflächlichkeit und Sprunghaftigkeit gerichtet. Das Fernsehen ist, wie Neil Postman bereits Mitte der 80er-Jahre bilanzierte, »... ein Genuss fürs Auge ... Die durchschnittliche Länge einer Kameraeinstellung ... beträgt nur 3,5 Sekunden, so dass das Auge nie zur Ruhe kommt ... Außerdem bietet das Fernsehen den Zuschauern eine Vielfalt von Themen, stellt minimale Anforderungen an das Auffassungsvermögen und will vor allem Gefühle wecken und befriedigen« (Postman 1985, S. 109). Hinzu kommt, dass die Kinder vor dem Bildschirm ausgeprägt vereinzelt werden und deshalb weder in kommunikativer noch in interaktiver Hinsicht Nennenswertes lernen können. Die Bildschirmzeit fehlt schlicht für intelligentes Fragen, konstruktives Kommunizieren und kreatives Tun und Probleme lösen, alleine oder in sozialen Gemeinschaften. So gesehen werden die modernen Medienkinder in ganz spezifischer Weise geprägt und zur Konsumhaltung veranlasst. Kein Wunder also, dass sich viele von ihnen mit dem alltäglichen Schulunterricht eher schwer tun und die gängigen Lehrerdarbietungen und Unterrichtsgespräche vergleichsweise langweilig finden. Im Gegensatz nämlich zum Fernsehen mit seiner Schnitttechnik und seinen dramaturgischen Bearbeitungsmöglichkeiten müssen die Lehrkräfte live senden – und das zudem in Verbindung mit relativ langweiligen und anstrengenden Lerngegenständen und -verfahren.

Dass dabei die Motivation und Konzentration der Kinder zu wünschen übrig lassen, ist nur zu verständlich.

Eine dritte Erklärung für den schleichenden Verlust an Selbstständigkeit und Methodenbeherrschung der SchülerInnen hängt mit dem verbreiteten Mangel an Eigentätigkeit zusammen. Das betrifft das Erfinden von Spielen und Spielzeugen genauso wie den produktiven Umgang mit Problemen und Schwierigkeiten im Alltag. Dieser »Verlust an Eigentätigkeit« drückt sich nach Hans-Günter Rolff u.a. darin aus, »... dass Kinder mit viel vorfabriziertem Spielzeug spielen, das man für sie gekauft hat, und das sie gerade nicht eigentätig herstellen, sondern eher ›bedienen‹, sei es an Knöpfen oder an irgendwelchen geräteähnlichen Schaltern« (Rolff 1991, S. 37). Damit entfällt in zunehmendem Maße jene Selbsterprobung und Selbsterfahrung, auf die Heranwachsende so dringlich angewiesen sind, wenn sie Selbstständigkeit und Selbststeuerungsfähigkeit, Problemlösungsvermögen und Selbstvertrauen, Eigeninitiative und Selbstwertgefühl, Zielstrebigkeit und Durchhaltevermögen entwickeln sollen. Fehlen derartige Bewährungssituationen, so werden die betreffenden Kinder über Gebühr abhängig vom Lob und Tadel anderer, von deren Weisungen, Hilfen und Kontrollen (vgl. ebenda). Das daraus resultierende Phänomen der Unmündigkeit und Unselbstständigkeit lässt sich in unseren Bildungseinrichtungen alltäglich beobachten.

Damit die gewünschten Lernerfolge der Kinder dennoch eintreten, greifen immer mehr Eltern zum Hebel des Nachhilfeunterrichts. Das betrifft zwar vorrangig die Schülerinnen und Schüler der Klassen fünf bis acht der weiterführenden Schulen. In den dritten und vierten Klassen der Grundschule setzen diese Stütz- und Druckmaßnahmen aber bereits ein. Wie Klaus Hurrelmann empirisch nachgewiesen hat, investieren Eltern wöchentlich rund 15 Millionen Euro in Nachhilfeunterricht. Etwa 35% aller Schülerinnen und Schüler erhalten seinen Erhebungen zufolge Zusatzförderung, die meisten während der Gymnasialklassen 5 bis 8 (vgl. Die Rheinpfalz vom 30.5.1998). Das Geschäft mit der Nachhilfe blüht also. Allein in Nordrhein-Westfalen werden monatlich rund 17 Millionen Euro für bezahlte Nachhilfestunden ausgegeben; das sind über 200 Millionen Euro im Jahr (vgl. Kramer/Werner 1998, S. 36). Das alles signalisiert nicht nur den wachsenden Druck, den viele Eltern auf ihre Kinder ausüben, sondern auch und nicht zuletzt die Notwendigkeit, der konsequenten Förderung von Lern- und Sozialkompetenz im alltäglichen Unterricht erheblich mehr Raum und Gewicht zu geben, als das bisher der Fall ist. Das vorliegende Buch will diesen Schritt unterstützen und erleichtern.

1.3 Offener Unterricht als Problemfeld

Die in Kapitel 1.1 skizzierten Alltagsszenen haben bereits deutlich werden lassen, dass die Öffnung des Unterrichts noch lange keine Gewähr dafür bietet, dass auch verantwortungsvolles und effektives Lernen stattfindet. Freiarbeit, Wochenplanarbeit, Stationenarbeit und Projektarbeit sind zunächst einmal anspruchsvolle Angebote an die Adresse der SchülerInnen, selbstständig und eigenverantwortlich zu arbeiten und zu lernen – alleine, zu Zweit oder auch in der Gruppe. Diese Angebote können genutzt werden oder auch nicht. Leider zeigt sich in der Praxis nur zu oft, dass viele Schülerinnen und Schüler die

Freie Arbeit in der Karikatur

Manche SchülerInnen sind schlicht überfordert und weichen der Lernarbeit aus

zugestandenen Freiheitsgrade eher missverstehen und statt der konzentrierten und zielstrebigen Aufgabenerledigung immer wieder hilflos herumtrödeln, sprunghaft mal dieses oder jenes tun, oberflächlich arbeiten, gedankenlos von anderen abschreiben oder sich vorschnell von Mitschülern (bzw. dem Lehrer) helfen lassen. Dass dieses Vermeidungsverhalten die Effizienz und Akzeptanz des Offenen Unterrichts erheblich gefährdet, ist ein offenes Geheimnis. Natürlich gibt es auch die anderen Kinder, die vom Offenen Lernen in hohem Maße profitieren. Nur ist die Zahl dieser »autodidaktischen Lerner« mit ausgeprägter Methoden- und Sozialkompetenz verhältnismäßig gering. Die meisten SchülerInnen brauchen erwiesenermaßen die dezidierte Unterstützung und Anleitung durch ihre Lehrkräfte, da sie »von Hause aus« weder die nötige Zielstrebigkeit und Selbstständigkeit noch die erforderlichen methodischen Fähigkeiten und Fertigkeiten mitbringen. Von daher sind sie schnell überfordert, wenn Offenes Lernen und eigenverantwortliches Arbeiten angesagt sind.

Die angesprochenen Spielarten des Offenen Lernens sind nämlich durchweg recht komplizierte und voraussetzungsreiche Lernarrangements. Dieses Faktum wird angesichts der überbordernden Materialangebote der Verlage gerade im Grundschulbereich nur zu leicht übersehen. Ein simples Arbeitsblatt zum Beispiel verlangt bereits eine ganze Palette an arbeitsmethodischen und sozialen Fähigkeiten und Fertigkeiten: Die SchülerInnen müssen den Arbeitsauftrag genau lesen, unterstreichen und verstehen können; sie müssen in der Lage sein, die Bearbeitungszeit abzuschätzen und einzuteilen, etwaige Informationstexte geschickt zu markieren, wichtige Informationen herauszuschreiben, bei etwaigen Unklarheiten präzise zu fragen, im Heft oder Schulbuch gezielt nachzuschlagen/nachzulesen sowie das eventuell zu erstellende Lernprodukt (Tabelle, Zeichnung etc.) sauber zu gestalten, zu lochen und abzuheften. Ist die Erledigung des Arbeitsauftrags darüber hinaus mit Partner- und Gruppenarbeit verbunden, so kommen noch weitere soziale Fähigkeiten und Fertigkeiten hinzu, die die SchülerInnen einigermaßen beherrschen müssen. Sie müssen bereit und geübt sein, in der Gruppe engagiert mitzumachen, zielstrebig zusammenzuarbeiten, sich wechselseitig ernst zu nehmen, bei auftretenden Schwierigkeiten einander zu helfen, etwaige Konflikte rasch und friedlich zu lösen, die eigene Arbeit kritisch zu besprechen, das Gruppenergebnis vor der Klasse überzeugend zu präsentieren, dabei möglichst frei zu reden, bei Nachfragen des Lehrers oder der Klasse präzise Rede und Antwort zu stehen etc. Diese Auflistung wichtiger »Mikrokompetenzen« ließe sich noch fortsetzen und lässt exemplarisch deutlich werden, wie wichtig das konsequente Einüben und Erlernen elementarer Arbeits-, Kommunikations-, Präsentations- und Kooperationstechniken im Unterricht der Grundschule sind.

Dies gilt umso mehr, je komplexer und anspruchsvoller die Lernprozesse werden – wie z.B. im Rahmen von Projektarbeit oder Wochenplanarbeit. Diese Hochformen des eigenverantwortlichen Arbeitens und Lernens verlangen von den Kindern ein ausgesprochen hohes Maß an Methoden-, Kommunikations-, Präsentations- und Teamkompetenz. Andernfalls besteht die Gefahr, dass aus dem geplanten Projekt sehr schnell ein Lehrgang mit ausgeprägter Lehreraktivität und vergleichweise geringen Schüleranteilen und -verantwortlichkeiten wird. Diese Verfremdung und Entwertung des Offenen Lernens ist in den Schulen immer wieder zu beobachten. Ein wesentlicher Grund dafür ist, dass es vielen Schülerinnen und Schülern am nötigen methodischen, kommunikativen und kooperativen Handwerkszeug fehlt. Diese »Skills« reichen vom durchdachten Lesen, Ausschneiden, Abheften, Anmalen, Markieren, Nachschlagen, Recherchieren und Exzerpieren über das gekonnte Strukturieren, Visualisieren, Ordnen, Gestalten, Planen, Organisieren und Protokollieren bis hin zum überzeugenden Erzählen, Nacherzählen, Vortragen, Interviewen und Diskutieren sowie zum regelgebundenen und konstruktiven Arbeiten im Team. Wie diese »Skills« im Unterricht der Grundschule verstärkt vermittelt werden können, wird in den Kapiteln II und III anhand zahlreicher erprobter und bewährter Unterrichts- und Übungsbausteine gezeigt.

Hinter die Praxis des Offenen Unterrichts ist aber noch aus einem anderen Grund ein Fragezeichen zu setzen: Das Offene Lernen krankt vielerorts daran, dass die Selbststeuerung der SchülerInnen über Gebühr verabsolutiert wird. Selbst wenn die SchülerInnen die Methoden für ein kompetentes selbstgesteuertes Lernen beherrschen würden, müsste es immer noch eine gehörige Portion Lehrerlenkung geben. Franz E. Weinert hat die Bedeutung der aufgabenbezogenen Lehrerlenkung in seinen Schriften immer wieder betont. In seinen Thesen zum »Lehren und Lernen für die Zukunft« stellt er nachdrücklich heraus, dass Lehrerzentrierung und Schülerzentrierung nicht gegeneinander ausgespielt werden dürfen. Sein Befund: »Sowohl das vom Lehrer angeleitete, als auch das vom Schüler selbstständig gesteuerte Lernen sind gleichermaßen wichtige Arbeitsformen im Unterricht. Deshalb ist es eine gefährliche Bildungsideologie, die aktive, konstruktive und selbstständige Rolle des Lernenden zu betonen und dem Lehrer nur noch eine anregende, beratende und moderierende Funktion zuzuschreiben. Praktisch alle verfügbaren Unterrichtsstudien zeigen die Wichtigkeit einer lehrergesteuerten, aufgabenorientierten und effektiven Instruktion« (Weinert 1999, S. 16).

Ähnlich argumentieren die beiden Lernforscher Heinz Mandl und Gabi Reinmann-Rothmeier auf dem Hintergrund ihrer Untersuchungen zum modernen Wissensmanagement in der Schule. Die Lernenden – so ihr Fazit – bräuchten nicht nur Freiraum für eigene Lernaktivitäten, sondern auch und zugleich gezielte Hilfen für den Umgang mit Informationen und Aufgabenstellungen – nicht zuletzt für die Zusammenarbeit in Gruppen. So gesehen verlange die schulische Praxis nach einer Balance zwischen expliziter Instruktion durch den Lehrenden und konstruktiver Aktivität der Lernenden (vgl. Reinmann-Rothmeier/Mandl 1997, S. 24). Zu einer ganz ähnlichen Einschätzung kommt Walter Edelmann in seiner Stellungnahme zur Praxisrelevanz innovativer Lehr-/Lernkonzepte. Die Vertreter dieser Konzepte, so mahnt er an, täten gut daran, die Grenzen der Selbststeuerung zu sehen. Das gelte insbesondere bei komplexeren Aufgaben und Wissensgebieten. »In solchen Fällen ist die Steuerung des Lernens durch einen Lehrer unverzichtbar. Direkte Instruktion und selbstgesteuertes Lernen sind nicht alternative, sondern komplementäre, d.h. sich gegenseitig ergänzende Lehr- und Lernformen« (Edelmann 2000, S. 9).

Theodor Litt hat diesen Dualismus bereits 1956 in seinem Buch »Führen oder Wachsenlassen« betont und dabei vor der Illusion gewarnt, »es bedürfe nur der abwartenden Geduld und des Verzichtes auf vorzeitige Eingriffe«, damit wirksames Lernen und nachhaltige Persönlichkeitsentwicklung stattfinden könnten (vgl. Litt 1965, S. 84). Geboten seien weder »abwartende Geduld« noch »Verzicht auf Eingriffe, sondern dosierte Hilfestellungen und Anregungen der Lehrkräfte« – getreu dem von Maria Montessori formulierten Motto: »Hilf mir, es selbst zu tun!« Der stärker lehrergeleitete Unterricht hat gelegentlich sogar eine wichtige Entlastungs- und Motivationsfunktion, und zwar überall dort, wo SchülerInnen weder bereit noch in der Lage sind, dem Prinzip der Selbstverantwortung und Selbstregulation zu folgen. Das gilt vornehmlich für »lernschwächere Schüler mit relativ geringem Vorwissen und unzureichenden metakognitiven Kompetenzen« (vgl. Bund-Länder-Kommission 1997, S. 25). Die Instruktionen und Hilfestellungen der Lehrkräfte sind für diese Schülergruppe nachgerade unverzichtbar. Andernfalls drohen Leerlauf und Resignation.

So gesehen muss eine moderne Unterrichtsgestaltung Schülerselbsttätigkeit und Lehrerlenkung sinnvoll kombinieren. Oder mit den Worten von Franz E. Weinert: Guter Unterricht zeichnet sich dadurch aus, dass die Lehrkräfte ihre SchülerInnen konsequent anhalten und anleiten, sich mit dem jeweiligen Lernstoff in möglichst aktiver und konstruktiver Art auseinanderzusetzen, um auf diese Weise »intelligentes Wissen« in ihre Köpfe zu bekommen. Damit meint Weinert nicht nur »äußere Aktivitäten«, sondern auch und zugleich geistige Operationen und Konstruktionen, die zu einem vernetzten, erfahrungsgestützten, flexibel nutzbaren Wissen auf Schülerseite führen (vgl. Weinert 1999a, S. 100f.). Das Gegenstück zu diesem »intelligenten Wissen« ist für ihn das »träge Wissen«, das oberflächlich und mechanisch erworben bzw. vermittelt wird und nachhaltiges Erkennen und Verstehen eher behindert als fördert (vgl. Weinert 1996, S. 9). Mit dieser Kritik spielt Weinert auf die bis heute vorherrschende Praxis des gedankenlosen Paukens und Rezipierens in unseren Schulen an.

Einig sind sich die zitierten Lernforscher darin, dass erfolgreiches Lernen zwingend auf Lernsituationen und Lernanforderungen angewiesen ist, die den SchülerInnen aktives, konstruktives, problemlösendes Lernen ermöglichen. Den zuständigen Lehrerinnen und Lehrern fällt dabei die Aufgabe zu, die SchülerInnen bei dieser Lernarbeit gezielt und sensibel zu unterstützen und anzuleiten (vgl. Weinert 1999, S. 16). Dieser gezielten und dosierten Lehrerlenkung redet auch Howard Gardner – einer der führenden Pädagogen der USA – das Wort. Er plädiert unumwunden für einen pädagogischen Ansatz, der »... feiner abgestimmte Arten von Hilfe bieten und auch Schüler unterstützen kann, die nicht unabhängig denken können, Schüler, denen es an Selbstdisziplin mangelt, und Schüler, die bestimmte Lernschwächen oder ungewöhnliche Talente aufweisen. Eine große und möglicherweise noch zunehmende Anzahl von Schülern braucht Hilfe, Unterstützung, Vorbilder und/oder Fördersysteme« (Gardner 1996, S. 245f.). Diesem realistischen Bild der Unterrichtswirklichkeit wird in diesem Buch Rechnung getragen.

Überall dort, wo die SchülerInnen dem Offenen Lernen eher hilflos und ungeübt gegenüberstehen, muss zunächst einmal dafür gesorgt werden, dass sie unter Anleitung ihrer LehrerInnen ebenso kleinschrittig wie konsequent die nötigen Basisfähigkeiten und -fertigkeiten erlernen. Das entsprechende Methoden-, Kommunikations- und Teamtraining, wie es in diesem Buch vorgestellt wird, ist daher alles andere als Offenes Lernen im strengen Sinne des Wortes, sondern impliziert sehr wohl gezielte Lehrerlenkung und -instruktion. Die betreffenden Lehrkräfte sind dabei gleichwohl in erster Linie Moderatoren, Lernorganisatoren und Lernberater und weniger »Belehrer« im traditionellen Verständnis. Howard Gardner spricht diesbezüglich vom »transformatorischen Ansatz« und meint damit, dass die jeweilige Lehrperson ihre Schülerinnen und Schüler nicht einfach belehrt und unterweist, sondern ihnen mehr als »Trainer oder Koordinator« zur Verfügung steht – als »Coach« also, der sie anleitet und ermutigt, persönliche Fähigkeiten zu entdecken, sie verschiedenen Prüfungen zu unterziehen und insgesamt ein möglichst nachhaltiges Sach- und Methodenverständnis aufzubauen (vgl. Gardner 1996, S. 154). Dieser Sicht des schulischen Lehrens und Lernens kann hier nur zugestimmt werden.

1.4 Fragwürdige intuitive Methoden

Wie im ersten Abschnitt bereits angedeutet, mangelt es den SchülerInnen keinesfalls an jedweder Methode; sie versuchen durchaus methodisch irgendwie über die Runden zu kommen. Nur sind die gewählten Vorgehensweisen häufig recht fragwürdig und unter Berücksichtigung lernpsychologischer Erkenntnisse teilweise auch völlig falsch. Die Ansichten und Gewohnheiten, die sich auf Schülerseite eingeschlichen haben, sind manchmal zwar durchaus plausibel, faktisch aber dennoch unhaltbar. Das gilt zum Beispiel für das Markieren. Kindern aus Grundschulen wurden während der Erprobungsarbeit zu diesem Buch wiederholt Kurztexte aus den Bereichen Sachkunde und Deutsch vorgelegt, die unter bestimmten Leitfragen zu markieren waren. Nähere Vorgaben wurden nicht gemacht; d.h. die Kinder mussten selbst entscheiden, was sie in welcher Weise markieren wollen. Auch bei den »Werkzeugen« (Stift/e, Lineal etc.) hatten sie Wahlfreiheit. Wichtig zudem: Die Markierungsaufgaben waren in Einzelarbeit zu erledigen, wobei den SchülerInnen in Aussicht gestellt wurde, dass sie ihre markierten Texte nach Ablauf der Arbeitsphase in Kleingruppen oder auch im Plenum »ausstellen« und erläutern müssen. Auf diese Weise sollte die Verbindlichkeit des Markierens unterstrichen und gesteigert werden.

Interessant war nun, welches Prozedere gewählt wurde. Die meisten SchülerInnen gingen recht intuitiv zu Werke. Sie griffen nach der Durchsicht der Arbeitsanweisung zu irgendeinem Stift und fingen an, flott und umfänglich zu markieren bzw. zu unterstreichen. Zwar gab es immer wieder Versuche, durch geschicktes Befragen der Lehrkräfte herauszubekommen, was denn nun zu markieren sei. Aber diese Versuche blieben absprachegemäß erfolglos. Die markierten Texte selbst ließen eine Menge zu wünschen übrig. Auffällig war, dass durchweg zu viel und zu unsystematisch markiert wurde. Markiert bzw. unterstrichen wurden in aller Regel ganze Zeilen oder gar Abschnitte und nicht einzelne Signalbegriffe, wie es eigentlich sein sollte. Hatte ein Schüler z.B. einen Filzstift zur Hand, dann war der betreffende Text am Ende entsprechend großzügig mit gelb, grün oder blau eingefärbt. Wurden dagegen Bleistift, Kugelschreiber oder Filzstift verwendet, so blieben die vorgenommenen Unterstreichungen insgesamt eher unauffällig und für das Gehirn wenig hilfreich. Lineale wurden nur von einigen Schülerinnen und Schülern verwendet. Gemarkert wurde teilweise gleich mit mehreren Farben, was den Überblick eher behinderte als förderte. Fazit: Die Übungsergebnisse ließen unmissverständlich deutlich werden, dass dem Gros der SchülerInnen weder der Sinn und Zweck noch die Methodik des gezielten Markierens und Reduzierens von Informationen hinreichend klar und geläufig war. Eine verstärkte Übungs- und Klärungsarbeit konnte und kann von daher nur hilfreich sein.

Gleiches gilt für den Methodenkomplex »Vorbereiten von Klassenarbeiten«. Insidern ist natürlich klar, dass eine erfolgreiche Vorbereitungsarbeit mehr sein muss als das vordergründige Pauken des obligatorischen Lernstoffes. Doch wie sieht die Standardstrategie der Schülerinnen und Schüler aus? Bei diversen Befragungen hat sich der folgende Trend gezeigt: Die meisten Kinder lernen kurzfristig, alleine und abstrakt durch schlichtes Lesen des Hausheftes und/oder des je relevanten Schulbuches. Zum Aspekt der Kurzfristigkeit wurde von den befragten Kindern angeführt, dass schwerpunktmäßig am Abend vor der Klassenarbeit gepaukt oder z.T. sogar erst am Morgen davor richtig zur Sache gegangen werde. Gefragt, warum sie ihre Vorbereitung so kurzfristig in Angriff nähmen, argumentierten zahlreiche SchülerInnen ebenso verwundert wie selbstbewusst: Andernfalls würden sie den Stoff ja wieder vergessen!? So gesehen gibt es offensichtlich eine Alltagslogik, die dem kurzfristigen Pauken nachgerade Vorschub leistet und Sinn gibt – auch wenn nachhaltiges Lernen dadurch gewiss nicht zu gewährleisten ist. Ganz ähnlich verhält es sich mit der Alleinarbeit im Rahmen der Prüfungsvorbereitung. Zur Begründung dieser Strategie wurde angeführt, dass das Vorbereiten von Klassenarbeiten einfach zu mühsam sei, um sich dazu auch noch Freunde/Freundinnen einzuladen. Am besten mache man das zügig alleine. Wenn man sich Freunde/Freundinnen einlade, dann wolle man auch was Schönes machen. Das Vorbereiten von Klassenarbeiten sei aber nichts Schönes und müsse deshalb am besten im Alleingang erledigt werden.

Diese intuitive Fehleinschätzung zeigte sich auch im dritten Punkt, nämlich dem einkanaligen Lesen von Hausheft und Schulbuch als typischer Vorbereitungsstrategie. Bemerkenswert oft wurde in diesem Zusammenhang das Verb »angucken« vorgebracht. Befragt, ob sie über das »Angucken« der besagten Unterlagen hinaus auch noch etwas anderes praktizierten, waren die meisten SchülerInnen eher irritiert und wussten in einigen Fällen nur noch eines zu ergänzen: »Wenn ich gut drauf bin«, so erzählte ein neunjähriger Junge, »dann gucke ich mir das, was wir lernen müssen, auch dreimal an.« Dass man auch zeichnen, sich selbst oder anderen einen kleinen Vortrag halten, mit Lernkärtchen arbeiten, Eselsbrücken bauen, Spickzettel schreiben, ein einfaches Lernplakat erstellen oder mit Freunden ein Quiz veranstalten kann, das war den meisten SchülerInnen offenbar nicht recht vertraut. Nur ein Mädchen einer dritten Klasse wusste verschämt zu berichten, dass sie manchmal ihrer Puppe einen Vortrag halte.

Fragwürdige Methoden finden sich selbstverständlich auch im kommunikativen und im kooperativen Bereich. Auch hier gibt es intuitive Verhaltens- und Interaktionsmuster der Schülerinnen und Schüler, die den persönlichen Lernerfolg eher schmälern als fördern. So gehört es z.B. zu den häufig zu beobachtenden Besonderheiten der Gruppenarbeit, dass einige wenige Kinder arbeiten und sowohl den Gruppenprozess als auch die Ergebnispräsentation so in die Hand nehmen, dass die anderen Gruppenmitglieder kaum zum Zuge kommen. Die auf diese Weise »An-den-Rand-Gedrängten« sind mit dieser Arbeitsteilung häufig nicht einmal unzufrieden, weil sie mit minimalem Aufwand zu durchaus passablen Ergebnissen und Noten gelangen können. Problematisiert man dieses Verhalten, so stößt man bei den SchülerInnen immer wieder auf durchaus plausible Beweggründe. Argumentiert wird unter anderem damit, dass Gruppenarbeit ohnehin nicht viel bringe und deshalb am besten so genutzt werde, dass jeder auf seine Weise zu profitieren versuche. Für die einen heißt das dann eben engagierte Einzelarbeit in Gruppenformation (vielleicht noch mit einem Partner), für den/die anderen »intelligente Trittbrettfahrerei«. So gesehen hat schlechte Gruppenarbeit unter Umständen durchaus Methode – nur nicht die richtige!

Auch im kommunikativen Bereich stößt man häufig auf fatale Gewohnheiten und Deutungsmuster. Das gilt sowohl für die Schweiger unter den SchülerInnen als auch für die hinlänglich bekannten Vielredner. Wie sich in diversen Reflexionsphasen im Anschluss an einzelne Diskussionsrunden herausgestellt hat, führen die Schweiger für ihre Zurückhaltung vorrangig ins Feld, dass sie keine »Streber« sein wollten und/oder Angst davor hätten, mündlich nicht gut genug zu sein und sich dadurch womöglich zu blamieren (s. das Fallbeispiel im Kasten). Die »Vielredner« hingegen begründen ihr offensives Kommunikationsverhalten vor allem damit, dass sie gute Noten haben möchten und deshalb bemüht seien, sich mündlich so oft wie möglich zu beteiligen – selbst wenn das nicht immer passe und gut sei. Dass dabei die stilleren SchülerInnen an die Wand gedrängt werden, kümmert die meisten nicht weiter. Die Hauptsache, sie können sich selbst in Szene setzen und ihr eigenes Image gegenüber Lehrern und Mitschülern (vermeintlich) aufpolieren.

Ansichten eines stillen Schülers

Das Beispiel »Oliver«

Oliver besucht die 5. Klasse einer Realschule in Rheinland-Pfalz. Er ist ein recht stiller, zurückhaltender Junge. An Unterrichtsgesprächen beteiligt er sich so gut wie nie. Er ist schriftlich ganz gut; und das reicht ihm. Im Mündlichen hat er einfach Bammel davor, etwas Falsches zu sagen und sich womöglich von der zuständigen Lehrkraft einen Tadel einzuhandeln oder sich vor den Mitschülern zu blamieren. Also schweigt er lieber, denn unnötige Risiken möchte er nicht eingehen.

Vor einigen Wochen, da hat er mal ein Gruppenergebnis vortragen sollen. Aber das ist dann ziemlich schlecht gelaufen. Er war furchtbar nervös und hat schließlich auch noch den Faden verloren und zudem einen roten Kopf bekommen. Das möchte er eigentlich nicht noch mal erleben. Deshalb sagt er bestenfalls dann etwas, wenn er vom Lehrer dazu »gezwungen« wird. Am liebsten wäre er perfekt. Er möchte schon reden können, aber dann so, dass die Mitschülerinnen und Mitschüler in der Klasse so richtig beeindruckt sind. Aber das traut er sich denn doch nicht zu. Deshalb schweigt er lieber. Außerdem glaubt er, dass viele andere in der Klasse ohnehin besser reden können als er. Deshalb sollen die doch machen. Die mündliche Note ist eh unwichtig. Und Schauspieler oder Fernsehmoderator will er später ohnedies nicht werden. Auch im Beruf brauchen die keine Schwätzer, sondern gute Arbeiter. Also, was soll's.

Außerdem, so meint er, lernt man durch Zuhören viel besser als durch Reden. Reden lenkt nur ab und erhöht zusätzlich das Risiko, dass man negativ auffällt. Nein, das ist nicht seine Sache, zumal es in der Klasse genug Schülerinnen und Schüler gibt, die mündlich immer ganz vorne dran sind und einen gar nicht zu Wort kommen lassen. Mit denen wetteifern zu wollen, wäre sowieso aussichtslos. Also dann doch lieber still im Hintergrund bleiben. Das mindert den Stress, schont die Nerven und erhält die Freundschaft.

(Text erstellt auf der Grundlage eines Interviews)

Das gilt zwar stärker für die Sekundar- als für die Grundschulen; jedoch werden in den Grundschulen ganz fraglos die Weichen gestellt und die angesprochenen Einstellungen und Verhaltensmuster im Ansatz ausgebildet.

Zusammenfassend lässt sich also feststellen: Die Schülerinnen und Schüler haben in den meisten Fällen zwar keine durchdachte Methodik, wohl aber einen gewissen Set an »intuitiven Methoden«, die sich unter Mitwirkung von Elternhaus, Freundeskreis und Schule irgendwie herauskristallisieren und mehr oder weniger bewusst und überlegt angewendet werden. Viele dieser »intuitiven Methoden« sind allerdings weder besonders hilfreich noch von der Lernforschung her plausibel und stichhaltig zu begründen. Nur ist das den wenigsten Schülerinnen und Schülern bewusst. Die oben geschilderten Sichtweisen und Beweggründe werden sich daher solange nicht ändern, solange die betreffenden Kinder keine gegenteiligen Erfahrungen sammeln, die ihnen nahe legen, ihre eingespielten Gewohnheiten und Vorstellungen ob ihrer Fragwürdigkeit zu korrigieren. Die hier in Rede stehende Methodenschulung will mit ihren vielfältigen Übungen, Beispielen, Tipps und Reflexionen dazu beitragen, dass richtungsweisende neue Erfahrungen und Einsichten gewonnen werden, die eine kritische Überprüfung und Korrektur der eigenen methodischen Linie zulassen.

1.5 Wenn Methoden geläufig sind ...

Wie sehr Schüler- und LehrerInnen von eingespielten, reflektierten Methoden profitieren, lässt sich in geübten Klassen immer wieder beobachten und bestaunen. Die nachfolgend skizzierten Positiv-Beispiele machen dieses deutlich. Sie bestätigen nicht nur, dass wirksames Methodenlernen möglich ist, sondern auch, dass es beträchtliche Chancen eröffnet, die unterrichtliche Belastung der Lehrkräfte zu reduzieren und die Zielstrebigkeit und Lerneffizienz der SchülerInnen zu steigern. Dieser doppelte Positiv-Effekt ist keinesfalls utopisch, sondern fraglos realistisch und realisierbar. Denn je ausgeprägter die SchülerInnen ihr methodisches und soziales Handwerkszeug beherrschen, desto »pflegeleichter«, konstruktiver und erfolgreicher verhalten sie sich in der Regel auch. Die folgenden Begebenheiten unterstreichen diese ermutigende Perspektive.

- *Effektives Arbeiten im Dreier-Team:* Schauplatz dieses Lerngeschehens ist eine Grundschule in Nordrhein-Westfalen – eine Grundschule, in der dem Methodenlernen seit geraumer Zeit ziemlich breiter Raum gegeben wird: An dieser Schule ist es inzwischen u.a. üblich geworden, dass die SchülerInnen ihre Vortrags-, Interview- und Gruppenübungen auch mal außerhalb des Klassenraums durchführen – z.B. im Foyer der Schule. So war es denn auch an dem Tag, als die folgenden Begebenheiten beobachtet wurden: Die Kinder der betreffenden dritten Klasse hatten sich in mehreren Trios im besagten Foyer der Schule zusammengefunden, um das Entstehen von Niederschlägen (Regen, Graupel, Schnee) näher zu klären, und zwar in methodisch unterschiedlicher Weise. Dementsprechend war im beobachteten Trio gerade eine Schülerin namens Anna dabei, ihrem Mitschüler Lars anhand ihres selbst gefertigten »Spickzettels« zu erklären, wie es zu den besagten Niederschlägen kommt. Der dritte Schüler im Bunde – Micha – hatte offenbar die Aufgabe darauf zu achten, dass Lars und Anna bestimmte Regeln und Rituale befolgen. So forderte Micha den zuhörenden Lars am Ende von Annas Vortrag zum Beispiel auf, verbliebene Fragen zu stellen und dann Annas Ausführungen noch mal in eigenen Worten zusammenzufassen. So gesehen waren Methoden wie Spickzettel erstellen, freies Vortragen, aktives Zuhören und gegenseitiges Helfen angesagt. Das zielstrebige und selbstbewusste Vorgehen der betreffenden SchülerInnen bestätigte, dass sie mit diesen Methoden und Anforderungen offenbar recht gut vertraut waren.

  Doch damit nicht genug: Nachdem Lars seinen Part erfüllt hatte, holte er aus seinem Ranzen einige handgeschriebene Fragekärtchen heraus und stellte nun seinerseits diverse Fragen zum Thema »Niederschläge« an Micha. Während dieser Frage-Antwort-Phase war offenbar Anna die Regelbeobachterin, denn sie wies Micha bereits nach seiner ersten Antwort freundlich darauf hin, dass er vergessen habe, zunächst die gestellte Frage zu wiederholen und erst dann seine Antwort zu geben. Von diesem Interventionsrecht machte sie etwas später erneut Gebrauch, als sie meinte, die Antwort sei wohl nicht ganz richtig gewesen und müsse deshalb anhand des Textes noch mal überprüft werden. Das Interessante und Ermutigende bei alledem war, dass nicht nur die SchülerInnen des beobachteten Trios äußerst konzentriert, engagiert und diszipliniert bei der Sache waren, sondern auch und nicht zuletzt die anderen Trios im Foyer ein nachgerade beispielhaftes Lern- und Sozialverhalten an den Tag legten. Methodentrainings macht‘s offenbar möglich!

● *Tolle Präsentation zum Thema »Bienen«:* Dass Methodenschulung lohnend ist, zeigt auch dieses zweite Beispiel aus der vierten Klasse einer Grundschule. Die Aufgabe der Viertklässler war es, Wissenswertes zum Thema »Bienen« auf der Basis vorliegender Medien zusammenzutragen und anschließend möglichst überzeugend vor der Klasse zu präsentieren. Wie routiniert und gekonnt sie diese Präsentation angegangen sind, zeigt die folgende Ablaufschilderung: Vorbereitend haben Meike, Anne, Claudia, Benny und Christian auf der Rückseite der Tafel einige gezielte Leitfragen aufgeschrieben, auf die sie während ihrer Präsentation zum Thema »Bienen« eingehen wollen. Außerdem haben sie ein schön gestaltetes Plakat sowie eine Folie zur Veranschaulichung vorbereitet. Sogar einige Werkzeuge des Imkers haben sie mitgebracht. Und natürlich haben sie sich vorher den OH-Projektor besorgt und vom Lehrer erklären lassen. Die tollste Idee aber: Sie haben ein Arbeitsblatt mit verschiedenen Fragen und Lückensätzen vorbereitet, die die Zuhörer während des Vortrags beantworten sollen. So viel zum Rahmen. Die Präsentation läuft schließlich so an, dass Meike zunächst die Zuhörer begrüßt und kurz auf die Leitfragen an der Tafel verweist. Ferner stellt sie die übrigen Gruppenmitglieder vor und erläutert, wer zu welchem Punkt etwas sagen wird. Dabei spricht sie frei und mit gutem Blickkontakt zur Klasse. Gleiches gilt auch für die anderen Präsentatoren. Anne berichtet über die Bienenkönigin, Claudia stellt die Drohnen vor, Benny schildert das Leben und Wirken der Arbeitsbienen und Christian klärt schließlich die Klasse darüber auf, was beim Blütenbesuch geschieht und warum am Ende Honig entsteht. Dann kommt nochmals Meike an die Reihe, um kurz die Arbeit und die Werkzeuge des Imkers vorzustellen und zu erläutern.

Alle Präsentatoren tragen nicht nur frei vor, sondern sie bemühen sich auch um Veranschaulichung in Form von Plakaten, Honiggläsern, Waben und sonstigen Utensilien aus der Imker-Zunft. Und die Zuhörer? Sie werden am Ende der Präsentation aufgefordert, Fragen zu stellen. Darüber hinaus werden sie gebeten, das vorbereitete Arbeitsblatt unter Beachtung des Gehörten fertig auszufüllen und den Präsentatoren zwecks Kontrolle abzuliefern. Und der Clou zum Schluss: Die fünf Präsentatoren haben noch ein zusätzliches Kreuzworträtsel vorbereitet, in das wichtige Fachbegriffe einzutragen sind, die während der Vorträge angesprochen wurden. Dieses Rätsel ist bis zur nächsten Stunde auszufüllen und dient der häuslichen Wiederholung und Vertiefung des Lernstoffes. Kein Zweifel, die Gruppe hat sich eine Menge überlegt und mit ihrer durchdachten Art der Präsentation den Beweis erbracht, dass Kommunikations- und Präsentationsfähigkeit nicht nur gelernt werden kann, sondern im Interesse einer wirksamen Gruppenarbeit und Ergebnissicherung auch möglichst konsequent geübt und gelernt werden muss. Dass eine derartige »Investition« den Lehrkräften Freude, Entspannung und Bestätigung einträgt, steht außer Frage.

● *Ein ermutigendes Kreisgespräch:* Eine dritte Positiv-Szene betrifft das Schüler-Schüler-Gespräch im Rahmen eines Stuhlkreises. Ort des Geschehens ist eine zweite Grundschulklasse, die dabei ist, das Thema Haustiere anhand ausgewählter Beispiele zu behandeln. In der Hospitationsstunde geht es um das Thema »Hunde«. Die Lehrerin bittet die Kinder im Zuge einer kurzen »Phantasiereise«, doch einmal genauer zu schauen, was sie über Haushunde schon alles wissen und was sie mit Haushunden vielleicht auch schon erlebt haben. Ferner erinnert sie daran, dass in der anschließenden »Erzählphase« auf die vereinbarten

Gesprächsregeln zu achten sei (diese sind auf einem Plakat an der Außenwand des Klassenraumes veranschaulicht).Dann geht das Kreisgespräch los. Fast alle Schülerinnen und Schüler melden sich, um das eine oder andere Vorwissen und/oder Erlebnis zum Besten zu geben. Die Lehrerin erteilt zuerst Katja das Wort, indem sie ihr den in der Klasse eingeführten »Erzählstein« überreicht. Katja schaut kurz in die Schülerrunde und berichtet dann knapp und gut verständlich von ihrem Boxer »Bully«. Alsdann schaut sie, wer sich für einen weiteren Beitrag meldet und gibt sodann den Erzählstein an die schräg gegenüber sitzende Christiane weiter. Christiane nimmt ebenfalls Blickkontakt zur Schülerrunde auf und berichtet dann über ihren Schäferhund »Samson«. Erneut melden sich zahlreiche SchülerInnen für einen weiteren Beitrag, darunter auch Heiko mit zwei erhobenen Armen. Dieses Signal weiß Christiane sofort zu deuten und gibt ihren Erzählstein umgehend an Heiko. Dieser hat nämlich an Christianes Ausführungen zum Schäferhund etwas auszusetzen und zu ergänzen. Denn seine Eltern haben zu Hause ebenfalls einen Schäferhund, allerdings keinen deutschen, sondern einen schottischen Schäferhund – auch Colly genannt. Und für den gelten Christianes Ausführungen nur sehr begrenzt – deshalb der Einspruch. Nach dieser Intervention und Klarstellung gibt Heiko den Erzählstein an Katrin weiter, die über ihren Pekinesen »Daysi« zu berichten weiß usw. Die Vielfalt der Beiträge und Vorkenntnisse ist beeindruckend.

Bemerkenswert an diesem über rund 20 Minuten laufenden Stuhlkreis-Gespräch ist gleich Mehreres: Erstens fällt auf, dass die SchülerInnen kaum zur Lehrerin, sondern überwiegend zu den MitschülerInnen hin sprechen; zweitens sprechen sie nicht nur frei, sondern in der Regel auch gut verständlich; drittens klappt die Weitergabe des Rederechts mittels Erzählstein recht reibungslos, viertens ist die Gesprächsdisziplin ausgesprochen beeindruckend; fünftens sind die unterschiedlichen Meldeformen (eine Hand hoch = normaler Redebeitrag, zwei Hände hoch = Einspruch/Kritik/Korrektur) offenbar gut eingespielt und sechstens ist die Breite der mündlichen Beteiligung nachgerade beispielhaft. Fast alle Schülerinnen und Schüler leisten kleine Beiträge, ohne dass ihnen irgendwelche Vielredner oder Besserwisser das Wort streitig machen. Und das ist im landläufigen Grundschulunterricht keineswegs selbstverständlich. Unverkennbar ist, dass die Kinder dieser Klasse mit diversen Gesprächsregeln und -ritualen eingehend vertraut sind und diese ebenso selbstbewusst wie routiniert anzuwenden verstehen. Ein Lob den verantwortlichen LehrerInnen!

- *Eine Lehrerin zieht Bilanz:* Wie wohltuend und hilfreich methodische Routinen dieser Art sind, geht nicht zuletzt aus dem nachfolgenden Statement einer Grundschullehrerin hervor, die sich nach anfänglichen Problemen mit ihrer Klasse recht konsequent der Methodenschulung verschrieben hat. »Sobald in der Grundschule ein neues Thema behandelt wird«, so weiß sie vor dem Hintergrund eigener Erfahrungen und Versuche mit ihren Drittklässlern zu berichten, »sind fast alle Schüler recht erwartungsvoll, gespannt und neugierig bei der Sache. Doch leider verfliegt diese Motivation oft sehr schnell, wenn ausdauerndes Arbeiten und methodisches Können gefragt sind. Durch das gezielte Üben einfacher Arbeitsmethoden wie Heftführung und Heftgestaltung, Lesen und Nachschlagen, Ausschneiden und Abheften, Ordnen und Ordnung halten, Unterstreichen und Markieren, Planen und Zeit einteilen konnte die Arbeitsdisziplin und Motivation der Kinder er-

heblich gefestigt werden. Auch im sozialen Bereich hat sich das gezielte Üben von freier Rede, Wort weitergeben, Blickkontakt halten und aktivem Zuhören im Doppelkreis recht positiv ausgewirkt. Gleiches gilt für das Arbeiten in Gruppen, das infolge verschiedener Team-Übungen inzwischen deutlich besser funktioniert als noch vor einem halben Jahr. Die Kinder helfen sich gegenseitig und beachten die Teamregeln, die gemeinsam geklärt und auf einem Plakat festgehalten wurden. Nicht zuletzt hat die Selbstständigkeit der Kinder zugenommen; sie gehen selbstbewusster an die Aufgaben heran und trauen sich eher etwas zu. So gesehen hat sich die zurückliegende Methodenschulung ganz gewiss gelohnt.«
Dem bleibt nur noch hinzuzufügen, dass diese Lehrerin in keiner Grundschule mit Schwerpunkt »Methodenlernen« unterrichtet, sondern eher als »Einzelkämpferin« ihren Weg sucht. Das ist zwar nicht optimal, führt aber offenbar doch zu beachtlichen Fortschritten und legt somit die Schlussfolgerung nahe, dass sich die Forcierung der Methodenschulung selbst unter widrigen Umständen lohnt.

2. Methodenschulung als Unterrichtsgegenstand

Unter Methodenschulung wird in diesem Buch verstanden, dass die Schülerinnen und Schüler in vielfältiger Weise Gelegenheit erhalten, elementare Fähigkeiten und Fertigkeiten im methodischen, kommunikativen und kooperativen Bereich einzuüben und durchdacht anzuwenden. Es geht also nicht nur um das »Lernen lernen«, wie von manchen Eltern verkürzt interpretiert und eingefordert, sondern auch und zugleich darum, dass den Kindern im weitesten Sinne des Wortes Methoden des eigenverantwortlichen Arbeitens und Lernens sowie des freien Redens, Argumentierens, Miteinander-Redens und Kooperierens im Tandem wie in der Gruppe vermittelt werden. Wie sich diese Methoden näher aufschlüsseln und konkretisieren lassen, geht aus Abbildung 2 hervor.

2.1 Die Strategie der kleinen Schritte

Wie die Methodenübersicht zeigt, sind die hier in Rede stehenden Methoden recht schmal zugeschnitten und können infolge dieser Elementarisierung im Unterricht in recht kleinen Portionen geübt und sukzessive gefestigt werden. Den SchülerInnen hilft es erfahrungsgemäß nämlich wenig, wenn sie vor komplexe Methoden wie Gruppenarbeit, Rollenspiel, Referat, Kreisgespräch, Lernkartei, Freiarbeit, Wochenplanarbeit, Stationenarbeit oder Projektarbeit gestellt werden, im Detail aber gar nicht wissen, welche Teilleistungen sie in welcher Weise erbringen sollen bzw. können. Im Zentrum dieses Buches stehen daher nicht die von Lehrerseite inszenierten »Makromethoden«, sondern in erster Linie die aus Abbildung 2 ersichtlichen »Skills« – Skills, die die SchülerInnen notwendig brauchen, wenn sie die besagten Makromethoden erfolgreich mit Leben füllen wollen. Denn z.B. Gruppenarbeit vorzusehen bedeutet ja noch nicht, dass auch tatsächlich Gruppenarbeit stattfindet. Oder Projektarbeit in den Unterrichtsplan aufzunehmen heißt noch keinesfalls, dass am Ende nicht doch ein mehr oder weniger straffer Lehrgang mit ausgeprägter Lehrer- und vergleichsweise geringer Schüleraktivität herauskommt. Ähnliches lässt sich auch für andere Makromethoden sagen. Viele dieser anspruchsvollen Lehr- und Lernverfahren scheitern schlicht daran, dass die SchülerInnen und Schüler über kein hinreichendes Methodenrepertoire im Kleinen verfügen.

Dass diese Einsicht nicht neu ist, ist ein offenes Geheimnis. Vielen Lehrkräften ist das eklatante Missverhältnis zwischen den genannten methodischen Hochformen und dem dürftig entwickelten Handwerkszeug ihrer SchülerInnen schon lange ein Dorn im Auge. Doch wie reagieren? In der Regel wird zum Mittel der methodischen Belehrung und/oder der sporadischen Übung und Anwendung gegriffen. In diesem Sinne hat es in der Vergangenheit immer wieder Versuche einzelner Lehrkräfte gegeben, mit den Kindern die eine oder andere Methode zu thematisieren. Der eine hat vielleicht am Montag eine einfache Tabelle zeichnen, der zweite am darauf folgenden Freitag einige Lernkärtchen zur Wiederholung des Lernstoffes schreiben und der dritte möglicherweise eine Woche später mehrere Tandem-Vorträge zum anstehenden Unterrichtsthema halten lassen. Sporadische Aktivitäten und Anforderungen dieser Art gehören in unseren Schulen durchaus zur Tagesordnung. Doch eine konzertierte Aktion mit regelmäßigem Üben, Anwenden, Reflektieren und Wiederholen der betreffenden »Mikromethoden« ist dabei selten herausgekommen. Das tradierte Methodenlernen war und ist eher zufällig, punktuell und daher in aller Regel auch höchst flüchtig und unwirksam geblieben. Und genau daran soll sich mit Hilfe dieses Buches etwas ändern.

Die hier verfolgte Strategie der kleinen Schritte setzt an verschiedenen Stellen an: bei der Unterrichtsvorbereitung der LehrerInnen genauso wie bei der Übungsarbeit mit den Kindern. Zunächst zur Übungsarbeit mit den Kindern: Kennzeichnend hierfür ist ein ebenso redundantes wie konsequentes Vorgehen im Unterricht. Denn die angeführten methodischen Verfahrens- und Verhaltensweisen müssen *kleinschrittig* angebahnt und von den Lernenden durch eigenes Erleben »be-griffen« werden. Das ist ein altbekannter lernpsychologischer Grundsatz, auf den im Rahmen des hier vertretenen Lernkonzepts großer Wert gelegt wird. Im Sportunterricht käme wohl niemand auf die Idee, die Kinder einer Grundschulklasse über die Technik des Hochsprungs via Lehrervortrag oder Film zu informieren und dann zu erwarten, dass diese über 1,20 Meter springen. Nein, es ist selbstverständlich, dass sich die SchülerInnen schrittweise vortasten und ihre praktischen Übungen so anordnen, dass bei niedrigen Höhen begonnen und die Bewegungsabläufe durch wiederholtes Springen sukzessive so automatisiert werden, dass nach und nach relative Höchstleistungen möglich werden. Dieses Prinzip der Kleinschrittigkeit und Redundanz gilt selbstverständlich auch für die Methoden-, Kommunikations- und Teamschulung. Wer nachhaltige Fortschritte und Erfolge in diesen Feldern erreichen will, der muss den Kindern in kleinen Schritten Sicherheit, Zielstrebigkeit und Methodenbeherrschung vermitteln und durch entsprechende Übungen und Reflexionen dazu beitragen, dass sie ihr persönliches Können erleben und bestätigt erhalten.

Zu dieser Strategie der Kleinschrittigkeit gehört aber noch ein Weiteres: nämlich das Prinzip der *Regelmäßigkeit*. Wenn die Kinder ihre methodischen Fähigkeiten und Fertigkeiten im Kleinen wie im Großen entwickeln sollen, dann müssen sie möglichst oft und konsequent entsprechend gefordert und gefördert werden. Das heißt, die korrespondierenden Übungen und Anwendungen müssen im Rahmen der Unterrichtsvorbereitung möglichst systematisch gesucht und eingeplant werden. Dieses planvolle Vorgehen zeigt sich in den betreffenden Grundschulen unter anderem darin, dass die in Abbildung 2 angeführten Lern-, Arbeits-, Kommunikations- und Kooperationstechniken in abgestufter Form auf die unterschiedlichen Jahrgangsstufen zugeordnet werden. Denn natürlich müssen in einer ersten Klasse andere Prioritäten gesetzt und verfolgt werden als in einer dritten oder vierten Klasse, weil u.a. die Schreib- und Lesefähigkeiten der Kinder noch völlig unterentwickelt sind. Gleichwohl kann und muss die Methodenschulung bereits in den ersten Klassen anlaufen – und zwar nicht nur zufällig und unverbindlich. Das Prinzip der Regelmäßigkeit gilt auch hier. Dann werden eben nicht Texte markiert, sondern vielleicht Bildelemente, Piktogramme und/oder bestimmte bekannte Wörter auf einem Arbeitsblatt

Was GrundschülerInnen können sollten	
Elementare Lern- und Arbeitstechniken	**Elementare Gesprächs- und Kooperationsmethoden**
Ausschneiden, Falten, Kleben etc.	Gängige Melderegeln beachten
Mit Lineal arbeiten/unterstreichen	Gehörtes wiedergeben können
Heftseiten übersichtlich gestalten	Laut und deutlich sprechen
Arbeitsplatz in Ordnung halten	Zusammenhängend erzählen
Arbeitsmaterial sorgsam nutzen	Vollständige Sätze verwenden
Hausaufgabenheft genau führen	Sachlich zutreffend berichten
Mit Inhaltsverzeichnis umgehen	Nach Satzmustern sprechen
Arbeitsanweisungen verstehen	Einen kleinen Vortrag halten
Arbeitsanweisungen umsetzen	Überzeugend argumentieren
In Büchern gezielt nachschlagen	Eigene Meinungen begründen
Wesentliches finden/markieren	Mitschüler gezielt befragen
Gesuchte Fakten rasch erlesen	Im Stuhlkreis aktiv mitmachen
Einfache »Eselsbrücken« bauen	Das Wort gezielt weitergeben
Piktogramme/Bilder anfertigen	Gesprächsleitung übernehmen
Begriffe/Bilder gezielt zuordnen	Gesprächspartner anschauen
Passende Überschriften finden	Andere Schüler ausreden lassen
Kerninformationen herausfiltern	Nähe im Doppelkreis aushalten
Tabellen/Schaubilder zeichnen	Partner zum Reden ermutigen
Gedächtnislandkarten erstellen	Bei Bedarf gezielt nachfragen
Schlüsselbegriffe markieren	Beim gestellten Thema bleiben
Passende Stichwörter notieren	Über Sprechangst offen reden
Strukturen bilden und zeichnen	»Außenseiter« mit einbeziehen
Fragen zum Lernstoff entwickeln	Regelverstöße offen ansprechen
Frage-Antwort-Karten erstellen	Das Losverfahren akzeptieren
Mit Lernkartei gezielt arbeiten	Den Gruppenmitgliedern helfen
Plakate und Folien gestalten	Andere Ideen/Vorschläge zulassen
Einfache Gliederung erstellen	Auf zügige Gruppenarbeit achten
Nach Stichworten Text schreiben	Die Arbeit in der Gruppe aufteilen
Arbeitszeit geschickt einteilen	Die bekannten Rollen akzeptieren
Zielstrebig planen und arbeiten	Als »Regelbeobachter« fungieren
Die Bibliothek der Schule nutzen	(Selbst)kritisch Feedback geben
(Versuchs-)Ablauf protokollieren	Im Konfliktfall geschickt vermitteln
Lehrer(kurz)vortrag mitschreiben	Ergebnisse kooperativ präsentieren
Zu Wahlthema Referat anfertigen	Teamfähigkeit gelegentlich bewerten
etc.	

Abb. 2

gesucht und mittels Marker oder sonstiger Farbstifte optisch hervorgehoben. Das ist dann zwar keine selektive Textarbeit im strengen Sinne des Wortes, wohl aber ein wichtiger Schritt in Richtung Reduktion und Visualisierung von Kerninformationen. Gesetzt den Fall, derartige Übungen werden in jeder Unterrichtswoche mehrfach durchgeführt und gemeinsam ausgewertet, besprochen und optimiert, dann trägt dieses ganz unstrittig dazu bei, dass die Kinder bereits in einem Frühstadium ihrer schulischen Laufbahn Methodenbewusstsein und methodische Routinen erwerben.

Selbstverständlich ist die zu übende Methodenpalette in den beiden ersten Klassen noch sehr viel weiter gespannt. Nach Anweisung ausschneiden, falten, kleben, lochen und abheften, Heftseiten übersichtlich gestalten, Ordnung am Arbeitsplatz/im Fach/im Ranzen halten, Hausaufgabenheft führen, einfache Lernregeln aufstellen, geschickt auswendig lernen, Karteikarten beschriften, einfachen Arbeitsplan entwickeln und protokollieren, Piktogramme und Symbole lesen und verstehen, selbst einfache Visualisierungen (Bilder, Symbole, Plakate etc.) herstellen, nach dem Alphabet nachschlagen, Oberbegriffe kennen und zuordnen, Begriffe/Bilder in einen Zusammenhang bringen (strukturieren), Arbeitsanweisungen erfassen und erklären, im Doppelkreis frei erzählen, zuhören und andere ausreden lassen, laut und deutlich sprechen, Gehörtes wiedergeben, aufeinander eingehen, Blickkontakt aufnehmen und halten können, beim Thema bleiben, Gesprächsregeln gemeinsam erstellen ..., diese und andere elementare Fähigkeiten und Fertigkeiten können und müssen in den beiden ersten Grundschulklassen verstärkt eingeübt und gefestigt werden (vgl. dazu auch die Praxisberichte in Kapitel IV, Abschnitt 7). Diese forcierte Übungsarbeit ist selbstverständlich in den Jahrgangsstufen drei und vier mit gesteigertem Anspruch und erweitertem Methodenspektrum fortzuführen. Welche Akzente dabei gesetzt werden können, lässt sich aus der Methodenpalette in Abbildung 2 ersehen. Zwar ist dieser Anspruch im Kern nicht wirklich neu, wohl aber ist die Art, Häufigkeit und Regelmäßigkeit, mit der ihm gemäß der hier vertretenen Konzeption Rechnung getragen wird, ein ziemliches Novum. Denn Methodenlernen ist an unseren Schulen bislang eher »pädagogisches Beiwerk« und nicht profilierter Lerngegenstand im Sinne dieses Buches.

Kennzeichnend für die besagte Methodenschulung ist also, dass das methodenzentrierte Lehren und Lernen phasenweise ins Zentrum der Unterrichtsarbeit gerückt wird. Mit anderen Worten: Das Unterrichtsgeschehen kreist in den betreffenden Lernphasen mehr oder weniger stark um das methodische Vorgehen der SchülerInnen, um ihre Unsicherheiten und Defizite, ihre Anfragen und positiven Ansätze zur Verbesserung der eigenen Arbeits-, Kommunikations- und Kooperationsstrategien. Dementsprechend werden ausgewählte Übungen durchgeführt, unterschiedliche Vorgehensweisen erprobt und verglichen, auftretende Probleme besprochen, Regeln erarbeitet und geklärt, persönliche Tipps ausgetauscht und von Lehrerseite natürlich auch konkrete Anregungen gegeben. So gesehen wird das Arbeits-, Kommunikations- und/oder Kooperationsverhalten der SchülerInnen in diesen Phasen zum gewichtigen Lerngegenstand – neben den Inhalten selbstverständlich, denn diese sind bei all diesen methodischen Übungen und Anwendungen natürlich mit im Spiel (vgl. dazu die Trainingshandbücher: Klippert 1994, 1995, 1998, 2000 und 2001).

Zuständig für die Vorbereitung der besagten Methodenschulung sind in aller Regel Lehrerteams, bestehend aus zwei bis vier methodisch interessierten und engagierten Lehrkräften der jeweiligen Jahrgangsstufe/n (Jahrgangsteams, Stufenteams). Der Vorteil dieser Teambildung und Teamarbeit ist, dass sich auf diese Weise in aller Regel ein deutliches Mehr an Ideen, Rückendeckung und praktischer Arbeitsteilung sicherstellen lässt, als dieses unter den Bedingungen des »Einzelkämpfertums« möglich ist (vgl. dazu auch Kapitel IV). Diese potenziellen Vorzüge der Teamarbeit kommen allerdings nur dann wirklich zum Tragen, wenn es die betreffenden Lehrkräfte auch verstehen, das Methodenlernen der Kinder so zu arrangieren, dass es möglichst zeit- und arbeitsökonomisch vorzubereiten und durchzuhalten ist. Denn andernfalls besteht zumindest auf längere Sicht die Gefahr der Überforderung. So gesehen verlangt eine erfolgreiche Vorbereitung und Umsetzung der anvisierten Methodenschulung im Primarbereich sowohl die angeratenen »kleinen Schritte« als auch und zugleich die Beachtung des »ökonomischen Prinzips« im Rahmen der Unterrichtsvorbereitung.

Diese ökonomische Vorgehensweise ist am ehesten dadurch sicherzustellen, dass die betreffenden methodischen Übungen und Klärungen ganz vorrangig mit den Büchern und sonstigen Medien bestritten werden, die in der Schule allgemein eingeführt sind. Denn je mehr Arbeitsblätter und sonstige Lernhilfen von den Lehrkräften extra hergestellt werden müssen, desto größer ist die Gefahr, dass das anvisierte Methodenlernen infolge von Arbeitsüberlastung bereits im Keim erstickt wird, bevor es richtig angelaufen ist. Warum also nicht die Kinder mit gängigen Schulbüchern, Filmen, Tafelbildern, Lehrererzählungen, Wörterbüchern, Bilderbüchern, Lernspielen, Lexika, Atlanten, Arbeitsheften, Arbeitsanweisungen, Folien, Schaubildern, Texten, Fotos, Piktogrammen, Arbeitsblättern, Karteikarten, Stichwörtern, Rätseln, Gegenständen, Baukästen, Mathematikaufgaben, Fragebögen und anderen Medien in vielseitiger Weise methodenzentriert arbeiten und üben lassen!? Das macht relativ wenig Arbeit und gewährleistet dennoch eine kräftige Ausweitung der angemahnten Methodenpflege. Die Beispiele und Lernspiralen in Kapitel II machen dieses deutlich (vgl. dazu auch Klippert 2001).

Fazit: Das hier anvisierte Methodenlernen ist in den Grundschulen fraglos machbar und erfolgversprechend zu forcieren – auch unter den bekannt restriktiven Bedingungen des Schulalltags. Voraussetzung ist allerdings, dass die verantwortlichen Lehrkräfte die genannten Grundprinzipien beachten und elementar genug ansetzen (vgl. Abbildung 2), das Gebot der kleinen Schritte beherzigen, für die nötige Regelmäßigkeit der Übungen, Reflexionen und Anwendungen sorgen und sich last but not least am zuletzt genannten Prinzip der »ökonomischen« Unterrichtsvorbereitung und -gestaltung orientieren. Wenn dies alles zudem in konzertierter Weise – in Teams – geschieht und Schulleitung und Eltern einigermaßen engagiert dahinter stehen, dann sollte es ohne größere Kapriolen möglich sein, die in Abschnitt 1 skizzierten methodischen Defizite und Unsicherheiten vieler Schülerinnen und Schüler recht nachhaltig zu verringern.

2.2 Eigenverantwortliches Arbeiten

Dreh- und Angelpunkt der angestrebten neuen Lernkultur ist das eigenverantwortliche Arbeiten und Lernen der Kinder, kurz »EVA« genannt (vgl. Abbildung 3). Untermauert und gestützt wird diese »EVA-Kultur« durch die im letzten Abschnitt skizzierte Methoden-, Kommunikations- und Teamschulung. Denn nur wenn die SchülerInnen bereit und in der Lage sind, einigermaßen durchdacht und routiniert zu lernen, zu planen, zu organisieren, zu recherchieren, zu strukturieren, zu kommunizieren, zu präsentieren, zu kooperieren etc., dann werden sie auch mit EVA zurechtkommen. EVA selbst setzt bei relativ einfachen Lerntätigkeiten ein und wird mit steigendem Alter und wachsender Routine der SchülerInnen zunehmend anspruchsvoller und komplexer. Zu den vergleichsweise einfachen Operationen zählt alles, was mit simplen Verfahren der Informationsbeschaffung zu tun hat. Hierunter fällt zum Beispiel das Suchen bestimmter Sachinformationen/Begriffe/Daten in einem Text, einem Schaubild, einer Tabelle, im Schulbuch, im Lexikon, im Atlas, im Computer oder beispielsweise in der Bibliothek. Indem die jeweilige Lehrperson entsprechende Fragen oder Suchaufgaben vorgibt, werden die SchülerInnen gleichsam auf »Entdeckungsreise« durch das jeweilige Medium geschickt und lernen auf diese Weise das selektive Erlesen und Verknüpfen von Informationen sowie das Anwenden einfacher Arbeitstechniken wie Markieren, Nachschlagen, Arbeitsanweisungen befolgen und Wesentliches erfassen.

Gleiches gilt, wenn den SchülerInnen zum jeweiligen Thema bzw. Material aufgetragen wird, erschließende Fragen zu formulieren, Lernkärtchen zu erstellen, ein Quiz durchzuführen, im Doppelkreis zu erzählen/zu berichten oder einfache Gesprächsregeln zu beachten Auch das Nacherzählen eines bestimmten Textes, das Erläutern eines Schaubildes, das Interpretieren einer Zeichnung oder das Kommentieren einer These in Partner- oder Kleingruppenarbeit gehören zu diesen relativ einfachen Aufgaben und Anforderungen im Rahmen des EVA-Unterrichts. Ja selbst so elementare Lerntätigkeiten wie das Ausfüllen eines Arbeitsblattes, das Zeichnen eines Kurvendiagramms oder das Ausschneiden, Anmalen, Zusammensetzen und Aufkleben eines Lernpuzzles haben – je nach Altersstufe – ihren berechtigten Stellenwert. Denn sie lenken die Aufmerksamkeit der SchülerInnen auf den jeweiligen Lerngegenstand und sorgen zudem dafür, dass elementare Arbeitstechniken zur Anwendung gelangen. Des Weiteren bahnen sie den sachlichen Klärungsprozess in der Weise an, dass die SchülerInnen die besagten Puzzleteile bewusst lesen, kombinieren, ordnen und während oder nach dieser Klärungsarbeit vertiefende Gespräche mit den MitschülerInnen führen. Von daher sind selbst sehr simple Arbeitsaufgaben und Arbeitsblätter alles andere als bloßer Aktionismus. Sie induzieren Nachdenken, Gespräche und damit auch Lernen!

Nur darf die schulische Bildungsarbeit nicht bei derartigen Lernaufgaben stehen bleiben, sondern muss die Anforderungen sukzessive so steigern, dass die unterschiedlichen Begabungen in der jeweiligen Klasse angemessen zur Geltung kommen können. So gesehen haben natürlich auch anspruchsvollere Gruppenarbeiten, Versuche, Wochenpläne, PC-Recherchen, Präsentationen, Rollenspiele und selbstverständlich auch Projekte ihren Platz. Nur muss klar sein, dass diese Hochformen des EVA-Unterrichts von den SchülerInnen eine ganze Menge verlangen, was sie unter Umständen noch nicht beherrschen. Die verbreiteten Vorbehalte, die Lehrerinnen und Lehrer immer wieder z.B. gegenüber Gruppenarbeit und Projektarbeit vorbringen, sind ein unmissverständliches Indiz dafür, dass dem Gros der SchülerInnen das methodische, kommunikative und teamspezifische Handwerkszeug für derartige Lernarrangements offenbar noch weithin fehlt. Diese Überforderungsgefahr gilt insbesondere für die fächerübergreifende Projektarbeit.

Das neue Haus des Lernens im Überblick

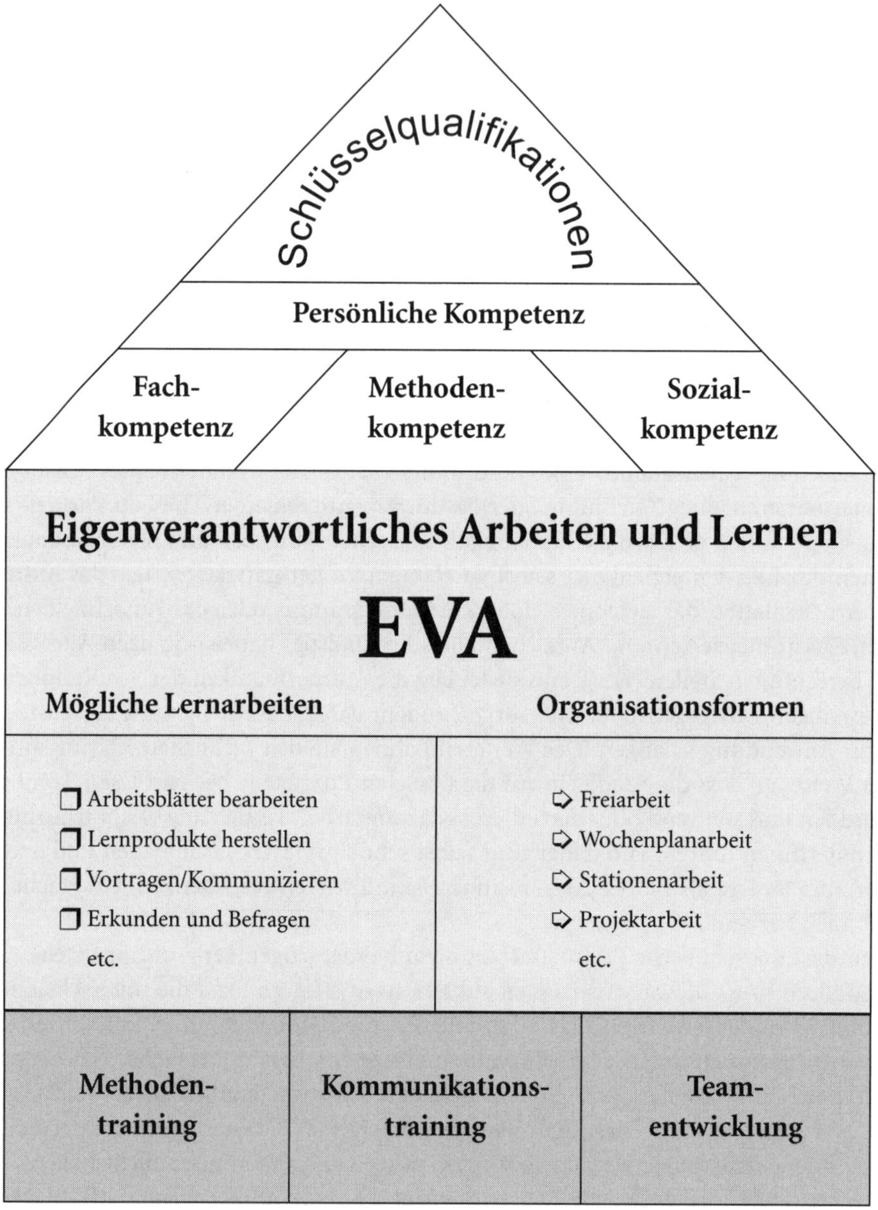

Abb. 3

Die Kernziele des skizzierten eigenverantwortlichen Arbeitens und Lernens lassen sich wie folgt umreißen: Zunächst einmal geht es darum, die Schülerinnen und Schüler im Unterricht vielschichtiger und nachhaltiger zu fordern und zu fördern., als das bislang in der Regel der Fall ist. Spätestens seit PISA wissen wir: Die deutschen Kinder sind zu unselbstständig, denken zu wenig, lernen zu sehr nach »Schema F«, tun sich schwer mit dem Erschließen und Anwenden von Wissen und sind nur unzureichend in der Lage, mit kniffligeren Knobel- und Problemlöseaufgaben umzugehen. Die hier in Rede stehende Forcierung des eigenverantwortlichen und methodenzentrierten Arbeitens und Lernens zielt u.a. auf die Behebung dieser Defizite – und dies gleich in doppelter Hinsicht: Erstens trägt die vielseitige individuelle und kooperative Lernarbeit der Kinder dazu bei, dass sie fachlich wie methodisch souveräner werden und den betreffenden Lernstoff nachhaltiger im Gedächtnis verankern. Zweitens werden die angesprochenen Lern-, Arbeits-, Kommunikations- und Kooperationstechniken derart intensiv und vielschichtig geübt, dass die SchülerInnen relativ zügig tragfähige methodische Routinen entwickeln. So gesehen trägt die anvisierte »EVA-Lernkultur« zur Intensivierung und Erweiterung des fachlichen Lernens bei.

Die zweite Zielebene betrifft die Lehrerinnen und Lehrer direkt. Viele von ihnen sind nachweislich stark damit belastet, dass das Gros der Schülerinnen und Schüler mit ziemlicher Hilflosigkeit, Interesselosigkeit und Disziplinlosigkeit reagiert, wenn anspruchsvollere EVA-Aufgaben angesagt sind. In dem Maße nun, wie die in diesem Buch vorgeschlagene Methodenschulung im Unterricht greift, werden diese Belastungen natürlich reduziert. Und zwar zum einen dadurch, dass das kleinschrittige, konsequente und regelmäßige Praktizieren von EVA nach und nach dazu führt, dass die SchülerInnen selbstständiger, zielstrebiger, disziplinierter und methodenbewusster werden und entsprechend konstruktiv an die Arbeit gehen. Die zweite Entlastungskomponente schließlich ergibt sich aufgrund der ausgeprägten Kommunikations- und Teampflege, wie sie mit EVA verbunden ist. Die SchülerInnen lernen als Helfer und Miterzieher zu wirken und in diesem Sinne Verantwortung für den laufenden Arbeitsprozess zu übernehmen – egal, ob sie nun alleine, in Tandems oder in Gruppen arbeiten müssen. Diese erweiterte Sozialkompetenz befreit die Lehrerkräfte von dem Zwang, ständig kontrollieren, kritisieren, korrigieren und disziplinieren zu müssen. Und der dritte Entlastungseffekt schließlich hängt eng damit zusammen, dass die Lehrkräfte nach dem hier formulierten Verständnis verstärkt Teamarbeit betreiben und dadurch ein Stück Entlastung erfahren. Diese Teamarbeit ermöglicht und gewährleistet in der Regel ein wohltuendes Maß an Arbeitsteilung, Ideenreichtum und wechselseitiger Ermutigung. Das ist angesichts des angesprochenen Bedarfs an neuen bzw. veränderten Lernarrangements und -materialien nicht ganz unwichtig. Allerdings muss die besagte Teamarbeit in den meisten Schulen erst noch ernsthaft in Gang kommen (vgl. Kapitel IV).

Die dritte Zielebene betrifft die schulorganisatorischen Rahmenbedingungen, die sich bei konsequenter Umsetzung des hier vertretenen Lehr-/Lernkonzepts ebenfalls verändern und weiterentwickeln müssen. Das beginnt bei veränderten Stoffplänen, Lehrmitteln und Prüfungsmodalitäten und reicht über die EVA-freundliche Gestaltung von Klassenräumen, Sitzordnung und Ressourcenverteilung bis hin zur spezifischen Ausrichtung des Lehrereinsatzes, der (schulinternen) Lehrerfortbildung, der Konferenzarbeit sowie der Eltern- und Öffentlichkeitsarbeit an den Erfordernissen der skizzierten »EVA-Lernkultur«. Natürlich muss nicht all dieses auf einmal in Angriff genommen werden; aber ein gezieltes, couragiertes und Mut machendes Innovationsmanagement in Sachen EVA und Methodenschulung darf in seiner Bedeutung und unterstützenden Wirkung nicht unterschätzt werden.

Der skizzierte EVA-Unterricht verlangt freilich nicht nur ein Mehr an Schüleraktivierung und Methodenorientierung, sondern auch und zugleich eine veränderte Lehrerrolle im Unterricht. Die Lehrpersonen werden stärker zu Lernorganisatoren, Lernberatern und Moderatoren schülerzentrierter Lernprozesse. Dementsprechend muss sich auch die Haltung gegenüber den Kindern verändern. Egal, ob Arbeitsblätter zu bearbeiten, Lernprodukte zu erstellen, fachlich-methodische Probleme zu lösen, Zeichnungen anzufertigen, Texte zu markieren, Doppelkreis-Gespräche zu führen, kleine Vorträge zu halten, Plakate zu gestalten, einfache Versuche aufzubauen, Rollenspiele durchzuführen oder bestimmte Informationen mit Hilfe des Computers zu recherchieren sind – stets müssen die betreffenden Lehrkräfte bereit sein, den SchülerInnen entsprechende Verantwortung zu übertragen und Mut zu machen, eigenverantwortlich zu arbeiten und zu experimentieren. Mit anderen Worten: Sie müssen ihnen etwas zutrauen und zumuten (vgl. Abbildung 4). Sie müssen geeignete Lernsituationen arrangieren, die den SchülerInnen Freiraum lassen und angemessene Verantwortung übertragen. Sie müssen Fehler und Lernumwege zumindest im Ansatz zulassen, weil andernfalls offenes, schülerzentriertes Arbeiten leicht zur Farce wird. Geführt wird also primär durch Rahmenvorgaben (Ziel-, Zeit-, Material-, Organisationsvorgaben) und weniger durch Detailanweisungen und Detailkontrollen. Diese Organisations- und Moderationsaufgabe ist den meisten Lehrkräften bislang eher unzureichend vertraut, da sie in der Regel weder während ihrer eigenen Schulzeit noch im Rahmen ihrer Ausbildung intensivere Erfahrungen damit sammeln konnten. Von daher empfehlen sich für die interessierten Lehrkräfte möglichst konkrete Übungen und Hospitationen, die diesem Erfahrungsmangel entgegenwirken können.

Selbstverständlich hat dieser veränderte Führungsstil der Lehrkräfte auch Konsequenzen für die Rolle der SchülerInnen im alltäglichen Schulbetrieb. Denn wenn die Lehrkräfte defensiver agieren und stärker Arbeit und Verantwortung delegieren, dann müssen die SchülerInnen zwangsläufig aktiver und offensiver werden (vgl. Abb. 4). Dementsprechend arbeiten die SchülerInnen im Rahmen des EVA-Unterrichts verstärkt selbstständig und selbst organisiert. Sie planen und gestalten. Sie lösen Probleme und tun dies alles möglichst oft in Kooperation mit anderen Schülerinnen und Schülern. Auf diese Weise intensivieren sie nicht nur ihr eigenes Lernen, sondern entwickeln auch und zugleich ein Mehr an Kommunikations- und Teamfähigkeit. Dass davon nicht zuletzt der Offene Unterricht profitiert, steht außer Frage. Nähere Überlegungen und Begründungen zur Relevanz des skizzierten EVA- und Methodenprogramms werden in Abschnitt 3 dieses Kapitels dargelegt.

Veränderte Lehrer- und Schülerrolle

Der Lehrer …

- ⇒ traut den Schülern etwas zu
- ⇒ organisiert und moderiert
- ⇒ berät die Schüler (defensiv)
- ⇒ führt durch Zielvorgaben
- ⇒ lässt Fehler und Lernumwege zu

etc.

EVA

Methodentraining

Kommunikationstraining

Teamtraining

Die Schüler …

- ⇒ übernehmen Verantwortung
- ⇒ arbeiten selbstständig
- ⇒ kooperieren in Gruppen
- ⇒ planen und gestalten
- ⇒ lösen Probleme

etc.

führt zu mehr …

- ⇒ Selbstständigkeit
- ⇒ Problemlösungsfähigkeit
- ⇒ Methodenbeherrschung
- ⇒ Sozialkompetenz
- ⇒ Eigeninitiative

- ⇒ Fachkompetenz
- ⇒ Organisationsfähigkeit
- ⇒ Verantwortungsgefühl
- ⇒ Lernbereitschaft
- ⇒ Lernerfolg

Abb. 4

2.3 Das kleine Einmaleins des Trainings

Wie bereits angedeutet, lässt sich die hier in Rede stehende Methodenschulung in zwei Rubriken unterteilen: die *Methodenpflege* in den Fächern sowie das gesonderte *Methodentraining* im Rahmen spezifischer Intensivphasen. Während die Möglichkeiten der fachimmanenten Methodenpflege im übernächsten Abschnitt näher unter die Lupe genommen werden, geht es in diesem Abschnitt zunächst einmal darum, einige gängige Varianten des Methodentrainings vorzustellen. Kennzeichnend für dieses Methodentraining ist, dass in bestimmten Phasen des Unterrichts einzelne Lern-, Arbeits-, Kommunikations- und/oder Kooperationstechniken ins Zentrum der Unterrichtsarbeit gerückt werden und gewollt Vorrang vor der erschöpfenden Behandlung der je anstehenden Inhalte erhalten. Diese gelegentliche Prioritätensetzung zugunsten des methodischen Übens, Wiederholens, Reflektierens und Regeln-Entwickelns hat sich in der Praxis als recht hilfreich erwiesen, da die SchülerInnen auf diese Weise Zeit und Gelegenheit erhalten, die jeweilige/n Methode/n vielseitig auszuleuchten, anzuwenden und sich dadurch einen relativ eingängigen Überblick über alternative methodische Vorgehensweisen zu verschaffen. Eine derartige Methodenklärung ist erfahrungsgemäß dann nicht zu erreichen, wenn immer und überall die Inhalte übermächtig im Vordergrund stehen und erschöpfend zu behandeln sind. Diese Dominanz der Inhalte verstellt den Blick für die Wertigkeit und die praktischen Feinheiten der Methodik. Das gilt für den Bereich der Arbeitstechniken genauso wie für die kommunikativen und kooperativen »Skills«.

Dass diese forcierte Methodenschulung keinesfalls zu Lasten des fachlichen Kompetenzerwerbs geht, wird inzwischen kaum noch bestritten. Zwar mag in den methodenzentrierten Übungsphasen gelegentlich etwas weniger Lernstoff durchgenommen werden; diese »Investition« zahlt sich mittel- und längerfristig jedoch eindeutig aus. Denn je besser die SchülerInnen gelernt haben, den Lernstoff sinnfällig zu verarbeiten, anzuwenden und zu vernetzen, desto nachhaltiger können sie ihn auch speichern und behalten. Oder anders ausgedrückt: Je kompetenter sie den je anstehenden Lernstoff zu exzerpieren und zu visualisieren verstehen, je zügiger und durchdachter es ihnen gelingt, Informationen nachzuschlagen und selektiv zu lesen, Fragen zu stellen und präzise zu argumentieren, Lernkärtchen anzulegen und planvoll zu üben, folgerichtig zu schreiben und Mindmaps zu erstellen, Ordnung zu halten und die eigene Arbeit zu organisieren, aktiv zuzuhören und konstruktiv mit anderen zu sprechen, in Gruppen zu arbeiten und Ergebnisse gut zu präsentieren, Probleme zu lösen und vereinbarte Regeln einzuhalten ..., in dem Maße werden sie auch das eigene Lernen effektiver und nachhaltiger gestalten können. So gesehen sind Methodentraining und inhaltlich-fachliches Lernen aufs Engste miteinander verwoben und im alltäglichen Unterricht notwendig als Einheit zu betrachten und zu behandeln.

Die praktische Umsetzung der angedeuteten Trainingsarbeit kann im Schulalltag unterschiedlich aussehen, je nachdem, wie breit der Konsens in Sachen Methodentraining ist und wie offen Schulleitung und Lehrkräfte gegenüber der Durchführung mehrtägiger »Crashkurse« zum einen oder anderen Methodenfeld sind. Unstrittig ist, dass derartige Intensivphasen sinnvoll und lohnend sind, weil sie den betreffenden SchülerInnen relativ breite und intensive Methodenerfahrungen ermöglichen und auf diese Weise dazu beitragen, dass diese SchülerInnen in der Regel einen bemerkenswerten »7. Sinn« für methodische Fragen und Verfahrensweisen entwickeln. Diese Routinebildung ist bei kurzzeitigen Trainingsphasen bis zu einem Tag natürlich schwer zu erreichen, obwohl selbstverständlich auch kürzere methodenzentrierte Trainingseinheiten ihren Sinn und ihre Berechtigung haben können. Das gilt vor allem dann, wenn die SchülerInnen bereits über eine gewisse methodische Grundorientierung verfügen und sich ihr Trainingsbedarf von daher vor allem darauf erstreckt, bestimmte methodische Fähigkeiten und Fertigkeiten zu vertiefen und zu erweitern.

Kennzeichnend für die *kurzzyklische Trainingsarbeit* ist das Angebot separater Unterrichtsstunden mit methodischem Schwerpunkt. Die betreffenden SchülerInnen durchlaufen bestimmte Übungen, erhalten Gelegenheit zur Reflexion und Regelklärung und können sich auf diese Weise mit Unterstützung ihrer Lehrkräfte bestimmte methodische Einblicke und Kenntnisse verschaffen. So kann es zum Beispiel sein, dass ...

- die SchülerInnen im Rahmen ihres Wochenplans die eine oder andere methodische Übung samt »programmierter« Auswertung durchlaufen;
- ein gesondertes ein- bis zweistündiges Fach »Methodenlernen« in der Stundentafel der Schule verankert und Woche für Woche abgearbeitet wird;
- ein methodenzentrierter Lernzirkel zu einem bestimmten methodischen Schwerpunkt vorbereitet und im Block von vielleicht zwei bis drei Unterrichtsstunden realisiert wird;
- einzelne Lehrkräfte einschlägige Arbeitsgemeinschaften zum einen oder anderen Methodenfeld anbieten und in diesem Rahmen einstündig pro Woche spezielle methodische Übungen durchspielen und auswerten;
- Sprechstunden für Kinder mit spezifischen Schwierigkeiten im methodischen Bereich angeboten und z.B. einmal pro Woche abgehalten werden;
- ein gesondertes Lerntagebuch eingeführt und von den betreffenden Klassen in speziell dafür reservierten Wochenstunden ausgefüllt und gegebenenfalls zum Anlass für eine gezielte Methodenreflexion genommen wird;
- im Rahmen etwaiger Freiarbeitsphasen ein methodenspezifischer Arbeitsplatz mit entsprechenden Arbeitsblättern, Spielen und sonstigen geeigneten Medien vorgehalten wird;
- ein methodenzentrierter Projekttag ein- oder mehrmals pro Jahr organisiert wird, der den SchülerInnen Gelegenheit zum intensiven Kennenlernen bestimmter Lern-, Arbeits- und/oder Interaktionsmethoden gibt.

Kennzeichnend für diese kurzzyklische Trainingsarbeit ist also zum einen die zeitliche Begrenzung auf maximal einen Schulvormittag, zum zweiten die verbindliche Methodenorientierung in dem Sinne, dass das Methodenlernen der Kinder im Zentrum des Unterrichts steht und den eigentlichen Lerngegenstand bildet, und zum dritten schließlich die konsequente Koppelung von Übung, Reflexion, Regelklärung und evtl. erneuter Übung (Redundanz!).

Diese letztgenannten Eckpunkte sind natürlich auch für das *mehrtägige Methodentraining* gültig. Nur mit dem Unterschied, dass dieses Training auf regelrechte »Crashkurse« mit einer relativ breiten Palette an Methoden und ineinander greifenden Übungen und Reflexionen abstellt. Diese mehrtägigen »Crashkurse« erstrecken sich in der Regel über drei bis fünf Unterrichtstage und sind so organisiert, dass die SchülerInnen pro Tag drei bis vier Stunden mit konsequentem Methodentraining verbringen. Unterbrochen bzw. aufgelockert werden diese Trainingsphasen durch Sport, Bewegungsspiele oder sonstige geeignete Entspannungsübungen. Auch ein vorzeitiger Unterrichtsschluss nach der fünften Stunde ist durchaus üblich und anzuraten. Denn die gängige Trainingsarbeit ist für die SchülerInnen in aller Regel recht anstrengend; sie sind während der laufenden Übungen, Präsentationen und Reflexionen im Prinzip ständig mit hoher Konzentration und Verbindlichkeit gefordert. Dieser »Stress« ist einerseits zwar durchaus motivierend und ermutigend; andererseits hat sich in den Erprobungsschulen aber auch gezeigt, dass die Kinder einen gewissen Wechsel von Anspannung und Entspannung verlangen und brauchen, wenn sie nicht irgendwann über Tische und Bänke gehen sollen. Von daher ist eine kindgemäße Rhythmisierung des Trainings angezeigt.

»Crashkurse« der angedeuteten Art sind für Lehrerinnen und Lehrer der Primarstufe bislang eher ungewohnt; gleichwohl haben sie sich in einer Reihe von Grundschulen – insbesondere in Nordrhein-Westfalen – zwischenzeitlich recht gut bewährt. Der Unterricht folgt in diesen Schulen während der besagten Trainingstage nicht der gewohnten Stundentafel, sondern ist so akzentuiert, dass die jeweilige Klasse speziell vorbereitete Trainingsspiralen zum Bereich Arbeitstechniken oder Kommunikationstechniken oder Teamentwicklung durchläuft (vgl. die Übersicht in Abbildung 5). Dazu werden unterschiedliche Materialien und Übungsarrangements vorbereitet und eingesetzt, die den betreffenden Schülerinnen und Schülern vergleichsweise differenzierte Einblicke ins jeweilige Methodenfeld ermöglichen. Die Kinder sammeln diesbezüglich praktische Erfahrungen, machen vielleicht auch Fehler, entdecken Unsicherheiten, stellen Fragen, besprechen Unklarheiten, probieren Alternativen aus und verbessern/optimieren auf diese Weise nach und nach ihr gängiges Arbeits-, Kommunikations- und/oder Teamverhalten. Die zuständigen Lehrerinnen und Lehrer sind in diesem Prozess in erster Linie Moderatoren, Organisatoren und Lernberater.

Wie die besagten Trainingsspiralen von ihrem Grundriss her aufgebaut sind, zeigt Abbildung 5. Danach beginnt jede Trainingsspirale grundsätzlich damit, dass die SchülerInnen zur Einstimmung Gelegenheit erhalten, über die jeweilige Methode (z.B. Markieren) kurz nachzudenken, ihre persönlichen Vorkenntnisse und Vorerfahrungen zu rekapitulieren und sich darüber mit dem einen oder anderen (Zufalls-)Partner auszutauschen. Die zweite Etappe der Trainingsspirale sieht so aus, dass zur Schaffung einer gemeinsamen Erfahrungsgrundlage eine einschlägige Übung durchgeführt wird, die den SchülerInnen Aufschluss darüber gibt, ob und inwieweit sie das betreffende methodische Verfahren bereits beherrschen oder nicht. Die dabei gemachten Erfahrungen werden im dritten Trainingsschritt näher reflektiert, und zwar so, dass von der Einzelarbeit über die Partner- und/oder Gruppenarbeit bis hinein ins Plenum besprochen und geklärt wird, was geklappt hat und was eventuelle Probleme bereitet hat. Auf der Basis dieser Reflexionsphase werden im vierten Trainingsschritt einige Regeln ermittelt und festgehalten, die bei der Anwendung der betreffenden Methode beachtet werden sollten. Auch diese Regelklärung kann mittels unterschiedlicher Sozialformen erfolgen. Im fünften Trainingsschritt werden

Trainingsspirale

zur Förderung methodischer Fähigkeiten und Fertigkeiten
(z.B. zum Thema »Markieren lernen«)

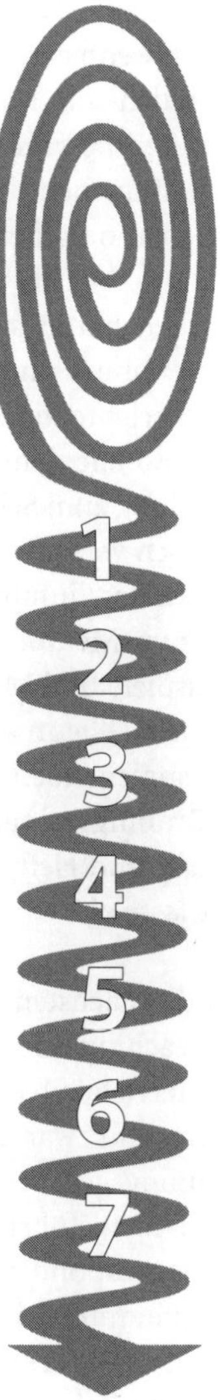

Phase	Trainingsschritt	Sozialform
1	**Sensibilisieren** Vorwissen/Voreinstellungen/ Vorerfahrungen bewusst machen	EA⇒PA
2	**Konkrete Übung** die betreffende Methode versuchsweise durchspielen	EA
3	**Reflektieren** Erfahrungen und Probleme auswerten und besprechen	EA⇒PA⇒GA⇒Pl
4	**Regeln klären** wichtige Regeln und Tipps feststellen und festhalten	EA⇒PA⇒GA⇒Pl
5	**Regeln anwenden** neuerliche Übung regel- gebunden durchführen	EA
6	**Strategie verfeinern** das Vorgehen erneut über- denken und ggf. revidieren	EA⇒GA⇒Pl
7	**Routine festigen** weitere gezielte Anwendungen (i.d.R. im Fachunterricht)	EA⇒GA⇒Pl

⇒ *Erstellt in Anlehnung an den Entwurf von A. Röttger und P. Schnelle (vgl. ferner Klippert 1995, S. 44).*

Abb. 5

sodann die gewonnenen Regeln und Vorsätze im Rahmen einer weiteren Übung gezielt angewandt und »getestet«. Hakt es erneut, so wird im sechsten Trainingsschritt nochmals problematisiert und reflektiert, was wie besser gemacht werden kann. In der siebten Trainingsphase schließlich können weitere einschlägige Übungen und Anwendungen mit dem Ziel durchgeführt werden, die entstandenen methodischen Routinen weiter zu festigen. Dieses Ablaufmuster bedeutet freilich nicht, dass alle Trainingsspiralen zwingend über sieben und mehr Stufen laufen müssen, denn zum Teil haben die Kinder bereits nach der fünften Etappe den nötigen Durchblick erreicht. Wohl aber verweist die skizzierte Schrittfolge darauf, dass eine gewisse Systematik und Konsequenz vonnöten ist, wenn eine nachhaltige methodische Übung und Klärung auf Schülerseite erreicht werden soll. Mit den gängigen methodischen Appellen und/oder Empfehlungen der Lehrkräfte ist den meisten Schülerinnen und Schülern auf jeden Fall nicht wirklich gedient. Sie brauchen die beschriebene Redundanz und Systematik des Trainings, um der eigenen methodischen Unsicherheit und Unbedarftheit wirksam begegnen zu können.

Zur Erleichterung und Unterstützung der skizzierten Trainingsarbeit hat es sich in zahlreichen Grundschulen als hilfreich und sinnvoll erwiesen, Schülertraining und Lehrertraining direkt miteinander zu verbinden (vgl. dazu auch die Praxisberichte in Kapitel IV). Das sieht dann zum Beispiel so aus, dass die betreffende Trainingswoche damit beginnt, dass der erste Vormittag mit einer gezielten schulinternen Fortbildung zum Schwerpunkt »Lern- und Arbeitstechniken vermitteln« ausgefüllt ist. Methodisch versierte Fortbildner und/oder Lehrkräfte der Schule moderieren und gestalten diese Einführung, indem sie zum einen grundlegende Informationen und Anregungen zum Methodenlernen liefern, und zum anderen ausgewählte methodische Übungen, Beispiele und Materialien einbringen, die zeigen, wie die anvisierte Trainingsarbeit am nächsten Tag in der eigenen Klasse ablaufen kann. Der Nachmittag steht sodann für die entsprechende Unterrichtsplanung zur Verfügung, d.h., es wird eine korrespondierende Trainingsspirale mit dem je ins Auge gefassten methodischen Schwerpunkt (z.B. Heftführung und Heftgestaltung) so konkret vorbereitet, dass sie am nächsten Tag in der eigenen Klasse ein- und umgesetzt werden kann.

Diese Umsetzungsarbeit wird in den ersten drei bis vier Stunden des nächsten Tages dann auch tatsächlich in Angriff genommen, wobei partielles Teamteaching anzuraten und in der Regel auch möglich ist. Nach Abschluss der verkürzten Unterrichtsphase von drei bis vier Stunden wird die angelaufene Lehrerfortbildung fortgesetzt, und zwar dergestalt, dass zunächst ein Feedback zum durchgeführten Methodentraining gegeben und dann die methodenzentrierte Übungsarbeit mit neuem Schwerpunkt fortgeführt wird (z.B. »Markieren«). Am Nachmittag schließt sich dann erneut eine korrespondierende Unterrichtsvorbereitung an, der am nächsten Morgen – wie gehabt – die unterrichtliche Erprobung der vorbereiteten Trainingsspirale folgt usw. So läuft die ganze Woche ab – eventuell noch verknüpft mit Elternhospitationen und einem methodenzentrierten »Tag der offenen Tür« zum Abschluss der Trainingswoche. Diese unmittelbare Verzahnung von Lehrertraining, kooperativer Unterrichtsvorbereitung, praktischer Erprobung, Teamteaching, Hospitationen und gemeinsamer Unterrichtsbesprechung gewährleistet erfahrungsgemäß eine höchst intensives und wirksames Erproben und Erlernen der neuen Methoden. Das gilt für die Lehrkräfte genauso wie für die Schülerinnen und Schüler.

2.4 Regelmäßige Reflexionsphasen

Zum skizzierten Methodentraining gehört zwingend das gelegentliche Nachdenken über das praktizierte Lern-, Arbeits-, Kommunikations- und/oder Teamverhalten, damit die SchülerInnen die nötige Bewusstheit im Umgang mit den anstehenden Methoden entwickeln können. Diese »Metareflexion« ist das A und O einer durchdachten Methodenbeherrschung und -anwendung seitens der Kinder. Wenn bestimmte Verfahrensweisen nur weisungsgebunden eingesetzt und mehr oder weniger »bewusstlos« angewandt werden, dann können sich schwerlich die hier ins Auge gefassten methodischen Routinen und Kompetenzen bilden. Methodische Sicherheit und Umsetzungskompetenz zu entwickeln, verlangt vielmehr nach möglichst regelmäßigen Reflexionsphasen im Anschluss an die einzelnen methodischen Übungen im Unterricht. Dazu gibt es verschiedene Instrumente und Verfahrensweisen, die sich im Grundschulbereich als praktikabel und hilfreich erwiesen haben. Einige dieser Instrumente werden in den Abbildungen 6a bis 6d als Anregungen dokumentiert. Das beginnt bei einfachen Feedbackrastern und reicht über methodenzentrierte Fragebögen zum alltäglichen Lern- und Sozialverhalten bis hin zum Instrument des »Lerntagebuchs«, das in entsprechend vereinfachter Form ebenfalls im Primarbereich eingesetzt und zur persönlichen Vergewisserung und Klärung genutzt werden kann.

Die besagten Feedbackphasen können zum Ende einer bestimmten Übung, einer Unterrichtsstunde oder auch zum Abschluss des Schulvormittags vorgesehen werden. Im fortgeschrittenen Stadium ist es sogar möglich, die SchülerInnen eine Wochenbilanz ziehen zu lassen und diese in Gruppen sowie im Rahmen eines abschließenden Kreisgesprächs näher auszuwerten und zu besprechen. Dass derartige Feedbackphasen durchaus bereits mit den Erst- und Zweitklässlern durchgeführt werden können, lässt sich aus den Beispielen in Abbildung 6a ersehen. Zwar muss dann stärker mit elementaren Skizzen und Symbolen als Rückmeldezeichen gearbeitet werden, aber das tut der Relevanz derartiger Reflexionsversuche keinen Abbruch. Je früher begonnen wird, desto besser. Grundsätzlich ist wichtig, dass die geforderten Rückmeldungen möglichst zeitnah zu den durchgeführten Übungen stattfinden, damit die Kinder die Orientierung behalten und nicht verschiedene Erfahrungen und Eindrücke unzulässig durcheinander bringen. Je jünger die Schülerinnen und Schüler sind, desto unmittelbarer müssen Feedback und praktische Übungen gekoppelt sein.

In den dritten und vierten Klassen ist es dagegen erfahrungsgemäß recht problemlos möglich, auch ein- und mehrtägige Trainingssequenzen überblickshaft bilanzieren und reflektieren zu lassen. Die Feedbackraster in Abbildung 6b und 6d zeigen beispielhaft, wie die SchülerInnen dazu veranlasst werden können. Grundsätzlich gilt: Je geübter die SchülerInnen im Umgang mit derartigen Feedbackaufgaben sind, desto ergiebiger fallen die eingeforderten Rückmeldungen in aller Regel auch aus. So gesehen haben auch Feedback- und Reflexionsphasen etwas mit Übung und Routinebildung zu tun. Darüber hinaus ist es wichtig, dass die besagten Reflexionsimpulse möglichst einfach und verständlich formuliert werden. Andernfalls überfällt die Kinder sehr schnell die große Ratlosigkeit und Hilflosigkeit. Deshalb: Je elementarer die einzelnen Items bzw. Vorgaben sind, desto besser. Die Schülerinnen und Schüler sind zu präzisen Rückmeldungen erfahrungsgemäß

Feedbackbögen für Erst- und Zweitklässler

Abschreiben von Wörtern				
Trage ein: ☺ 😐 ☹ **Heute habe ich beim Abschreiben …**		**Name:** **Datum**		
das Wort genau gelesen				
das Wort leise gesprochen				
versucht, alle Buchstaben zu hören				
mir schwierige Stellen gemerkt				
das Wort mit dem Finger geschrieben				
das Wort ordentlich aufgeschrieben				
verglichen, ob es richtig geschrieben ist	✓			

Ordnung am Arbeitsplatz				
Trage ein: ☺ habe ich gut beachtet, ☹ habe ich nicht beachtet **Bevor ich arbeite, überlege ich mir, …**		**Name:** **Datum**		
welche Sachen (Heft usw.) ich brauche				
was unbedingt auf den Tisch gehört	✕			
wie ich die Sachen auf dem Tisch ordne				
welche Arbeitsaufgabe ich genau habe				
wie viel Zeit mir zur Bearbeitung bleibt				
wo ich mir eventuell Hilfe holen kann				
wie ich Schritt für Schritt vorgehe	⏭			

(Erstellt in Anlehnung an Vorlagen der Grundschule Herzogstraße in Opladen)

Abb. 6a

Feedbackbögen zum sozialen Lernen

Partnergespräch im Doppelkreis

Wie gut hat das Folgende geklappt?	hat sehr gut geklappt	hat eher gut geklappt	hat nicht so gut geklappt	hat gar nicht geklappt
Den Doppelkreis rasch stellen				
Laut und deutlich sprechen				
Nicht vom Thema abschweifen				
Beim Erzählen den Überblick behalten				
Schriftliche Notizen verwenden				
Beim Reden den Partner anschauen				
Auch der Partner hält Blickkontakt				
Der Partner hört aufmerksam zu				
Der Partner stellt gelegentlich Fragen				
Der Partner wiederholt das Gesagte				
Sich gegenseitig helfen				

Gruppenarbeit unter der Lupe

Wie gut hat das Folgende geklappt?	hat sehr gut geklappt	hat eher gut geklappt	hat nicht so gut geklappt	hat gar nicht geklappt
Jeder akzeptiert jeden				
Gemeinsam die Aufgabe klären				
Mit der Arbeit zügig anfangen				
Die Arbeit »gerecht« verteilen				
Dafür sorgen, dass alle mitmachen				
Gruppenmitgliedern gezielt helfen				
Bei der Arbeit planvoll vorgehen				
Meinungsunterschiede rasch beilegen				
Andere Ideen/Vorschläge akzeptieren				
Die Gruppenregeln überwachen				
Die Zeitvorgaben des Lehrers einhalten				
Ein überzeugendes Ergebnis erzielen				

Abb. 6b

Bilanzbögen zu den Trainingstagen

Der heutige Trainingstag

Heute haben wir geübt ...	hat sehr gut geklappt	hat eher gut geklappt	hat nicht so gut geklappt	hat gar nicht geklappt
Mit dem Lineal unterstreichen				
Mit dem Lineal schraffieren				
Mit der Schablone etwas zeichnen				
Einfache Papierteile ausschneiden				
Schwierige Figuren ausschneiden				
Mit dem Klebestift sauber arbeiten				
Sachen passend ins Heft einkleben				
Die Überschrift gut lesbar schreiben				
Bestimmte Fachbegriffe markieren				
Schreibfehler ordentlich ausbessern				
Die Heftseite übersichtlich gestalten				

Rückblick auf die Trainingswoche

Diese Woche haben wir geübt ...	Dabei habe ich ...		Das muss ich unbedingt noch üben ...
	viel gelernt	wenig gelernt	
Am Montag ... Ordnung am Arbeitsplatz halten			
Am Dienstag ... Sauber ausschneiden und einkleben			
Am Mittwoch ... Heftseiten übersichtlich gestalten			
Am Donnerstag ... Wichtiges unterstreichen/markieren			
Am Freitag ... Im Text/Buch rasch etwas finden			

Abb. 6c

Der heutige Unterricht

Von den heutigen Aufgaben und Methoden fand ich gut ...	
Von den heutigen Aufgaben und Methoden fand ich gar nicht gut ...	
Für Morgen wünsche ich mir folgende Aufgaben und Methoden ...	

☞ Überlege dir, wie der Unterricht abgelaufen ist. Welche Aufgaben waren zu bearbeiten? Welche Methoden hast du angewandt?

☞ Schreibe in die obigen Kästchen deine positiven Punkte, deine Kritik und deine Wünsche für die nächsten Tage!

Abb. 6d

Mein Lerntagebuch

Ich schreibe das Lerntagebuch in erster Linie für mich selbst! Es wird nicht benotet, es wird nicht angestrichen und nicht verbessert. Was ich denke, kann nur ich beschreiben; da gibt es nichts Falsches!

Ich kann mit diesem Lerntagebuch mein eigenes Lernen genauer unter die Lupe nehmen; ich kann feststellen, was bei mir am besten klappt und was womöglich noch nicht so gut läuft. Wenn ich meine Eintragungen regelmäßig mache, kann ich immer wieder zurückblättern und sehen, wie ich lerne, was mich beim Lernen stört, wie ich lieber lernen würde und wo ich mich eventuell beim Lernen verbessert habe.

Ich kann auch mit meinem Lehrer/meiner Lehrerin über mein Lerntagebuch sprechen, aber nur wenn ich will! Auf jeden Fall stehe ich nicht blöd da, wenn ich zum Lernen Fragen oder Wünsche habe.

Ich kann aber auch mit meinen Klassenkameraden und -kameradinnen über mein Lerntagebuch sprechen und sehen, wie das Lernen bei denen läuft. Vielleicht können wir ja voneinander lernen.

(Text in Anlehnung an Herrmann/Höfer 1999, S. 84)

dann bereit und in der Lage, wenn sie ziemlich genau wissen, was mit den jeweils angeführten methodischen Fähigkeiten und Fertigkeiten gemeint ist. Deshalb sind Begriffe wie »Strukturieren«, »Visualisieren«, »Präsentieren«, »Diskutieren« oder »Teamarbeit« mit Vorsicht zu genießen, da sie für viele SchülerInnen – insbesondere in unteren Jahrgangsstufen – eher abstrakt und unverständlich sind.

Der Ablauf der besagten Feedbackphasen sieht üblicherweise so aus, dass zunächst die jeweilige Lehrkraft die Handhabung des eingesetzten Rückmeldeblattes erläutert; im zweiten Schritt füllen die SchülerInnen das jeweilige Blatt in Einzelarbeit aus; im dritten Schritt vergleichen und besprechen sie ihre eigenen Einschätzungen in Kleingruppen und halten eventuell persönliche Vorsätze fest; und im vierten Schritt schließlich kann bei Bedarf ein vertiefendes Auswertungsgespräch im Plenum erfolgen – beginnend mit einem Blitzlicht im Stuhlkreis und unterstützt durch gezielte Anregungen und Anfragen der Lehrperson. So gesehen erhalten die SchülerInnen recht intensiv Gelegenheit, ihr jeweiliges Lern-, Kommunikations- und/oder Kooperationsverhalten mehrstufig zu überdenken, mit anderen zu besprechen und sich auf diesem Wege eine gewisse Klarheit darüber zu verschaffen, was ihnen gelungen ist und beibehalten werden soll und was sie beim nächsten Mal unter Umständen anders und besser machen wollen. Dabei empfiehlt sich die Einführung eines Methodenhefters, in den die Kinder sowohl die ausgefüllten Übungs- und Feedbackbögen als auch ihre etwaigen Vorsätze für das zukünftige methodische Vorgehen einheften können.

Abschließend noch einige Hinweise zum erwähnten Lerntagebuch (vgl. dazu auch Herrmann/Höfer 1999, S. 82 ff.). Seine Gestaltung kann ganz offen gehalten sein, indem für jeden Unterrichtstag ein bestimmtes Notizfeld freigehalten wird, in das persönliche Lernerfahrungen eingetragen werden können. Hierbei kann es sich um ein einfaches Heft oder Buch handeln, in das die Kinder ihre Eintragungen formlos vornehmen; es kann aber auch ein Heft oder Ordner sein, in dem sich vorstrukturierte Blätter befinden, die jeweils ausgefüllt werden müssen. Auf jeden Fall ist das Lerntagebuch etwas sehr Persönliches und kein Rückmeldeinstrument für die Hand der Lehrerinnen und Lehrer. Lerntagebücher geben den Kindern Gelegenheit, ihr eigenes Lernen gezielt zu erinnern und zu überdenken sowie persönliche Einsichten und Vorsätze ohne »Veröffentlichungs- und Bewertungsdruck« schriftlich festzuhalten. Wegen dieser persönlichen Note empfiehlt es sich, Lerntagebüchern eine gut gestaltete Titelseite mit Name, Klasse usw. voranzustellen. Eine weitere Besonderheit des Lerntagebuchs: Es wird über einen längeren Zeitraum hinweg geführt und ist mit regelmäßigen Eintragungen zum eigenen Lernen verbunden. Angezeigt ist der Einsatz von Lerntagebüchern vorrangig in den Jahrgangsstufen drei und vier.

2.5 Methodenpflege im Fachunterricht

Natürlich reicht es nicht aus, wenn die Kinder von Zeit zu Zeit methodenzentrierte »Sonderveranstaltungen« im oben skizzierten Sinne geboten bekommen. Egal, ob einstündige, mehrstündige oder mehrtägige Trainingssequenzen durchgeführt werden, die methodische Sicherheit und Kompetenz der Schülerinnen und Schüler wird sich auf diesem Wege immer nur in Ansätzen entwickeln können, da die zeitlichen Abstände zwischen den einzelnen Trainingsmaßnahmen zu groß sind. Wenn dagegen stabile Routinen im besten Sinne des Wortes auf Schülerseite entstehen sollen, dann muss die methodenzentrierte Übungs- und Klärungsarbeit eine möglichst permanente Angelegenheit im alltäglichen Unterricht werden. Mit anderen Worten: Methodenlernen muss fester Bestandteil in den verschiedenen Fächern sein. Das ist im Primarbereich zwar grundsätzlich nicht schwierig, da die Lehrkräfte in der Regel fast alle Fächer und Stunden in ihrer jeweiligen Klasse abdecken; gleichwohl bedeutet diese massive Präsenz noch lange nicht, dass die hier in Rede stehende Methodenpflege auch hinreichend konsequent verfolgt und umgesetzt wird.

Von daher müssen die verantwortlichen KlassenlehrerInnen ein verstärktes Augenmerk auf die *Methodenpflege* richten und die in Abbildung 2 auf Seite 38 umrissenen Lern-, Arbeits-, Kommunikations- und Kooperationstechniken möglichst regelmäßig und konsequent einfordern und anwenden lassen. In diesem Sinne muss sowohl bei der Unterrichtsplanung als auch bei der Unterrichtsgestaltung gründlich umgedacht werden. Denn normalerweise planen die Lehrkräfte ihren Unterricht primär inhalts- bzw. stofforientiert, d.h., sie überlegen sich in erster Linie, welcher Lernstoff wie behandelt und gesichert werden soll und welche inhaltlichen Lernziele sich von daher erreichen lassen. Nur selten hingegen wird eingehend sondiert, welche elementaren Arbeits-, Kommunikations-, Präsentations- und/oder Kooperationstechniken in Verbindung mit dem je anstehenden Lernstoff von den Kindern zur Anwendung gebracht – also »gepflegt« werden können. Diese letztgenannte Sicht- und Verfahrensweise ist aber das A und O einer nachhaltigen Methodenschulung und sie bietet nicht zuletzt die Gewähr dafür, dass auch das inhaltliche Lernen der Schülerinnen und Schüler durchdachter, zielstrebiger und nachhaltiger vonstatten geht. Denn wirksames inhaltliches Lernen ist in hohem Maße darauf angewiesen, dass der jeweilige Lernstoff reflektiert und methodisch versiert bearbeitet und erschlossen wird (vgl. den nachfolgenden Abschnitt 3.1).

Dass die besagte Methodenpflege mit relativ einfachen Mitteln ausgebaut werden kann, lässt sich beispielhaft aus Abbildung 7 ersehen. Ausgangspunkt ist ein einfacher Sachtext zum Thema »Umgang mit Hunden«, der in einem gängigen Schulbuch für die fünfte Klasse zu finden ist, vom Thema her aber genau so gut in einer vierten oder gar dritten Klasse seinen Platz haben könnte. Durchforstet man diesen Text nicht nur unter deutsch-spezifischen Gesichtspunkten, sondern vorrangig einmal darauf hin, welche unterschiedlichen Methoden in Verbindung mit diesem Text gepflegt werden können, dann entdeckt man sehr schnell eine ganze Reihe von Ansatzpunkten – Ansatzpunkte, die gewiss nicht revolutionär sind, gleichwohl im Unterrichtsalltag viel zu wenig bedacht und genutzt werden. Der erste simple Schritt zur Methodenpflege kann z.B. sein, dass die SchülerInnen den besagten Text im Schulbuch zunächst einmal suchen und finden müssen, ehe damit weiter gearbeitet wird. Normalerweise ist es genau umgekehrt: Die Lehrperson gibt die relevante Seite vor und die SchülerInnen schlagen sie mehr oder weniger gedankenlos auf. Wenn nun aber der Grundsatz lautet, dass die SchülerInnen zum Zweck der »Routinebildung« pro Woche zehn bis 20 Mal in irgendwelchen Büchern, Heften oder sonstigen Medien gezielt nachschlagen und relevante Informationen beschaffen sollen, dann bietet es sich natürlich an, diese Technik auch in Verbindung mit dem »Hunde-Text« üben zu lassen.

Welche weiteren methodischen Übungsmöglichkeiten der besagte Text eröffnet, ist aus Abbildung 7 ersichtlich. Da sind z.B. Schlüsselwörter zu markieren und zu verbinden (zu strukturieren), Verhaltensregeln unter Beachtung elementarer Gesprächsregeln im Klassenverband vorzustellen, eigene Geschichten zum Thema »Hunde« zu schreiben, diese Geschichten zum Zweck des späteren freien Erzählens in einfache »Spickzettel« zu überführen, dann im Doppelkreis und/oder in Gruppen die eigenen Geschichten frei präsentieren und schließlich ein möglichst anschauliches Plakat zum Thema »Was man beim Umgang mit Hunden beachten sollte ...« als eine Art Zusammenfassung zu erstellen. Selbstverständlich sind diese Ansatzpunkte zur Methodenpflege kein obligatorisches Arbeitsprogramm, sondern sie stellen Alternativen dar, die von den verantwortlichen Lehrkräften in der einen oder anderen Art genutzt werden können. Denn würde man tatsächlich alle genannten Arbeitssequenzen realisieren, so brauchte man leicht sechs bis acht Unterrichtsstunden.

So gesehen kann die anvisierte Methodenpflege praktisch in allen Fächern forciert werden, ohne dass die betreffenden Lehrkräfte Kapriolen schlagen müssten. Geeignete Themen, Medien und Materialien gibt es fraglos genug. Und auch die Lehrpläne lassen inzwischen eine Menge Spielraum für methodenzentriertes Arbeiten und Üben. Teilweise wird dieses sogar explizit gefordert. Von daher liegt es in der Verantwortung der Lehrkräfte, bei der Unterrichtsvorbereitung verstärkt auf methodenzentrierte Aufgabenstellungen und Lernarrangements abzustellen. Wichtig ist dabei die Bereitschaft zum »ungehemmten« Brainstorming, d.h. zur Konzipierung möglichst vieler methodenzentrierter Lernarrangements, die später wahlweise in die Unterrichtsarbeit eingebaut werden können. Selbstverständlich ist dieses Brainstorming umso ergiebiger, je mehr FachvertreterInnen daran beteiligt sind und ihre unterschiedlichen Erfahrungen und Ideen einbringen. Von daher empfehlen sich gezielte Workshops, die von Lehrerteams zur gemeinsamen Unterrichtsvorbereitung mit Schwerpunkt »Methodenpflege« genutzt werden.

Methodenpflege in Deutsch

Mögliche methodenzentrierte
Übungen zum Thema
»Umgang mit Hunden«

- **Nachschlagen im Schulbuch:** Den SchülerInnen werden Autor und Kapitelüberschrift des betreffenden Textes „Umgang mit Hunden" vorgegeben;
- **Markieren:** Die SchülerInnen markieren zu jeder aus dem Text ersichtlichen Verhaltensregel ein „Schlüsselwort", das der eigenen Erinnerung nachhilft;
- **Strukturieren:** Die SchülerInnen verknüpfen die markierten Schlüsselbegriffe auf einem DIN-A4-Blatt zu einer sinnvollen Gedanken- bzw. Erzählkette;
- **Präsentieren:** Ein Schüler nennt eine erste Verhaltensregel → dann gibt er das Wort weiter → der nächste Schüler wiederholt die erste Regel → dabei schaut er den Vorredner an → dann nennt er eine zweite Regel usw.;
- **Erlebnisgeschichte schreiben:** Die SchülerInnen beschreiben ein persönliches Ereignis/Erlebnis, das mit Hunden zu tun hat (DIN-A4-Seite);
- **Spickzettel erstellen:** Die SchülerInnen erstellen zu ihrer Erlebnisgeschichte einen übersichtlichen Spickzettel mit maximal zehn Wörtern;
- **Freies Vortragen:** Die SchülerInnen tragen ihre Erlebnisgeschichten in Kleingruppen anhand ihrer „Spickzettel" vor;
- **Plakat gestalten:** Die SchülerInnen fassen die erarbeiteten Regeln bzw. Tipps zum Umgang mit Hunden auf einem großen Plakat anschaulich zusammen.

Abb. 7 © Dr. H. Klippert

Im Zentrum dieser Workshops steht die Entwicklung von *Lernspiralen* nach dem aus Abbildung 7 ersichtlichen Muster. Im Gegensatz zu den im letzten Abschnitt vorgestellten »Trainingsspiralen« zeichnen sich die Lernspiralen dadurch aus, dass nicht die Methoden im Mittelpunkt der Schülerarbeit stehen, sondern primär die Inhalte. Die inhaltliche Auseinandersetzung und Klärung hat also Priorität. Die inhaltliche Klärungsarbeit wird allerdings so gestaltet und akzentuiert, dass den SchülerInnen auch und nicht zuletzt Gelegenheit gegeben wird, elementare Arbeits-, Kommunikations- und Kooperationstechniken zu üben und zu festigen. Typisch für die besagten Lernspiralen ist ferner, dass sich die SchülerInnen in das jeweilige Thema/Material/Medium mehrstufig »hineinbohren« und dabei unterschiedliche inhaltliche und methodische Zugänge nutzen. Deshalb der Begriff der Lernspirale in Analogie zum Spiralbohrer im Holz- oder Metallbereich.

Wie dieses »Sich-Hineinbohren« aussehen kann, zeigt Abbildung 8 am Beispiel der beiden Themen »Gewitter« und »Ritter«. Grundlage der dokumentierten Lernspiralen sind zum ersten zwei kurze Informationstexte zu den Teilthemen »Blitz« und »Donner« und im zweiten Fall eine einfach gehaltene Lehrererzählung zum Leben der Ritter auf Burg »Rabenstein«. Wie die ausgewiesenen Arbeitsschritte zeigen, müssen sich die SchülerInnen recht vielseitig mit den eingebrachten Informationen auseinander setzen und dabei sowohl Einzel-, Partner- und Gruppenarbeit praktizieren als auch gelegentlich im Plenum Rede und Antwort stehen. Dieser konsequente Wechsel der Sozialformen ist typisch für die hier in Rede stehenden Lernspiralen. Typisch ist ferner die erwähnte Methodenpflege. Wie sich aus Abbildung 7 ersehen lässt, werden die SchülerInnen in punkto Arbeitstechniken, Kommunikations- und Teampflege recht systematisch gefordert und gefördert. So müssen sie z.B. zum Thema »Gewitter« regelgebunden markieren, sich wechselseitig helfen und befragen, »Spickzettel« gestalten, Folien erstellen sowie in Tandems wie im Plenum frei reden und präsentieren. Ähnlich breit ist die Palette der methodischen Fähigkeiten und Fertigkeiten, die sie im Zusammenhang mit dem Thema »Ritter« anwenden und »pflegen« können bzw. müssen. Da ist zuzuhören, mitzuschreiben, gezielt zu malen, zu kooperieren, das eine oder andere Frage-Antwort-Kärtchen zu erstellen, ein korrespondierendes Quiz durchzuführen sowie in Tandems wie im Plenum das nachzuerzählen, was von Lehrerseite als »Input« zum Thema »Ritter« dargeboten wurde. So gesehen sind inhaltliches Lernen und Methodenpflege eng miteinander verzahnt. Und selbstverständlich kommt auch das eigenverantwortliche Arbeiten und Lernen (EVA) der SchülerInnen keinesfalls zu kurz, wie sich aus Abbildung 8 ersehen lässt.

Dass sich derartige Lernspiralen relativ leicht entwickeln und vorbereiten lassen, ist bei näherem Hinsehen unschwer zu erkennen. Gearbeitet wird im Rahmen beider Lernspiralen mit gängigen Medien bzw. Lehrerinputs, nämlich mit zwei Standardtexten sowie einer klassischen Lehrererzählung. Lediglich die systematische Art, mit der die SchülerInnen zur eigenverantwortlichen, methodenzentrierten Auseinandersetzung mit den beiden Themen veranlasst werden, ist eher ungewöhnlich und bedarf intensiverer methodischer Vorüberlegungen. Das bedeutet gleichwohl nicht, dass die betreffenden Lehrkräfte Kapriolen schlagen müssen, wenn sie entsprechende Lernspiralen vorbereiten und im Unterricht umsetzen wollen. Die Entwicklung der skizzierten Lernspiralen ist mit durchaus vertretbarem Aufwand zu bewerkstelligen – vorausgesetzt, es wird zuallererst auf den Einsatz gängiger Medien, Materialien und sonstiger Inputs abgestellt, die ohnedies vorliegen bzw.

Lernspirale zum Thema »Gewitter«

(Grundlage: Zwei Texte zu den Teilthemen »Blitz« und »Donner«)

① Lesen und markieren des jeweiligen Sachtextes in Einzelarbeit (EA)

② Klärende Gespräche in textgleichen Dreiergruppen (Nachhilfephase)

③ Erstellen übersichtlicher »Spickzettel« für die anschließende Präsentation

④ Partnervorträge anhand der erstellten »Spickzettel« (Doppelkreis)

⑤ Mischgruppen: Gestaltung einer zusammenfassenden Folie zu den Besonderheiten von Blitz und Donner (GA)

⑥ Präsentation einzelner Folien durch ausgeloste Gruppenvertreter (Tandem-Präsentation)

⑦ Ergänzende Hinweise/Korrekturen von Lehrerseite

Lernspirale zum Thema »Ritter«

(Erschließen einer Lehrererzählung zum Leben der Ritter)

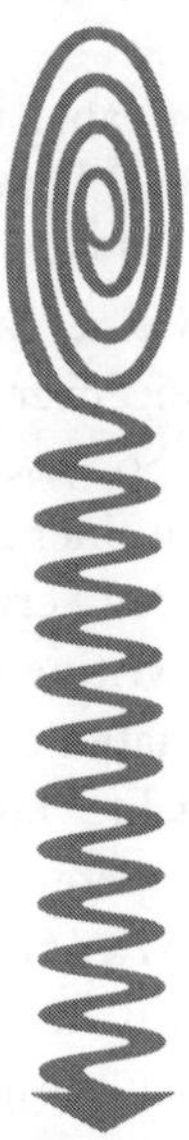

① Lehrervortrag anhören und dazu Notizen machen und/oder Malen (Einzelarbeit)

② Klärende Gespräche in Dreiergruppen (gegenseitiges Fragen und Helfen)

③ Nacherzählen des Lehrervortrags anhand der persönlichen »Mindmap« in Partnerarbeit (Doppelkreis)

④ Mischgruppen: Erstellen von Frage-Antwort-Kärtchen zu den Inhalten der Lehrerdarbietung

⑤ Quiz: Frage-Antwort-Spiel im Plenum anhand der vorbereiteten Kärtchen

⑥ Nacherzählen im Plenum (1–2 ausgeloste SchülerInnen geben die Lehrerdarbietung in eigenen Worten wieder)

⑦ Ergänzende Hinweise/Korrekturen von Lehrerseite

Abb. 8

Mögliche Lernprodukte		
Bild	Mappe	Rollenspiel
Collage	Wochenbericht	Puppenspiel
Freier Text	Zeitungsartikel	Schattenspiel
Lückentext	Zeitung	Theaterspiel
Fragebogen	Plakat	Planspiel
Tabelle	Leserbrief	Pantomime
Diagramm	Kommentar	Würfelspiel
Schaubild	Bericht	Quartettspiel
Comic	Brief	Kartenspiel
Puzzle	E-Mail	Ratespiel
Arbeitsblatt	Linolschnitt	Suchspiel
Karteikarten	Ausstellung	Hörspiel
Silbenrätsel	Modell	Talkshow
Gedicht	Werkstück	Debatte
Übungstest	Druck	Hearing
Bilderbuch	Experiment	Tonreportage
Bildergeschichte	Vortrag	Diaserie
Kalender	Referat	Foto
Wandzeitung	Interview	Folie
Wandtext	Erzählung	Videofilm
Flugblatt	Diskussion	Werbespot
etc.	etc.	etc.

Abb. 9 © Dr. H. Klippert

vorbereitet werden müssen (Texte, Lehrervortrag etc.). Die Schwierigkeit ist nur, zügig auf die erforderlichen methodischen Ideen zu kommen, wie die SchülerInnen in vielseitiger Weise zum aktiven Lernen sowie zur Pflege elementarer Methoden veranlasst werden können.

Hilfreich bei dieser Ideensuche sind zum einen die erwähnten Lehrerteams und Workshops, zum anderen die vielfältigen methodischen Bausteine, die sich sowohl in diesem als auch in anderen Klippert-Büchern finden lassen (vgl. Klippert 1994, 1995, 1998, 2001). Wer diese Bücher gezielt durchblättert, der findet erfahrungsgemäß eine ganze Fülle praxisbewährter Anregungen und Beispiele, die sich zur Förderung des eigenverantwortlichen, methodenorientierten Arbeitens und Lernens einsetzen lassen. So gesehen sind die besagten Bücher »Ideenspender« zur Unterstützung und Erleichterung einer zeit- und arbeitssparenden Unterrichtsvorbereitung. Die Palette der dort zu findenden Lernarrangements reicht vom assoziativen Zeichnen, Clustern, Mindmapping, Brainwriting und anderen Strukturierungs- und Visualisierungsmethoden über Doppelkreis, Stationengespräch, Expertenmethode, Blitzlicht, Partnerinterview, Fishbowl, Kettengeschichte, Tagesschau und sonstigen Kommunikationsarrangements bis hin zu solchen Kooperations- und Interaktionsmethoden wie Partnerübungen, Rollenspielen, Gruppenpuzzle, Gruppenwettbewerb, Gruppenrallye, Gruppenprojekt, Gruppenfeedback und spezifischen kooperativen Präsentationsformen. Nähere Erläuterungen dazu finden sich in den erwähnten Handbüchern des Verfassers.

Für die Entwicklung einschlägiger Lernspiralen ist überdies wichtig, dass unterschiedliche Lernprodukte ins Auge gefasst werden, die am Ende des jeweiligen Arbeitsprozesses der SchülerInnen stehen können. Je bunter die Produktpalette, desto vielseitiger die inhaltliche und methodische Auseinandersetzung. Welche Lernprodukte dabei in Frage kommen können, zeigt überblickshaft Abbildung 9. Egal, ob die Schülerinnen und Schüler ein Bild malen, eine Collage gestalten, eine Tabelle entwickeln, ein Gedicht schreiben, ein Plakat erstellen, einen Kalender produzieren, eine Bildergeschichte anfertigen, einen freien Text schreiben, Lernkärtchen herstellen, Arbeitsblätter entwickeln, ein Experiment aufbauen, einen Übungstest erstellen, einen Leserbrief schreiben, einen Gegenstand basteln, eine E-Mail verfassen, eine Diskussion führen, ein Referat anfertigen, einen Vortrag halten, ein Schattenspiel zeigen, ein Rollenspiel durchführen, eine Pantomime vorführen, eine Radiosendung produzieren, eine Hörspiel aufnehmen, eine Computerpräsentation vorbereiten oder einen Videofilm drehen – stets stehen am Ende der jeweiligen Lernaktivitäten mehr oder weniger eindrucksvolle Lernprodukte. Diese Produktorientierung ist Merkmal und Ziel des hier in Rede stehenden EVA-Unterrichts. Sie ist bei der Unterrichtsvorbereitung möglichst konsequent mitzubedenken. Die in Abbildung 9 angeführten Lernprodukte geben Anregungen und Beispiele, wie diese Produktorientierung ausgerichtet sein kann.

2.6 Veränderte Unterrichtsvorbereitung

Bei der Vorbereitung der skizzierten Lernspiralen ist also einiges anders als gewohnt. Die Ausrichtung des Lernens der Schülerinnen und Schüler auf EVA, Methodenpflege, Methodenvielfalt und mehrstufiges, produktorientiertes Arbeiten und Lernen ist vom Grundsatz her zwar durchaus bekannt, im alltäglichen Schulbetrieb aber nach wie vor eher die Ausnahme als die Regel. Für die Unterrichtsplanung bedeutet das skizzierte Spiralkonzept ein erhebliches Umdenken der Lehrkräfte. An die Stelle der herkömmlichen Lernziel-, Stoff- und Tafelbildplanung tritt stärker das Sondieren und Vorbereiten geeigneter schüleraktivierender, methodenzentrierter Lernarrangements. Dementsprechend ergibt sich für die alltägliche Unterrichtsplanung eine veränderte Leitfrage, nämlich die: »Wie kann ich die SchülerInnen beim anstehenden Thema zum eigenverantwortlichen Arbeiten, Markieren, Zeichnen, Strukturieren, Nachschlagen, Kommunizieren, Präsentieren, Kooperieren, Produzieren etc. veranlassen? Welche Materialien muss ich dazu bereitstellen und welche Lernarrangements und Regiehinweise sind diesbezüglich vonnöten?« Angesagt ist also vorrangig das Initiieren, Organisieren und Moderieren themen- und methodenzentrierter Arbeits- und Klärungsprozesse der Schülerinnen und Schüler und weniger die detaillierte Darbietung des jeweiligen Lernstoffs durch die zuständige Lehrkraft.

Hilfreich bei der Planung entsprechender Lernspiralen ist die Unterscheidung zwischen Mikrospiralen und Makrospiralen. Die in Abbildung 8 skizzierten Lernspiralen sind in diesem Sinne *Mikrospiralen*, d.h., sie umfassen eng begrenzte Aufgabenstellungen und Arbeitsprozesse und lassen sich in der Regel in ein bis maximal zwei Unterrichtsstunden bewältigen. Im Unterschied dazu sind die so genannten Makrospiralen inhaltlich und zeitlich deutlich weiter gefasst. Von einer *Makrospirale* ist dann die Rede, wenn ein komplexeres Lehrplanthema in diverse Arbeitsinseln zerlegt wird, deren unterrichtliche Bearbeitung sich in Summe meist über mehrere Wochen erstreckt. So kann z.B. die nähere inhaltliche und methodische Aufschlüsselung des Themas »Ritter« als Makrospirale gelten (vgl. dazu Abb. 10), die in Abbildung 8 auf Seite 61 skizzierte Sequenz zum Alltag der Ritter auf Burg Rabenstein ist dagegen als Mikrospirale anzusehen. Diese Unterscheidung von Makro- und Mikrospiralen ist insofern hilfreich und sinnvoll, als sie die Unterrichtsvorbereitung systematisieren hilft – und zwar dahingehend, dass zum jeweiligen Lehrplanthema zunächst möglichst viele *Arbeitsinseln* für die SchülerInnen gesucht und identifiziert werden, ehe diese dann detaillierter in einzelne *Arbeitsschritte* nach Maßgabe von Abbildung 7 zerlegt werden.

Die Planung der Makrospiralen sieht in der Regel also so aus, dass das je anstehende Lehrplanthema in mögliche Arbeitsinseln der Kinder aufgegliedert wird, und zwar geordnet nach unterschiedlichen Lernetappen: Die erste Lernetappe betrifft die so genannte *Sensibilisierungsphase*, in deren Rahmen die SchülerInnen veranlasst werden, sich mit ihren themenspezifischen Vorkenntnissen und Voreinstellungen (selbst-)kritisch auseinander zu setzen. Dazu werden mehrere alternative Arbeitsinseln mit unterschiedlicher Produktorientierung identifiziert und methodisch so operationalisiert, dass das besagte Spiralprinzip zur Geltung kommt. Die zweite größere Lernetappe betrifft die *Informationsphase*, d.h. die möglichst vielschichtige Erarbeitung und Klärung neuer Kenntnisse und Verfahrensweisen zum je anstehenden Themenfeld. Abgerundet werden die besagten Makrospiralen in einer dritten Etappe – der *Transferphase* – mit einigen abschließenden Arbeitsinseln, die den Schülerinnen und Schülern Gelegenheit zur Anwendung und Vertiefung des bis dahin Gelernten geben, und zwar in Verbindung mit relativ komplexen und methodisch anspruchsvollen Lernarrangements. Die in Abbildung 9 umrissene Makrospirale zum Lehrplanthema »Die Welt der Ritter« gibt nähere Aufschlüsse darüber, wie die angeführten Lernetappen und Arbeitsinseln aussehen können.

Wichtig für das Verständnis der skizzierten Makrospirale ist, dass die betreffenden Arbeitsinseln A1–A12 aussagekräftig formuliert werden. Dazu gehört, dass die angeführten Lernhinweise vor der Klammer sowohl das jeweilige *Tätigkeitsfeld* (EVA) der SchülerInnen mittels Fettdruck kenntlich machen als auch den zugehörigen *Inhaltsbezug* in integrierter Form ausweisen. Innerhalb der Klammern werden darüber hinaus stichwortartige Hinweise gegeben, welche Arbeitsschritte vorgesehen sind und wie die korrespondierenden Mikrospiralen von daher aussehen werden. Im Fall von A 6 heißt das zum Beispiel, dass die SchülerInnen im Schulbuch zum Thema »Ritter« gezielt nachschlagen, etwaige Fragen in Zufallsgruppen klären, korrespondierende Quizfragen formulieren und schließlich ein vertiefendes Quiz im Plenum durchführen sollen. Dabei wird also sowohl in inhaltlicher als auch in methodischer, kommunikativer und kooperativer Hinsicht gelernt.

Damit jedoch keine Missverständnisse entstehen: Die angeführten Arbeitsinseln sind von ihren Anforderungen und Lernzielen her weder trennscharf abgegrenzt noch ergeben sie in Summe zwingend eine komplette Unterrichtseinheit zum Thema »Die Welt der Ritter«. Die ausgewiesenen Arbeitsinseln A 1 bis A 12 stellen mögliche Lernarrangements dar, die von den verantwortlichen Lehrkräften wahlweise genutzt und im Unterricht eingesetzt werden können. Sie bieten dagegen keine Gewähr, dass damit alle didaktischen Facetten des betreffenden Lehrplanthemas abgedeckt sind. Der Grundgedanke bei der Entwicklung von Makrospiralen ist vielmehr der, dass methodische Alternativen gesucht und gefunden

Beispiel einer Makrospirale

»Die Welt der Ritter«

Mögliche Arbeitsinseln und Arbeitsschritte

Vorwissen/Voreinstellungen aktivieren

A 1: **Assoziatives Zeichnen** zum Leben der Ritter (Skizzen entwerfen → Erzählen im Doppelkreis → Erzählen im Plenum nach Los)

A 2: **Begriffslandschaft** zur Ritterzeit **erstellen** (Begriffe notieren → Erklären und Auswählen in Gruppen → Präsentieren im Plenum)

A 3: **Phantasiegeschichte** zum Burgleben **schreiben** (Schreibphase → Vorlesen in Tandems/Gruppen → Vorlesen nach Los im Plenum)

Neue Kenntnisse/Verfahrensweisen erarbeiten

A 4: **Text** zu Burg X **erarbeiten** (Lesen + markieren → Begriffe in PA klären → Fragen in GA entwickeln → Quiz im Plenum)

A 5: **Film** zu Burg → **erschließen** (Sichten → Klärende Gespräche in GA → Fragen notieren → Interview in PA → Fragerunde im Plenum)

A 6: **Nachschlagen** zur Ritterzeit **im Schulbuch** (Nachschlagen → Kontrolle + Klärung in GA → Frage-Anwort-Kette im Plenum)

A 7: **Erzählung** zu Burg Rabenstein **wiedergeben** (Lehrererzählung → Fragerunde → Nacherzählen in Gruppen → Quiz im Plenum)

A 8: **Schaubild** zum Burgleben **vervollständigen** (Begriffe zuordnen → Partnerkontrolle → Schaubild im Doppelkreis erläutern → Plenum)

A 9: **Plakat** zum Leben der Ritter **erstellen** (Text/e lesen → Entwurf in PA anfertigen → in GA Plakat gestalten → Museumsrundgang)

Komplexere Anwendungs-/Transferaufgaben

A10: **Burg** nach Schneideplan **bauen** (Teile zuschneiden → Burg in PA aufbauen → Kurz-Info erstellen → Präsentation nach Los)

A11: **Szenen** zum Burgleben **vorspielen** (Szenen lesen → in GA klären → Szenen in GA einstudieren → Szenen im Plenum vorspielen)

A12: **Erkundung** einer Burg **durchführen** (Informationsphase → Burgrallyes in GA vorbereiten → Erkundungsphase → Auswertung)

Abb. 10

werden sollen, die möglichst variantenreichen EVA-Unterricht gewährleisten. Ob und inwieweit diese Varianten tatsächlich genutzt und ggf. durch weitere Lernangebote ergänzt werden, das hängt von den Gegebenheiten in der jeweiligen Klasse sowie den Intentionen der je zuständigen Lehrkräfte ab. So gesehen ist die in Abbildung 10 skizzierte Makrospirale im Kern eine Art »Methodenbörse« mit zahlreichen konkreten Anregungen und Alternativen zur Inszenierung einschlägigen EVA-Unterrichts – nicht mehr, aber auch nicht weniger!

Makrospiralen und Mikrospiralen haben gemeinsam, dass sie den SchülerInnen recht konsequent Gelegenheit geben, sich in mehrstufigen Arbeitsprozessen in die jeweilige Materie »hineinzubohren« und dabei sowohl vielfältige Lernaktivitäten zu praktizieren als auch differenzierte Methoden-, Kommunikations- und Teampflege zu betreiben. Gemeinsam ist ihnen ferner ein gewisses Maß an Lehrerlenkung im Sinne der Rahmensteuerung. Das beginnt bei gelegentlichen Lehrervorträgen und/oder -erzählungen und reicht über bestimmte Material-, Zeit- und Produktvorgaben bis hin zur ebenso gezielten wie zurückhaltenden Kontrolle und Beratung der SchülerInnen im Rahmen ihrer Arbeitsprozesse. Die Realisierung der hier in Rede stehenden Lernspiralen hat also nur sehr begrenzt etwas mit Freiarbeit oder Werkstattarbeit im strengen Sinne des Wortes zu tun. Je nachdem, wie versiert die SchülerInnen in inhaltlicher wie methodischer Hinsicht sind, desto sparsamer oder umfänglicher werden die lenkenden und/oder unterstützenden Maßnahmen der Lehrerseite ausfallen.

Diese Relativierung des EVA-Prinzips ist insofern wichtig, als hier keinesfalls der Eindruck erweckt werden soll, die Schülerinnen und Schüler sollten nun plötzlich alles selbst erarbeiten und managen. So viel Selbststeuerung und Eigenverantwortung wie möglich, und so viel Lehrerlenkung und -unterstützung wie nötig – das ist die hier verfolgte Maxime. Eine schlichte Verabsolutierung des eigenverantwortlichen Arbeitens und Lernens wäre letzten Endes ebenso unrealistisch wie irreführend. Unrealistisch deshalb, weil das Gros der SchülerInnen die dosierte Anleitung und Unterstützung durch die Lehrkräfte vielfach braucht, sollen nicht Überforderung, Resignation und/oder Misserfolg ins Haus stehen. Und irreführend wäre eine solche Verabsolutierung insofern, als sie den Lehrkräften suggeriert, Freiarbeit und andere Formen des Offenen Lernens seien gleichsam Selbstläufer und führten aus sich heraus zu engagiertem und nachhaltigem Lernen der SchülerInnen. Dass das faktisch nicht so ist, kann in vielen Grundschulen alltäglich beobachtet werden. Von daher liegt es nahe, dem von Maria Montessori formulierten Motte »Hilfe zur Selbsthilfe« zu folgen und die hier in Rede stehenden Lernspiralen entsprechend zu planen und zu gestalten. Lehrerlenkung und eigenverantwortliches Arbeiten sind im Kern eben keine Gegensätze, sondern komplementäre Ansprüche, die zusammen gesehen und in ausbalancierter Weise umgesetzt werden müssen.

2.7 Methodenorientierte Lernkontrollen

Mit der Ausweitung des Methodenlernens muss selbstverständlich auch eine entsprechende Ausrichtung der Leistungserfassung und -bewertung einhergehen. Denn andernfalls wird den Schülerinnen und Schülern Unrecht getan, die sich um die Einhaltung der eingeführten methodischen Prozeduren und Regeln bemühen, bei den gängigen Leistungskontrollen aber feststellen müssen, dass dies alles kaum Gewicht hat, sondern die stofforientierten Tests, Klassenarbeiten und Hausaufgabenüberprüfungen nach wie vor die Zeugnisnoten bestimmen. Diese einseitige Betonung des Memorierens und Reproduzierens von Lernstoff ist bis heute kennzeichnend für die schulische Leistungsmessung und -beurteilung. Zwar gilt das für die meisten Grundschulen nur mit Einschränkungen, da hier seit Jahren bemerkenswerte Anstrengungen unternommen werden, die Lern- und Leistungsentwicklung der Kinder differenzierter zu erfassen und zu beschreiben als das in den weiterführenden Schulen der Fall ist. Gleichwohl bleiben auch in vielen Grundschulen die methodischen Fähigkeiten und Fertigkeiten der SchülerInnen über Gebühr außer Betracht.

Diese Engführung des Leistungsbegriffs ist gleich aus mehreren Gründen fatal: Erstens verleitet sie die SchülerInnen zum ebenso vordergründigen wie kurzfristigen Pauken des jeweiligen Lernstoffs; zweitens signalisiert sie ihnen, dass das Erlernen elementarer Arbeits-, Kommunikations- und Kooperationsmethoden wohl doch nicht so wichtig und ernst gemeint ist; drittens benachteiligt diese Praxis all diejenigen, die das rezeptive Lernen zugunsten eines stärker selbstständigen, methodenzentrierten Arbeitens zurückstufen, und viertens schließlich trägt sie dazu bei, dass die lernmethodischen Potenziale vieler Kinder völlig unzureichend entwickelt werden, weil es nurmehr zweckmäßig erscheint, die vorgegebenen Fakten, Regeln und Zusammenhänge brav wiederzukäuen, ohne lange darüber nachzudenken. Wenn die jüngste PISA-Studie feststellt, dass unsere SchülerInnen zu wenig geübt sind, selbst zu denken, erworbenes Wissen anzuwenden und auftretende Probleme kreativ zu lösen, dann ist das nicht zuletzt Ausfluss dieses verengten Lern- und Leistungsbegriffs.

Von daher ist es notwendig, die gängigen Prüfungs- und Beurteilungsmodalitäten zu erweitern. Wer selbstständig und methodisch versiert zu lernen, zu recherchieren, Probleme zu lösen, zu präsentieren, zu kommunizieren und im Team zu arbeiten versteht, der muss dieses bei den gängigen Prüfungs- und Beurteilungsverfahren auch honoriert bekommen. Dementsprechend ist es erforderlich, im Rahmen von Klassenarbeiten korrespondierende Anforderungen und Aufgaben zu stellen, die u.a. auf rasches Lesen, Nachschlagen, Markieren, Ordnen, Gestalten, Strukturieren, Visualisieren, Knobeln und Probleme lösen abstellen. Doch damit nicht genug. Darüber hinaus muss die gezielte Beobachtung und Beurteilung des alltäglichen Arbeits-, Kommunikations-, Präsentations- und Kooperationsverhaltens der SchülerInnen durch die jeweilige Lehrperson aufgewertet werden, was sowohl den Ausbau der Epochalbewertung als auch die eingehende Klärung und Offenlegung entsprechender Beobachtungskriterien und -verfahren voraussetzt.

Was die *Klassenarbeiten* betrifft, so gibt es sehr wohl Spielräume für eine veränderte Leistungsmessung und -beurteilung. Keine Vorschrift verlangt letzten Endes die in der Praxis übliche Verabsolutierung des Memorierens und Reproduzierens. Warum nicht die SchülerInnen während der Klassenarbeit mit allen möglichen Hilfsmitteln konstruktiv und produktiv arbeiten und Probleme lösen lassen – mit dem Schulbuch genauso wie mit Wörterbüchern, Lexika, Hausheften, Atlanten, Formelsammlungen, selbst erstellten Lernkarteien, persönlichen Mindmaps und anderen »Nachschlagewerken« mehr?! Nur müssen dann kniffligere Aufgaben gestellt werden, die mit einfachem Abschreiben nicht zu lösen sind, sondern methodisch durchdachtes Arbeiten verlangen – Aufgaben also, die nicht zuletzt Aufschluss darüber geben, wie es um das methodische Know-how und Geschick der SchülerInnen bestellt ist. Entsprechende Beobachtungs- und Beurteilungskriterien lassen sich aus dem in Abbildung 11 dokumentierten Raster ersehen.

Die zweite Ebene der Leistungsmessung und -beurteilung betrifft die *Epochalbewertung*, d.h. die kriteriumsorientierte Beobachtung des alltäglichen Arbeits-, Kommunikations- und Kooperationsverhaltens der Kinder über einen bestimmten Zeitraum hinweg (zu den Kriterien vgl. Abb. 11). Die dabei herauskommenden Epochalbewertungen können sowohl in schriftliche Leistungsdiagnosen der zuständigen Lehrkräfte einmünden als auch in spezifischen Epochalnoten ihren Niederschlag finden. Derartige Epochalnoten sind in unseren Schulen traditionell zwar durchaus üblich, allerdings in erster Linie im Sinne einer undifferenzierten Globalbewertung, in die alle möglichen Teilleistungen mit einfließen – angefangen bei der Arbeitshaltung und Arbeitsdisziplin der SchülerInnen bis hin zu ihrem Sozial- und Kommunikationsverhalten im Rahmen der laufenden Lernprozesse. Entsprechend kritisch sehen viele Schüler und Eltern dieses Verfahren. Im Unterschied dazu wird die Epochalbewertung hier weitergehend verstanden, und zwar in dem Sinne, dass für die SchülerInnen unterschiedliche zeitraumbezogene Leistungsdiagnosen vorgenommen werden, die zum einen ihr Kommunikations- und Präsentationsverhalten, zum zweiten ihre Fähigkeit und Bereitschaft zur Teamarbeit und zum dritten ihre Beherrschung elementarer Lern- und Arbeitstechniken betreffen. Alle diese Leistungsbereiche sind letztlich Bestandteile eines erweiterten Fachleistungsbegriffs, wie er in diesem Buch vertreten wird.

Wichtig bei dieser Art der Epochalbewertung sind gleich mehrere Punkte: Erstens müssen die Schülerinnen und Schüler genau wissen, was warum bewertet wird, d.h., es müssen Kriterien da sein – Kriterien, die die SchülerInnen verstehen und die ihnen von Zeit zu Zeit erläutert und an Beispielen veranschaulicht werden. Zweitens muss den Kindern im Unterricht möglichst oft Gelegenheit gegeben werden, entsprechende Aufgaben und Anforderungen zu bewältigen, d.h., sie müssen kriteriumsbezogen gefordert und gefördert werden. Drittens hat es sich als hilfreich erwiesen, die Schülerinnen und Schüler von Zeit zu Zeit zur Selbstbewertung bzw. zum kriteriumsbezogenen Feeback zu veranlassen, damit sie mit den vorgegebenen/vereinbarten Leistungsmaßstäben zunehmend vertraut werden. Dabei können »Fragebögen« nach Art von Abbildung 11 eingesetzt werden. Und viertens schließlich muss die hier in Rede stehende Epochalbewertung vom Prozedere her für die betreffenden Lehrkräfte so praktikabel sein, dass sie unter Alltagsbedingungen umsetzbar ist.

Diese Praktikabilität lässt sich z.B. dadurch erreichen, dass zunächst nur einige wenige Kriterien eingeführt werden, auf die Lehrer- wie SchülerInnen während der jeweiligen Epoche zu achten haben. »Weniger ist mehr« – dieser Grundsatz schützt anfangs vor Überforderung und Frustration. Die Dauer der besagten »Epochen« reicht von einem Tag über eine ganze Woche bis hin zu vielleicht 6 – 8 Wochen, je nachdem, wie vertraut die betreffenden Akteure mit den besagten Kriterien und Verfahren bereits sind. Zum Prozedere der Epochalbewertung: Die jeweils geltenden/vereinbarten Kriterien/Regeln werden auf einem Plakat an der Außenwand des Klassenraumes festgehalten und möglichst anschaulich visualisiert. Dieses »Regelplakat« kann selbstverständlich unter Mitwirkung der Schü-

Beispiel für ein Beobachtungsraster

	Wie gut kann Schüler X diese Sachen?	sehr gut	eher gut	nicht so gut	gar nicht gut
Arbeitstechniken	Arbeitsblätter lochen und abheften				
	Mit Lineal arbeiten/unterstreichen				
	Heftseiten übersichtlich gestalten				
	Arbeitsplatz in Ordnung halten				
	Arbeitsanweisungen umsetzen				
	Einen Arbeitsplan erstellen				
	Die Arbeitszeit gut einteilen				
	Sachen auswendig lernen				
	Im Text Wichtiges markieren				
	Unbekannte Wörter nachschlagen				
	Tabellen/Schaubilder erstellen				
	Plakate übersichtlich gestalten				
	Gedächtnislandkarten erstellen				
	Mit Lernkartei gezielt üben				
Kommunikationstechniken	Gut zuhören und nacherzählen				
	In vollständigen Sätzen reden				
	Laut und deutlich sprechen				
	Eingeübte Satzmuster verwenden				
	Verständlich berichten/erzählen				
	Mitschüler gezielt befragen				
	Einen kleinen Vortrag halten				
	Eigene Meinungen begründen				
	Im Stuhlkreis aktiv mitmachen				
	Die Gesprächsregeln beachten				
	Beim Gesprächsthema bleiben				
Kooperationstechniken	Mit allen zusammenarbeiten				
	Den Gruppenmitgliedern helfen				
	Auf zügige Gruppenarbeit achten				
	Die bekannten Rollen befolgen				
	Die Gruppenarbeit gut aufteilen				
	Andere Vorschläge gelten lassen				
	Regelverstöße offen ansprechen				
	»Außenseiter« mit einbeziehen				
	Bei Konflikten gut vermitteln				
	Zusammen Ergebnis präsentieren				

Abb. 11

lerInnen erstellt werden. Nach Abschluss der einen oder anderen Epoche erhalten die SchülerInnen Gelegenheit, ihr methoden-, kommunikations- und/oder teamspezifisches Leistungsverhalten unter Beachtung der geltenden Kriterien/Regeln einzuschätzen sowie in Gruppen und/oder im Plenum zu begründen, warum sie zu welchem Urteil gekommen sind (Stuhlkreis). Derartige Reflexionsphasen sind im Primarbereich in der Regel zwar nicht sehr tiefschürfend, aber sie bilden auf jeden Fall den Auftakt für eine intensivere Verankerung der betreffenden Kriterien/Regeln im Bewusstsein der Kinder.

Entscheidende Stütze der Epochalbewertung ist indes die Lehrerdiagnose. Die jeweilige Lehrkraft diagnostiziert mindestens zwei bis dreimal pro Halbjahr das gezeigte Arbeits-, Kommunikations- und Teamverhalten der SchülerInnen und hält die wichtigsten Befunde schriftlich fest (Text, Ziffern, Symbole); dabei kann auf einfache Beobachtungs- bzw. Frageraster nach Art von Abbildung 11 zurückgegriffen werden.

Diese Diagnosearbeit lässt sich meist recht problemlos mit einer etwas längeren Arbeitsphase der Kinder verbinden und unter Einbeziehung etwaiger Vornotizen in aller Regel auch recht zeitökonomisch bewältigen. Die so gewonnenen Befunde werden den SchülerInnen nach Abschluss der jeweiligen Epoche (die gängigen Epochen dauern 6 – 8 Wochen) in knapper Form mitgeteilt und nötigenfalls auch persönlich erläutert, damit sie wissen, wo sie sich in nächster Zeit verstärkt anstrengen müssen. Zusammenfassend lässt sich dieses Prozedere als Acht-Punkte-Katalog darstellen:

1. Die ins Auge gefassten methodischen, kommunikativen und kooperativen Leistungsanforderungen werden den Kindern wie ihren Eltern zu Schuljahresbeginn transparent gemacht sowie im Klassenraum auf Plakat/en festgehalten.
2. In den nächsten Wochen werden die SchülerInnen mit entsprechenden Aufgaben und Anforderungen konfrontiert und derart aktiviert, dass die jeweilige Lehrperson Zeit und Gelegenheit zur intensiven Beobachtung findet.
3. Da erfahrungsgemäß nicht alle SchülerInnen gleichzeitig zu beobachten sind, konzentriert sich die betreffende Lehrkraft für jeweils eine Woche auf je eine bestimmte Schülergruppe, die davon allerdings keine Kenntnis haben muss.
4. Bewertungsrelevante Leistungen der übrigen SchülerInnen werden während dieser Zeit am Rande zwar auch registriert, aber das vorrangige Augenmerk gilt eindeutig der besagten »Kerngruppe«.
5. Die betreffende Lehrperson macht sich zum beobachteten Arbeits-, Kommunikations- und Teamverhalten der Kinder Notizen und greift dabei unter Umständen auf ein Raster nach Art von Abbildung 11 zurück.
6. Nach etwa sechs Wochen wird Bilanz gezogen, d.h., die zuständige Lehrkraft resümiert unter Beachtung der geltenden Kriterien/Regeln, wie es um die methodische Kompetenz der SchülerInnen bestellt ist.
7. Die so gewonnen Einschätzungen werden den SchülerInnen in einer eigens dafür reservierten Feedbackphase zurückgemeldet und bei Bedarf gezielt erläutert; gleichzeitig können die SchülerInnen korrigierende/ergänzende Hinweise einbringen.
8. Während der nächsten Epoche/n achtet die betreffende Lehrkraft besonders auf diejenigen Kinder, deren Bewertung noch unklar bzw. umstritten ist und versucht ansonsten die angelaufene Urteilsbildung weitergehend zu fundieren.

Wenn bislang viele Lehrkräfte vor einer derartigen Epochalbewertung eher zurückschrecken, dann hat dieses natürlich seine Gründe: Auslöser dieser Zurückhaltung ist vor allem die Furcht, die so gewonnenen Noten seien im Bedarfsfall nicht justiziabel. Dass diese Angst tendenziell unbegründet ist, kann man bei einem Blick in die gängigen Zeugnis- und Versetzungsordnungen der Länder sehr schnell feststellen. In den einzelnen Bundesländern existiert durchweg die Vorschrift, dass die Leistungsbeurteilung nicht nur auf punktuelle schriftliche Leistungsnachweise zu stützen sei, sondern auch und zugleich die Vielfalt der »sonstigen Leistungen« zu berücksichtigen habe. Dazu gehören sowohl mündliche Leistungen als auch die diversen Fähigkeiten und Fertigkeiten im arbeitsmethodischen und teamspezifischen Bereich. Diesbezüglich Epochalnoten zu erteilen, ist also hierzulande nicht nur möglich, sondern zum Teil sogar ausdrücklich erlaubt. Voraussetzung dafür ist nur, dass klare Kriterien bzw. Leistungsanforderungen vorliegen, an denen sich die entsprechende Beobachtungs- und Beurteilungstätigkeit der zuständigen Lehrkräfte festmachen kann.

Das in Abbildung 11 dokumentierte Beobachtungs- und Bewertungsraster gibt nähere Aufschlüsse über diese Leistungsanforderungen. Indem sich die jeweilige Lehrperson bei ihrer Beobachtungstätigkeit an diesen Kriterien orientiert und gelegentlich zudem Rückmeldungen der Kinder einholt, entsteht mit der Zeit ein recht differenziertes Leistungsbild, das sicherlich gerechter ist als die schriftlichen Momentaufnahmen traditioneller Art. Nur müssen die betreffenden Lehrkräfte ihren Unterricht entsprechend schüleraktiv gestalten, damit sie ausreichend Zeit und Gelegenheit finden, eine einigermaßen fundierte Beobachtungsarbeit zu leisten. Ob dann am Ende eine Verbalbeurteilung, ein Zusatz im Zeugnis, zusätzliche Kopfnoten oder methodisch »angereicherte« Fachnoten herauskommen, das muss derzeit noch dahingestellt bleiben. Einiges spricht jedoch deutlich dafür, eine gezielte Integration der skizzierten methodischen Leistungen in die gängigen Fachnoten anzustreben und vorzunehmen. Denn Fachkompetenz im weiteren Sinne erschöpft sich nun einmal nicht im fachlichen Wissen und Verstehen der Kinder, sondern schließt auch und nicht zuletzt ihre fachspezifische Methoden-, Kommunikations-, Präsentations- und Teamkompetenz mit ein. Es wäre gut, diesen Gedanken bei der Leistungsbeurteilung gebührend zu berücksichtigen.

2.8 Sitzordnung und Raumausstattung

Zur erfolgreichen Umsetzung der skizzierten EVA- und Methodenschulung gehört selbstverständlich auch, dass den betreffenden Schülerinnen und Schülern eine Lernumgebung zur Verfügung steht, die ihnen eigenverantwortliches Arbeiten und Lernen in möglichst vielseitiger Weise eröffnet. Das beginnt bei der Sitzordnung und reicht über die Ausstattung mit gängigen Nachschlagewerken und sonstigen Arbeitsmitteln (Stifte, Plakate, Scheren, Tesakrepp, Folien, Locher, Pinnwände, Visualisierungskärtchen, Regale, Ablagefächer etc.) bis hin zur Bereitstellung brauchbarer Computer und Computersoftware. Zwar müssen diese Ressourcen nicht alle vom Schulträger gestellt werden, wohl aber müssen sie für die alltägliche Arbeit im Klassenraum verfügbar sein, sollen die neuen Methoden flexibel und wirksam geübt und gefestigt werden. Wenn beispielsweise Nachschlagewerke wie

Lexika oder Wörterbücher fehlen, wie sollen dann die SchülerInnen ans konsequente Nachschlagen von Informationen herangeführt werden. Oder wenn es an Präsentationsflächen und Visualisierungsmaterialien fehlt, wie sollen die Kinder dann das Strukturieren, Visualisieren und Präsentieren einschlägiger Informationen lernen? Oder wenn die benötigten Computer fehlen bzw. die erforderlichen Programme, CD-Roms und/oder Internet-Zugänge verwehrt bleiben, wie sollen die SchülerInnen dann moderne computergestützte Techniken der Informationsbeschaffung, -verarbeitung und -präsentation üben und beherrschen lernen. Oder wenn die SchülerInnen im Unterricht so sitzen, dass sie zwar den Lehrer, nicht aber die MitschülerInnen sehen können, wie sollen sie dann in Gesprächssituationen üben und lernen, aufeinander einzugehen, Blickkontakt zu halten, verständnisvoll zuzuhören und sensibel miteinander zu reden? Diese wenigen Beispiele zeigen, dass die ins Auge gefasste EVA- und Methodenschulung unterstützende Rahmenbedingungen verlangt, die Schüler- wie LehrerInnen die Arbeit mit den neuen Methoden erleichtern. Einige Anhaltspunkte dazu liefert Abbildung 12.

Zu diesen Rahmenbedingungen gehört u.a. die *Sitzordnung*. Da das eigenverantwortliche Arbeiten und Lernen der SchülerInnen immer wieder mit Gruppen- und Partnerarbeit, mit Doppelkreisgesprächen und Schülerpräsentationen verbunden ist, muss eine entsprechende Sitzordnung gesucht und gefunden werden, die dieses soziale Miteinander unterstützt und erleichtert. Eine Sitzordnung, die nicht nur die Interaktion der SchülerInnen begünstigt, sondern auch und zugleich sicherstellt, dass die verantwortlichen Lehrkräfte ohne größere Umräumaktionen vom Frontalunterricht zum Gruppenunterricht und wieder zurück wechseln können. Denn faktisch lösen sich im alltäglichen Unterrichtsbetrieb Gruppenarbeits- und Frontalphasen relativ rasch ab und müssen daher möglichst gut kompatibel sein. Andernfalls besteht die Gefahr, dass bereits an diesem Punkt die Reformbereitschaft vieler Lehrkräfte erlischt, weil sie Lärm, Unruhe und kritische Anspielungen von Seiten der Kolleginnen und Kollegen fürchten. Wie eine brauchbare und kompromissfähige Sitzordnung aussehen kann, lässt sich aus Abbildung 12 ersehen. Diese abgebildete Sitzordnung ist flexibel und leicht zu arrangieren; sie gewährleistet, dass die Gruppenmitglieder problemlos miteinander kommunizieren und außerdem Blickkontakt zur Tafel und zu frontal vortragenden LehrerInnen und SchülerInnen hin halten können; und sie begünstigt nicht zuletzt das rasche Stellen z.B. eines Stuhlkreises oder eines Doppelkreises für spezifische Gesprächsphasen im Lernprozess (vgl. dazu auch Klippert 2000, S. 165).

Ein Haupthindernis bei der Umsetzung der skizzierten Methoden ist nämlich das lästige Umräumen der Tische und Stühle, das in der Regel eine Menge Lärm und Unaufmerksamkeit hervorruft und deshalb in der Gefahr steht, den Unterrichtsprozess empfindlich zu stören. Werden dagegen Gruppentische als Standardsitzordnung gewählt, so hat das ebenfalls seine Tücken, da einem Großteil der Schülerschaft der Blick zur Lehrperson und zur Tafel hin verstellt ist. Da der gängige Unterricht aber durch ein rasches Wechselspiel von Einzelarbeit, Partnerarbeit, Gruppenarbeit und lehrerzentrierten Präsentations- und Gesprächsphasen gekennzeichnet ist, muss bei der Wahl der Sitzordnung ein Mittelweg gesucht und gefunden werden, der ein derartiges Wechselspiel flexibel ermöglicht. Die aus Abbildung 12 ersichtliche Sitzordnung ist ein derartiger Mittelweg. Ihre Vorteile sind:

So ähnlich könnte der Klassenraum aussehen

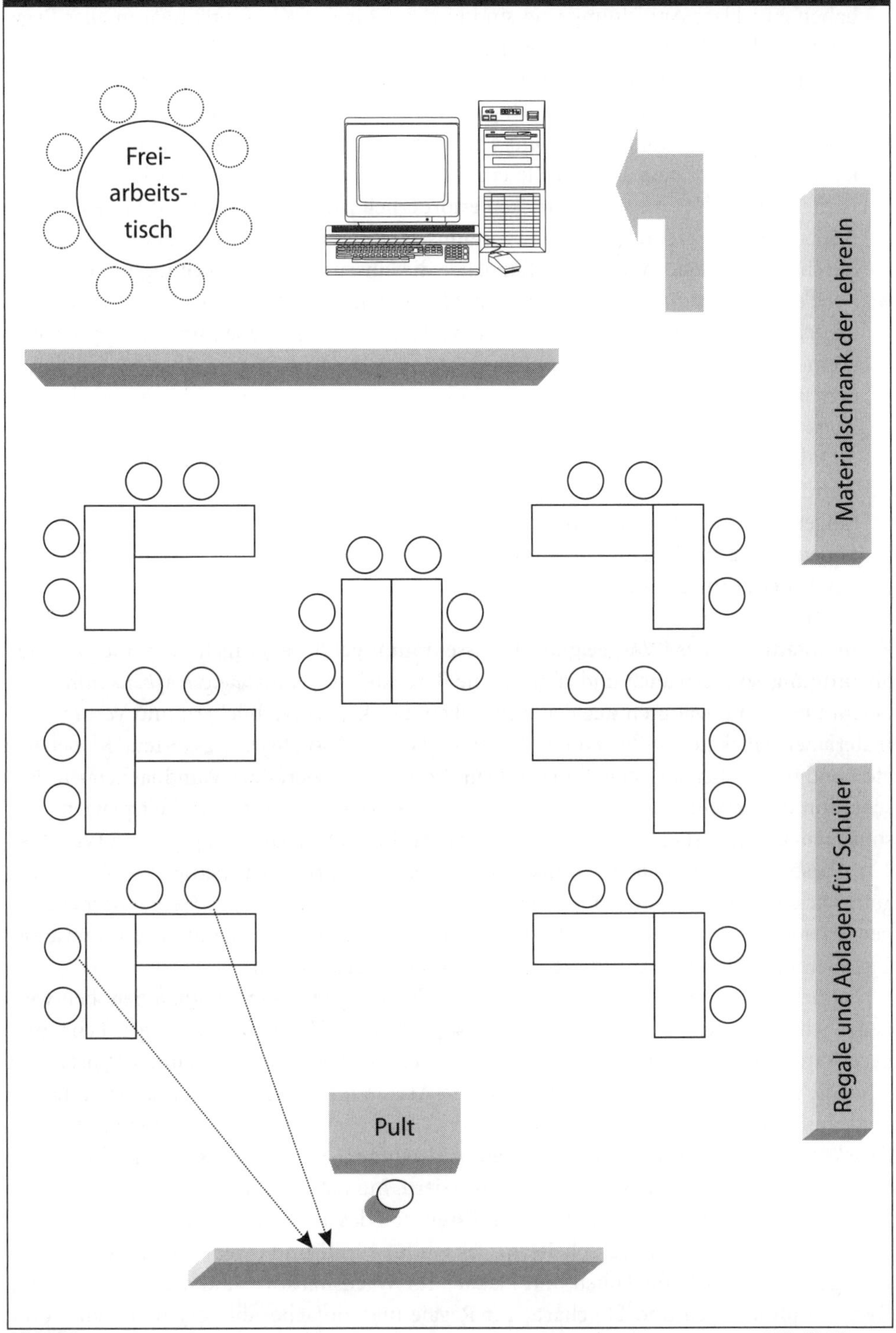

Abb. 12

- *Die besagte Sitzordnung ist flexibel und leicht zu stellen.* Die Tische stehen über Eck, haben eine klare Anordnung und sind in den gängigen Klassenräumen in aller Regel gut zu stellen. Ferner ist es im Falle einer längeren Gruppenarbeitsphase rasch und ziemlich geräuschlos möglich, durch 90°-Drehung eines Tisches eine richtige Gruppenplattform herzurichten, die sich genauso rasch wieder rückgängig machen lässt;
- *Die Sitzordnung gewährt Blickkontakt zur Lehrerzone hin.* Die Sitzpositionen der SchülerInnen sind so, dass sie im Falle einer Frontalphase einen guten Blickkontakt nach vorne haben, ohne dass Möbelrücken erforderlich ist. Zwar ist die Position der an den Außenwänden sitzenden Kinder ergonomisch gewiss nicht günstig, aber sie können ja durch gelegentliche Wechsel der Sitzplätze die einseitige Beanspruchung mindern.
- *Die SchülerInnen sitzen hinreichend dicht beieinander.* Die räumliche Distanz zwischen den einzelnen Gruppenmitgliedern ist so, dass sie sich gut sehen und auch gut hören können. Der Abstand zu den Nachbargruppen ist zwar nicht groß, aber die Schülerinnen und Schüler sind erfahrungsgemäß daran gewöhnt, mit Nebengesprächen zu leben und in der eigenen Bezugsgruppe selektiv zuzuhören.
- *Stuhlkreis und Doppelkreis sind rasch zu stellen.* Mit ein wenig Übung und logistischer Planung ist es leicht möglich, eine größere Innenzone für die genannten Gesprächsarrangements freizuräumen und die betreffenden Tische an den Außenwänden aufzureihen. Vorausgesetzt, die Tische sind nicht zu schwer, schaffen die SchülerInnen diesen Akt erfahrungsgemäß in 20–30 Sekunden.

Zur Ausstattung eines EVA-geeigneten Klassenraums gehört aber nicht nur eine passende Sitzordnung, sondern auch und zugleich die Bereitstellung *einschlägiger Arbeitsmittel.* Das beginnt bei den erwähnten Regalen, Schränken, Lexika, Wörterbüchern und Verbrauchsmaterialien (Plakate, Stifte, Folien, Scheren, Locher, Visualisierungskarten, Klebeband etc.) und reicht über spezielle Pinnwände und/oder strapazierfähige Wandflächen zur Präsentation der erstellten Lernprodukte bis hin zu separaten Computerarbeitsplätzen oder sonstigen »Sonderarbeitsplätzen« für Freiarbeits- bzw. Differenzierungsphasen (vgl. Abb. 12). Diesbezüglich bestehen an unseren Schulen vielerorts noch beträchtliche »Versorgungslücken«. Das gilt sowohl für die angedeuteten Verbrauchs- und Gebrauchsmaterialien als auch und besonders für kostspieligere Ausrüstungsgegenstände wie Pinnwände, Tageslichtprojektoren und altersgemäße Computerausrüstungen.

Natürlich kann mancher Mangel auch durch *intelligente Improvisation* behoben werden. Nicht nur, dass die Eltern zur Beschaffung und/oder Herstellung wichtiger Lehr- und Lernmittel herangezogen werden können, auch für die Lehrkräfte ist es unter Umständen lohnend und hilfreich, in einer konzertierten Aktion z.B. einfache Pinnwände zu bauen (evtl. zusammen mit Viertklässlern und Eltern) oder Plakatpappe aus Restbeständen von Druckereien und/oder Kartonagefabriken zu gewinnen. So gesehen ist Improvisation sicherlich möglich; allerdings verlangt der skizzierte Ausstattungsbedarf, dass viele Arbeitsmittel auch schlicht angeschafft werden müssen, soll das anvisierte Methodenlernen nicht bereits am Ressourcenmangel scheitern. Das gilt für runde und ovale Visualisierungskärtchen genauso wie z.B. für Folien und Plakate, für Wachsmalstifte und dicke Filzstifte, für Overheadprojektoren und Flipcharts, für Regale und einfache Ablagesysteme, für Computer und Computerprogramme, für Disketten und fachspezifische CD-ROMs.

3. Eine verstärkte Methodenschulung lohnt sich

Welche Chancen sich mit der gezielten Forcierung des Methodenlernens in der Schule verbinden, wird in den nachfolgenden Abschnitten grob umrissen. Dabei wird auf einige zentrale Befunde und Überlegungen der Unterrichts- und Lernforschung zurückgegriffen, die Aufschluss über die positive Wechselbeziehung zwischen Methoden- und Fachkompetenz geben. Dass die Schülerinnen und Schüler Nutznießer der skizzierten Methodenschulung sind, das ist an verschiedenen Stellen dieses Buches bereits angedeutet worden. Wie und warum das so ist, das wird im Weiteren näher ausgeführt. Doch damit nicht genug. Auch die Lehrkräfte und die Eltern profitieren direkt oder indirekt von einer verstärkten Förderung des eigenverantwortlichen, methodenzentrierten Arbeitens und Lernens im Unterricht. Auch diese Dimension wird im Folgenden knapp beleuchtet.

3.1 Mit Methode(n) zu mehr Lernerfolg

Die Lernforscher sind sich mittlerweile weitgehend einig darin, dass erfolgreiches Lernen möglichst viele Sinne ansprechen muss und mit einer möglichst ausgeprägten und kompetenten Lerntätigkeit der Schülerinnen und Schüler einhergehen sollte. Ein Kind lernt dann am besten, so das Fazit des Neurobiologen Henning Scheich, wenn es Aufgaben selbstständig löst. Das Lustgefühl, das sich dabei einstellt, sei nachhaltiger als jede Belohnung von außen (vgl. DER SPIEGEL 27/2002, S. 69). Je früher dieses selbstständige Arbeiten und Lernen einsetzt, desto besser. Das lässt sich aus neueren Befunden der Hirnforschung entnehmen. Die Reifung des menschlichen Gehirns vollzieht sich danach so, dass bereits im Vor- und Grundschulalter jenes fein gesponnene Netz der Neuronenverbindungen entsteht, das letztlich darüber entscheidet, welche Schaltpläne bzw. Nervenbahnen für das schulische Lernen zur Verfügung stehen. Bis zum Ende der Pubertät ist dieses geistige Netzwerk weitgehend fertig geknüpft, d.h., es geht danach im Wesentlichen nur noch darum, die vorhandenen Synapsen zu stärken oder zu schwächen. Gänzliche neue Nervenverbindungen werden dagegen nur noch selten hergestellt. Fazit also: Die Kinder müssen möglichst früh und möglichst konsequent veranlasst und angeleitet werden, durchdacht und methodenbewusst zu arbeiten und sich entsprechend vielseitig in methodischer, kommunikativer und teamspezifischer Hinsicht zu üben (vgl. ebenda, S. 70). Denn je versierter sie diesbezüglich zu arbeiten gelernt haben und je abgeklärter sie die betreffenden methodischen Verfahren und Regeln beherrschen, desto größer sind nachweislich ihre Erfolgsaussichten beim Lernen.

Methodisch durchdacht gewonnene Informationen und Erkenntnisse werden in der Tiefenstruktur des Gehirns gespeichert und sind von daher viel leichter und wirksamer zu behalten als unstrukturierter Lernstoff, der unnötig viel Gedächtniskapazität blockiert, aber längerfristig kaum abrufbar ist. Deshalb sollte nicht fertiges, unverbundenes Wissen in der gewohnt rezeptiven Weise vermittelt, sondern sehr viel stärker auf den Aufbau reflektierter Handlungs- und Denkstrukturen auf Schülerseite geachtet werden. Das gilt auch und nicht zuletzt für SchülerInnen des Primarbereichs, die nach den Erkenntnissen der Lernforschung bereits sehr früh in der Lage sind, metakognitive Kompetenzen zu erwerben, d.h. sich im Wege des individuellen und gemeinsamen Nachdenkens darüber klar zu werden, wie die eigene Lern-, Kommunikations-, Präsentations- und Kooperationstätigkeit möglichst erfolgreich gestaltet werden kann (vgl. Schräder-Naef 2002, S. 21). In dem Maße, wie die Kinder Klarheit über ihren Lernstil sowie über bewährte methodische Vorgehensweisen erhalten, werden sie in aller Regel auch zielstrebiger, selbstbewusster, durchdachter und erfolgreicher an ihre alltäglichen Arbeitsaufgaben herangehen (vgl. den Praxisbericht in Abb. 13).

Diese Reflexion der eigenen Lerngewohnheiten und -strategien, diese wiederholte bewusste Beschäftigung mit dem eigenen Lernen, Kommunizieren, Präsentieren und Kooperieren lässt sich im Anschluss an Schräder-Naef als »Metakognition« bezeichnen. Metakognitive Fähigkeiten und Fertigkeiten der Kinder umfassen demnach das Wissen um das eigene Lernen, um bewährte methodische Wege und Verfahrensweisen, um anzustrebende Ziele und Kompetenzen, um persönliche Stärken und Schwächen im Umgang mit unterschiedlichen unterrichtlichen Aufgabenstellungen, um die Möglichkeiten einer effektiven Kommunikation und Kooperation in Tandems wie in Gruppen etc. Erfolgreiches eigenverantwortliches Arbeiten und Lernen ist auf derartige metakognitive Fähigkeiten und Einsichten ganz elementar angewiesen – auch und nicht zuletzt in der Primarstufe. Auch wenn das Niveau der Reflexion eher bescheiden sein mag, die Kinder entwickeln auf jeden Fall eine gesteigerte Aufmerksamkeit und Bewusstheit im Umgang mit den gängigen Lehr- und Lernmethoden. Die skizzierte Methodenschulung gibt ihnen immer wieder Gelegenheit dazu, das eigene Lernen, Kommunizieren, Präsentieren und Kooperieren (selbst-)kritisch unter die Lupe zu nehmen, altersgemäß zu reflektieren und durchdacht weiterzuentwickeln (vgl. dazu auch Abschnitt 2.4).

So gesehen, begünstigt die besagte Methodenschulung den Lernerfolg der SchülerInnen gleich in mehrfacher Hinsicht: Erstens gewährleistet das differenzierte Methodenlernen eine breit gefächerte Bildungsarbeit, die sowohl inhaltliches als auch methodisches, kommunikatives und teamspezifisches Lernen ermöglicht, zweitens fördern die entstehenden methodischen Routinen das Selbstbewusstsein und das Selbstwertgefühl der betreffenden Kinder, drittens führt die wiederholte Metareflexion über Methoden und Lernwege zu wachsender Souveränität im Umgang mit unterschiedlichen unterrichtlichen Aufgabenstellungen und viertens schließlich trägt die systematische, mehrkanalige Lernarbeit auch und vor allem dazu bei, dass der jeweilige Lernstoff intensiver und nachhaltiger erschlossen wird, als das bei herkömmlichen lehrerzentrierten Verfahrensweisen der Fall ist. Wie die empirische Lernforschung zeigt, behalten die Schülerinnen und Schüler durchschnittlich nur etwa 20 % von dem, was sie hören, ca. 30 % von dem, was sie sehen bzw. lesen, aber 80 % von dem, was sie selbst formulieren und sogar 90 % von dem, was sie in eigener Regie tun, d.h. gestalten, spielen, bauen, erforschen, visualisieren etc. (vgl. Witzenbacher 1985, S. 17). Die Erklärung für diese Unterschiede ist relativ

Erfahrungsbericht einer Grundschullehrerin

»Methodentraining lohnt sich!«

»Nach den Sommerferien übernahm ich eine dritte Klasse und erlebte in den ersten Schulwochen immer wieder ebenso quirlige wie unselbstständige Kinder. Die Kinder erhielten z.B. einen kurzen, schriftlichen Arbeitsauftrag; doch kaum war dieser erteilt, da meldeten sich bereits die ersten oder andere kamen gleich direkt zu mir, um sich sagen zu lassen, was sie machen sollten. Oft hatten sie den Arbeitsauftrag nicht einmal richtig gelesen.

Die ersten Monate waren anstrengend, denn die Kinder sollten lernen, die gestellten Arbeitsaufträge selbstständig zu bearbeiten und bei Problemen zunächst die MitschülerInnen und nicht gleich mich um Rat zu fragen. Dementsprechend verlangte ich von ihnen, die erstellten Ergebnisse anhand von Lösungszahlen oder Lösungsblättern möglichst alleine oder in Partnerarbeit zu kontrollieren und bei Bedarf auch zu verbessern. Dann erst durften sie mir gezeigt werden. Diese Selbst- und Mitverantwortung fiel vielen Kindern sichtlich schwer. Wir stellten deshalb einige wenige Regeln zur Zusammenarbeit in der Gruppe auf, die auf Plakat ausgehängt wurden. So lernten die Kinder nach und nach, sich selbst und anderen zu helfen und sich gegenseitig auch mal zu ermahnen, wenn bestimmte ›Spielregeln‹ verletzt wurden.

An das Prinzip der Zufallsgruppenbildung gewöhnten sich die Kinder sehr schnell. Sie machten mehrfach die Erfahrung, dass jeder mit jedem über eine kurze Zeitspanne zusammenarbeiten kann und muss, auch wenn es ansonsten wenig Kontakt gibt. Auf diese Weise wurden die ›Außenseiter‹ recht gut eingebunden. Sehr selten musste ich einen ›Störer‹ von einer Gruppenarbeit ausschließen.

Gleichzeitig begann ich mit dem Methodentraining. Zu den ersten Übungen gehörte das Markieren von wichtigen Schlüsselbegriffen in kurzen Sachtexten. Geübt wurde anhand von Tafeltexten sowie Texten aus den eingeführten Sprach- und Sachbüchern. Zu jedem Begriff mussten die Kinder anschließend Sätze zum Thema bilden und diese im Plenum ›vortragen‹. Ferner wurden sie immer wieder aufgefordert, Fragen zum Text zu stellen und diese im Austausch zu beantworten. So entstanden richtige kleine Lernkarteien. Des Weiteren mussten die Kinder gelegentlich einfache Arbeitspläne erstellen; so lernten sie die Zeit einzuteilen und die eigene Arbeit zu organisieren. Die schriftlichen Aufträge wurden zunehmend umfassender, und die methodischen Anforderungen an die Kinder wuchsen, je besser sie geübt waren und je mehr sie sich zutrauten.

Entscheidend für die kleineren und größeren Erfolge auf dem Weg zu EVA waren sicherlich das Vorgehen in kleinen Schritten sowie das beharrliche Üben und Reflektieren der angewandten Methoden. Nach einem Dreivierteljahr gab es dann richtige Methodentage mit dichtem Übungsprogramm, vielen Gesprächen und mehreren Regelplakaten. Die Eltern waren mit alledem sehr zufrieden; manche wunderten sich, dass ihr Kind die Hausaufgaben ›plötzlich‹ alleine anfertigte.

Ich selbst fühle mich im Unterricht mittlerweile deutlich entlastet. Die Kinder fragen weniger nach, arbeiten motivierter, trauen sich mehr zu, halten sich recht gut an die vereinbarten Regeln und sorgen gruppenintern für diszipliniertes Arbeiten. So bleibt für mich mehr Zeit zu beobachten, einzelne Kinder zu beraten und natürlich auch zu kontrollieren. Ich bin sicher, das Methodenlernen hat uns allen gut getan!«

Abb. 13

einfach: Je mehr Sinne beim Lernen beteiligt sind und je unterschiedlicher die methodischen Zugänge der SchülerInnen zum jeweiligen Lernstoff ausfallen, desto größer sind in aller Regel auch ihre Behaltensrate und ihr Lernerfolg (vgl. Vester 2000). Dieser Befund bestätigt die positive Korrelation zwischen EVA, Methodenlernen und fachspezifischem Lernerfolg.

Bestätigt wird diese Einschätzung nicht zuletzt durch die konstruktivistische Lerntheorie. Wenn die SchülerInnen nachhaltig lernen und begreifen wollen, so heißt das aus dem Blickwinkel der Konstruktivisten, dass sie immer wieder angeregt und angeleitet werden müssen, den jeweiligen Lernstoff in methodisch durchdachter Weise zu ordnen, zu recherchieren, zu strukturieren, zu befragen, zu diskutieren, zu präsentieren oder in anderer Form konstruktiv zu bearbeiten und zu verarbeiten. So gesehen ist Lernen für die Vertreter des Konstruktivismus vor allem Konstruktion von Gedanken, Begriffen, Erklärungen, Schaubildern, Texten, Werkstücken, Vorträgen und sonstigen »geronnenen« und vernetzten Wissensbeständen. Weinert spricht diesbezüglich auch vom »intelligenten Wissen« und meint damit ein wohl organisiertes, vernetztes System von flexibel nutzbaren Fähigkeiten, Fertigkeiten, Kenntnissen und metakognitiven Kompetenzen (vgl. Weinert 1999, S. 16). Die hier in Rede stehende Methodenschulung zielt exakt in diese Richtung. Damit beugt sie einer dilettantischen Freiarbeit vor, unterstützt die SchülerInnen auf ihrem Weg zum selbstgesteuerten und selbstorganisierten Lernen, fördert Kooperation und Kommunikation in den Klassen und trägt alles in allem dazu bei, dass die Lern- und Erfolgschancen der Kinder im Unterricht verbessert und ihre sozialen Fähigkeiten und Fertigkeiten in punkto Partner- und Gruppenarbeit in aller Regel beträchtlich ausgebaut werden.

3.2 Schüler als Helfer und Miterzieher

Teil der hier zur Debatte stehenden Methodenschulung ist also die Verbesserung der Teamfähigkeit. Denn ein erfolgreicher EVA-Unterricht ist hochgradig darauf angewiesen, dass die SchülerInnen bereit und in der Lage sind, in Partner- und Gruppenkonstellationen konstruktiv zusammenzuarbeiten und sich bei Bedarf wechselseitig zu befragen, zu disziplinieren und zu helfen. Die propagierte Öffnung des Unterrichts steht und fällt mit diesen Voraussetzungen. Wenn eine Lehrkraft Freiräume schafft und eigenverantwortliches Arbeiten und Lernen von den SchülerInnen einfordert, dann kann dieses letztlich nur funktionieren, wenn die betreffenden Kinder über ein entsprechendes Repertoire an kooperativen Fähigkeiten und Fertigkeiten verfügen, das ihnen hilft, auftretende Probleme, Fragen und sonstige Unsicherheiten gemeinsam zu lösen. Der einzelne Lerner ist nämlich schnell überfordert, wenn er vor anspruchsvollere Aufgaben gestellt wird. Teamarbeit und Teamfähigkeit sind also eine zentrale Voraussetzung dafür, dass das Leistungsvermögen der Kinder ansteigt.

Nun ist Partner- und Gruppenarbeit in unseren Grundschulen gewiss nichts Ungewöhnliches. Die Lehrkräfte bieten immer wieder Raum dazu, und die SchülerInnen sind gegenüber dem Arbeiten in Gruppen in aller Regel auch recht aufgeschlossen. Sie arbeiten nicht nur gerne in Gruppen, sondern bezeichnen die entsprechende Zusammenarbeit bei den gängigen Befragungen auch meist als recht problemlos. Doch diese Einschätzung trügt. Die meisten SchülerInnen gehen zwar locker an die Partner- und Gruppenarbeit heran, arbeiten häufig jedoch eher vereinzelt als zusammen und tun nicht selten alles andere als diszipliniert und zielstrebig zu kooperieren. So gesehen sind Partner- und Gruppenarbeit ein Lern- und Problemfeld, das verstärkt Beachtung verdient – auch und nicht zuletzt in den Grundschulen. Denn Fakt ist, dass viele Lehrkräfte Gruppenarbeit bis dato eher mit Zeitvergeudung, Unruhe, Disziplinlosigkeit, Unverbindlichkeit und Ineffektivität in Verbindung bringen und deshalb entsprechend zurückhaltend davon Gebrauch machen. In der Sekundarstufe I wird nachweislich nur in rund 9 % der Unterrichtszeit Partner- und Gruppenarbeit praktiziert, aber in rund drei Viertel der Unterrichtszeit auf »Klassenunterricht« (Lehrervortrag, Unterrichtsgespräch, Demonstration etc.) abgestellt (vgl. Hage u.a. 1985, S. 64). Dieser Anteilswert dürfte in den Grundschulen zwar deutlich höher liegen, aber auch dort gibt es unter LehrerInnen nach wie vor eine Menge Skepsis gegenüber Gruppen- und Partnerarbeit.

Teamarbeit meint deutlich mehr als das landläufige Zusammensitzen an Gruppentischen. Teamarbeit bedeutet auch und vor allem, dass die SchülerInnen bereit und in der Lage sind, sensibel und regelgebunden zusammenzuarbeiten und die jeweilige Aufgabe gemeinsam zu lösen. Teamarbeit heißt, dass die Kinder im besten Sinne des Wortes aufeinander angewiesen sind und sich bei der anstehenden Lernarbeit wechselseitig unterstützen und bestärken. Teamarbeit verlangt aber auch und zugleich, dass in den Gruppen zielstrebig und konstruktiv gearbeitet wird und unnötige Störungen und/oder Trödeleien gruppenintern unterbunden werden. Nötig sind von daher sowohl einschlägige Regelfestlegungen als auch spezielle Regelbeobachter und »Fahrpläne«, die für geregelte Abläufe und effektive Kooperationsbeziehungen sorgen. Und nötig sind ferner von Zeit zu Zeit regelorientierte Reflexions- und Kritikphasen, die den Kindern Gelegenheit geben, sich über Gelungenes und Problematisches im Rahmen der laufenden Partner- und Gruppenarbeitsphasen zu verständigen. Teamentwicklung ist also mehr als die gängige Reglementierung, Beratung und Kontrolle von Gruppenarbeitsprozessen durch die jeweilige Lehrperson.

Von daher ist es notwendig, dass die SchülerInnen verstärkt üben und lernen, konstruktiv und regelgebunden zusammenzuarbeiten sowie durchdacht zu intervenieren, wenn die betreffende Partner- bzw. Gruppenarbeit im Sande zu verlaufen droht. Diese Zielsetzung ist erklärter Bestandteil der hier zur Debatte stehenden Methodenschulung. Angestrebt wird unter anderem, dass die Kinder lernen und einsehen,

- dass die jeweiligen Gruppenmitglieder relativ häufig nach dem Zufallsverfahren bestimmt werden; das sichert eine gewisse Leistungs- und Verhaltensheterogenität und trägt mit dazu bei, dass sich innerhalb der betreffenden Gruppen funktionierende Helfer- und Erziehungssysteme etablieren können; außerdem wird dadurch das Ausgrenzen einzelner Kinder verhindert;
- dass die geltenden/vereinbarten Regeln konsequent überwacht und angemahnt werden müssen; dafür gibt es verschiedene Sonderfunktionen (z.B. Gesprächsleiter, Fahrplanüberwacher, Zeitwächter, Berichterstatter), die von den Gruppenmitgliedern im Wechsel wahrzunehmen sind; die Gruppenmitglieder sind also nicht nur für die Sachebene, sondern auch für das methodische Vorgehen verantwortlich;

Von der Abgrenzung zur Kooperation

Abb. 14

- dass die Präsentation der Gruppenergebnisse immer wieder kooperativ erfolgen sollte; damit ist gemeint, dass mindestens zwei Mitglieder der jeweiligen Gruppe an der Vorstellung der erstellten Gruppenergebnisse beteiligt sind, und zwar so, dass alle angemessen zu Wort kommen; diese kooperativen Präsentationen steigern das »Wir-Gefühl« und verhindern, dass eine/r für alle redet;
- dass auf eine »Atmosphäre der Ermutigung« geachtet werden muss; dazu trägt zum einen die Lehrperson bei, indem sie Experimente/Umwege zulässt und nicht vorschnell kontrolliert und hilft (defensive Lehrerrolle), zum anderen aber auch die erwähnte »Feedbackkultur«, zu der sowohl klare Regeln und Zuständigkeiten als auch regelmäßige Reflexionsphasen gehören, die den Kindern Klarheit verschaffen und Mut machen.

Dies alles muss selbstverständlich eingeübt werden – kleinschrittig und konsequent. Im Rahmen der anvisierten Methodenschulung beginnt die betreffende Teamentwicklung bereits vom ersten Tag der Grundschule an und wird mittels vielfältiger Übungs- und Anwendungsaufgaben über die einzelnen Jahrgangsstufen hinweg fortgeführt. Näheres dazu lässt sich aus dem entsprechenden Abschnitt in Kapitel III dieses Buches ersehen. Dass diese Art der Teamentwicklung nicht nur den Kindern, sondern auch den Lehrkräften zugute kommt, ist nach allen vorliegenden Befunden und Erfahrungen ziemlich unstrittig. Wenn die Kinder als Helfer und Miterzieher geübt sind und Gruppenarbeit geschickt zu gestalten verstehen, dann hat das folgende Pluspunkte zur Konsequenz:

- Im Vergleich zum Frontalunterricht können sich mehr Kinder aktiv am Unterrichtsgeschehen beteiligen und infolge der Anfragen und Anregungen der Gruppenmitglieder relativ intensiv lernen und Verständnis aufbauen.
- Die gruppenerfahrenen Kinder sind vergleichsweise gut in der Lage, selbstständig zu arbeiten und auftretende Lernschwierigkeiten zu überwinden, da sie mit der »Solidarität« der MitschülerInnen rechnen können.
- Die Arbeitsdisziplin nimmt zu, da sich die SchülerInnen entsprechend den vereinbarten Regeln wechselseitig kontrollieren, korrigieren, ermahnen, aufmuntern und in sonstiger Weise in die Pflicht nehmen.
- Das Arbeiten im Team stellt recht ausgeprägt auf soziale und emotionale Fähigkeiten und Neigungen ab und bestätigt damit jene Kinder, die auf diesen Gebieten ihre Stärken haben; das ist gut für deren Selbstwertgefühl.
- Die gezielte Förderung von Teamfähigkeit und Teambereitschaft trägt dazu bei, dass das Zusammengehörigkeitsgefühl und die Verbindlichkeit der Mitarbeit in den betreffenden Klassen wachsen; das stärkt die Motivation.
- Funktionierende Gruppenarbeit vermittelt den betreffenden SchülerInnen ein relativ hohes Maß an Geborgenheit und sozialer Anerkennung und wirkt damit den verbreiteten Versagensängsten entgegen.

3.3 Motivationseffekte des Könnens

Die in diesem Buch anvisierte Methodenschulung zielt nicht nur auf Wissen und Verstehen, sondern auch und vor allem auf Können. Mit »Können« ist gemeint, dass die Kinder die eingeführten Arbeits-, Kommunikations- und Kooperationsmethoden aufgrund ihrer vielfältigen Übungen und Anwendungen so beherrschen lernen, dass sie darauf im Alltag ohne größere Schwierigkeiten zurückgreifen können. Sie wissen also nicht nur um die entsprechenden strategischen Möglichkeiten und Verfahrensweisen, sondern sie können diese auch einigermaßen durchdacht und erfahren nutzen und anwenden. Dieses Stadium des »Könnens« hat mit Routine im besten Sinne des Wortes zu tun – mit einer Routine, die nicht nur Selbstvertrauen und Selbstwertgefühl vermittelt, sondern auch Motivation »von innen heraus«. Denn je größer die Erfolgsaussichten aufgrund des erworbenen methodischen Könnens sind, desto größer ist in aller Regel auch die Lern- und Anstrengungsbereitschaft der betreffenden Kinder. Die Lernforschung hat diesen Zusammenhang zwischen Können und Motivation aufschlussreich untersucht und bestätigt, dass Methodenschulung motivationsfördernd wirkt.

»Kinder, die mit Zuversicht an Schulaufgaben gehen und sich deren Bewältigung zutrauen, strengen sich mehr an, wenden mehr Zeit dafür auf und bleiben in der angenehmen Erwartung von Erfolgserlebnissen intensiver dabei ... Somit besteht eine Wechselwirkung mit dem Schulerfolg, indem Erfolg das Selbstvertrauen stärkt, aber Selbstvertrauen auch dazu führt, dass Lernende aktiv sind, sich zutrauen, den Stoff zu bewältigen, Fragen zu stellen und Antworten zu geben. Sie lernen dadurch mehr und haben mehr Erfolg« (Schräder-Naef 2002, S. 34). Diese Erfolgsmotivation wird durch die anvisierten methodischen Übungen, Reflexionen und Klärungen unterstützt und abgesichert. Der amerikanische Lernforscher Csikszentmihalyi bestätigt diesen positiven Zusammenhang zwischen Können, Motivation und weitergehendem Lernerfolg unter Verweis auf das so genannte »Flow-Stadium«, jenes »selbstvergessene Tun« also, das sich dann einstellt, wenn ein Lerner vom eigenen Können und Erfolg tief überzeugt ist und deshalb entsprechend zielstrebig und engagiert zu Werke geht. Erreichbar ist dieser »Flow« freilich nur dann, wenn die nötigen Kompetenzen vorhanden sind und zudem fortlaufend ausgebaut und so verfeinert werden, dass immer wieder erfolgversprechend zu neuen Ufern aufgebrochen werden kann (vgl. Csikszentmihalyi 1999).

Jerome S. Bruner, ein anderer renommierter amerikanischer Lernforscher, spricht diesbezüglich von »Kompetenzmotivation« und meint damit jene Motivation, die sich aus dem Gefühl und der Überzeugung speist, dass eine Aufgabe lösbar ist und das dafür benötigte methodische »Handwerkszeug« hinreichend differenziert und gefestigt zur Verfügung steht. Bruner stellt dabei besonders auf das entdeckende, problemlösende Lernen ab, welches die SchülerInnen methodisch versiert in Angriff nehmen und möglichst aktiv und eigenverantwortlich ausgestalten. Unter diesen Umständen gelangen die betreffenden Kinder relativ zuverlässig zu der Selbsteinschätzung, den gestellten Anforderungen gewachsen zu sein und mit guter Aussicht auf Erfolg an die zu lösenden Aufgaben bzw. Probleme heranzugehen. Das wiederum gibt Selbstvertrauen, schafft Zuversicht, fördert Zielstrebigkeit und induziert last but not least »intrinsische Motivation« (vgl. Bruner 1981, S. 22).

Hans Aebli unterstreicht diesen Befund mit seinen Untersuchungen zum Zusammenhang von Handlungskompetenz und Lernmotivation (vgl. Aebli 1983, S. 184 ff.). Für Aebli besteht ein wesentliches Ziel der Unterrichtsarbeit darin, den SchülerInnen strategische Handlungsabläufe klar zu machen und die entsprechenden »Handlungsschemata« so einzuüben und zu klären, dass sie reflektiert und routinemäßig angewandt werden können. Das gilt für methodisch-strategische Handlungsschemata (Markieren, Heftgestaltung, Lernkarteiarbeit etc.) genauso wie für sozial-kommunikative Handlungsmuster wie freies Vortragen, aktives Zuhören, konstruktives Diskutieren und regelgebundenes Arbeiten im Team. Je besser die SchülerInnen diese Handlungsschemata beherrschen und je routinierter sie damit im Unterricht umzugehen verstehen, desto größer sind ihre Erfolgsaussichten und desto ausgeprägter ist in aller Regel auch ihre Lern- und Leistungsmotivation. Fazit: Training → Können → Erfolg → Motivation – das ist der klassische Wirkungszusammenhang, der unzweideutig für ein verstärktes Methodenlernen in Schule und Unterricht spricht.

3.4 Entlastungsperspektiven für Lehrer

Die Intensivierung des eigenverantwortlichen, methodenzentrierten Arbeitens und Lernens hat selbstverständlich nicht nur Vorteile für die Gruppe der SchülerInnen, sondern begünstigt auch und zugleich Entlastungseffekte für die betreffenden Lehrerinnen und Lehrer. Letzteres gilt vornehmlich für den Unterricht selbst (vgl. Abbildung 15). Bei der Unterrichtsvorbereitung gilt es dagegen zunächst Einiges an Mehrarbeit zu kalkulieren, da es erfahrungsgemäß sowohl an geeigneten Übungsmaterialien als auch am entsprechenden Know-how der Lehrkräfte mangelt. Da sind u.a. geeignete methodenzentrierte Lernarrangements und Materialien zu entwickeln; ferner müssen die betreffenden Lehrpersonen ihr Rollenverständnis mehr oder weniger stark korrigieren, die eigene Unterrichtsmethodik weiterentwickeln, sich in diversen Gesprächen mit den KollegInnen »zusammenraufen« sowie insgesamt bereit sein, neue Wege des Lehrens und Lernens zu organisieren und zu moderieren. Das alles ist nicht immer leicht und bringt vor allem in der Anfangsphase fraglos Verunsicherung und Mehrarbeit mit sich. Durch konsequente Teamarbeit, intelligente Arbeitsteilung, gezielte schulinterne Fortbildung und die vorrangige Nutzung vorhandener Medien und Materialien für die anstehenden Übungs- und Trainingsmaßnahmen lässt sich diese Mehrarbeit erfahrungsgemäß jedoch in recht engen Grenzen halten; mittel- und längerfristig zahlt sich diese »Investition« auf jeden Fall aus (siehe dazu die Abschnitte 1 bis 3 in Kapitel IV).

»Ich fühle mich wohl in der Klasse«

»Ich denke, mein Verhältnis zu den Kindern hat sich verändert ... Im Moment, finde ich, läuft es mit den Kindern sehr gut. Ich fühle mich wohl in der Klasse ... Irgendwie ist das Ganze eher partnerschaftlich ... Das Schöne ist, wenn die Kinder dann ihr Material mitbringen ... Und dann kann ich natürlich auch sagen: ›Toll, dann stell du doch mal die Sache vor für die Klasse.‹ Dass man auch die Möglichkeit für sich selbst nutzen kann, so ein bisschen zurückzugehen und auch mal zu profitieren von dem, was die Kinder mit einbringen – nicht nur Materialien, sondern auch Ideen« (Herrmann 2002, S. 72f.).

Diejenigen Lehrkräfte, die sich auf den Weg gemacht und ihre SchülerInnen methodisch einigermaßen konsequent gefordert und gefördert haben, können diese »tröstliche Perspektive« in aller Regel bestätigen. Die kürzlich abgeschlossene Evaluation des NRW-Reformprojekts »Schule & Co«, in dessen Mittelpunkt die hier in Rede stehende Methodenschulung stand, unterstreicht diese Entlastungsperspektiven. Im korrespondierenden Evaluationsbericht heißt es dazu: »Wenn Schülerinnen und Schüler ... eigenverantwortlich allein bzw. in Gruppen arbeiten, weil sie dazu aufgrund verstärkter Methodenkenntnisse in der Lage sind, bringt das eine phasenweise Entlastung für die Lehrerinnen und Lehrer mit sich. Dieser Eindruck der Entlastung entsteht dadurch, dass die Lehrkraft nicht mehr permanent während jeder Unterrichtsstunde ... steuern und gestalten muss. Zugleich stellt sich eine teilweise Entlastung aber auch hinsichtlich der Zuständigkeit bzw. der Verantwortung ein. Eigenverantwortlichkeit der Schülerinnen und Schüler impliziert die schrittweise Übernahme von Verantwortung für den eigenen Lernprozess und damit Verantwortung für den Lernerfolg« (Herrmann 2002, S. 66). Konkretisiert wird dieses Fazit u.a. durch zwei Interviewauszüge: Eine gewisse Entlastung sei schon eingetreten, so weiß eine der befragten Lehrpersonen zu berichten. Dadurch, dass die Methoden mittlerweile ziemlich »eingeschliffen« seien, werde mehr an die SchülerInnen abgegeben, als das vorher der Fall gewesen sei. Ganz ähnlich formuliert es eine zweite Lehrkraft: Weil den SchülerInnen mehr Methoden bekannt seien, würden sie auch viel mehr zum selbstständigen Arbeiten angehalten. Das verschaffe einem ein bisschen Luft und führe dazu, dass die fünf Stunden am Vormittag viel weniger anstrengend seien (vgl. ebenda, S. 67).

Die so erzielte Entlastung wird der besagten Evaluationsstudie zufolge von den Lehrkräften vorrangig so genutzt, dass sie ihre SchülerInnen intensiver beobachten, als das im traditionellen Frontalunterricht üblich ist. »Offensichtlich ist es nur unter großen Schwierigkeiten möglich«, so heißt es im Evalutionsbericht, »den Unterricht durchzuführen und gleichzeitig zu beobachten, was unter den Schülerinnen und Schülern geschieht, was sie verstehen und womit sie Schwierigkeiten haben. Diese Möglichkeit bietet sich nun in Phasen der ›Entlastung‹. Die Lehrkraft beginnt zu beobachten, nimmt ihre Klasse wahr und gewinnt Erkenntnisse, die sie nach eigenem Bekunden ohne die Beobachtung nicht erlangt hätte. Sie hat außerdem die Möglichkeit, sich sehr viel gezielter Einzelnen zuzuwenden als das üblicherweise möglich ist« (Ebenda, S. 67). Durch das verstärkte Praktizieren von Gruppenarbeit und eigenverantwortlichem Arbeiten habe sie einfach mehr Zeit, so das Fazit einer befragten Lehrperson. Zeit – einmal zum Ausruhen, andererseits zum Beobachten der Kinder. Dadurch sei es ihr möglich, z.B. das Verhalten der SchülerInnen im

Rahmen von Gruppenarbeit differenzierter zu erfassen, als das im üblichen lehreraktiven Unterricht möglich sei (vgl. ebd.).

So gesehen kann mit Fug und Recht festgestellt werden, dass die in Sachen Methodenschulung engagierten Lehrkräfte einiges davon zurückbekommen, was sie an etwaiger Mehrarbeit während der Vorbereitung hineingesteckt haben. In dem Maße nämlich, wie die Schülerinnen und Schüler gelernt haben, in eigener Regie zu arbeiten, auftretende Schwierigkeiten zu überwinden, eingeführte Methoden durchdacht anzuwenden, einander zu fragen und zu helfen, gezielt Informationen zu beschaffen und auszuwerten, vorhandene Hilfsmittel geschickt zu nutzen, verständnisvoll miteinander zu reden und selbstbewusst eigene Ergebnisse zu präsentieren – in dem Maße werden sie sich von ihren LehrerInnen »emanzipieren«. Die Folge dieser »Emanzipation«: Die betreffenden Lehrkräfte können sich stärker zurücknehmen und den eigenen Einsatz dosierter steuern, als das in methodisch ungeübten Klassen der Fall ist. Ihre allseitige Verantwortlichkeit nimmt ab; ihre Belastung durch auftretende Schülerstörungen wird geringer; ihre physisch-psychische Anstrengung lässt sich infolge der vermehrten Aktivierung der Kinder ebenso vermindern wie ihre nervliche Anspannung, der sie im Rahmen des lehrerzentrierten Unterrichts beinahe zwangsläufig ausgesetzt sind (vgl. Abbildung 15). Auf diese Weise kann dem von vielen Lehrerinnen und Lehrern beklagten »Gefühl des Versagens« entgegengewirkt und insgesamt ein Mehr an pädagogischer Gelassenheit und Berufszufriedenheit erreicht werden. Wohlgemerkt: Das sind Chancen, die gleichwohl nicht bedeuten, dass sich die angedeuteten Positiva in jedem Fall überzeugend einstellen müssen. Die bisherigen Evaluationsergebnisse machen aber eindeutig Mut!

3.5 Positive Resonanz der Elternschaft

Die anvisierte Methodenschulung findet auf Elternseite in aller Regel breite Zustimmung. Voraussetzung ist allerdings, dass den betreffenden Eltern einigermaßen klar ist, was das betreffende Schulungsprogramm bewirken soll und was ihr Kind letzten Endes davon haben wird. Viele Eltern hängen nämlich noch einem eher antiquierten Lernverständnis an, das eine Menge mit Stoffhuberei, Einzelarbeit und Auswendiglernen und relativ wenig mit eigenverantwortlichem Arbeiten und methoden-, kommunikations- und teamzentriertem Lernen zu tun hat. Wenn dieses Vorurteil nicht zum Handikap werden soll, dann empfiehlt es sich dringend, eine ebenso offensive wie Verständnis weckende Elternarbeit zu betreiben. Denn wenn von Seiten der Elternschaft erst einmal quer geschossen wird, weil z.B. die eine oder andere Unterrichtsstunde wegen der Vorbereitung und/oder Durchführung methodenzentrierter Maßnahmen ausfällt, dann kann dieses sehr schnell ernsthafte Blockaden bewirken. Von daher ist es wichtig, dass die betroffenen Eltern frühzeitig ins Vertrauen gezogen und möglichst konkret darüber informiert werden, was es mit der vorgesehenen Methodenschulung auf sich hat und welche praktischen Schritte wann, warum erfolgen werden.

Die Eltern für das skizzierte Methodenlernen zu gewinnen, gelingt erfahrungsgemäß am besten dadurch, dass sie nicht nur schriftlich informiert werden, sondern auch und zugleich konkrete Übungen kennen lernen und exemplarisch erleben, die ihnen zeigen, wie

Vorzüge des Methodenlernens

Methodenschulung

fördert auf Schülerseite ...

reduziert auf Lehrerseite ...

fördert auf Schülerseite ...	reduziert auf Lehrerseite ...
Methodenkenntnis und Methodenbeherrschung	Allseitige Verantwortlichkeit
↓	↓
Selbstständigkeit und Selbstvertrauen	Beanspruchung durch hilflose SchülerInnen
↓	↓
Motivation und Eigeninitiative	Hyperaktivität und Helferdrang
↓	↓
Problemlösungsfähigkeit	Angst vor dem Versagen der SchülerInnen
↓	↓
Zielstrebigkeit und Ausdauer	Nervliche Anspannung
↓	↓
Konstruktives und effektives Lernen	Stress infolge ausbleibender Lernerfolge

Abb. 15

das eigenverantwortliche, methodenzentrierte Arbeiten und Lernen mit den Kindern ablaufen wird. Mit anderen Worten: Die betreffenden Eltern sollten zumindest in Ansätzen Gelegenheit erhalten, in das eine oder andere richtungsweisende Trainingsarrangement ganz praktisch hineinzuschnuppern, um einen lebendigen Eindruck davon zu bekommen, welche Chancen diese Art des Methodenlernens für die eigenen Kinder eröffnet. Dieses »learning by doing« hat sich in der Elternarbeit zwischenzeitlich sehr bewährt und ist an den methodenzentriert arbeitenden Grundschulen vielerorts zur festen Einrichtung geworden.

Der folgende Zeitungsbericht über einen ungewöhnlichen Elternabend zum Thema »Teamarbeit« veranschaulicht diese Art des »learning by doing«. Durchgeführt wurde dieser Elternabend im Vorfeld des anstehenden Teamtrainings in der besagten Schule. Der zeitliche Rahmen der Elternveranstaltung: 19.00 Uhr bis ca. 22.00 Uhr.

»Die 15 Mütter und Väter der Klasse 5e, die an diesem Abend gekommen sind, teilen sich in Gruppen. Damit Vertraute und Bekannte nicht nebeneinander sitzen und vielleicht private Schwätzchen halten, werden Spielkarten gezogen: Die gleichen Karten bilden die Fünfergruppen. Die Eltern erhalten als Aufgabe, den Bericht über eine unzulängliche Gruppenarbeit ... eingehend zu analysieren, problematische Verhaltensweisen einzelner Gruppenmitglieder herauszuarbeiten sowie eine pointierte Kritik des Gruppengeschehens zu formulieren. Lediglich acht der beteiligten Mütter und Väter markieren mit Stiften wichtige Stellen farbig oder schreiben sich Bemerkungen an den Rand des Textes. Viele ihrer Töchter und Söhne sind in diesem Punkt schon sehr viel weiter, wie die zahlreichen Plakate eines dreitägigen Methodentrainings an den Wänden des Klassenraums bestätigen.

Derweil beenden die Eltern ihre Stillarbeit. Die Gruppen tauschen sich aus. Ohne Leiter gehe es nicht, reißt gleich ein Mann das Wort an sich; in der Schülergruppe herrsche keine Ordnung, ergänzt ein anderer. Noch dominieren einzelne das Gruppengespräch und bilden damit das ab, was im Text ›Gruppenarbeit mit Mängeln‹ zu lesen war. Erst allmählich mischen sich auch andere Eltern ein. Eine Frau ergreift das Wort und bezweifelt, ob ein ›Führer‹ notwendig ist, der den roten Faden der Gruppenarbeit in der Hand hält. Darauf wieder ein Vater: ›Letztendlich muss einer sagen, wo's lang geht.‹ Nach und nach merken die Wortführer, dass sie zu keinem Gruppenergebnis kommen, wenn sie sich nicht stärker zurückhalten und die anderen einbeziehen.

Es dauert dennoch 40 Minuten, bis sich die Gruppen zusammengerauft haben und in der Lage sind, gemeinsame Regeln zu erarbeiten, die sie aus dem Text, aber auch aus dem eigenen stockenden Arbeitsverlauf gelernt haben: ›Zielorientiert arbeiten – jeden zu Wort kommen lassen – einer hilft dem anderen und macht Mut – andere Meinungen tolerieren und akzeptieren – zuhören und aufeinander eingehen – Ergebnisse ordnen und sichern ...‹ Am Ende wird ein Gruppenmitglied ausgelost, welches das Plakat seiner Gruppe präsentiert und erläutert. Was halten die Eltern eigentlich von dieser etwas anderen Elternversammlung? ›Ich bin begeistert und stehe hundertprozentig hinter dieser Methode‹, meint eine Mutter. ›Schließlich erlebe ich täglich in der BASF, wie wichtig die Arbeit in der Gruppe ist.‹ Das müsse man lernen, schon in der Schule.« (Aus: Die Rheinpfalz vom 20.3.1999.)

Die Erfahrungen an dieser wie an anderen Schulen zeigen: Die versammelten Eltern brauchen beim ersten Mal zwar meist etwas Zeit, um sich auf das ungewohnte Prozedere einzustellen, dann aber gehen sie in aller Regel mit viel Engagement und Gewinn daran, die vorgestellten Methoden zu erproben und im anschließenden Auswertungsgespräch zu würdigen und gegebenenfalls auch kritisch zu befragen. Derartige Elternabende können sowohl zum EVA-Prinzip als auch zum Methoden-, Kommunikations- und Teamtraining angeboten werden. Als Fazit eines zurückliegenden Elternabends zum Thema »Lernen lernen« formulierten die betreffenden Eltern zum Beispiel: Das Thema »Lernen lernen« sei für die Kinder unbedingt wichtig und sollte in allen Jahrgangsstufen der Grundschule verstärkt Berücksichtigung finden. Die vorgestellten und/oder durchgespielten praktischen Übungen hätten ihnen deutlich werden lassen, dass sie selbst zu wenig über »gute Lernstrategien« wüssten und von daher ihren Kindern zu Hause auch nur wenig helfen könnten. Die Erkenntnis, dass die Kinder auch zu Hause mehr eigenverantwortlich arbeiten und sich selbst ausprobieren müssten, sei im Kern ganz wichtig, aber auch gewöhnungsbedürftig und gewiss nicht immer leicht umzusetzen. Alles in allem zeigten sich die versammelten Eltern sehr angetan von dem beabsichtigten Lerntraining und signalisierten in der Schlussbesprechung sehr deutlich ihre Bereitschaft, die Umsetzung dieses Programms entschieden unterstützen zu wollen.

Ein ähnliches Stimmungsbild zeigt sich in den meisten Schulen, wenn das Thema Methodenlernen auf den Tisch kommt. Die Hilflosigkeit vieler Eltern angesichts der Unselbstständigkeit und methodischen Unsicherheit ihrer Kinder führt beinahe zwangsläufig dazu, dass der Ruf nach einer gezielteren und intensiveren Unterstützung der Schule ertönt. Die Tatsache, dass die Eltern in den mehr als 40 Grundschulen, die in Nordrhein-Westfalen die skizzierte Methodenschulung als Schwerpunktprogramm verfolgen, ziemlich einhellig für dieses Programm gestimmt haben, ist ein Indiz dafür, dass die Akzeptanz auf Elternseite stimmt. Wohlgemerkt, es muss nur sichergestellt werden, dass das Programm für die betreffenden Eltern von seinen Zielsetzungen und Maßnahmen her durchschaubar wird. Dann kann mit Fug und Recht erwartet werden, dass sie den zuständigen Lehrkräften in den Schulen den Rücken stärken – sowohl in punkto Fortbildung als auch in Sachen Trainingstage.

Etwaiger Unterrichtsausfall wird von den Eltern erfahrungsgemäß dann akzeptiert, wenn die Vorteile des Methodenlernens für die eigenen Kinder offenkundig werden. Das ging und geht in den besagten NRW-Grundschulen sogar soweit, dass die Eltern klaglos ganzwöchige Lehrerfortbildungsseminare zum einen oder anderen Methodenfeld akzeptieren, obwohl dadurch täglich nur drei bis vier Unterrichtsstunden erteilt werden können (vgl. die näheren Ausführungen in Kapitel IV, Abschnitt 1). Dieser Unterrichtsausfall wird von den betroffenen Eltern jedoch in hohem Maße eingesehen und gebilligt. So gesehen können Grundschulen, die methodenzentrierte Übungsprogramme anbieten möchten, mit durchaus wohlwollender Unterstützung durch die Elternschaft rechnen. Wie hat doch der Bundeselternrat in seiner Presseerklärung vom 12.9.1999 formuliert: Natürlich wollten die Eltern möglichst wenig Unterrichtsausfall, aber im Interesse der Qualitätsverbesserung von Unterricht seien weniger, aber gut erteilte Unterrichtsstunden unter Umständen deutlich besser. Voilà!

II. Lernspiralen zu gängigen Themen der Grundschule

In diesem Kapitel geht es darum, anhand ausgewählter fachspezifischer Lernarrangements und Materialien zu zeigen, wie eigenverantwortliches Arbeiten und methodenzentriertes Lernen in der Grundschule ineinander greifen und verstärkt in Gang gebracht werden können. Die dokumentierten Lernspiralen sind thematisch eng zugeschnitten (Mikrospiralen!), sodass sie sich in der Regel in 1–2 Unterrichtsstunden umsetzen lassen. Sie verbinden inhaltliches und methodisches Lernen und geben den SchülerInnen in vielfältiger Weise Gelegenheit, sich sowohl in puncto EVA als auch bezüglich ihrer Arbeits-, Kommunikations- und Kooperationsmethodik zu üben. Diese konsequente Koppelung von EVA und Methodenpflege, von Methodenvielfalt und spiralförmigem Arbeiten und Lernen ist das eigentliche Markenzeichen der nachfolgend dokumentierten Lernspiralen.

Vorbemerkungen

Grundlegende Hinweise zum Begriff »Lernspirale« finden sich in den Abschnitten 2.5 und 2.6 des vorangehenden Kapitels. Im Mittelpunkt dieses Kapitels stehen die so genannten *Mikrospiralen.* Die dokumentierten Mikrospiralen L1 bis L38 beziehen sich auf eng begrenzte Themen- bzw. Aufgabenstellungen aus den Bereichen Deutsch, Mathematik, Sachkunde und einigen weiteren Fächern. Die entsprechenden spiralförmigen Arbeitsprozesse erstrecken sich üblicherweise von der Einzelarbeit über die Partner- und Gruppenarbeit bis hin zur Präsentation und Reflexion etwaiger Arbeitsergebnisse der Kinder im Plenum. Ein ergänzender Vortrag/Kommentar der Lehrperson kann dieses mehrstufige Vorgehen abrunden. Typisch für die besagten Mikrospiralen ist also, dass sich die Kinder mittels unterschiedlicher Sozialformen und Methoden in die jeweilige Aufgaben- bzw. Themenstellung »hineinbohren« und dabei sowohl in inhaltlicher als auch in methodischer, kommunikativer und teamspezifischer Hinsicht gefordert und gefördert werden. Inhaltliches und methodisches Lernen sind demnach integriert. Die nachfolgend dokumentierten Lernspiralen machen diese Lernarbeit der Schülerinnen und Schüler exemplarisch deutlich.

Eingebettet sind die besagten *Mikrospiralen* in übergeordnete *Makrospiralen* (vgl. Abb. 16). Der Unterschied zwischen diesen beiden Lernablaufmustern besteht darin, dass sich die Makrospiralen auf komplexere Lehrplanthemen beziehen (z.B. Thema »Märchen«), während die Mikrospiralen auf eng begrenzte Teilthemen beschränkt bleiben (z.B. Ratespiel zum Märchen »Pusteblume« entwickeln). Näheres zur Struktur der Makrospiralen lässt sich aus den Abbildungen 16 und 10 (siehe Seite 65) zu den Lehrplanthemen »Wortarten« und »Ritter« ersehen. Grundsätzlich gilt: Eine *Makrospirale* gliedert sich in mehrere *Arbeitsinseln* der SchülerInnen (A1 bis Ax). Jede Arbeitsinsel wiederum lässt sich in diverse *Arbeitsschritte* mit unterschiedlichen inhaltlichen und methodischen Anforderungen zerlegen. Die letztgenannte vertikale Aufgliederung einer Arbeitsinsel in Arbeitsschritte wird hier *Mikrospirale* genannt. Derartige Mikrospiralen stehen im Zentrum dieses Kapitels.

Wichtig für das Verständnis der dokumentierten Lernspiralen ist Folgendes: Die betreffenden Mikrospiralen sind primär inhaltlich ausgerichtet, d.h. im Vordergrund stehen unterschiedliche inhaltliche Aspekte und Aufgabenstellungen, wie sie in den Grundschul-Lehrplänen ausgewiesen werden – zumindest in Rheinland-Pfalz. Wenn darüber hinaus besonderes Augenmerk auf die Methoden-, Kommunikations- und Teampflege gerichtet wird, dann ist das Ausdruck des hier vertretenen erweiterten Bildungsbegriffs. Es geht eben nicht nur um Inhalte, sondern auch und zugleich um die verstärkte Förderung von Methodenkompetenz in einem sehr weiten Sinne des Wortes. Dementsprechend wird bei der Ausformulierung der nachfolgenden Lernspiralen L1 bis L38 nicht nur auf die inhaltlichen Zielsetzungen abgestellt, sondern immer auch auf die angewandten/gepflegten Methoden geachtet. Die Rubriken »Intention« und »Methodenpflege« auf den Basisseiten geben diesbezüglich nähere Auskünfte.

Wichtig für das Verständnis der dokumentierten Lernspiralen sind ferner die diversen Arbeitsschritte, in die sich jede Lernspirale gliedert. Diese Arbeitsschritte werden auf der jeweiligen Basisseite (siehe z.B. Seite 94) ausgewiesen und geben recht detailliert Auf-

Beispiel einer Makrospirale zum Thema »Wortarten«

Mögliche Arbeitsinseln und Arbeitsschritte

Vorwissen/Voreinstellungen aktivieren

A 1: **Mindmap** zum Thema Wortarten **erstellen** (Lehrervortrag → Brainstorming in EA → Mindmapping in GA → Tafelarbeit)

A 2: **Wortmaterial** zu „Artikeln" **zuordnen** (Arbeitsblatt → Zuordnung in PA → Plenar-Präsentation → Textergänzung → Kontrollphase)

Neue Kenntnisse/Verfahrensweisen erarbeiten

A 3: **Zuordnungsaufgabe** zu Verben/Nomen **lösen** (Lehrerimpuls → Zuordnung in PA → Präsentation → Beispiele finden → Pantomime)

A 4: **Tabelle** zum Thema „Wortarten" **erstellen** (Bildklärung → Zuordnen in PA → Tabelle erstellen in PA/GA → Tafel-Präsentation)

A 5: **Sätze** mit Präpositionen **bilden** (Brainstorming → Präpositionen in PA einsetzen → Ratespiel im Plenum → Hefteintrag)

A 6: **Im Text** bestimmte Wortarten **markieren** (Lesephase → Arbeitsteilig markieren → Präsentation: Mischgruppen → Quiz im Plenum)

A 7: **Quartett** zu Wortarten **herstellen** (Brainstorming in EA → Kartenproduktion in GA → Spielphase → Auswertung im Plenum)

Komplexere Anwendungs-/Transferaufgaben

A 8: **Werbung** für unterschiedliche Wortarten **vorbereiten** (Brainstorming → Folie in GA gestalten → Textproduktion → Plenum → Feedback

A 9: **Test** zum Thema „Wortarten" **erstellen** (Fragen in EA konzipieren → Kontrolle in PA → Frage-Antwort-Spiel im Plenum → Auswertung)

*) Die schwarz unterlegten Arbeitsinseln A 2 bis A 5 werden in diesem Kapitel näher ausgearbeitet und dokumentiert. Sie sind als Lernspiralen L10, L7, L9 und L11 zu finden.

Abb. 16

schluss darüber, wie der je gestufte Arbeitsprozess der SchülerInnen verläuft und wann welche Materialien eingesetzt werden. Die betreffenden Materialien selbst sind mit M1 bis Mx gekennzeichnet und werden jeder Lernspirale als Anhang beigefügt. Sie können für unterrichtliche Zwecke kopiert werden und eröffnen damit interessierten Lehrkräften die Möglichkeit, erstens die eine oder andere Lernspirale rasch einmal auszuprobieren sowie zweitens mit dem Konzept der Lernspirale zügig vertraut zu werden und selbst ähnliche Lernspiralen zu anderen Lehrplanthemen zu entwickeln. Anzuraten ist Letzteres auf jeden Fall, damit nach und nach eine möglichst umfängliche Materialbasis entsteht, die eine abwechslungsreiche EVA- und Methodenpflege im Unterricht gewährleistet.

Auf den abgedruckten Materialseiten M1ff. fehlen in der Regel die detaillierten Arbeitshinweise für die SchülerInnen. Das ist bewusst so gemacht worden, um den betreffenden Lehrkräften die Möglichkeit zu eröffnen, in Abhängigkeit vom Alter und Lernstand der Kinder spezifische Akzente zu setzen. So gesehen sind die dokumentierten Materialien Basismaterialien, die der Ergänzung durch gezielte Arbeitshinweise bedürfen, die unter Umständen gemeinsam mit den SchülerInnen entwickelt werden können. Die betreffenden Arbeitshinweise können von der je zuständigen Lehrkraft an die Tafel geschrieben, mündlich vorgetragen oder auch nachträglich auf die jeweilige Materialseite geschrieben werden. Nähere Hinweise zur Art der Arbeitsaufträge lassen sich aus den entsprechenden Erläuterungen auf den nachfolgenden Basisseiten L 1 bis L 38 ersehen (s. die Rubrik »Arbeitsschritte«).

Sämtliche Lernspiralen, die im Folgenden dokumentiert werden, sind in rheinlandpfälzischen Grundschulen erprobt und mit erfahrenen GrundschullehrerInnen auf ihre Praktikabilität hin besprochen worden. Von daher ist davon auszugehen, dass sie im Schulalltag mit Gewinn und Erfolg eingesetzt werden können. Das Gros der vorliegenden Lernspiralen ist zwar vorrangig für die Jahrgangsstufen drei und vier konzipiert, gleichwohl können einige davon in abgeänderter Form auch in den unteren Stufen eingesetzt werden. Darüber hinaus sind mehrere Lernspiralen ganz gezielt für den Einsatz in der ersten und zweiten Jahrgangsstufe entwickelt worden. So gesehen, müssten eigentlich alle LeserInnen etwas Passendes für ihre Klassen finden. Im Übrigen sind natürlich immer auch *Modifikationen* möglich, d.h. Lernspiralen und Materialien, die als zu schwierig eingeschätzt werden, sollten gegebenenfalls so vereinfacht und umgearbeitet werden, dass sie für die eigene Klasse passen. Die Grundstruktur der jeweiligen Lernspirale kann dabei in der Regel beibehalten werden.

Der Ablauf der einzelnen Mikrospiralen ist auf den zugehörigen Basisseiten durch ein entsprechendes 4- bis 6-Punkte-Programm kenntlich gemacht (vgl. die Rubrik »Ablauf«). Die SchülerInnen beginnen in der Regel mit einer Besinnungs- und/oder Arbeitsphase in Einzelarbeit, dann folgen vertiefende Klärungs-, Gesprächs- und Anwendungsaktivitäten in Partner- und/oder Gruppenarbeit, bevor das eine oder andere Arbeitsergebnis im Plenum präsentiert und reflektiert wird. Sowohl für die Gruppenbildung als auch für die Präsentation der Gruppenergebnisse ist üblicherweise das *Zufallsprinzip* angesagt, d.h., die betreffenden Gruppenmitglieder bzw. -sprecher werden per Los, durch Abzählen oder mittels anderer Zufallsgeneratoren ermittelt. Dieses Prozedere sorgt erfahrungsgemäß dafür, dass die SchülerInnen in ihren Gruppen mit relativ großer Ernsthaftigkeit und Verbindlichkeit mitarbeiten und sich vorbereiten. Zwar murren in der Anfangsphase einzelne »vom Los begünstigte« Kinder immer mal wieder, aber nach Abschluss ihrer »Versuche« sind sie meist recht glücklich, dass sie es probiert haben. So gesehen ist das Losverfahren ein ebenso notwendiger wie hilfreicher Weg, um die SchülerInnen verstärkt zur Mitwirkung und Mitverantwortung im Rahmen des laufenden EVA-Unterrichts herauszufordern.

Dass viele SchülerInnen durchaus interessiert sind, verbindlich gefordert und gefördert zu werden, hat sich im Rahmen der Erprobungsarbeit immer wieder gezeigt. Nur wird von den Kindern im Gegenzug zumeist erwartet, dass sie sich entsprechend gut vorbereiten können und ausreichend Hilfe und Unterstützung erfahren, um erfolgreich abzuschneiden. Durch den konsequenten Einsatz von Partner- und Gruppenarbeit sowie die gezielte Förderung des Helferprinzips wird dieser berechtigten Erwartung der Kinder Rechnung getragen. Dass den SchülerInnen das skizzierte spiralförmige, selbstständige, methodenzentrierte Lernen nicht nur zusagt, sondern auch bemerkenswerte Erfolge bringt, steht nach den positiven Erfahrungen in den Erprobungsklassen außer Frage. Das beginnt bei der Zielstrebigkeit, Kreativität und Motivation, mit der die Kinder im Zuge der Lernspiralen mitarbeiten, und reicht über das wachsende Selbstbewusstsein und Selbstvertrauen, das sich in den Erprobungsklassen beobachten lässt, bis hin zu bemerkenswerten persönlichen und sozialen Reifeprozessen, die sich aufgrund der intensiven Team- und Kommunikationspflege einstellen.

L 1 Freies Erzählen von Fantasiegeschichten

Intention: Die SchülerInnen sollen sich in die Situation bestimmter Personen, Tiere oder Gegenstände hineinversetzen und aus deren Perspektive eine Fantasiegeschichte konzipieren. Diese wird dann wechselseitig erzählt. Dazu erhalten die Kinder einen Erzählimpuls, auf dem der Protagonist der Geschichte zu erkennen ist, in den sie sich hineinversetzen müssen.

Ablauf (Mikrospirale):

1. Individuelle Besinnungsphase
2. Stichwörter in Einzelarbeit notieren
3. Geschichten in Zufallsgruppen vorstellen
4. Präsentation einiger Erzählungen im Plenum

Arbeitsschritte: Im ersten Arbeitsschritt erhalten die SchülerInnen je ein Bild mit entsprechendem Erzählimpuls (M1–M6) zugelost. Die sechs Impulsbilder werden also gleichmäßig auf die Klasse verteilt. In einer ca. dreiminütigen Besinnungsphase überlegt sich jedes Kind eine Fantasiegeschichte, zu der dann in einem zweiten Arbeitsschritt bis zu zehn Stichwörter auf einem Spickzettel notiert werden. Im dritten Schritt finden sich die SchülerInnen in Zufallsgruppen zu je sechs Kindern zusammen, von denen jedes einen spezifischen Erzählimpuls in die Gruppe mitbringt. Ein Schüler beginnt nun mit Hilfe seiner Notizen seine Geschichte zu erzählen. Dabei zeigt er für alle sichtbar das eigene Bild. Anschließend kommt der Nächste mit seiner Erzählung dran und schließlich der Dritte etc., sodass in jeder Gruppe sechs Geschichten vorgetragen werden, die jeweils ca. 2–4 Minuten dauern sollten. Da nicht jede Klassenstärke durch sechs teilbar ist, muss die Lehrkraft hier flexibel reagieren und ggf. auch Gruppen mit fünf oder sieben Kindern zulassen. Im vierten Arbeitsschritt dürfen freiwillige SchülerInnen ihre Geschichte im Plenum vortragen. Dabei wird das betreffende Bild als Vergrößerung an die Tafel gehängt.

Methodenpflege: Die SchülerInnen üben sich im Eingrenzen und Notieren von Stichwörtern sowie im freien Reden nach der Stichwortmethode. Dabei versetzen sie sich in die Lage des abgebildeten Akteurs und vollziehen damit einen gewissen Perspektivenwechsel. Außerdem wird das Zuhören trainiert, da in der Kleingruppe insgesamt sechs Geschichten erzählt werden. Vor allem am Anfang empfiehlt es sich, nach jeder vorgetragenen Erzählung zu applaudieren, um den Kindern Mut zu machen.

Vorbereitung: Die benötigten Erzählimpulse können aus Computer-Cliparts, Schulbüchern oder Zeitschriften entnommen werden. Der Aufgabentext unter jedem Bild ist nahezu identisch. Jedes Bild wird für die abschließende Präsentation auf DIN-A3-Format vergrößert. Für das Befestigen der Bilder an der Tafel wird Tesakrepp benötigt.

M 1

Der Weihnachtskarpfen Willibald fühlt sich heute überhaupt nicht wohl ...

☞ Überlege, wie diese angefangene Geschichte weitergehen könnte.
Versetze dich in Willibalds Lage.
Was wird er wohl denken, fühlen, erleben ...?

☞ Schreibe dir maximal 10 Stichworte auf deinen Spickzettel.
Deine Fantasiegeschichte sollte etwa 3 Minuten dauern.
Erzählen sollst du sie anschließend einem Zufallspartner.

M 2

Eleni war gerade aus dem Zug gestiegen, als sie endlich ...

☞ Überlege, wie diese angefangene Geschichte weitergehen könnte.
Versetze dich in Elenis Lage.
Was wird sie wohl denken, fühlen, erleben ...?

☞ Schreibe dir maximal 10 Stichworte auf deinen Spickzettel.
Deine Fantasiegeschichte sollte etwa 3 Minuten dauern.
Erzählen sollst du sie anschließend einem Zufallspartner.

Der kleine Purzel hat einen lustigen Traum ...

M 3

☞ Überlege, wie diese angefangene Geschichte weitergehen könnte.
Versetze dich in Purzels Lage.
Was wird er wohl denken, fühlen, erleben ...?

☞ Schreibe dir maximal 10 Stichworte auf deinen Spickzettel.
Deine Fantasiegeschichte sollte etwa 3 Minuten dauern.
Erzählen sollst du sie anschließend einem Zufallspartner.

M 4

Rexxu hatte niemals zuvor einen Menschen gesehen ...

☞ Überlege, wie diese angefangene Geschichte weitergehen könnte.
Versetze dich in Rexxus Lage.
Was wird er wohl denken, fühlen, erleben ...?

☞ Schreibe dir maximal 10 Stichworte auf deinen Spickzettel.
Deine Fantasiegeschichte sollte etwa 3 Minuten dauern.
Erzählen sollst du sie anschließend einem Zufallspartner.

M 5

Dem Mülleimer Oskar war heute zum Weinen zumute, denn ...

☞ Überlege, wie diese angefangene Geschichte weitergehen könnte.
Versetze dich in Oskars Lage.
Was wird er wohl denken, fühlen, erleben ...?

☞ Schreibe dir maximal 10 Stichworte auf deinen Spickzettel.
Deine Fantasiegeschichte sollte etwa 3 Minuten dauern.
Erzählen sollst du sie anschließend einem Zufallspartner.

M 6

Das riesige Geschenk stand auf dem Frühstückstisch und freute sich auf das Geburtstagskind ...

☞ Überlege, wie diese angefangene Geschichte weitergehen könnte.
Versetze dich in die Lage des Geschenkes.
Was wird es wohl denken, fühlen, erleben ...?

☞ Schreibe dir maximal 10 Stichworte auf deinen Spickzettel.
Deine Fantasiegeschichte sollte etwa 3 Minuten dauern.
Erzählen sollst du sie anschließend einem Zufallspartner.

L 2

Personenbeschreibungen genau erfassen

Intention: Die SchülerInnen sollen mehrere gezeichnete Personen genauer unter die Lupe nehmen und anhand der Bilder M1 und M2 herausfinden, wer wer ist. So lernen sie, Informationen aufzunehmen, genau zuzuhören und hinzusehen. Auditive und visuelle Übungen dieser Art fördern die Kreativität, forcieren das problemlösende Lernen und lassen die Kinder Mut machende Erfahrungen sammeln.

Ablauf (Mikrospirale):

1. Bildbetrachtung/Unterrichtsgespräch
2. Suchspiel in Partnerarbeit
3. Ergebnissicherung im Plenum
4. Eigene Beschreibungen anfertigen
5. Präsentation in Plenum

Arbeitsschritte: Im ersten Arbeitsschritt präsentiert die Lehrkraft die Zeichnungen M1 und M2 am Tageslichtprojektor. Die SchülerInnen beschreiben die dargestellten Personen, wobei vor allem auf Details geachtet werden soll. Dann erhalten alle Kinder die Zeichnungen M1 und M2 als Kopie. Im zweiten Schritt werden durch Lose Zufallstandems gebildet. Der eine Tandempartner erhält Arbeitsblatt A (M3), der andere Arbeitsblatt B (M4). Wechselseitig lesen sich die Kinder nun die einzelnen Personenbeschreibungen vor und identifizieren die betreffenden Personen. Bei richtiger Lösung wird der Name der Figur unter der Person eingetragen. Im dritten Schritt erfolgt die Gesamtsicherung im Plenum, wobei möglichst viele Kinder per Meldekette zu Wort kommen sollen. Im vierten Schritt gehen die SchülerInnen sodann paarweise daran, eigene Zeichnungen zu Personen, Tieren oder Gegenständen anzufertigen und eine möglichst genaue Beschreibung zu formulieren. In der fünften und letzten Arbeitsetappe bildet die Klasse einen Stuhlkreis; alle entstandenen Bilder werden auf dem Boden verteilt und so gemischt, dass nicht gleich erkennbar ist, wer der Urheber der einzelnen Zeichnungen ist. Nun wird eine erste Beschreibung vorgelesen, die Kinder versuchen herauszufinden, um welches Bild es sich handelt. Dann folgt eine zweite Beschreibung etc. Dieses »Ratespiel« kann auch in mehreren Kleingruppen erfolgen, nur sollten pro Gruppe mindestens vier Zeichnungen zur Auswahl stehen.

Methodenpflege: Die SchülerInnen üben sich im Visualisieren, im präzisen Beschreiben von Personen, im Wort weitergeben und im aktiven Zuhören. Sie sind gehalten, laut und deutlich zu reden, auf die Gesprächspartner einzugehen, sich wechselseitig zu helfen sowie in Phase vier quasi als »Lehrer« zu agieren und Arbeitsimpulse vorzubereiten.

Vorbereitung: Alle Arbeitsmaterialien sind im Klassensatz zu kopieren, die Materialien M1 und M2 sind zudem als Folien vorzubereiten.

M 1

M 2

Wer ist wer?

M 3

Renate:
Renate hat lockige Haare, sie trägt nicht gerne Hosen. Sie ist kräftig gebaut und nicht sehr groß. An ihren Füßen hat sie schwarze Schuhe.

Karl:
Karl hat helle Haare. Seine Hosen sind gestreift, darüber trägt er ein helles Oberteil. Er könnte sich mal wieder rasieren, außerdem ist er nicht sehr groß.

Gertrud:
Gertrud ist sehr groß. Sie findet, dass eine Dauerwelle keine Frisur sei. Ihr sehr schmaler Körper steckt in einem kurzen Kleid. Sie liebt die Farbe Weiß über alles.

Gustav:
Gustav trägt schwarze Schuhe, er hat eine weiße Hose an. Außerdem trägt er einen Schal. Er sieht nicht sehr viel.

Agathe:
Agathe liebt Schmuck. Ihre weißen Schuhe passen gut zum schwarzen Kleid. Für ihre Größe ist sie sehr schmal. Erst letzte Woche hat ihr Friseur ihre Dauerwelle aufgefrischt.

Egon:
Egon trägt schwarze Hosen. Manche nennen ihn einen »dünnen Hering«. Er hat weiße Schuhe an und liebt Streifen. Seinen Haare waren schon immer sehr widerspenstig.

Wer ist wer?

M 4

Silke:
Silke ist groß, sie trägt einen langärmeligen Pullover, aber Röcke mag sie gar nicht. Ihre Füße stecken in schwarzen Schuhen. Die glatten Haare trägt sie kinnlang.

Fred:
Fred ist sehr groß. Er ist schlecht rasiert und trägt einen hellen Pullover mit dunklen Streifen. Über seinen schwarzen Schuhen trägt er eine schwarze Hose.

Dagmar:
Dagmar liebt Röcke bis zum Knie. Sie hat schwarze Haare und liebt auffällige Halsketten über alles. Sie ist sehr klein.

Otto:
Otto mag Streifen. Viele sagen, er sei etwas pummelig. Er trägt eine weiße Hose und schwarze Schuhe. Seine dunklen Haare sind leicht gewellt.

Tilda:
Tilda ist nicht gerade klein gewachsen. Auf ihre hellen Haare ist sie sehr stolz. Sie glaubt, Streifen machen schlank und liebt Faltenröcke über alles.

Harald:
Harald trägt gestreifte Hosen, darüber ein weißes kurzärmeliges Hemd. Brillen konnte er noch nie leiden, daher trägt er Kontaktlinsen. Er kämmt sich nur selten. An den Füßen trägt er schwarze Schuhe.

L 3

Eine Geschichte schrittweise erschließen

Intention: Die SchülerInnen sollen lernen, eine Geschichte aufmerksam zu lesen und sich wichtige Informationen zu merken. Denn anschließend müssen sie aus einer größeren Auswahl von Gegenständen, Tieren und Personen diejenigen herausfinden, die im Text genannt werden. Dazu erhalten sie ein Wahlangebot an alternativen Bildern (siehe M2). Auf diese Weise wird konzentriertes Lesen und Erfassen wichtiger Sach- und Fachinformationen geübt.

Ablauf (Mikrospirale):

1. Text in Einzelarbeit lesen
2. Abbildungen in Partnerarbeit benennen
3. Im Text genannte Gegenstände anmalen
4. Entsprechende Schlüsselbegriffe markieren
5. Nacherzählen der Geschichte in Kleingruppen

Arbeitsschritte: Im ersten Arbeitsschritt erhalten die SchülerInnen die Geschichte M1 und lesen diese in Einzelarbeit möglichst sorgfältig durch. Alsdann wird das Textblatt umgedreht. In einem zweiten Arbeitsschritt setzen sich die Kinder in Tandems zusammen, erhalten ein Blatt mit zahlreichen kleinen Zeichnungen, die paarweise in Kästchen angeordnet sind (siehe M2). Die skizzierten Gegenstände/Tiere etc. werden zunächst benannt und dann angemalt, sofern sie im gelesenen Text vorkommen. Dies kann sowohl in Einzelarbeit als auch in Partnerarbeit geschehen. Im vierten Arbeitsschritt gehen sodann alle Kinder wieder auf ihre Plätze und unterstreichen im besagten Text mit Lineal und Filzstift all jene Wörter, die den angemalten Objekten entsprechen. Im fünften und letzten Arbeitsschritt schließlich werden mittels Los Zufallsgruppen gebildet, in denen einige Freiwillige die gelesene Geschichte mit Hilfe der ausgemalten Bilder nacherzählen. Je nach Leistungsstand der Klasse kann alternativ dazu auch eine Teampräsentation erfolgen, und zwar so, dass die betreffenden Gruppenmitglieder die ausgemalten Zeichnungen reihum als Kettengeschichte präsentieren.

Methodenpflege: Die SchülerInnen trainieren das genaue Lesen. Sie üben sich im Erfassen einfacher Visualisierungselemente. Sie lernen, wichtige Wörter im Text zu erkennen und mit Lineal gezielt zu unterstreichen. Darüber hinaus arbeiten sie mit anderen Kindern zusammen, helfen sich gegenseitig und üben sich im angeleiteten Nacherzählen. Durch die Teampräsentation am Ende werden Kooperation und aktives Zuhören trainiert.

Vorbereitung: Die beiden Arbeitsblätter sind für jedes Kind zu kopieren. Arbeitsmittel wie Lineal, Bleistifte und Buntstifte sind von den SchülerInnen mitzubringen. Für das saubere Einkleben der Arbeitsblätter ins Heft werden Klebestifte benötigt.

M 1

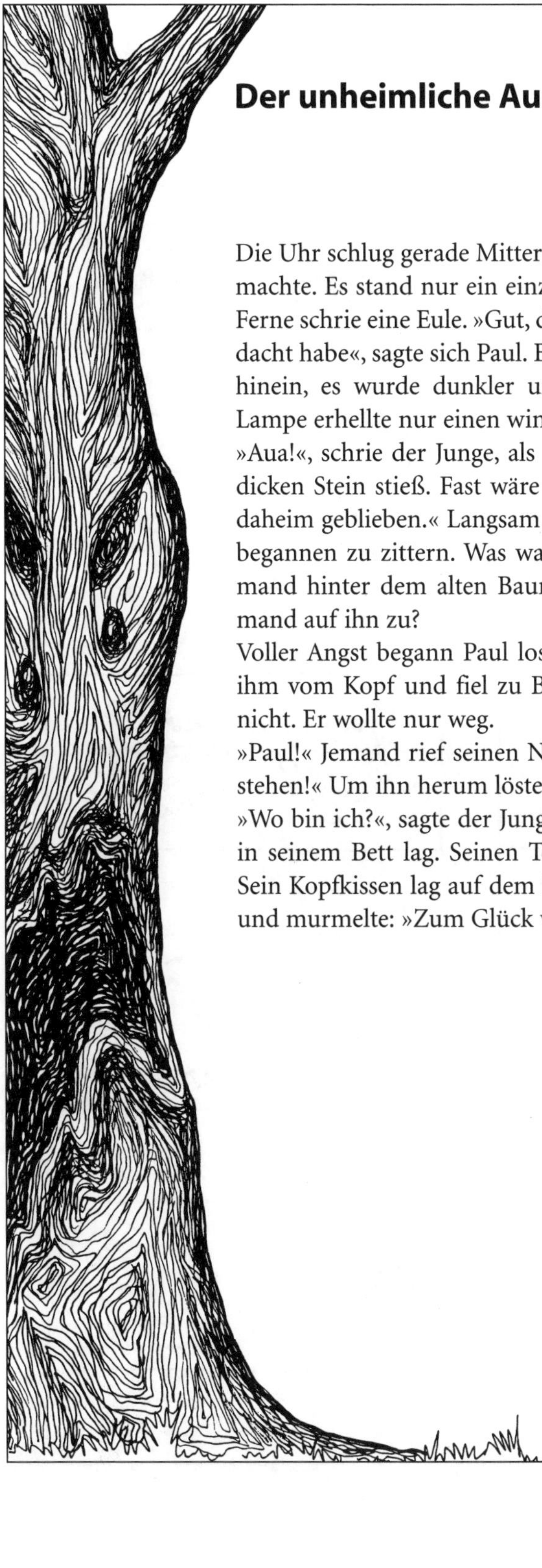

Der unheimliche Ausflug

Die Uhr schlug gerade Mitternacht, als Paul sich auf den Weg machte. Es stand nur ein einzelner Stern am Himmel. In der Ferne schrie eine Eule. »Gut, dass ich an die Taschenlampe gedacht habe«, sagte sich Paul. Er ging immer tiefer in den Wald hinein, es wurde dunkler und dunkler. Der Schein seiner Lampe erhellte nur einen winzigen Teil seines Weges.

»Aua!«, schrie der Junge, als er mit seinem Fuß gegen einen dicken Stein stieß. Fast wäre er hingefallen. »Wäre ich doch daheim geblieben.« Langsam wurde ihm mulmig. Seine Knie begannen zu zittern. Was war das dort hinten? Stand da jemand hinter dem alten Baum? Und bewegte sich dieser jemand auf ihn zu?

Voller Angst begann Paul loszulaufen. Seine Mütze rutschte ihm vom Kopf und fiel zu Boden. Doch das kümmerte ihn nicht. Er wollte nur weg.

»Paul!« Jemand rief seinen Namen und schüttelte ihn. »Aufstehen!« Um ihn herum löste sich der Wald immer mehr auf. »Wo bin ich?«, sagte der Junge. Allmählich merkte er, dass er in seinem Bett lag. Seinen Teddy hielt er fest umklammert. Sein Kopfkissen lag auf dem Boden. Paul rieb sich die Augen und murmelte: »Zum Glück war alles nur ein Traum.«

M 2

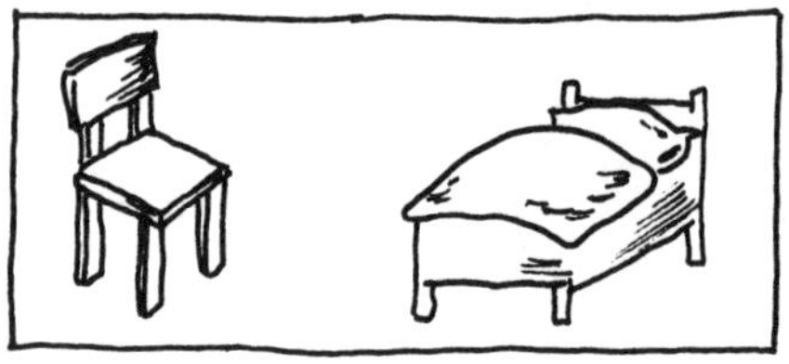

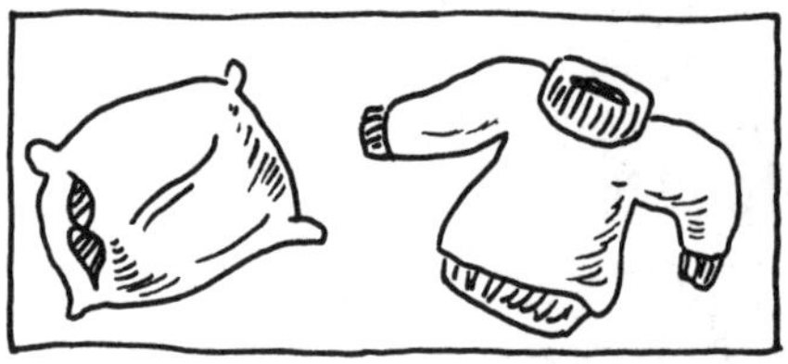

L 4

Buchstaben erkennen und herstellen

Intention: Die SchülerInnen sollen Buchstabenfragmente erkennen und durch einfache grafische Übungen ihre Schreibfähigkeit und Schreibfertigkeit schulen. Auf diese Weise lernen sie charakteristische Schreibweisen von Buchstaben kennen und erarbeiten sich diese in kleinen Schritten. Dies weckt und fördert die kindliche Schreibfreude und hilft, Schriftformen methodisch zu entwickeln.

Ablauf (Mikrospirale):

1. In Einzelarbeit Buchstaben ergänzen
2. Kontrolle und Sicherung in Partnerarbeit
3. Buchstaben in Einzelarbeit »herstellen«
4. Präsentation im Plenum

Arbeitsschritte: Im ersten Arbeitsschritt erhalten die SchülerInnen Arbeitsblatt M1, auf dem eine verärgerte Maus abgebildet ist, deren Käsebuchstaben angeknabbert wurden. Die Kinder müssen zunächst herausfinden, welche Buchstaben dargestellt sind und ergänzen diese sodann sorgfältig in Einzelarbeit. Im zweiten Arbeitsschritt werden die gefundenen Lösungen paarweise oder in Kleingruppen präsentiert, überprüft und bei Bedarf korrigiert. Dabei wird unter anderem darauf geachtet, wer besonders exakt gearbeitet hat. Der dritte Arbeitsschritt ist für die »Herstellung« eigener Buchstaben vorgesehen (siehe M2). Bei leistungsschwächeren Kindern geschieht dies in Partnerarbeit. Abschließend erhalten Kinder, die freiwillig präsentieren möchten, die Möglichkeit, am Tageslichtprojektor die vorgegebenen Punkte zu fertigen Buchstaben zu verbinden und somit die Lösungen vorzustellen.

Methodenpflege: Die SchülerInnen erleben Schreiben als eigenes Handwerk. Sie erkennen die als Käsestücke angedeuteten Buchstaben und ergänzen die unvollständigen Formen auf ihre Weise. Dabei werden wesentliche Schlüsselqualifikationen wie Genauigkeit, Konzentration und Sauberkeit bei der Arbeitsausführung trainiert: Die Kinder arbeiten exakt mit dem Lineal, erkennen vorgegebene Strukturen und malen die skizzierten Flächen sauber aus. Darüber hinaus entwickeln sie erste Erfahrungen im Bereich »Erstschreiben«. Die Kinder sind glücklich, der Maus helfen zu dürfen und erfreuen sich dabei an selbst hergestellten Buchstabenbildern. Außerdem wird ihre Fantasie angeregt, da sie aus den vage angedeuteten Fragmenten die richtigen Buchstaben herausfinden müssen.

Vorbereitung: Die Arbeitsblätter M1 und M2 sind für jedes Kind bereitzustellen. Material M2 muss zusätzlich auf Folie vorhanden sein. Arbeitsmittel wie Bleistifte, Lineal und Klebstoff werden von den SchülerInnen mitgebracht; wasserlösliche Folienstifte für die abschließende Präsentation sind von der Lehrkraft bereitzustellen.

M 1

Buchstaben herstellen

M 2

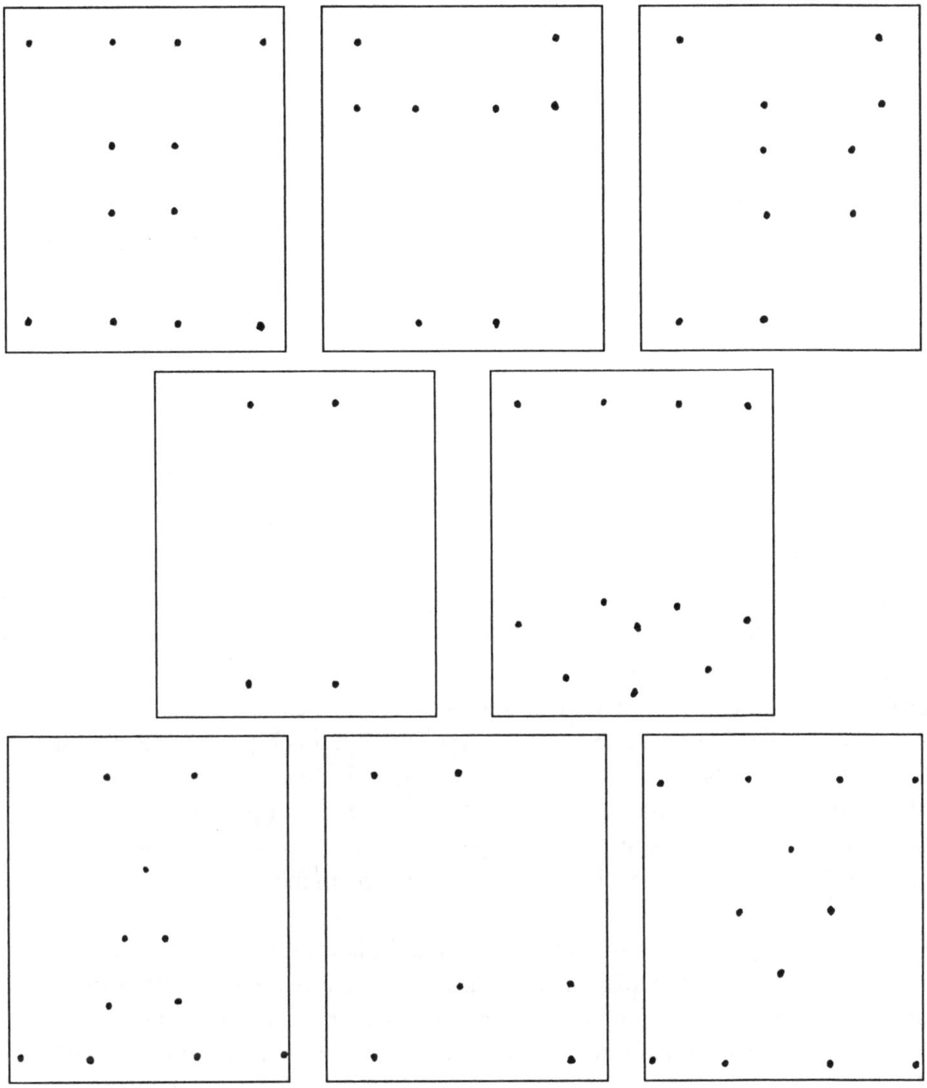

Du siehst hier acht Buchstaben, aber man kann sie noch nicht genau erkennen. Wenn du die Punkte mit Bleistift und Lineal verbindest, dann kannst du sie schon viel besser lesen. Male die Buchstabenflächen anschließend mit Buntstift aus.

L 5

Zu Bildern Wörter/Buchstaben finden

Intention: Die SchülerInnen sollen spielerisch mit Buchstaben und Wörtern umgehen. Dabei wird die Druckschrift als Erstschrift zur Unterstützung verwendet. Hierbei gilt der Grundsatz: von der Grob- zur Feinmotorik. Übungen dieser Art fördern die optische Wahrnehmungsfähigkeit und steigern infolge der ansprechenden Bildimpulse die Schreibmotivation der Kinder.

Ablauf (Mikrospirale):

1. Individuelle Besinnungsphase
2. Buchstaben in Einzelarbeit ausmalen
3. Präsentation in Kleingruppen
4. Weitere Aufgaben in PA erstellen
5. Aufgabe in Kleingruppen bearbeiten

Arbeitsschritte: Die SchülerInnen klären in einem ersten Arbeitsschritt, welche Objekte in M1 und M2 zeichnerisch dargestellt sind. Im zweiten Arbeitsschritt malen sie die zu diesen Objekten gehörenden Druckbuchstaben sauber aus. Anschließend werden die gesuchten Wörter auf die dafür reservierten Linien geschrieben. Im dritten Schritt begeben sich die SchülerInnen in Vierer-Gruppen, die durch Abzählen gebildet werden. Die gefundenen Buchstaben und Wörter werden reihum vorgestellt, so dass jedes Kind mindestens einmal präsentieren muss. Inhaltliche Unklarheiten und/oder Probleme bei der Gestaltung der Wörter werden angesprochen und behoben. Im vierten Arbeitsschritt werden die bestehenden Gruppen in Gesprächspaare aufgeteilt, die Arbeitsblatt M3 erhalten und entsprechende eigene Aufgaben entwickeln. Diese Aufgaben werden im fünften und letzten Arbeitsschritt in Kleingruppen bearbeitet und geklärt. Gezielte Hinweise von Lehrerseite zum Umgang mit Schreibgeräten (Schreibgriff, Körperhaltung, Sitzgewohnheiten) können sich anschließen.

Methodenpflege: Die SchülerInnen arbeiten mit Bildimpulsen und schließen daraus auf einfache Schreibaktivitäten. Sie üben das Ausführen elementarer Arbeitstechniken wie z.B. Ausmalen. Sie strukturieren Einzelbuchstaben zu Wörtern und entwickeln damit einfache Ordnungsmuster. Sie üben das Erfassen von Arbeitsaufträgen, schulen ihre Feinmotorik und üben sich darin, regelgebunden und verbindlich in der Gruppe zu arbeiten und sich wechselseitig zu fragen und zu helfen.

Vorbereitung: Arbeitsmittel (Buntstifte, Bleistifte) sind von den Schülerinnen mitzubringen. Die Arbeitsblätter M1 und M2 sind für jedes Kind zu kopieren; erfahrungsgemäß benötigt die Lehrkraft deutlich mehr Kopien von M3 als Kinder in der Klasse sind, da leistungsstärkere SchülerInnen häufig bis zu drei Arbeitsblätter gestalten wollen. Als Hausaufgabe sollte jedes Kind ein zusätzliches Blatt erhalten.

M 1

Das ist ein ____________

ABCDEFGHI
JKLMNOPQ
RSTUVWXYZ

Das ist ein ____________

ABCDEFGHI
JKLMNOPQ
RSTUVWXYZ

Das ist ein ____________

ABCDEFGHI
JKLMNOPQ
RSTUVWXYZ

M 2

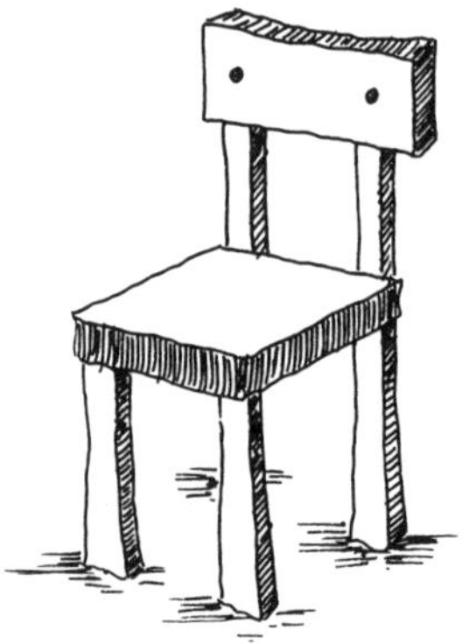

Das ist ein ____________

ABCDEFGHI
JKLMNOPQ
RSTUVWXYZ

Das ist eine ____________

ABCDEFGHI
JKLMNOPQ
RSTUVWXYZ

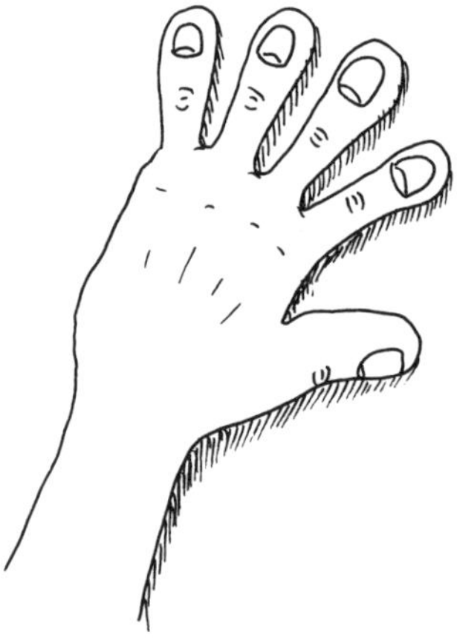

Das ist eine ____________

ABCDEFGHI
JKLMNOPQ
RSTUVWXYZ

M 3

Das ist ein/eine ____________

ABCDEFGHI
JKLMNOPQ
RSTUVWXYZ

Das ist ein/eine ____________

ABCDEFGHI
JKLMNOPQ
RSTUVWXYZ

Das ist ein/eine ____________

ABCDEFGHI
JKLMNOPQ
RSTUVWXYZ

L 6

Schriftbilder erkennen und zuordnen

Intention: Die SchülerInnen sollen elementare Buchstabenformen bewusst wahrnehmen, Schriftbilder erkennen und diese richtig einordnen lernen. Auf diese Weise wiederholen und festigen sie bestimmte Buchstabenformen. Zuordnungsaufgaben dieser Art fördern die Behaltensleistung der Kinder und helfen ihnen, Sicherheit im Erkennen von Schriftbildern zu erlangen. Darüber hinaus trainieren die SchülerInnen auf einfachem Niveau ihr visuelles Verständnis und entwickeln erste methodische Routinen.

Ablauf (Mikrospirale):

1. Lehrererläuterung an der Tafel
2. »Wort-Schema-Übung« in Kleingruppen
3. Eigene Beispiele in GA entwickeln
4. Präsentation im Plenum

Arbeitsschritte: Im ersten Arbeitsschritt präsentiert die zuständige Lehrperson einige grundlegende Erläuterungen zum Schriftbild bereits bekannter Wörter an der Tafel. Die SchülerInnen hören aufmerksam zu und fragen gegebenenfalls nach, falls Unklarheiten entstehen sollten. Im zweiten Arbeitsschritt werden mittels Losverfahren Dreier- oder Vierergruppen gebildet. Die betreffenden Gruppenmitglieder besprechen gemeinsam Arbeitsblatt M1, für das gilt, dass die darauf abgebildeten »Wortmäuse« nur jeweils in ein Mauseloch passen. Die Kinder vergleichen die vorliegenden Schriftbilder, untersuchen, ob einzelne Buchstaben nach oben oder unten »ausschlagen«; sie beraten und tragen schließlich die passenden Wörter in die entsprechenden Lücken auf dem Arbeitsblatt ein. Nach Überprüfung der Ergebnisse im Unterrichtsgespräch gehen die Gruppen in einem dritten Arbeitsschritt daran, eigene Beispielwörter mit entsprechenden Schriftbildern zu finden. Diese werden im letzten Arbeitsschritt von einzelnen Gruppensprechern im Plenum vorgestellt und schließlich ins Heft eingetragen. Weitere Wortbeispiele, die von Lehrerseite eingebracht werden, sind als Hausaufgabe zu bearbeiten.

Methodenpflege: Die SchülerInnen üben sich im Erkennen von Schriftmustern; sie ordnen einzelne Wörter vorgegebenen grafischen Grundformen zu und schulen dabei ihre visuelle Wahrnehmungsfähigkeit. Darüber hinaus müssen sie in Gruppenarbeitsprozessen aufeinander eingehen, einander zuhören, sich wechselseitig helfen und die eigenen Entscheidungen bzw. Lösungsvorschläge näher erläutern und begründen.

Vorbereitung: Lediglich Arbeitsblatt M1 ist für alle SchülerInnen zu kopieren. Buntstifte und Bleistifte, die für die Bearbeitung benötigt werden, müssen von den Kindern mitgebracht werden.

M 1

L 7

Verben und Nomen gezielt zuordnen

Intention: Die SchülerInnen sollen die Besonderheiten zweier wichtiger Wortarten erkennen und stammverwandte Wörter ermitteln und kennzeichnen. Je nach Einsatz in der ersten und zweiten Klasse (als Übung) bzw. in der dritten und vierten Klasse (als Wiederholung) werden die Fachausdrücke mit »Tunwort/Namenwort« bzw. »Verb/Nomen« bezeichnet. Um diese Übung möglichst kindgemäß durchzuführen, werden Bildzuordnungen und Spielformen eingesetzt.

Ablauf (Mikrospirale):

1. Lehrerimpuls
2. Wortarten in PA zuordnen
3. Präsentation der Ergebnisse
4. Beispiele in PA ergänzen
5. Pantomimische Darstellung

Arbeitsschritte: Im ersten Arbeitsschritt wiederholen die SchülerInnen unter Anleitung ihrer Lehrkraft die bereits eingeführten Wortarten; sie nennen passende Beispiele, die abwechselnd an die Tafel geschrieben werden. Im zweiten Arbeitsschritt werden per Losverfahren mehrere Tandems gebildet, die das Arbeitsblatt M1 erhalten. Auf diesem Arbeitsblatt sind zum einen Wortkärtchen mit Verben, zum anderen Zeichnungen zu bestimmten Nomen abgebildet. In Partnerarbeit erfolgt nun eine inhaltliche Bild-Wort-Zuordnung, d.h., das jeweilige Verb wird durch eine Linie mit dem dazugehörigen Nomen verbunden. Die so gewonnenen Arbeitsergebnisse werden im dritten Schritt mittels Tageslichtprojektor präsentiert. Dazu werden Kinder ausgelost, die die gefundenen Linien auf Folie einzeichnen. Im vierten Arbeitsschritt gehen die SchülerInnen erneut in Tandems zusammen und entwickeln eigene Zuordnungsaufgaben nach Art von M1. Diese Aufgaben werden ausgetauscht und bearbeitet. Im fünften Schritt schließlich werden die Verben »lebendig«, d.h. jedes Paar überlegt sich eine Pantomime (siehe M2), die im Plenum vorgespielt wird. Die Zuschauer müssen das je gespielte Verb erkennen und ein dazu passendes Nomen nennen.

Methodenpflege: Die SchülerInnen üben sich darin, Begriffe zu verstehen und nach Wortarten zu gruppieren. Sie wenden einfache Ordnungstechniken an und nehmen sachlogische Verknüpfungen vor. Dabei arbeiten sie sowohl schriftlich als auch mit Hilfe von Verbindungslinien (Visualisierung!). In den beiden Tandemphasen trainieren sie das Zuhören sowie das Miteinander-Arbeiten.

Vorbereitung: Die entsprechenden Kopien sind für jeden Schüler anzufertigen, weitere leere Arbeitsblätter, Folien und Folienstifte sind von der Lehrkraft mitzubringen. Alle anderen notwendigen Arbeitsmittel (Lineal, Stifte) haben die SchülerInnen dabei.

M 1

hören
spielen
schenken
lesen
blasen
fahren
werfen
gießen
malen
zeichnen
essen
trinken
sitzen
liegen

M 2

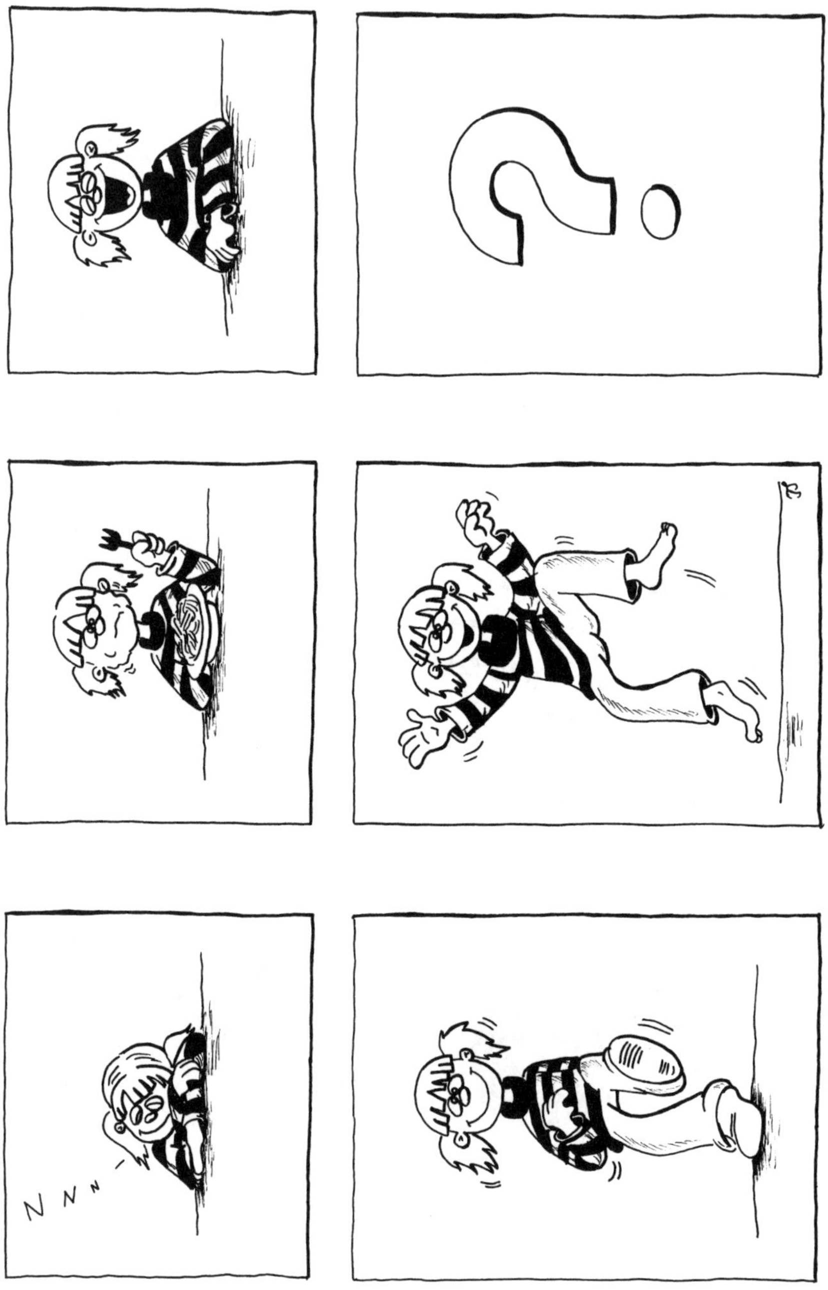

L 8

Bildergeschichte ergänzen und schreiben

Intention: Die SchülerInnen sollen anhand vorgegebener Bildimpulse eine Geschichte schreiben, die einerseits gut verständlich zu formulieren und andererseits mit einem eigenen Schlussteil zu versehen ist. Auf diese Weise üben sie sich im freien Schreiben sowie im Abfassen folgerichtig aufgebauter eigener Texte.

Ablauf (Mikrospirale):

1. Bildbeschreibung im Plenum
2. Bilder in Einzelarbeit ordnen
3. Einen geeigneten Schluss überlegen
4. Geschichte in Einzelarbeit schreiben
5. Präsentation in Kleingruppen

Arbeitsschritte: Die SchülerInnen erhalten im ersten Arbeitsschritt eine Bildergeschichte, die aus fünf Einzelbildern besteht (siehe M1). Diese Einzelbilder werden nach und nach mittels Tageslichtprojektor projiziert und im Unterrichtsgespräch von den Kindern beschrieben. Das hilft vor allem den leistungsschwächeren Kindern, ein gewisses Grundverständnis aufzubauen. Im zweiten Arbeitsschritt erhalten alle SchülerInnen die Bildergeschichte in Kopie und müssen die betreffenden Einzelbilder in eine logische Reihenfolge bringen, sodass eine plausible Geschichte entsteht. Dazu schneiden die Kinder die einzelnen Bilder aus und kleben sie nach einer kurzen Klärungsphase im Plenum in der richtigen Reihenfolge ins eigene Heft. Im dritten Arbeitsschritt wird zu Bild 6 ein eigener Schluss überlegt, der sowohl gemalt oder auch mit einzelnen Stichworten skizziert werden kann, je nachdem, welche Talente und/oder Vorlieben in der Klasse vorhanden sind. Im vierten Arbeitsschritt wird die Bildergeschichte sodann komplett verschriftlicht. Dabei orientieren sich die Kinder einerseits an den vorgegebenen fünf Bildern, andererseits am eigenen Schluss. Die so entstehenden Geschichten werden im fünften Arbeitsschritt in Zufallsgruppen vorgelesen; dabei muss jedes Kind zu jedem Text einen positiven Satz rückmelden.

Methodenpflege: Die SchülerInnen üben sich im folgerichtigen und kreativen Schreiben. Sie visualisieren und entwickeln Stichworte zum offenen Schluss der Geschichte. Sie lernen die eigenen Gedanken zu gliedern, die Logik der Bildergeschichte zu erschließen und insgesamt planvoll zu arbeiten. Sie üben sich darin, in der Gruppe überzeugend vorzulesen und in positiver Weise Feedback zu geben. Letzteres stärkt das Selbstvertrauen und macht den Kindern Mut für weitere anstehende Aufgaben.

Vorbereitung: Schere und Stifte werden von den SchülerInnen mitgebracht. Die Lehrperson kopiert die Bildergeschichte und bereitet die Einzelbilder als Folienschnipsel vor, um sie am Tageslichtprojektor hin- und herschieben zu können.

M 1

L 9

Tabelle zum Thema »Wortarten« erstellen

Intention: Die SchülerInnen sollen sich mit verschiedenen Wortarten auseinander setzen. Sie sollen lernen, Adjektive, Verben, Nomen und Präpositionen zu unterscheiden, indem sie eine einfache Zuordnungsübung durchführen, die ihnen Gelegenheit gibt, die genannten Wortarten treffend anzuwenden. Durch die anschaulich gestaltete Arbeitsvorlage M1 wird sichergestellt, dass die kindliche Neugier für sprachliche Besonderheiten und Bauformen behutsam geweckt wird – eine Forderung, wie sie zum Beispiel im Lehrplan Deutsch für die Grundschule in Rheinland-Pfalz erhoben wird.

Ablauf (Mikrospirale):

1. Bildimpuls
2. Zuordnen in Partnerarbeit
3. Tabellenkonstruktion in GA
4. Tabelle in PA ergänzen
5. Präsentation an der Tafel

Arbeitsschritte: Im ersten Arbeitsschritt sichten die SchülerInnen Arbeitsblatt M1 und benennen zunächst einmal das dargestellte Problem. Dabei greifen sie auf vorhandenes Vorwissen zurück. Alsdann überlegen sie sich im zweiten Arbeitsschritt, welche auf dem Boden verstreut liegenden Socken (= Wortmaterial) wohl in welche Kommode (= Wortarten) einzuordnen sind. Diese Ordnungsaufgabe wird so angegangen, dass die zusammengehörenden Socken und Kommoden in der gleichen Farbe angemalt werden. Im dritten Arbeitsschritt legen die SchülerInnen in Zufallsgruppen eine möglichst übersichtliche Tabelle mit den Spalten »Nomen«, »Verben«, »Adjektive« und »Präpositionen« an, in die das vorhandene Wortmaterial passend eingetragen wird. Im vierten Schritt erfinden sie weitere eigene Socken und ordnen diese ebenfalls zu. Der fünfte Arbeitsschritt schließlich betrifft die Sicherung im Plenum. An die Tafel wird eine entsprechende Tabelle gezeichnet und die Kinder tragen ihre Begriffe in die eine oder andere Wortart-Spalte ein. Das geschieht in Form der Meldekette, d.h. ein Kind beginnt, gibt dann die Kreide weiter an das nächste, das nach seinem Tafelanschrieb die Kreide erneut weiter reicht usw. Fehlerhafte Zuordnungen werden korrigiert.

Methodenpflege: Die SchülerInnen frischen ihr Vorwissen auf und definieren die vorliegende Ordnungsaufgabe. Sie markieren zueinander Passendes in gleicher Farbe und üben sich damit im einfachen Visualisieren. Sie entwickeln eine vierspaltige Tabelle und ordnen die betreffenden Wörter in die einzelnen Wortart-Spalten ein. Sie klären fachliche Termini und üben sich sowohl im kooperativen Arbeiten und Lernen als auch in der Anwendung der besagten »Meldekette«.

Vorbereitung: Arbeitsmittel (Lineal, Füller, Buntstifte) werden von den Kindern mitgebracht, das Material M1 kopiert die Lehrkraft in Klassenstärke.

M 1

Adjektive
Verben
Nomen
Präpositionen
Baum
suchen
fröhlich
dick
weich
gehen
über
in
leben
auf
Haus
sonne
unter
sauer
zwischen
Mann
an
laufen
Hut
Blume
neben
lachen

L 10

Wortmaterial einzelnen »Artikeln« zuordnen

Intention: Die SchülerInnen sollen ihr Vorwissen zu den Artikeln »der«, »die«, »das« in gestuften Übungen anwenden. Das beginnt mit einfachen, spielerischen Zuordnungen, die in aller Regel recht motivierend auf die Kinder wirken und reicht bis hin zu einfachen Textergänzungen dergestalt, dass die SchülerInnen die vorgegebenen Artikel an den richtigen Stellen einsetzen müssen (siehe M1).

Ablauf (Mikrospirale):

❶ Arbeitsblatt in EA bearbeiten
❷ In PA Wortmaterial zuordnen
❸ Präsentation/Kontrolle im Plenum
❹ Texte in Partnerarbeit ergänzen
❺ Kontrollphase im Plenum

Arbeitsschritte: Im ersten Arbeitsschritt erhalten die SchülerInnen Arbeitsblatt M1 mit verschiedenen Abbildungen. Die je passenden Artikel müssen angekreuzt werden. Im zweiten Arbeitsschritt werden mittels Abzählen Zufallspaare gebildet. Sie erhalten mit M2 ein Arbeitsblatt, auf dem ein Birnbaum zu sehen ist, der überreife (Wort-)Früchte trägt. Die SchülerInnen sollen nun den bereitstehenden (Artikel-)Säcken die je passenden »Birnen« zuordnen und die entsprechenden Wörter sauber auf die dafür vorgesehenen Linien schreiben. Leistungsstärkere Kinder können in die nicht beschrifteten Birnen weitere Wörter eintragen. Im dritten Arbeitsschritt werden die zu M1 und M2 gefundenen Lösungen im Plenum besprochen sowie weitere Beispiele gesammelt und zugeordnet. Im vierten Arbeitsschritt erhalten die SchülerInnen sodann eine Doppelseite aus einem alten Fabelbuch (siehe M3), in dem ein gefräßiger Bücherwurm gehaust hat. Dieser Wurm frisst bevorzugt Artikel; die fehlenden Artikel sind von den Kindern mit Bleistift wieder in den Text einzufügen. Das geschieht in Partnerarbeit. Nach der abschließenden Ergebnissicherung im Unterrichtsgespräch tragen alle SchülerInnen den vollständigen Fabeltext in ihr Hausheft ein.

Methodenpflege: Die SchülerInnen trainieren grundlegende Lern- und Arbeitstechniken: Sie ordnen Wörter zu, ergänzen einen Text, klären vorgegebene Ordnungsmuster, formulieren eigene Aufgaben und üben sich in sauberer Heftführung. Hinzu kommen Leistungen im kommunikativen Bereich wie Zuhören oder Präsentieren im Plenum. Auch der kooperative Bereich ist angesprochen: Die SchülerInnen arbeiten regelgebunden im Tandem und helfen und unterstützen sich gegenseitig.

Vorbereitung: Die Materialien M1, M2 und M3 werden für alle Kinder kopiert. Ansonsten benötigen die SchülerInnen lediglich Stifte zum Bearbeiten der Aufgabenblätter und zum Eintragen ins Heft.

M 1

☐ der
☐ die
☐ das

☐ der
☐ die
☐ das

☐ der
☐ die
☐ das

☐ der
☐ die
☐ das

☐ der
☐ die
☐ das

☐ der
☐ die
☐ das

☐ der
☐ die
☐ das

☐ der
☐ die
☐ das

M 2

Haus
Stein
Blume
Vater
Mutter
Kind
Sonne
Baum
Lied
Berg
Wasser
Kerze
Land
Apfel
Hand
das
die
der

M 3

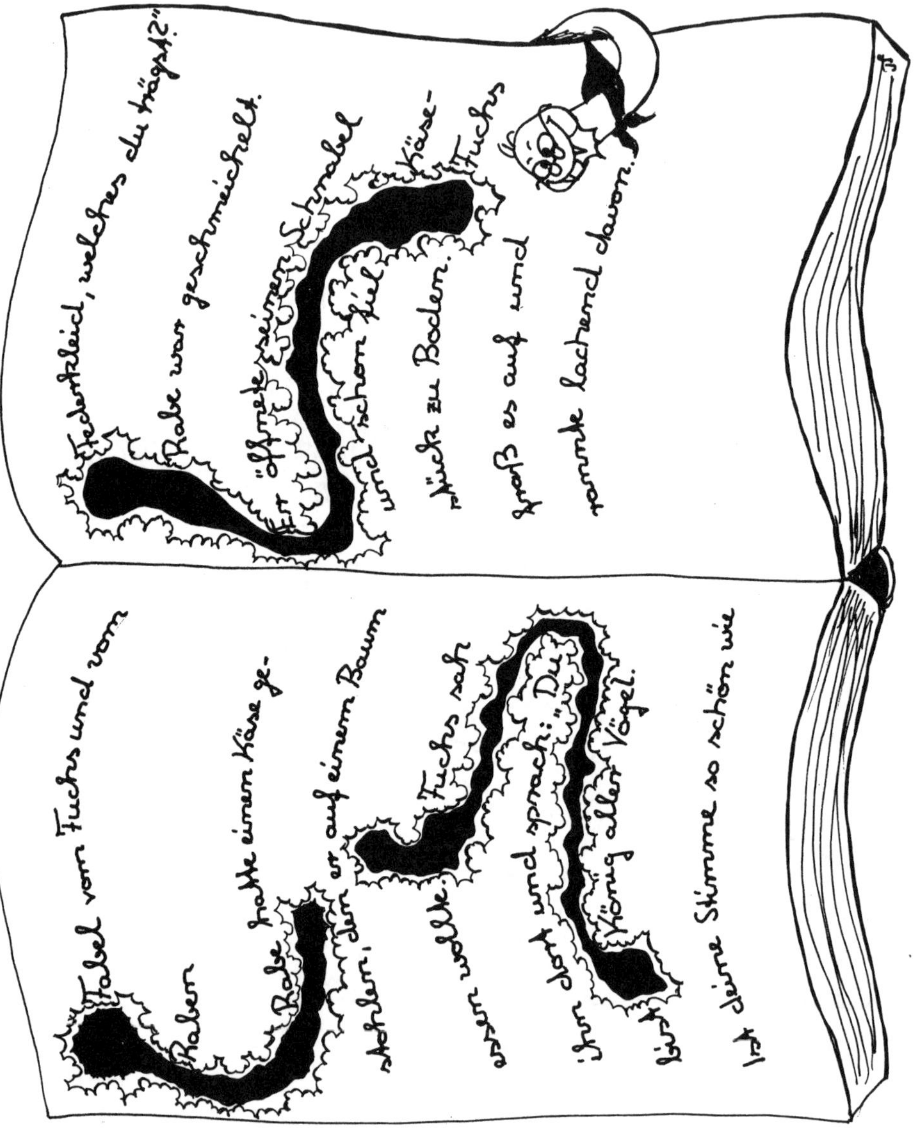
Fabel vom Fuchs und vom
Raben
Rabe hatte einen Käse ge-
stohlen, den er auf einem Baum
essen wollte. Fuchs sah
ihn dort und sprach: „Du
bist König aller Vögel.
Ist deine Stimme so schön wie
Federkleid, welches du trägst?"
Rabe war geschmeichelt.
Er öffnete seinen Schnabel
und schon fiel Käse-
stück zu Boden. Fuchs
schnappt es auf und
rannte lachend davon.

L 11 Sätze mit treffenden Präpositionen bilden

Intention: Die SchülerInnen sollen mit Hilfe des vorliegenden Sprachmaterials üben und lernen, wie und zu welchem Zweck unterschiedliche Präpositionen verwendet werden können. Dabei ist es wichtig, dass sich Sprachübungen nicht nur auf abstrakter Ebene bewegen, sondern mit Erfahrungen aus der Welt der Kinder verbunden werden. Bilder als Initialzündung und Motivation zum Arbeiten und Sprechen sind besonders gut geeignet. Das anschauliche Bildmaterial in M1 trägt dieser Überlegung Rechnung.

Ablauf (Mikrospirale):

1. In Einzelarbeit Tiernamen sammeln
2. Drei Tiere in PA näher beschreiben
3. Raterunde im Plenum
4. Hefteintrag

Arbeitsschritte: Jedes Kind erhält als Arbeitsgrundlage Material M1, auf dem mehrere Tiere abgebildet sind. In einem ersten Arbeitsschritt werden zunächst all die Tiere, die auf dem Arbeitsblatt zu entdecken sind, in Einzelarbeit benannt und beschriftet. Alsdann werden in Partnerarbeit mindestens drei dieser Tiere mittels geeignetere Präpositionen im Verhältnis zu anderen Tieren in ihrer unmittelbaren Umgebung beschrieben (z.B. »Der Vogel sitzt auf der Kuh.«, »Das Pferd steht vor dem Schaf und über der Maus.«). Diese Beschreibung kann je nach Leistungsstand der Klasse schriftlich oder mündlich erfolgen. Im dritten Arbeitsschritt wird M1 auf Folie präsentiert und schrittweise mündlich erschlossen. Der Ablauf: Ein/e SchülerIn fragt nach einem ersten Tier, indem es dessen Umgebung beschreibt, ohne den Namen des Tieres zu nennen (»Welches Tier befindet sich zwischen dem Schwein und dem Frosch?«). Wer die Lösung weiß, meldet sich und gibt ggf. die Antwort. Dann fragt der Antwortgeber seinerseits nach einem zweiten Tier usw. Zur Festigung des Gelernten erhalten die SchülerInnen die Aufgabe, den Standort von fünf Tieren ins Heft einzutragen und alle verwendeten Präpositionen zu unterstreichen (eventuell als Hausaufgabe).

Methodenpflege: Die skizzierte Lernspirale veranlasst die SchülerInnen, genau zu betrachten und exakt zu fragen und zu antworten. Außerdem üben sie sich im Umgang mit einfachen Visualisierungen und setzen diese in geeignetere Weise in Sprache um. Weiterhin wird das aktive Zuhören trainiert, da bei der Raterunde in Phase drei Mehrfachnennungen untersagt sind. Nicht zuletzt müssen die SchülerInnen einen gewissen Transfer leisten, indem sie im Zusammenhang mit dem Quiz Aussagesätze in Fragen umformulieren müssen.

Vorbereitung: Das Arbeitsblatt muss für jedes Kind kopiert und einmal als Folie vorbereitet werden. Sinnvollerweise hält die Lehrkraft einen Zeigestab bereit, um auf die zu ratenden Tiere deuten zu können.

M 1

L 12

Reimwörter suchen und Gedichte schreiben

Intention: Die SchülerInnen sollen Reimwörter als einen wesentlichen Bestandteil von Gedichten erkennen und kombinieren lernen. Dementsprechend wird ihnen in mehreren Schritten Gelegenheit gegeben, einfache Reimwörter zu entdecken sowie selbst kreativ zu werden und sich persönlich als Dichter bzw. Dichterin zu versuchen. Das fördert nicht nur das Sprachvermögen, sondern auch die Motivation.

Ablauf (Mikrospirale):

1. Reimwörter unterstreichen
2. Bildbeschreibung in Partnerarbeit
3. Gemeinsame Verschriftlichung
4. Reimwörter sinnvoll verbinden
5. Im Tandem Gedicht schreiben

Arbeitsschritte: Im ersten Arbeitsschritt präsentiert die Lehrkraft den SchülerInnen ein einfaches Gedicht mit Kreuz- oder Paarreimen. Die entsprechenden Reimwörter werden von den Kindern mit Lineal unterstrichen. Im zweiten Arbeitsschritt erhalten die SchülerInnen Arbeitsblatt M1, auf dem verschiedene Objekte zeichnerisch dargestellt sind. Diese Objekte werden in Partnerarbeit beschrieben und im dritten Arbeitschritt mit exakten Begriffen belegt und beschriftet. Im vierten Arbeitsschritt gehen die SchülerInnen alsdann daran, die je sich reimenden Wörter mit einer Linie zu verbinden und die entsprechenden Zeichnungen in der gleichen Farbe zu bemalen (z.B. Fisch/Tisch in Rot; Haus/Maus in Blau). Im fünften Arbeitsschritt wird schließlich in Partnerarbeit ein kleines Gedicht verfasst, bei dem jeweils mindestens vier der auf dem Arbeitsblatt vorgegebenen Reimwörter verwendet werden müssen. Erfahrungsgemäß gelingt das den SchülerInnen ohne größere Probleme. Wer möchte, kann selbstverständlich auch weitere Reimwörter in sein Gedicht einarbeiten. Die so erstellten Gedichte werden abschließend in Schönschrift ins Heft übertragen, wobei die Reimwörter mit farbigem Stift geschrieben werden. Auch Illustrationen der Kinder können vorgesehen werden. Eine kleine Präsentation im Plenum sollte sich anschließen, um den Kindern die Wertschätzung der eigenen Arbeit vor Augen zu führen.

Methodenpflege: Die SchülerInnen üben sich im spielerischen Umgang mit Reimwörtern, im Unterstreichen passender Begriffe, im Verknüpfen zusammengehöriger Bilder und Wörter und im Schreiben eigener kleiner Gedichte. Ferner trainieren sie elementare Kooperations- und Kommunikationstechniken wie Zuhören, Fragen, Helfen sowie andere Ideen und Vorschläge zulassen und umsetzen.

Vorbereitung: Neben den von den Kindern mitzuführenden Werkzeugen wie Stifte, Buntstifte und Radiergummi, kopiert der Lehrer lediglich das Arbeitsblatt M1 für die ganze Klasse.

M 1

L 13

Planvolles Arbeiten zum Thema »Gedichte«

Intention: Die SchülerInnen sollen sich mit dem Aufbau von Gedichten auseinander setzen und mittels vorliegender Hilfen zu einem eigenen Schreibversuch veranlasst werden. Schreibanreize wie »Reime finden« und »Gedichtpuzzle« sind erfahrungsgemäß geeignet, den Kindern die Reimstruktur von Gedichten bewusst zu machen und für eigenes Dichten zu motivieren. Das in M3 angeführte »Gefühlsgedicht« führt die Kinder über das dokumentierte Frage-Antwort-Schema zu eigenen »Werken«.

Ablauf (Mikrospirale):

❶ In Einzelarbeit Reime finden
❷ Gedichtpuzzle zusammensetzen (PA)
❸ Sicherung im Unterrichtsgespräch
❹ »Gefühlsgedicht« schreiben (EA)
❺ Präsentation im Plenum

Arbeitsschritte: Die SchülerInnen erhalten im ersten Arbeitsschritt ein Gedicht, in dem die Reimwörter fehlen oder lediglich als Fragmente auftauchen (siehe M1). Die Kinder ergänzen die fehlenden Buchstaben, wobei ein Punkt jeweils einem Buchstaben entspricht. In einem zweiten Schritt setzen die SchülerInnen diese Konstruktionsarbeit fort, indem sie die Zeilen des Gedichtes »Der Stein« in eine stimmige Reihenfolge bringen (siehe M2). Im dritten Arbeitsschritt werden die herausgefundenen Gedichtversionen im Plenum vorgestellt, bei Bedarf besprochen und am Ende mit den Originalgedichten (M1, M2) verglichen. Im vierten Arbeitsschritt erhalten die Kinder sodann den Arbeitsauftrag, ein so genanntes »Gefühlsgedicht« nach dem Muster von M3 zu schreiben. Diese Produktionsarbeit geschieht in der Regel in Einzelarbeit, kann in Ausnahmefällen aber auch im Rahmen von Partnerarbeit erfolgen. Die so entstehenden Schülergedichte werden im fünften Arbeitsschritt von Freiwilligen aus der Klasse im Plenum vorgestellt.

Methodenpflege: Die skizzierten Übungen geben den SchülerInnen Gelegenheit, elementare Ordnungssysteme, wie sie sich in Gedichten finden, eigenständig zu suchen und zu entdecken. Dabei experimentieren sie mit verschiedenen Reimwörtern und Textzeilen; sie üben sich im planvollen Abfassen eigener Gedichte und entwickeln sprachliche Kreativität. Sie arbeiten mit Partnern zusammen und festigen auf diese Weise ihre Kommunikations- und Kooperationsfähigkeit. Überdies kann den Kindern die Möglichkeit eröffnet werden, ihre Gedichte im Rahmen eines Gedichteabends vorzutragen, ein Gedichtebuch zu gestalten oder eine kleine Ausstellung vorzubereiten.

Vorbereitung: Die Arbeitsblätter (M1, M2, M3) sind in Klassenstärke zu kopieren, die Lösungen (M1, M2) werden auf Folie übertragen und zu gegebener Zeit mittels Tageslichtprojektor im Plenum vorgestellt.

Reime finden

M 1

Die Brille

Herrn Hillary hört man schrein:
»Wo kann meine Brille s...?«

Hosen, Jacken und dazu
linker Schuh und rechter S....,

Mantel, Schlafrock, Ofenbank,
alles wird durchwühlt, der S.......

»Eine Schande! Nicht zu gl.....:
Mich der Brille zu berauben!«

Unters Sofa, hinter Bi....
blickt er, keucht, sucht immer wilder,

stochert im Kamin, sucht h...,
dort im Mauseloch, Klavier,

reißt den Boden auf, d....
ruft er nach der Polizei.

Plötzlich – nein! Das ist nicht w...!
Sieht er sich im Spiegel. Klar!

Ja, sie ist´s! Wie frech sie blitzt
und mir auf der Nase s....!

Julian Tuwin

Die Brille (LÖSUNG)
Herrn Hillary hört man schrein:
»Wo kann meine Brille sein?«

Hosen, Jacken und dazu
linker Schuh und rechter Schuh,

Mantel, Schlafrock, Ofenbank,
alles wird durchwühlt, der Schrank.

»Eine Schande! Nicht zu glauben:
Mich der Brille zu berauben!«

Unters Sofa, hinter Bilder
blickt er, keucht, sucht immer wilder,

stochert im Kamin, sucht hier,
dort im Mauseloch, Klavier,

reißt den Boden auf, dabei
ruft er nach der Polizei.

Plötzlich – nein! Das ist nicht wahr!
Sieht er sich im Spiegel. Klar!

Ja, sie ist´s! Wie frech sie blitzt
und mir auf der Nase sitzt!

Julian Tuwin

Gedichtpuzzle

M 2

Der Stein

»Jetzt bin ich eine Schneelawine.«
von einem hohen Berg hinunter.
Er riss im Rollen noch ein Haus
Dann rollte er ins Meer hinein,
Und als es durch den Schnee so rollte
und sieben große Bäume aus.
Da sprach der Stein mit stolzer Miene:
Ein kleines Steinchen rollte munter
und dort versank der kleine Stein.
ward es viel größer als es wollte.

Joachim Ringelnatz

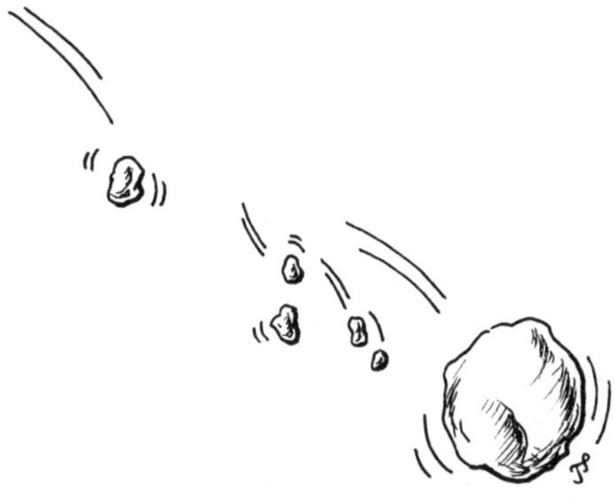

Der Stein (LÖSUNG)

Ein kleines Steinchen rollte munter
von einem hohen Berg hinunter.
Und als es durch den Schnee so rollte
ward es viel größer als es wollte.
Da sprach der Stein mit stolzer Miene:
»Jetzt bin ich eine Schneelawine.«
Er riss im Rollen noch ein Haus
und sieben große Bäume aus.
Dann rollte er ins Meer hinein,
und dort versank der kleine Stein.

Joachim Ringelnatz

Gefühlsgedicht

M 3

Such dir ein Gefühl aus, das du näher beschreiben möchtest.
Das kann Freude, Spaß, Liebe, Mut, Sehnsucht,
aber auch Angst, Wut, Ärger, Hass oder Traurigkeit sein.

Schreibe dein Gedicht, indem du folgende Fragen beantwortest:

Wie heißt das Gefühl?
Welche Farbe hat das Gefühl?
Wie schmeckt das Gefühl?
Wie riecht das Gefühl?
Wie sieht das Gefühl aus?
Wie hört sich das Gefühl an?
Wie fühlt sich das Gefühl an?

Freude
Freude ist gelb
Sie schmeckt wie bunte Smarties
und riecht wie ein frischer Blumenstrauß.
Freude sieht aus wie ein Clowngesicht
und klingt wie das Geräusch lachender Kinder.
Freude macht mich glücklich!

Dirk, 9 Jahre

L 14

Rollenspiel vorbereiten und durchführen

Intention: Die SchülerInnen sollen zu einer vorgegebenen Situation Rollen vorbereiten und sich anschließend als Rollenspieler versuchen. Dabei müssen sie nicht nur kreativ und produktiv werden, sondern sind zudem gehalten, frei zu reden und zu argumentieren, aktiv zuzuhören und miteinander zu sprechen.

Ablauf (Mikrospirale):

1. Lehrerimpuls
2. Individuelle Besinnung
3. Rollenklärung in Gruppen
4. Präsentation des Rollenspiels
5. Feedback im Plenum

Arbeitsschritte: Im ersten Arbeitsschritt gibt die zuständige Lehrkraft eine bestimmte Situation vor, in der mehrere Personen ein Problem diskutieren (z.B. Opa, Oma, Vater, Mutter, Sohn, Tochter). Je nach Klassenstufe sind verschiedene Themen denkbar (Haustier: ja oder nein?; Sollen wir im Winter in Urlaub fahren? etc.). Im zweiten Schritt werden den SchülerInnen entsprechende Rollenkärtchen nach Art von M1 und M2 zugelost. Diese Rollenkärtchen beschreiben die jeweilige Person, informieren über deren Einstellung gegenüber dem Thema und geben Tipps zum Verhalten im späteren Rollenspiel. Die SchülerInnen haben zunächst drei Minuten Zeit, um sich mit ihrer Rolle vertraut zu machen. Dann werden im dritten Arbeitsschritt Gruppen gebildet, und zwar in der Weise, dass die Kinder mit gleichen Rollenkarten zusammengehen. Die betreffenden Gruppenmitglieder lesen und besprechen zunächst ihre Rolleninformationen und überlegen dann gemeinsam, wie »ihre Person« im Rollenspiel agieren soll. Dabei machen sie sich Notizen und spielen das vorgesehene Rollenverhalten eventuell schon mal an. Im vierten Arbeitsschritt wird das besagte Rollenspiel sodann von Abgesandten der einzelnen Gruppen vor der ganzen Klasse präsentiert. Und im fünften Schritt schließlich geben sowohl die Rollenspieler als auch die Zuschauer ein kurzes Feedback zum Spielverlauf und zu den Spielergebnissen.

Methodenpflege: Die SchülerInnen üben sich sowohl in kommunikativer als auch in kooperativer Hinsicht. Sie versetzen sich in andere Personen und müssen zum jeweiligen Thema argumentieren und zuhören, fragen und antworten, diskutieren und Feedback geben. Außerdem sind sie gehalten, sich in ihren Gruppen austauschen, zu helfen und bezüglich des Gruppensprechers wie der Rollenanlage zu einigen.

Vorbereitung: Die Rollenkärtchen sind in ausreichender Zahl für die Klasse zu kopieren. Sinnvoll sind Namensschilder für die Protagonisten des Rollenspiels und eventuell kleine Requisiten (Hut, Spazierstock, Brille, Krawatte, Küchenschürze, Baseballkappe etc.).

Eine Katze für Peter?

M 1

Opa Schulte

Du magst überhaupt keine Tiere. Also möchtest du auch nicht, dass dein Enkelkind Peter eine Katze bekommt, die dann vielleicht Mäuse und Vögel ins Haus bringt. Das ist ja unhygienisch. Du redest gerne und lässt andere kaum zu Wort kommen.

Oma Schulte

Du bemühst dich, das Gespräch zu leiten. Jeder soll zu Wort kommen. Streit in der Familie magst du gar nicht. Du versuchst, Opa zu besänftigen, wenn er sich mal wieder furchtbar aufregt. Ob eine Katze angeschafft wird, ist dir eigentlich ziemlich egal.

Vater Schulte

Du hast heute überhaupt keine Lust zu diskutieren. Schließlich hast du 10 Stunden hart gearbeitet und willst endlich deine Ruhe haben. Zuhören fällt dir schwer. Du gibst jedem Recht; Hauptsache, es gibt eine schnelle Lösung – egal welche.

Eine Katze für Peter?

M 2

Mutter Schulte

Du bist sehr tierlieb. Du hast schon als Kind zwei Katzen gehabt und immer gut für sie gesorgt. Damals hat Opa nichts dagegen gehabt. Warum ist er heute so furchtbar streng? Wenn dir jemand widerspricht, reagierst du sauer.

Peter Schulte

Du wolltest schon immer eine Katze haben. Deine besten Freunde haben auch eine. Du redest viel und gern. Deine Schwester magst du im Moment nicht, die ist ja total nervig. Wenn du keine Katze bekommst, dann hast du auch keine Lust, dich in der Schule anzustrengen.

Vera Schulte

Du magst Hunde, aber keine Katzen. Du findest auch, dass dein Bruder keine Katze bekommen sollte, weil er bestimmt vergisst, sie täglich zu füttern und dann kannst du dieses blöde Vieh versorgen. Wenn Peter was sagt, fällst du ihm oft ins Wort.

L 15

Werkstatt zum Thema »Schreibspiele«

Intention: Die SchülerInnen sollen im Rahmen einer Schreibwerkstatt unterschiedliche Gedichte entwickeln und reflektieren und auf diese Weise für entsprechende eigene Schreibversuche sensibilisiert und motiviert werden. Als Hilfe und Anregung stehen ihnen dabei verschiedene Gedichtvorlagen und/oder Arbeitsanregungen zur Verfügung, aus denen sie ersehen können, worauf bei den einzelnen Gedichttypen zu achten ist. Das spielerische Vorgehen im Rahmen der Schreibwerkstatt eröffnet den Kindern erfahrungsgemäß einen recht guten Zugang zum Lernfeld »Gedichte«.

Ablauf (Mikrospirale):

1. Abfassen eines ersten Gedichtes (EA)
2. Vorlesen der erstellten Gedichte in Gruppen
3. Präsentation und Reflexion im Plenum
4. Abfassen eines zweiten Gedichtes ...
5. Fortsetzung der Werkstattarbeit

Arbeitsschritte: Die dokumentierten Gedichtarten M1 bis M7 stellen ein Angebot dar, das je nach Situation und Lernstand der Klasse wahlweise genutzt werden kann. Grundsätzlich gilt: Die SchülerInnen entwickeln in einem ersten Arbeitsschritt das eine oder andere Gedicht in Anlehnung an die jeweilige Vorlage (siehe M1–M7) und gestalten dieses möglichst übersichtlich und anschaulich. Im zweiten Arbeitsschritt werden die erstellten Gedichte in Kleingruppen präsentiert und nötigenfalls auch problematisiert. Im dritten Arbeitsschritt erhalten sodann einige Freiwillige oder per Los ermittelte SchülerInnen Gelegenheit, ihre Gedichte im Plenum vorzutragen. Ein Lehrerkommentar kann sich anschließen. Dann folgt die nächste Schreibetappe. Dabei kann unter Umständen auch direkt in Gruppen begonnen werden. Das gilt bei den dokumentierten Schreibanlässen M4, M5, M6 und M7, die sinnvollerweise in Kleingruppen mit ca. vier Kindern angegangen werden. Wichtig ist auch hier, dass sich Produktions-, Reflexions-, Präsentations- und Kritikphasen abwechseln. Natürlich müssen die Lehrkräfte bei alledem auch mal helfen; nur sollte diese Hilfe möglichst zurückhaltend erfolgen, damit die SchülerInnen die Verantwortung nicht vorschnell abgeben.

Methodenpflege: Die SchülerInnen üben sich darin, eigenverantwortlich zu arbeiten. Sie müssen Arbeitsaufträge selbstständig erfassen und nach Anleitung präzise arbeiten – alleine, zu zweit oder auch in Gruppen. Sie müssen die eigene Arbeit planvoll gestalten und sich in puncto Zeitmanagement üben. Darüber hinaus müssen sie in Einzelfällen im Schulbuch nachschlagen und geeignetes »Gedicht-Material« beschaffen.

Vorbereitung: Die Lehrkraft muss die Vorlagen M1 bis M7 im Klassensatz kopieren; für die Wundertütengeschichte werden farbige Papierstreifen und drei Briefumschläge benötigt.

Akrostichon

M 1

Ein Akrostichon ist ein Gedicht, in dem du über deine Hobbys, deine Familie, deine Gefühle oder deine Vorlieben schreibst.
Dazu musst du zunächst die Anfangsbuchstaben deines Vornamens senkrecht untereinander schreiben. Jeder dieser Buchstaben ist der Anfang eines Wortes oder eines Satzes, der etwas über dich aussagt. In jeder Zeile muss mindestens ein Wort stehen, es können aber auch mehrere Wörter sein. Versuche in deinem Akrostichon einen oder mehrere vollständige Sätze zu bilden.
Hier sind ein paar Beispiele von Kindern aus dritten und vierten Klassen:

S uper finde ich, wenn
V ati mit mir
E ine Wanderung
N achts macht.

E s ist schwer für mich,
V iel zu schreiben, weil ich oft
A ngst habe, Fehler zu machen.

B ro'sis,
O asis
R eamon und
I sabell
S ind meine Lieblingssänger.

C laudia mag
L ustige und
A lberne Geschichten.
U nd sie mag
D icke Romane und
I mmer wieder
A benteuerbücher lesen.

Ich-Gedicht

M 2

Ein »Ich-Gedicht« ist ein Gedicht über dich. Dieses Gedicht hat zwei Wörter in jeder Zeile. Es kann so viele Zeilen haben, wie du willst. In jede Zeile schreibst du zwei Wörter, die etwas beschreiben, was du gerne magst (Hobbys, Essen, Haustiere, ...).
Schaffst du es, dass sich einige Zeilen reimen?

Hier ist ein Beispiel:

Ich mag
Fußball gucken
Eis essen
Kaugummis spucken
Meine Maus
Unser Haus
Meine Schwester
Heißt Linda
Warme Sommer
Kalte Winter
Gutes Essen
Auf'm Tisch
Mag ich!

Ein Lücken-Gedicht

M 3

Suche dir ein kurzes Gedicht aus einem Schulbuch aus, schreibe es ab und lasse dabei einige wichtige Wörter aus.

Gib dann dieses Gedicht zu deinem linken Nachbarn, der die Lücken sinngemäß ausfüllen soll.

Präsentiert dann das neu entstandene Gedicht und vergleicht es mit dem Originaltext.

Eine Zettel-Geschichte

M 4

Jeder Gruppenteilnehmer denkt sich ein besonders schönes Wort aus, schreibt es auf einen Zettel, faltet diesen und wirft den Zettel in die Mitte des Tisches.

Alle Wörter werden vorgelesen,
jeder schreibt alle Begriffe auf.

Nun schreibt jeder eine Geschichte, in der alle Wörter vorkommen müssen.

Dann werden die Geschichten vorgelesen.

Wort-Lawine

M 5

Bildet Gruppen von vier bis fünf Personen.
Alle nehmen sich ein Blatt.
Jeder schreibt in die erste Zeile ein Wort, dass ihm besonders gut gefällt.
Gebt jetzt eure Zettel eurem linken Partner.
Auf das Blatt, das ihr jetzt bekommen habt, schreibt ihr zwei Wörter, von denen ihr glaubt, dass sie gut zum ersten Wort passen.
Schreibt sie in die zweite Zeile.
Wieder wird das Blatt weitergegeben.
In die dritte Zeile schreibt ihr diesmal drei Wörter, die das angefangene Gedicht weiterführen.
So wandern eure Blätter weiter, bis das Gedicht fertig ist.
Dabei müsst ihr euch an das vorgegebene Schema halten:

Eine wachsende Geschichte

M 6

Schreibe in zwei Sätzen den Anfang einer Geschichte.

Falte das Blatt so, dass nur noch dein zweiter Satz zu lesen ist und gib das Blatt nach rechts weiter.

Gleichzeitig erhältst du von links ein Blatt, auf dem du ebenfalls nur den letzten Satz lesen kannst.

Schreibe diese angefangene Geschichte in zwei Sätzen weiter, knicke deinen ersten Satz wieder nach hinten und gib das Blatt weiter ...

Wenn jeder seinen eigenen Zettel wieder hat, schreibt er einen Schlusssatz.

Jetzt werden alle Geschichten vorgelesen.

Wundertüte

M 7

WUNDERTÜTE

Du bekommst vier farbige Papierstreifen.

Auf den ***roten*** Streifen
schreibst du einen ***Ort***
(im Wald, auf der Wiese, eine alte Stadt, in der Luft, ...).

Auf den blauen Streifen
schreibst du eine Zeit
(Sommer, Mittwochabend, Wochenende, 3 Uhr, ...).

Auf den zwei gelben Streifen
beschreibst du kurz 2 Personen
(ein Mann, eine alte Frau, ein listiger Räuber, ...).

Die Streifen werden in die
drei Tüten
WER? WANN? WO?
gelegt.

Jetzt ziehst du einen Ort,
eine Zeit
und 2 Personen.

Mit diesen Wörtern
schreibst du nun
eine traurige,
spannende
oder
lustige
Geschichte.

L 16

Alternative Diktate selbstständig üben

Intention: Die SchülerInnen sollen mittels verschiedener Diktatformen lernen und Anregungen bekommen, wie man zu Hause selbstständig und abwechslungsreiche Diktate üben kann. Dabei müssen sie alternative Verfahren klären und das eigene Arbeitstempo geschickt wählen und testen. Die dokumentierten Materialien eignen sich sowohl für den Einsatz in einer Diktat-Übungsstunde als auch für den Werkstattunterricht oder eine Diktat-Stationenarbeit.

Ablauf (Mikrospirale)
❶ Durchspielen alternativer Diktatformen
❷ Vergleich und Reflexion in Zufallsgruppen
❸ Erfahrungsberichte und Gespräche im Plenum
❹ Erstellen eines Übungsfahrplans in Gruppen

Arbeitsschritte: Die dokumentierten Diktatmuster M1 bis M4 können im Unterricht wahlweise genutzt und eingesetzt werden. Der Arbeitsprozess der SchülerInnen sieht in der Regel so aus, dass sie in einem ersten Schritt das eine oder andere Diktat entsprechend den auf dem Arbeitsblatt angeführten Anweisungen schreiben. Die Diktatbeschreibungen sind dabei so formuliert, dass die Kinder die betreffenden Übungen eigenverantwortlich durchführen können. Kleinere Hilfestellungen der Lehrperson sind freilich nicht ausgeschlossen. Je Diktat sind durchschnittlich 10–15 Minuten anzusetzen. Selbstverständlich können auch mehrere Diktatvarianten hintereinander durchgespielt werden. Auf jeden Fall ist es wichtig, dass die SchülerInnen im zweiten Arbeitsschritt Gelegenheit erhalten, in Kleingruppen die eigenen Ergebnisse und Erfahrungen zu reflektieren und etwaige Unklarheiten/Fehler zu beheben. Im dritten Arbeitsschritt werden die gewonnenen Erfahrungen im Klassengespräch ausgetauscht und wichtige Tipps für die Übungsarbeit zu Hause festgehalten. Zu M3 bleibt noch anzumerken, dass das vorgesehene Diktat 30–40 Wörter oder 6 Sätze nicht überschreiten sollte. M4 können die SchülerInnen als vorbereitende Hausaufgabe angehen; alternativ kann von Lehrerseite eine Kassette mit einem Diktattext besprochen werden.

Methodenpflege: Die Kinder üben elementare Lern- und Arbeitstechniken, indem sie verschiedene Diktatvarianten durchspielen und reflektieren. Sie lernen die eigene Arbeit zu organisieren, selbst Diktate vorzubereiten, bestimmte Zeitvorgaben einzuhalten, etwaige Fehler und Schwierigkeiten zu beheben, in Partner- und Gruppenphasen mit anderen zusammenzuarbeiten und sich wechselseitig zu helfen und zu beraten.

Vorbereitung: Kassettenrekorder, mehrere Kassetten, eine Dose, ein Würfel sowie die Diktatblätter werden von Lehrerseite in ausreichender Menge bereitgestellt. Schere, Stifte und Notizblätter sind von den SchülerInnen mitzubringen.

Laufdiktat

M 1

Auf dem Lehrerpult liegt das Diktat, das du üben sollst. Gehe zunächst ans Pult, lies den ersten Satz und versuche, ihn dir einzuprägen. Dann geh zu deinem Platz zurück und schreibe diesen Satz auf.

So gehst du Satz für Satz vor.

Wenn du einen Satz nicht mehr weißt, kannst du auch mehrere Male zum Pult gehen und dir immer einzelne Wörter oder Satzteile merken.

Wenn du das ganze Diktat in deinem Heft stehen hast, dann lies es dir noch mal in Ruhe durch. Bist du bei der Schreibweise eines Wortes unsicher, darfst du auch noch mal ans Pult gehen und das Wort überprüfen.

Versuche so wenig Fehler wie möglich zu machen. Schaffst du es vielleicht sogar, fehlerfrei zu bleiben?

Erst wenn du mit deinem Diktat zufrieden bist, gehst du ans Pult, holst dir die Vorlage und vergleichst sie mit deinem Diktat.

Dosendiktat

M 2

Schneide das Diktat, das du üben willst in kleine Teile. Das können kleine Sätze oder auch nur einzelne Wörter sein.

Lege diese Streifen dann so auf deinen Arbeitsplatz, dass die Schrift nach unten zeigt.

Mische nun deine Streifen.

Dann drehst du die Streifen wieder um, liest sie gründlich durch und bringst sie in die richtige Reihenfolge, bis der ganze Text wieder zusammengesetzt ist.

Jetzt nimmst du dir den ersten Streifen, liest ihn langsam und sorgfältig durch und steckst ihn in die Dose.

Dann schreibst du den Satz, der auf dem Streifen stand, in dein Heft.

So geht es weiter, bis sich alle deine Streifen in der Dose befinden.

Bevor du die Dose öffnest, liest du deinen Text nochmals in Ruhe durch. Dann darfst du ihn mit dem Originaltext vergleichen.

Würfeldiktat

M 3

Würfeldiktat

Teile dein Diktat in sechs etwa gleichgroße Abschnitte ein und nummeriere diese Teile dann von 1–6.

Dann würfelst du eine Zahl.

Die Augenzahl, die dein Würfel anzeigt, sagt dir, welchen Textabschnitt du üben musst. Diesen liest du so lange durch, bis du ihn auswendig aufsagen kannst.

Dann drehst du dein Blatt um und schreibst diesen Text auf.

Spiel das Würfeldiktat so lange, bis du einmal alle Ziffern von 1–6 gewürfelt hast.

Lies bitte dein aufgeschriebenes Diktat noch mal durch und vergleiche es erst dann mit dem Original.

Kassettendiktat

M 4

Sprich dein Diktat langsam und deutlich auf eine Kassette. Mache zwischen den einzelnen Sätzen Pausen und versuche auch, genau zu betonen.

Dann lege deinen Diktattext zur Seite.

Setze dich ruhig hin und spiele die Kassette ab. Nach einigen Wörtern stoppst du und schreibst das Gehörte auf. Versuche bitte nicht, die Kassette zu lange laufen zu lassen; es genügt, wenn du alle 3–6 Wörter die Kassette stoppst. Viel wichtiger ist es, dass du versuchst, keine Fehler zu machen.

Wenn du den Diktattext vollständig aufgeschrieben hast, dann lass die Kassette zurücklaufen, höre sie noch mal ganz an und vergleiche das Geschriebene damit.

Erst wenn du mit deiner Arbeit zufrieden bist, nimmst du dir den Original-Diktattext vor und überprüfst deinen Text.

L 17

Ordnung in Zahlenreihen entdecken

Intention: Die SchülerInnen sollen Zahlen von ihrer Größe her vergleichen und ordnen, Zahlenfolgen fortsetzen und im Zahlbereich bis 50 Additions- und Multiplikationsoperatoren verwenden. Sie trainieren dabei ihre Sicherheit im Kopfrechnen; durch den Ausschluss je eines Elementes in M1 wird die Fähigkeit zum mathematischen Transfer gefördert. Darüber hinaus frischen die Kinder Gelerntes auf und üben sich im Erklären und Versprachlichen von mathematischen Aufgaben.

Ablauf (Mikrospirale):

❶ Bildbetrachtung im Plenum
❷ Gemeinsame Kriterien in GA ermitteln
❸ Das »Kuckucksei« finden und anmalen
❹ Präsentation am Tageslichtprojektor

Arbeitsschritte: Die SchülerInnen betrachten im ersten Arbeitsschritt Material M1, das von Lehrerseite mittels Tageslichtprojektor vorgestellt wird. Sie beschreiben die zeichnerische Darstellung und ermitteln das dargestellte Problem (ein Ei passt nicht ins Nest). Im zweiten Arbeitsschritt werden mittels Los- und Setzverfahren mehrere Kleingruppen zu je vier bis fünf SchülerInnen gebildet, die zunächst Kriterien suchen, nach denen sich die verschiedenen Elemente ordnen lassen (Anzahlen: 3, 4, 5, 6, .../ Zahlenfolge: 12, 15, 18, 21 ... etc.). Überdies werden Verbindungen zwischen den einzelnen Elementen herausgearbeitet und bei Bedarf besprochen und erklärt. Im dritten Arbeitsschritt wird sodann die Zahl aussortiert und angemalt, die das je geltende Kriterium nicht erfüllt. Der Schwierigkeitsgrad der einzelnen Aufgaben ist bewusst variabel gestaltet. Die einfacheren Varianten sollen schnelle Lösungen ermöglichen und auch den schwächeren Kindern eine echte Erfolgsperspektive bieten; die komplizierteren Aufgaben verlangen nach intakten Helfersystemen. Im vierten Arbeitsschritt stellen ausgeloste SchülerInnen die gefundenen Lösungen mittels OH-Projektor vor.

Methodenpflege: Die SchülerInnen erhalten Gelegenheit zum selbstständigen Formulieren des mit M1 verbundenen Arbeitsauftrages. Sie üben sich im Erschließen einfacher mathematischer Ordnungsmuster und benennen die entsprechenden Ordnungskriterien. Sie lösen planvoll die vorliegenden Aufgaben, beraten, fragen und helfen einander in den betreffenden Partner- und/oder Gruppenarbeitsphasen, erläutern ihre Lösungswege und formulieren entsprechende Begründungen.

Vorbereitung: Das Arbeitsblatt M1 ist von der zuständigen Lehrkraft auf Folie zu kopieren sowie im Klassensatz zu vervielfältigen. Zur Bearbeitung des Arbeitsblattes benötigen die SchülerInnen Bleistifte, Buntstifte, Papier für Notizen und Klebstoff, um das fertig gestaltete Arbeitsblatt sauber ins Heft einzukleben.

M 1

42 10 20 30
10 8 6 12 15
16 32 24 9 8
2 6 1 3 4
15 15 10 20
6 24 9 21 12 23 27 3 15 18

L 18

Zählen im Zahlenbereich 1–20 üben

Intention: Die SchülerInnen sollen den Zahlenbereich 1–20 näher kennen lernen und sich mittels der Arbeitsblätter M1–M4 im präzisen Zählen innerhalb dieses Zahlenbereichs üben. Das hilft ihnen, ihre rechnerischen Fähigkeiten und Fertigkeiten weiterzuentwickeln und gewisse Routinen in Bezug auf elementare Zahlenfolgen zu entwickeln.

Ablauf (Mikrospirale):
❶ In Einzelarbeit Zahlen ergänzen
❷ Lösungen in Partnerarbeit vorstellen
❸ Gegenstände ausschneiden und zählen
❹ Gegenstände in Kühlschrank einordnen
❺ Präsentation der Ergebnisse im Plenum

Arbeitsschritte: Die SchülerInnen erhalten in einem ersten Arbeitsschritt die Arbeitsblätter M1 und M2 und üben sich anhand der abgebildeten Wäscheleinen darin, die aufgehängten Ziffern-Tücher in eine logische Reihenfolge zu bringen, die fehlenden Ziffern einzutragen und entsprechend von 1–10 und dann von 10–20 zu zählen. Im zweiten Arbeitsschritt werden die ermittelten Lösungen in Partnerarbeit verglichen, wechselseitig erklärt und bei Bedarf korrigiert. Im dritten Arbeitsschritt erhalten die Kinder sodann die Aufgabe, die auf M4 abgebildeten Nahrungsmittel sorgfältig auszuschneiden und erneut zu zählen. Die so gewonnenen Kuchenstücke, Äpfel, Eier etc. werden im vierten Arbeitsschritt in den auf DIN-A3 vergrößerten Kühlschrank (siehe M3) gelegt, und zwar so, dass die Zahl der jeweiligen Nahrungsmittel den Zahlenwerten auf den einzelnen Regalen entspricht. Dieses Ausschneiden und Zuordnen kann je nach Leistungsstand der SchülerInnen wahlweise in Einzelarbeit, Partnerarbeit oder Gruppenarbeit erfolgen. Im fünften Arbeitsschritt schließlich präsentieren die SchülerInnen ihre Zuordnungsergebnisse in Zufallsgruppen, kontrollieren deren Richtigkeit und korrigieren etwaige Fehler. Erst dann werden die betreffenden Nahrungsmittel sauber auf das Arbeitsblatt aufgeklebt.

Methodenpflege: Die SchülerInnen lernen einfache Zahlenfolgen zu erkennen und im genannten Zahlenbereich präzise zu zählen. Sie formulieren passende Arbeitsaufträge und erläutern und klären das konkrete Vorgehen zusammen mit anderen Mitschülern. Sie fragen und helfen einander. Sie trainieren handwerkliche Techniken wie Ausschneiden und Aufkleben.

Vorbereitung: Arbeitsmittel (Schere, Klebstoff) sind von den SchülerInnen mitzubringen, die Arbeitsblätter müssen von der Lehrkraft entsprechend der Anzahl der Kinder kopiert werden. Dabei muss M3 ausreichend vergrößert werden, damit die ausgeschnittenen Gegenstände auch aufgeklebt werden können.

M 1

M 2

12 16 13 19 14 18 17
17 11 16 14 18 15 13
17 12 15 10 14 11 13
13 16 14 20 15 17 19
10 16 12 15 13 17 14
13 19 17 18 12 15 16
16 13 18 19 14 20 15

M 3

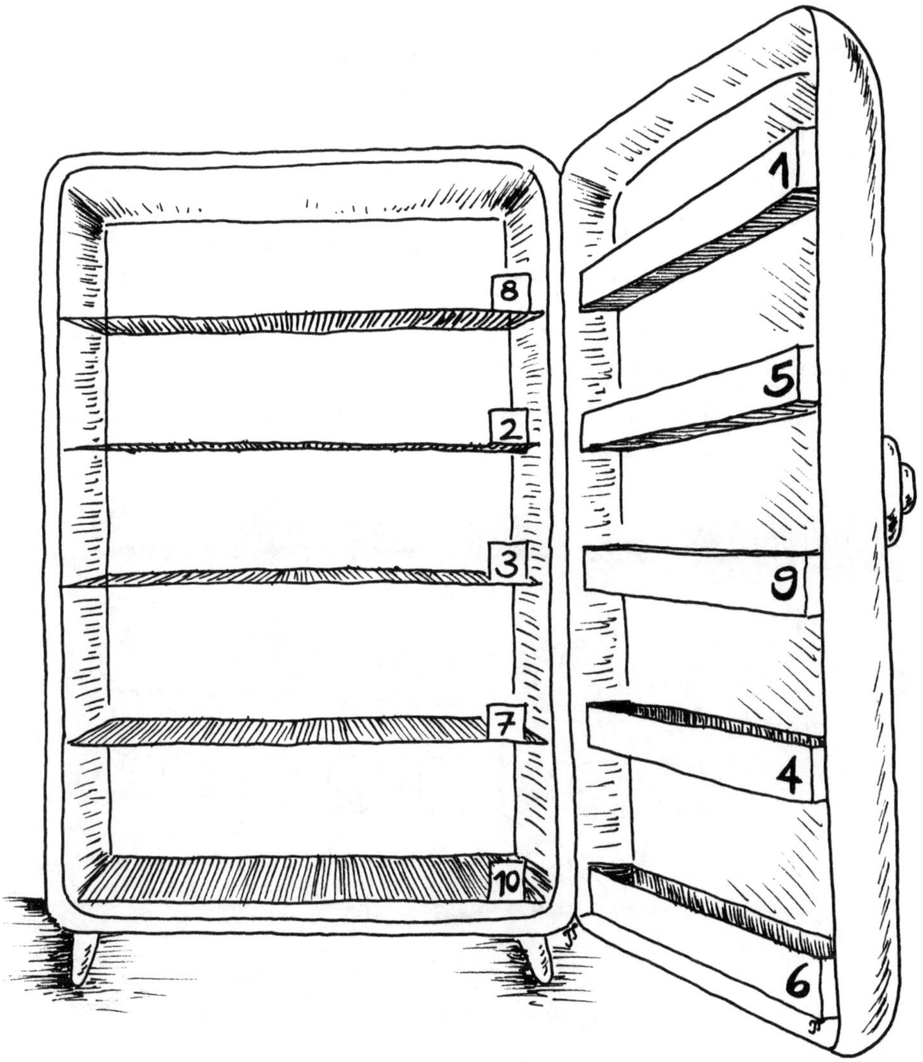

M 4

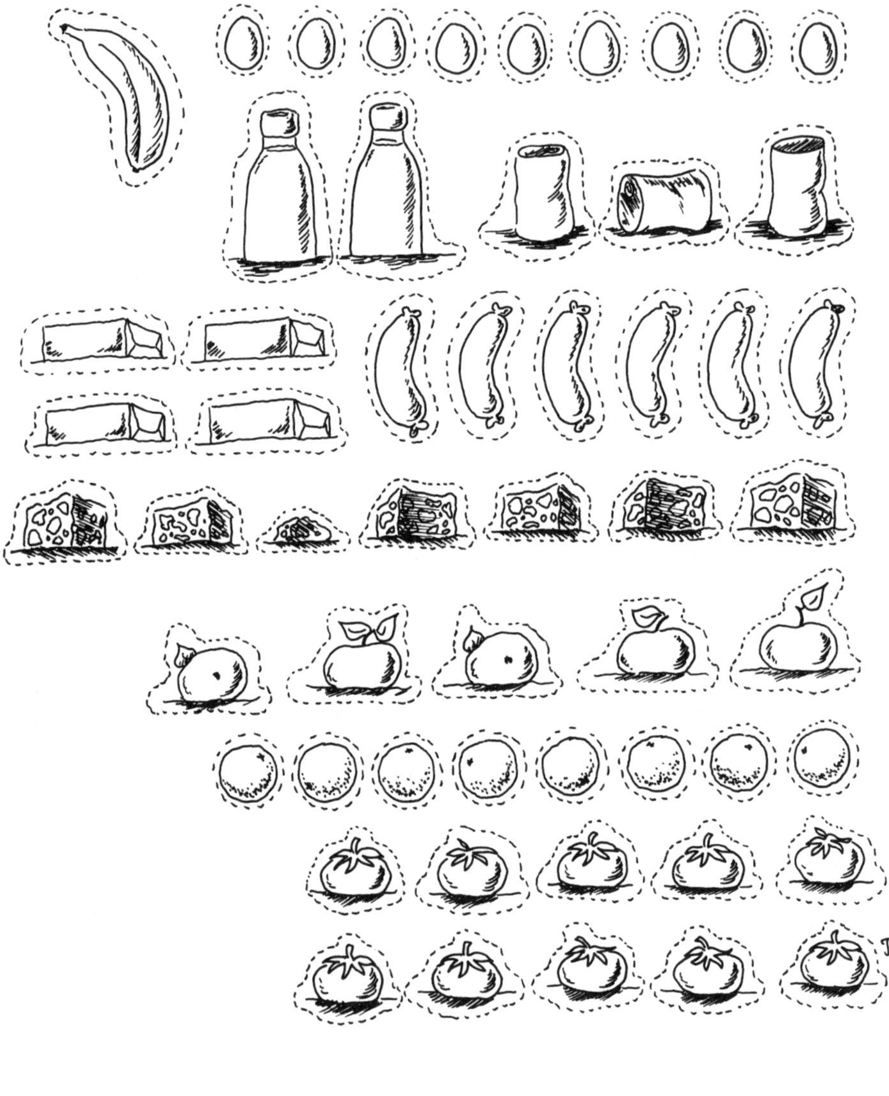

L 19

Addition/Subtraktion im Bereich bis 100

Intention: Die SchülerInnen sollen im Zahlbereich bis 100 mit 10er-Überschreitung selbstständig Additionsaufgaben bearbeiten und lösen. Entsprechende Übungen finden sich auf den Arbeitsblättern M1 und M2. Die Kinder müssen die Logik der abgebildeten Rechennoperationen und -konstellationen erkennen und ggf. die entsprechenden Arbeitsaufgaben formulieren. Zur Bewältigung dieser Arbeit ist gelegentlich Partner- oder Gruppenarbeit vorgesehen.

Ablauf (Mikrospirale):

1. Aufgabenklärung im Unterrichtsgespräch
2. In Partnerarbeit Aufgabenblatt bearbeiten
3. In Kleingruppen Lösungen vergleichen
4. In Gruppen weitere Aufgaben bearbeiten
5. Präsentation im Plenum

Arbeitsschritte: Im ersten Arbeitsschritt präsentiert die Lehrperson Abbildung M1 mittels Tageslichtprojektor. Darauf sind verschiedene Zahlenkisten im Ziffernbereich 10 bis 100 zu sehen. Die SchülerInnen beschreiben die Abbildung und benennen das dargestellte Problem (nur jeweils zwei Zahlen in der Kiste lassen sich so addieren, dass die Summe identisch ist mit der Zahl auf der Kiste). Im zweiten Schritt erhält jedes Kind die besagte Folie als Arbeitsblatt und versucht zusammen mit einem Lernpartner die dargestellten Aufgaben zu lösen. Danach setzen sich im dritten Arbeitsschritt jeweils zwei Tandems zusammen, vergleichen die ermittelten Lösungen und erklären und korrigieren gegebenenfalls die gewählten Lösungswege. Im vierten Arbeitsschritt erhalten die Kinder sodann Material M2, auf dem sich verschiedene Additions- und Subtraktionsoperatoren befinden. Eine Aufgabe fragt nach dem Rechenbefehl, eine andere nach der Eingabezahl, eine dritte nach der Ausgabezahl. Die SchülerInnen bearbeiten diese Aufgaben wahlweise in Partner- oder Gruppenarbeit. Darüber hinaus erarbeiten sie analoge Aufgabenbeispiele, die auf Schreibfolie übertragen werden. Diese selbst konzipierten Aufgaben werden im fünften Arbeitsschritt schließlich mittels Tageslichtprojektor im Plenum präsentiert und per Frage-Antwort-Spiel gelöst.

Methodenpflege: Die SchülerInnen üben sich darin, mathematische Strukturen und Zusammenhänge zu erkennen. Sie formulieren anhand von M1 eigenständig die betreffende Aufgabenstellung. Sie entwickeln eigene Aufgaben und sind in den angeführten Partner- und Gruppenarbeitsphasen aufgefordert, regelgebunden und konstruktiv zu kommunizieren und zu kooperieren.

Vorbereitung: Die Materialien M1 und M2 werden von der Lehrkraft auf Folie kopiert und im Klassensatz vervielfältigt. Ferner sind Schreibfolien und Folienstifte bereitzuhalten.

M 1

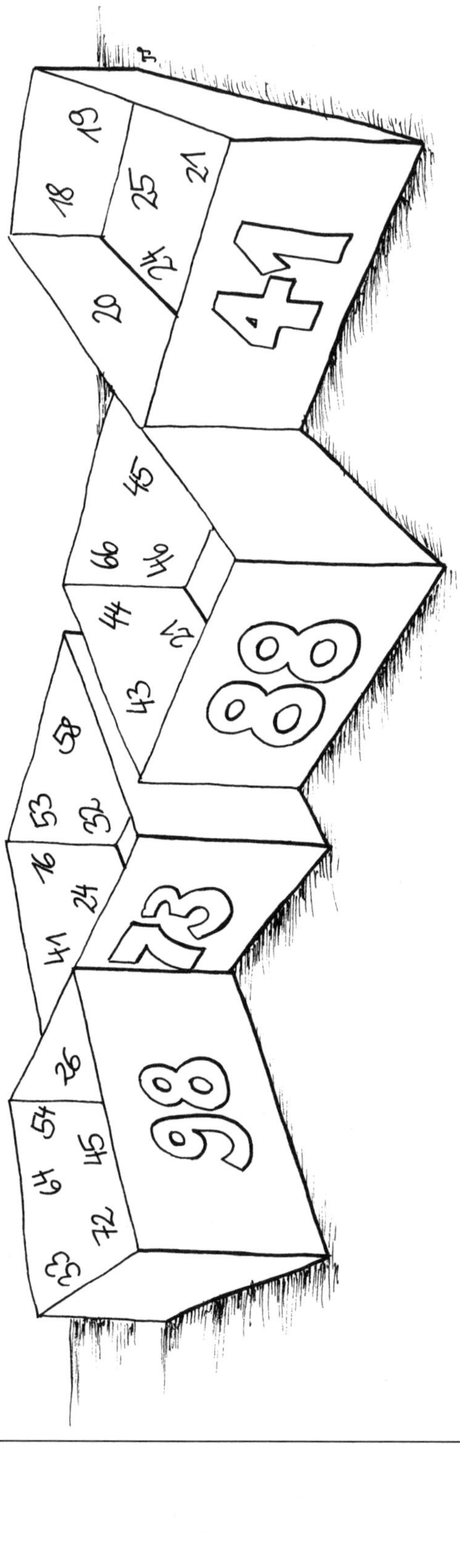

Was fehlt hier?

M 2

Hier findest du einige Rechenaufgaben. Schau sie dir in Ruhe an und versuche sie dann alleine oder mit einem Partner zu lösen. Vergleiche anschließend die Lösungen in deiner Gruppe.

○	+	14	=	66				
12	+	○	=	98				
46	+	12	=	○				
17	+	3	=	○	+	18	=	○
76	+	○	=	80	+	11	=	○
33	+	41	=	○	+	○	=	99

Finde hier selbst einige Aufgaben:

___

___

___

___

___

___

___

L 20 Teilmengen zu »Schülerhobbys« bilden

Intention: Die SchülerInnen sollen unter Berücksichtigung zweier Kriterien verschiedene Teilmengen bilden und lernen, diese sprachlich möglichst exakt zu beschreiben. Auf diese Weise üben sie sich, Mengendiagramme als visuelle Hilfe zu nutzen. Eine themenzentrierte Sprachübung unter Zuhilfenahme entsprechender Sprachmuster rundet die Lernspirale ab.

Ablauf (Mikrospirale):

❶ Bildbeschreibung im Plenum
❷ Wiederholung in Partnerarbeit
❸ Gestaltübung in Partnerarbeit
❹ Sicherung im Plenum
❺ Versprachlichung im Plenum

Arbeitsschritte: Im ersten Arbeitsschritt wiederholt die Lehrkraft an der Tafel das Thema »Mengendiagramme« und stellt Abbildung M1 mittels Tageslichtprojektor vor. M1 und M2 zeigen mehrere Kinder mit spezifischen Hobbys. Einige treiben Sport, andere haben ein Haustier und manche haben ein Tier und betätigen sich gleichzeitig sportlich. Im ersten Arbeitsschritt beschreiben die SchülerInnen die abgebildeten Kinder in Form einer Meldekette; dann wird jedem von ihnen die Abbildung als Kopie ausgehändigt. Im zweiten Arbeitsschritt werden mit Hilfe von Sprichwörtern Zufallspaare gebildet. Dazu verlost die Lehrkraft Zettel, auf denen Sprichwortteile stehen. Die SchülerInnen mit komplementären Sprichwortteilen bilden je ein Tandem. Die Mitglieder dieser Tandems wiederholen im Wechsel die Beschreibungen aus der ersten Phase. Im dritten Arbeitsschritt wird M3 ausgeteilt und die SchülerInnen müssen die abgebildeten Kinder passend in das vorgegebene Diagramm einordnen. Im vierten Arbeitsschritt erfolgt die Ergebnissicherung im Plenum, indem die gefundenen Lösungen von einzelnen SchülerInnen vorstellt und nötigenfalls kritisiert/korrigiert werden. Eine zusätzliche Lehrererläuterung kann sich anschließen. Im fünften Arbeitsschritt folgt schließlich eine vertiefende Übung zur Versprachlichung unterschiedlicher Aspekte des Mengendiagramms (z.B. »Diese Kinder haben ein Haustier, treiben aber keinen Sport«, »Acht Kinder haben ein Haustier« etc.).

Methodenpflege: Die Kinder erhalten erste Einblicke in den Sinn und Zweck des Visualisierens im Mathematikunterricht. Sie entwickeln ein Mengendiagramm und nehmen logisch begründete Zuordnungen vor. Außerdem üben sie sich im exakten mündlichen Beschreiben mathematischer Sachverhalte und Zusammenhänge sowie im gemeinsamen Erarbeiten mathematischer Problemlösungen.

Vorbereitung: Die Arbeitsblätter werden für jedes Kind kopiert, M1 und M2 müssen auf Folie übertragen werden.

M 1

M 2

M 3

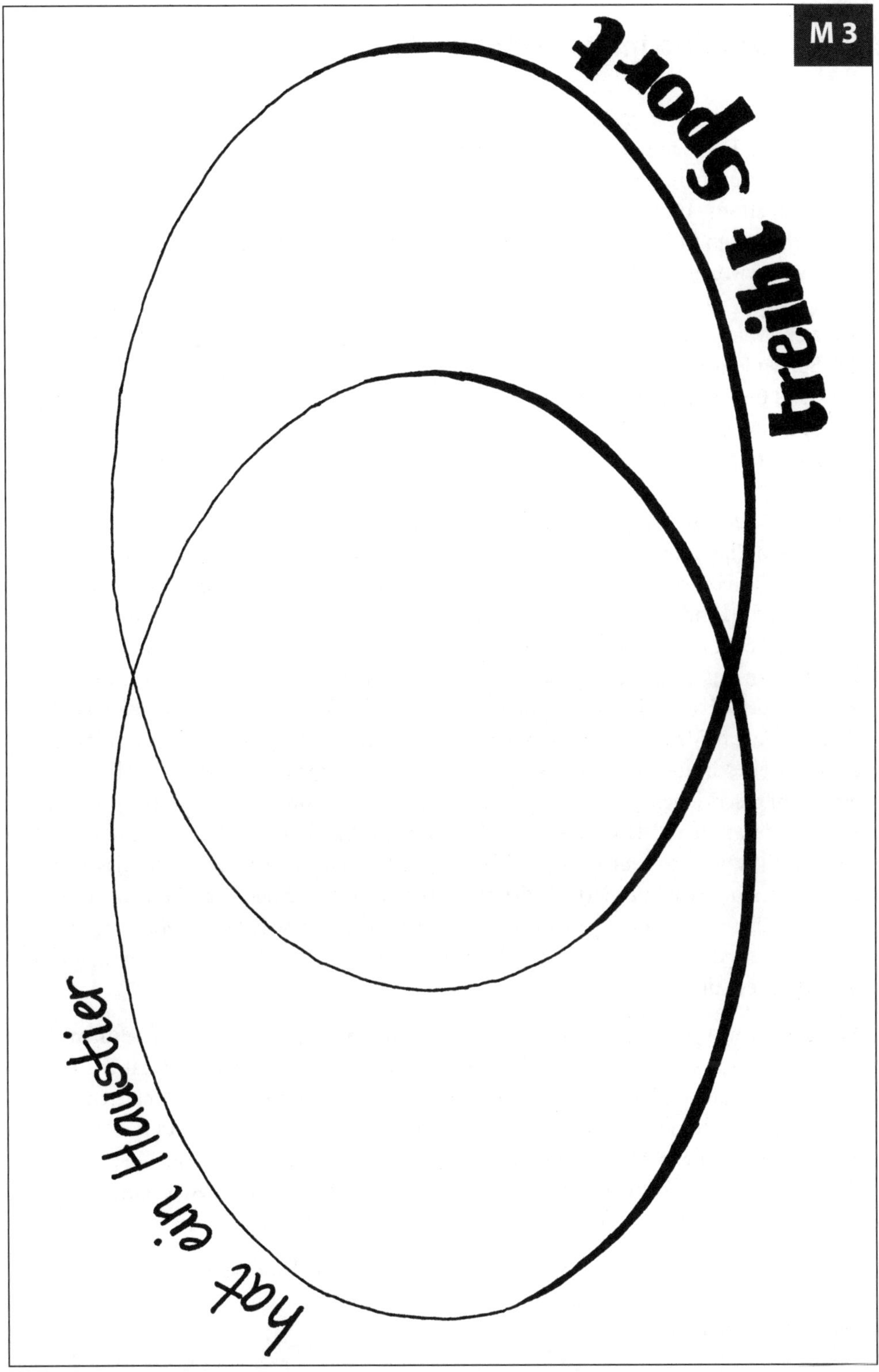

L 21

Domino im Bereich bis 10.000 herstellen

Intention: Die SchülerInnen sollen ein Dominospiel konzipieren und danach in Gruppen erproben. Dabei bewegen sich die betreffenden Additions-, Subtraktions-, Multiplikations- und Divisionsaufgaben im Zahlenbereich bis 10 000. Auf diese Weise wiederholen und festigen die Kinder den anstehenden Lernstoff; zudem trainieren sie eigenverantwortliches Arbeiten und Lernen (EVA).

Ablauf (Mikrospirale):

❶ Spielanleitung im Unterrichtsgespräch
❷ Spiel herstellen in Gruppenarbeit
❸ Spiel in der Gruppe durchführen
❹ Dominospiel tauschen und erneut spielen

Arbeitsschritte: Im ersten Arbeitsschritt klärt die Lehrkraft gemeinsam mit den SchülerInnen die Charakteristika des Dominospiels und skizziert dessen Spielablauf, die spezifischen Regeln sowie die Zielsetzung des Spiels an der Tafel. Erfahrungsgemäß beteiligen sich die Kinder recht intensiv am Unterrichtsgespräch, da ihnen Dominospiele in der Regel recht vertraut sind. Im zweiten Arbeitsschritt wird die Klasse durch Los oder Abzählen in Zufallsgruppen zu je vier SchülerInnen aufgeteilt. Jede Kleingruppe erhält einen Stapel DIN-A7-Kärtchen, die je zwei Felder aufweisen (siehe M1). Nun geht es darum, diese beiden Felder in mathematisch sinnvoller Weise auszufüllen, sodass sich am Ende ein stimmiges Dominospiel ergibt. Dementsprechend wird auf die linke Seite eine Zahl geschrieben, auf die rechte eine Rechenoperation. Dabei ist wichtig, dass die Rechenoperation auf dem einen Kärtchen der Zahl auf einem anderen Kärtchen entspricht. Es muss also sehr exakt und koordiniert gearbeitet werden, damit das Dominospiel am Ende funktioniert. Im dritten Arbeitsschritt nämlich wird das erstellte Spiel durchgeführt und getestet. Im vierten und letzten Arbeitsschritt schließlich tauschen die unterschiedlichen Gruppen ihre Dominospiele aus und spielen die »fremden Produkte« erneut durch.

Methodenpflege: Diese Lernspirale fördert die Kreativität der SchülerInnen. Sie müssen exakt arbeiten, Aufgaben austüfteln, Kärtchen beschriften und dabei so verfahren, dass sich am Ende der Domino-Produktion ein stimmiges mathematisches Gefüge ergibt. Sie lernen, das Domino regelgebunden durchzuspielen und dabei die jeweiligen mathematischen Kombinationen zu kontrollieren. Außerdem üben sie sich darin, in ihren Gruppen gezielt zu fragen und zu helfen, falls sich Bedarf einstellt. Das fördert die Team- und Kommunikationsfähigkeit in der Klasse.

Vorbereitung: Die Lehrkraft stellt Dominokärtchen, die Folie zu M1 sowie die Spielbzw. Loskarten zur Gruppenbestimmung zur Verfügung. Stifte werden von den Kindern mitgebracht.

M 1

Domino

7371	:3
2457	+12
2469	-67
2402	:2
1201	·4
4804	+144
4948	:4
1237	-333
904	·9
8136	

L 22 Visualisieren zum eigenen Berufswunsch

Intention: Die SchülerInnen sollen über ihre Berufswünsche nachdenken und ihre mehr oder weniger vagen und/oder idealistischen Vorstellungen möglichst anschaulich zu Papier bringen und in der Klasse vorstellen. Auf diese Weise erarbeiten sie sich einen ersten Überblick über die reale Berufslandschaft. Visualisierungsarbeiten dieser Art fördern das kreative Arbeiten der SchülerInnen, steigern ihre Motivation und verbessern ihre Behaltensleistung (»ein Bild sagt mehr als tausend Worte!«).

Ablauf (Mikrospirale):

1. Individuelle Besinnungsphase
2. Skizze in Einzelarbeit entwerfen
3. Skizzen in Kleingruppen vorstellen
4. Den eigenen Entwurf in EA optimieren
5. Präsentation der »Bilder« im Plenum

Arbeitsschritte: Die SchülerInnen überlegen im ersten Schritt, welches wohl ihr Wunschberuf ist und wie sie diesen zeichnerisch darstellen können. Dabei greifen sie erfahrungsgemäß auf bekannte/erlebte Berufe wie den Beruf des Vaters, der Mutter oder irgendeines anderen Familienmitgliedes zurück. Im zweiten Arbeitsschritt skizzieren sie auf der Basis ihrer Vorkenntnisse auf einem DIN-A4-Blatt typische Tätigkeiten/Situationen/Gegenstände, die ihnen zu ihrem Wunschberuf einfallen. Im dritten Arbeitsschritt finden sich die SchülerInnen in mehrere Zufallsgruppen mit je 4–5 Kindern zusammen und stellen sich reihum ihre Skizzen vor. Sie fragen nach, üben Kritik und sammeln Vorschläge, wie die erstellten Assoziationsskizzen eventuell verbessert werden können. Im vierten Arbeitsschritt gehen sie wieder auf Ihre Plätze zurück und überarbeiten ihre Skizzen in Einzelarbeit so, dass möglichst aussagekräftige kleine Plakate zum eigenen Wunschberuf entstehen (siehe Beispiel M1). Die so entstehenden Visualisierungen werden im fünften und letzten Arbeitsschritt im Klassenraum ausgehängt und im Rahmen eines »Museumsrundganges« von allen SchülerInnen gesichtet und bei Bedarf besprochen. Ein Lehrerkommentar kann sich anschließen.

Methodenpflege: Die SchülerInnen üben sich im Visualisieren von Sachverhalten. Sie experimentieren mit unterschiedlichen Farben, Formen und Symbolen. Darüber hinaus trainieren sie das freie Reden, Zuhören und Miteinander-Sprechen, indem sie in Gruppen ihre Skizzen vorstellen und (kritisch) kommentieren und diskutieren. Dies schließt Kooperation und wechselseitige Hilfestellungen mit ein.

Vorbereitung: Arbeitsmittel (Plakate, Wachsmalstifte, Filzstifte) sind von den SchülerInnen mitzubringen oder ggf. vom Lehrer bereitzustellen. Für das Befestigen der Schülerprodukte an der Tafel bzw. an der Wand wird Tesakrepp benötigt.

M 1

Florian Kipper

Domenik Prozeller

L 23

Steckbrief zu einem Berufsbild erstellen

Intention: Die SchülerInnen sollen einen Text zu einem vorgegebenen Beruf (hier: Koch) lesen und so erarbeiten, dass sie über diesen Beruf anschließend gut Bescheid wissen. Dementsprechend sind wesentliche Informationen zu unterstreichen und dann in einem Steckbrief (siehe M2) schriftlich zu fixieren. Auf diese Weise gelangen die SchülerInnen zu Schlüsselbegriffen, die ihnen anschließend die Möglichkeit eröffnen, den betreffenden Beruf in freier Rede im Plenum vorzustellen.

Ablauf (Mikrospirale):

❶ Textlektüre in Einzelarbeit
❷ Markieren nach vorgegebener Fragestellung
❸ Steckbrief beschriften und gestalten (GA)
❹ Ergebnispräsentation nach Los

Arbeitsschritte: Die SchülerInnen erhalten in einem ersten Arbeitsschritt den Text M1 mit Informationen zum Berufsbild »Koch«, den sie zunächst in Stillarbeit lesen, um sich einen ersten Überblick über das betreffende Berufsbild zu verschaffen. Im zweiten Arbeitsschritt notiert die Lehrkraft an der Tafel einige Leitfragen wie: Welche typischen Tätigkeiten gehören zum beschriebenen Berufsbild? Mit welchen Materialien oder Werkzeugen hat man in diesem Beruf zu tun? Von wann bis wann wird gearbeitet? Welche Produkte werden hergestellt? etc. Anhand dieser Fragen bearbeiten die SchülerInnen den vorliegenden Text, markieren wichtige Schlüsselbegriffe und machen sich ggf. zusätzliche Notizen. Im dritten Arbeitsschritt gehen sie sodann in mehreren Zufallsgruppen daran, einen möglichst aussagekräftigen Steckbrief zu erstellen und übersichtlich auf Folie zu gestalten. Zur Orientierung und Erleichterung kann ihnen unter Umständen die Vorlage M2 zur Verfügung gestellt werden, die dann entsprechend zu übertragen ist. Im vierten und letzten Arbeitsschritt stellen ausgeloste Gruppensprecher ihre Steckbriefe mittels OH-Projektor im Plenum vor. Präsentiert wird in der Regel von zwei bis drei Gruppen – eventuell im Tandem.

Methodenpflege: Die SchülerInnen üben sich im gezielten Lesen eines Sachtextes sowie im Markieren wesentlicher Textstellen. Durch die vorgegebenen Leitfragen wird ihnen die Suche nach »Schlüsselwörtern« erleichtert. Sie erstellen einen Steckbrief, gestalten eine Folie und entwickeln in diesem Zusammenhang einfache Visualisierungsideen. Darüber hinaus trainieren sie das Arbeiten in Gruppen sowie das freie Präsentieren im Plenum – vorausgesetzt, das Los trifft sie.

Vorbereitung: M1 ist ausreichend zu kopieren. Die Lehrkraft stellt ferner Folien, wasserlösliche Folienstifte sowie weitere erforderliche Arbeitsmittel zur Verfügung. Ein intakter OH-Projektor wird benötigt. Die Vorlage M2 muss ggf. im Klassensatz kopiert werden.

Der Koch

M 1

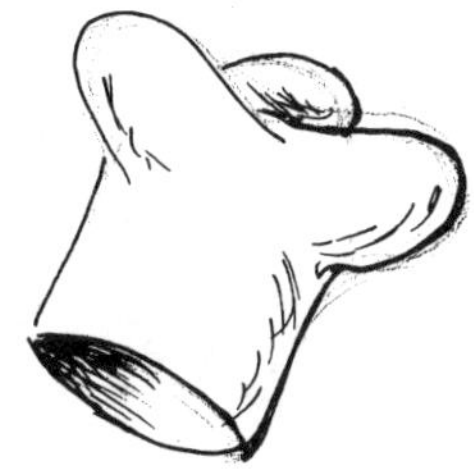

Anton ist Koch und arbeitet in einem Restaurant in Mannheim. Morgens muss er erst um halb 9 aufstehen, da er um 10 Uhr an seinem Arbeitsplatz sein muss. Sein Arbeitstag endet um 18 Uhr.

Die Arbeit ist in zwei Schichten eingeteilt. Anton hat die erste Schicht, sein Kollege Klaus arbeitet in der zweiten Schicht, die um 16 Uhr anfängt und nachts um 24 Uhr endet.

Anton ist in der Küche des Restaurants für die Vorbereitung und die Zubereitung aller Speisen zuständig. Er bemüht sich, die Gerichte schön zu verzieren, denn schließlich isst das Auge ja auch mit.

Im Kühlschrank lagern die Nahrungsmittel, die Anton zum Kochen braucht: Da gibt es

Für die verschiedenen Gerichte benutzt Anton Töpfe, Pfannen und Schüsseln in unterschiedlichen Größen, außerdem Kochlöffel und Schneebesen.

Der Herd mit den 8 Kochplatten steht in der Mitte der Küche, sodass Anton zu allen Geräten und Werkzeugen sehr kurze Wege hat.

Am liebsten kümmert sich Anton um die Nachspeisen, von denen er hin und wieder gerne nascht.

Anton sagt, Koch sei sein absoluter Traumberuf.

M 2

Steckbrief - Koch

Aufgaben:

Arbeitszeit:

Arbeitsplatz:

Werkzeuge/Materialien:

Arbeitsergebnisse:

L 24

Berufsspezifische Merkmale überprüfen

Intention: Die SchülerInnen sollen typische Tätigkeitsmerkmale bestimmter Berufe kennen lernen und mit deren Hilfe vorgegebene Berufe identifizieren bzw. ausgrenzen. Auf diese Weise lernen sie Ober- und Unterbegriffe zu unterscheiden sowie eine durchdachte Zuordnung vorzunehmen. Darüber hinaus sollen sie analoge Beispiele entwickeln und dadurch vertiefend über verschiedene Berufe nachdenken

Ablauf (Mikrospirale):

1. Lehrerimpuls
2. Begriffe in Einzelarbeit aussortieren
3. Präsentation der Ergebnisse im Plenum
4. In Kleingruppen Arbeitsblätter entwickeln
5. Austausch mit anderen Gruppen

Arbeitsschritte: Im ersten Arbeitsschritt schreibt die Lehrkraft fünf Tätigkeitsmerkmale an die Tafel, von denen aber nur vier zu einem bestimmten genannten Beruf passen. Das nicht passende Merkmal muss gefunden und mit Lineal durchgestrichen werden. Diese Einführung verstehen die SchülerInnen erfahrungsgemäß recht schnell. Im zweiten Arbeitsschritt erhalten sie sodann M1, auf dem sie analog zum einführenden Beispiel je ein nicht passendes Tätigkeitsmerkmal finden und durchstreichen müssen. Das geschieht in Einzelarbeit. Im dritten Arbeitsschritt präsentieren einige Freiwillige aus der Klasse ihre »Streichergebnisse« am Tageslichtprojektor. Dabei ist darauf zu achten, dass nicht nur Lösungen, sondern auch Begründungen in ganzen Sätzen geliefert werden. Etwaige Unklarheiten werden besprochen. Im vierten Arbeitsschritt geht es sodann um die Entwicklung eigener Arbeitsblätter in Analogie zu M1. Dazu werden die SchülerInnen zum Beispiel mittels eines Bilderpuzzles zu mehreren Zufallsgruppen zusammengeführt, d.h., die Besitzer der zueinander passenden Puzzle-Teile bilden jeweils eine Gruppe. Diese Kleingruppen konzipieren weitere Beispiele nach Art von M1 und kontrollieren anschließend deren Richtigkeit, indem sie die erstellten Arbeitsblätter austauschen und überprüfen.

Methodenpflege: Die SchülerInnen lernen bei dieser Übung präzise zu lesen und die vorliegenden Begriffe so zu kombinieren, dass sie Abweichungen vom geltenden Ordnungsmuster treffsicher erkennen. Ferner üben sie sich darin, die gefundenen Lösungen vor der Klasse zu präsentieren und zu begründen, selbstständig und planvoll neue Aufgaben zu konzipieren, passende Ober- und Unterbegriffe zu bilden, das zu erstellende Arbeitsblatt übersichtlich zu gestalten sowie regelgebunden im Team zu arbeiten.

Vorbereitung: Es ist lediglich Arbeitsblatt M1 für alle Kinder zu kopieren. Lineal, Bleistifte und Füller sind von den SchülerInnen mitzubringen.

M 1

Was passt nicht zu diesem Beruf?
Streiche diesen Begriff durch.

Krankenschwester

pflegen ◊ helfen ◊ Verband wechseln ◊ Spritze geben ◊ backen

Lehrer

Kreide ◊ Tafel ◊ Rasenmäher ◊ Hefte ◊ Noten

Bäcker

Wurst ◊ Brot ◊ backen ◊ Brötchen ◊ Kuchen

Schreiner

Schrank ◊ Tisch ◊ hobeln ◊ Brille ◊ Holz

Bauarbeiter

Haus ◊ Steine ◊ Beton ◊ mauern ◊ Klassenbuch

Gärtner

Computer ◊ Blumen ◊ Gemüse ◊ pflanzen ◊ säen

Richter

Gesetz ◊ Anwalt ◊ Paragraphen ◊ Obst ◊ Strafe

Hausfrau

kochen ◊ aufräumen ◊ Säge ◊ nähen ◊ einkaufen

L 25

Aussagen zum Thema »Regen« ordnen

Intention: Die SchülerInnen sollen verschiedene Textbausteine sichten und in eine stringente Reihenfolge bringen, sodass ein sinnvoller Gesamttext zum Thema »Regen und Regenbogen« entsteht. Auf diese Weise lernen sie Textinformationen präzise zu lesen und folgerichtig zu strukturieren. Darüber hinaus üben sie sich in der vorgesehenen Gruppenarbeitsphase in punkto Kommunikation und Kooperation

Ablauf (Mikrospirale):
1. Individuelle Besinnungsphase
2. Reihenfolge in Einzelarbeit festlegen
3. Lösungen in Kleingruppen vergleichen
4. Abschnitte ausschneiden und einkleben

Arbeitsschritte: Die SchülerInnen erhalten im ersten Schritt Arbeitsblatt M1, das verschiede Bild- und Textelemente zum Thema »Regen und Regenbogen« umfasst. Sie lesen die einzelnen Textpassagen und klären etwaige Verständnisfragen mit dem Tischnachbarn. Im zweiten Arbeitsschritt überlegen sie sich sodann, wie die abgebildeten Informationsbausteine in eine sinnvolle Reihenfolge gebracht werden können. Dementsprechend versehen sie die sechs Bildelemente (siehe M1) mit den Ziffern 1–6, wobei die Ziffer 1 den Anfang und die Ziffer 6 das Ende des Sachberichts zum Thema »Regen und Regenbogen« markieren. Im dritten Arbeitsschritt finden sich die Kinder in Zufallsgruppen zusammen und stellen sich reihum ihre Lösungen vor. Unterschiedliche Ergebnisse werden besprochen und gegebenenfalls korrigiert. Die so gewonnenen Lösungen werden im vierten und letzten Arbeitsschritt ins Heft übertragen, indem die sechs Bild-Text-Elemente zunächst ausgeschnitten und dann in der richtigen Reihenfolge ins Heft eingeklebt werden. Ergänzende Erläuterungen der Lehrpersonen zum anstehenden Themenbereich können sich anschließen.

Methodenpflege: Die SchülerInnen müssen die vorliegenden Textbausteine genau lesen und unter Einbeziehung der zugehörigen Visualisierungen ein einfaches Ordnungssystem entwickeln. Dabei üben sie sich sowohl in puncto Textarbeit und Visualisierung als auch bezüglich der Strukturierung von Informationen. Sie müssen Zusammenhänge erfassen und die vorgegebenen Bild-Text-Elemente in akkurater Weise ausschneiden, anordnen und einkleben. Darüber hinaus trainieren sie Teamarbeit.

Vorbereitung: Arbeitsblatt M1 ist im Klassensatz zu kopieren. Die benötigten Arbeitsmittel wie Schere, Klebestift und sonstige Stifte werden von den SchülerInnen mitgebracht. Das zu ermittelnde Ordnungsmuster sollte auf Folie vorbereitet sein und von der Lehrperson am Ende des Arbeitsprozesses im Plenum vorgestellt und erläutert werden.

M 1

Regen und Regenbogen

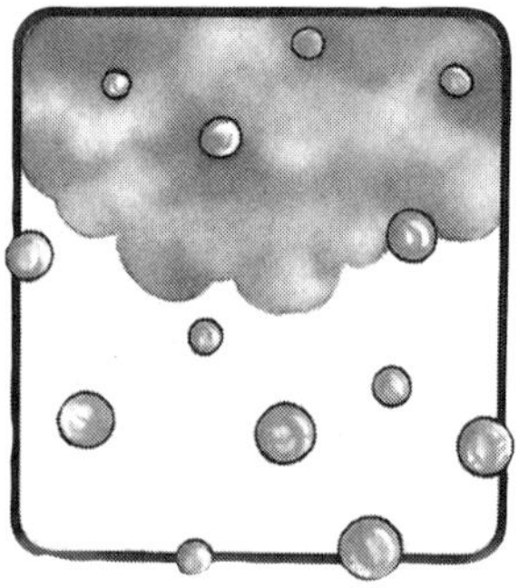

Wenn diese Wassertropfen schwer genug sind, fallen sie als Regen wieder auf die Erde.

Wenn der Regen in Flüsse und Seen zurückkommt, können wieder Wassertropfen aufsteigen und Wolken bilden.

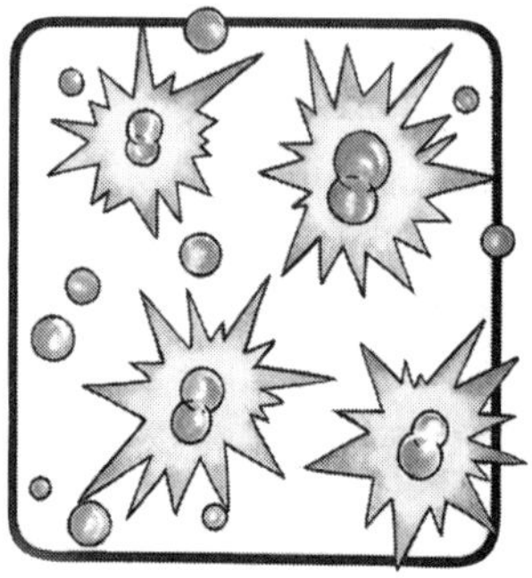

Stoßen die kleinen Tropfen zusammen, verbinden sie sich zu größeren Tropfen.

Auf dem Land versickert der Regen im Erdboden, in der Stadt fließt er in die Kanalisation.

Jeden Tag steigen aus Flüssen und Seen Millionen von kleinen Wassertropfen in die Luft auf.

Wenn viele Wassertröpfchen zusammen am Himmel schweben, bilden sie eine Wolke.

L 26

Stationengespräch zum Thema »Geld«

Intention: Die SchülerInnen sollen über das Thema »Geld« nachdenken. Dazu erhalten sie entsprechende Impulse in Form von Illustrationen, die Sprichwörter und Redewendungen lustig und anregend vor Augen führen. Die Palette der Illustrationen reicht von »Geld sparen«, über »Geld zum Fenster hinauswerfen«, »Geld verschenken«, »Geld verlieren«, »in Geld schwimmen«, »Geld wie Heu haben« bis hin zu »Geld macht nicht glücklich«. Die als M1 bis M7 dokumentierten Bildimpulse stellen ein Angebot dar und können im Unterricht wahlweise genutzt werden.

Ablauf (Mikrospirale):

1. Bildbetrachtung im Plenum
2. Stationengespräche in Gruppen
3. Überschriften zu den Bildern finden
4. Präsentationen an den Stationen

Arbeitsschritte: Im ersten Schritt wird eine der Illustrationen zum Thema »Geld« (siehe M1–M7) von der Lehrkraft am Tageslichtprojektor präsentiert. Die SchülerInnen stellen im Unterrichtsgespräch Vermutungen an, was die betreffende Illustration wohl aussagen soll. Gemeinsam wird eine Überschrift überlegt. Im zweiten Arbeitsschritt zählen die Kinder sodann von 1 bis 5 und bilden auf diese Weise 5 unterschiedliche Gruppen, die sich an 5 verschiedenen Stationen im Klassenraum zusammenfinden. An jeder Station hängt eine Karikatur zum Thema »Geld«. Die SchülerInnen haben nun pro Station 3 Minuten Besprechungszeit, um die jeweilige Illustration inhaltlich näher zu klären und eine entsprechende Überschrift zu finden. Die gefundenen Überschriften werden auf Kärtchen geschrieben und neben den einzelnen Illustrationen verdeckt angeheftet. Gibt die Lehrkraft das Signal zum Wechsel, so begeben sich die Gruppenmitglieder zur jeweils nächsten Station, wo sie erneut 3 Minuten Zeit haben etc. Der dritte Arbeitsschritt sieht so aus, dass die Gruppen nach Absolvierung der letzten Station zur dort aushängenden Illustration eine konkrete Überschrift vorschlagen und näher begründen. Im vierten Arbeitsschritt schließlich werden alle aushängenden Überschriften aufgedeckt und Schritt für Schritt gewürdigt.

Methodenpflege: Die SchülerInnen üben sich darin, aus unterschiedlichen Visualisierungen inhaltliche Aussagen abzuleiten. Sie stellen Vermutungen an, beschreiben, deuten, kommentieren, diskutieren und lernen auf diese Weise, präzise zu argumentieren, zuzuhören und sich mit anderen MitschülerInnen auf bestimmte Überschriften zu einigen.

Vorbereitung: Die abgebildeten Illustrationen sind auf DIN-A3-Format zu kopieren. Zum Befestigen wird Tesakrepp benötigt. Weitere Arbeitsmittel (Kärtchen, Filzstifte) sind bereitzustellen. Die Impulskarikatur für die Anfangsphase wird auf Folie kopiert.

M 1

M 2

M 3

M 4

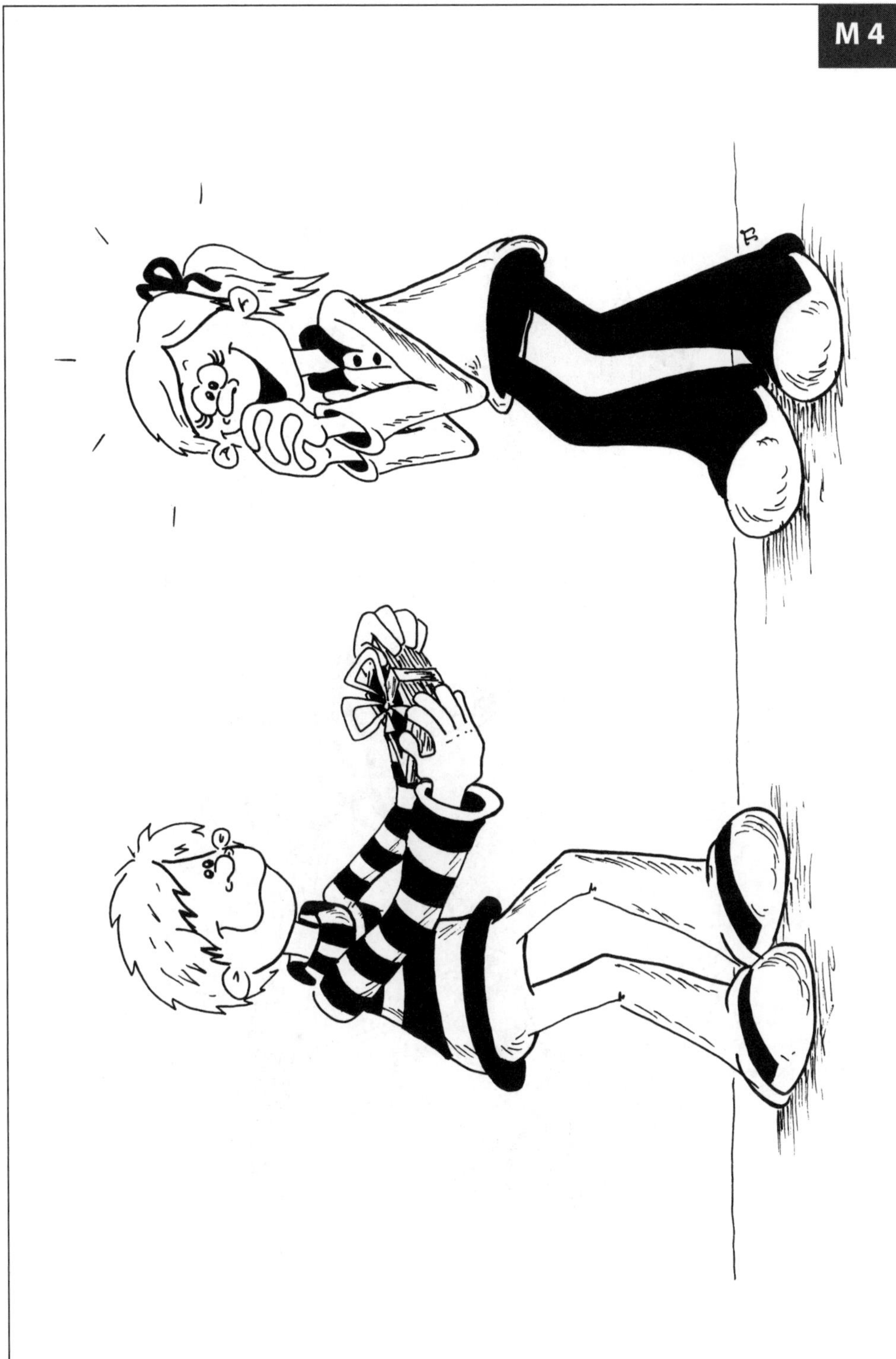

M 5

M 6

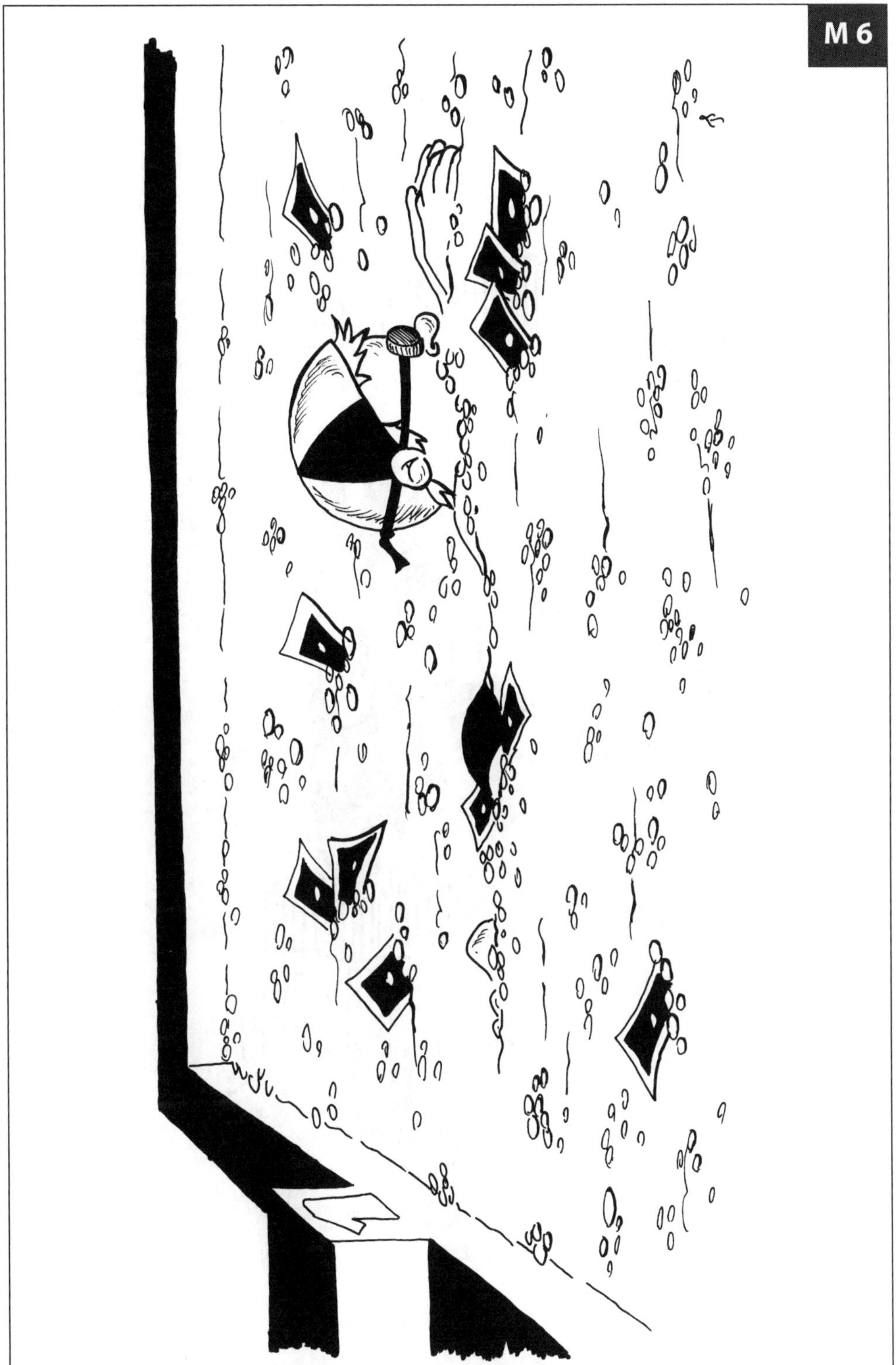

M 7

L 27

Frage-Antwort-Spiel zum Thema »Hunde«

Intention: Die SchülerInnen sollen die vorliegenden Textinformationen präzise lesen, wichtige Angaben entnehmen und die entsprechenden Fragen zu den unterschiedlichen Hunderassen exakt beantworten. Durch dieses Frage-Antwort-Spiel lernen sie sowohl in inhaltlicher als auch in methodisch-kommunikativer Hinsicht. Sie trainieren ihre Fähigkeit und Bereitschaft, mit anderen zusammenzuarbeiten, genau zuzuhören und gemeinsam konkrete Aufgaben zu bewältigen.

Ablauf (Mikrospirale):

1. Individuelle Besinnungsphase
2. Texte in Partnerarbeit vorlesen
3. Entsprechende Fragen beantworten
4. Eigene Texte und Fragen konzipieren
5. Frage-Antwort-Runde in Kleingruppen

Arbeitsschritte: Die Klasse wird im ersten Schritt in zwei Gruppen aufgeteilt; die eine Hälfte der SchülerInnen erhält M1, die zweite Hälfte bekommt M2. Zunächst liest jedes Kind seinen Text und unterstreicht wichtige Stellen, die beim späteren Vorlesen und/oder Fragen besonders wichtig sind. Im zweiten Arbeitsschritt werden Gesprächspaare gebildet, und zwar so, dass der eine Partner M1 und der andere M2 bekommt. Partner A liest nun die erste Passage zum Schottischen Schäferhund, Partner B den ersten Abschnitt zum Afghanen vor. Während des Vorlesens muss der jeweilige Zuhörer genau aufpassen, damit die später kommenden Fragen beantwortet werden können. Im dritten Schritt nämlich stellt zunächst Partner A seine Fragen zum Schottischen Schäferhund und dann Partner B zum Afghanen. Der jeweilige Partner antwortet aufgrund des Gehörten. Etwaige Fehler oder Unklarheiten werden behoben. So geht es weiter, bis alle drei Informationsabschnitte der Texte A (M1) und B (M2) bearbeitet sind. Analog zu M1 und M2 erstellen die Kinder im vierten Arbeitsschritt auf der Basis ihrer Schulbücher ähnliche Informations- und Frageabschnitte. Ein darauf aufbauendes Quiz steht im Mittelpunkt des fünften und letztes Arbeitsschrittes.

Methodenpflege: Die SchülerInnen üben sich im Formulieren und Beantworten von Fragen zu einem vorgegebenen Text. Sie müssen markieren, trainieren das präzise Vorlesen und üben sich im genauen Zuhören, wenn der jeweilige Partner seine Informationen oder Fragen zu den unterschiedlichen Hunderassen verliest. Gelernt wird also voneinander und miteinander – Helferaktivitäten eingeschlossen.

Vorbereitung: Die Texte M1 und M2 müssen von der Lehrkraft in halber Klassenstärke kopiert werden. Für die letzten beiden Arbeitsschritte benötigen die SchülerInnen ihre jeweiligen Schulbücher, Notizzettel und Stifte, um eigene Texte schreiben zu können.

A Welcher Hund soll es sein?

M 1

Peter möchte einen Hund kaufen. In einem Hundeführer schaut er sich verschiedene Rassen, ihre Eigenschaften und Merkmale an.

Der Collie oder auch Schottischer Schäferhund ist einer der schönsten, intelligentesten Hunde überhaupt. Er wird in vielen Ländern als Gesellschaftshund gehalten. Sein Schädel ist schmal, sein Hals zeigt, besonders bei den Rüden, eine starke Mähnenbildung.

1. Wie wird der Collie noch genannt?
2. Wie ist sein Schädel?
3. Was fällt vor allem bei den Rüden auf?

Der Appenzeller Sennenhund ist ein Hund schweizerischen Ursprungs. Seine Nase ist schwarz. Seine Ohren sind ziemlich klein, dreieckig, herabhängend und anliegend. Er wird bis zu 60 cm groß und wiegt dann etwa 20 kg.

1. Wie viel wiegt der ausgewachsene Sennenhund?
2. In welchem Land hat er seinen Urspung?
3. Beschreibe seine Ohren.

Der Dalmatiner, eine Rasse Jugoslawiens, hat große Ähnlichkeit mit französischen kurzhaarigen Vorstehhunden. Schon im 17. Jahrhundert zählte er zu den bekannten Jagd- und Begleithunderassen. Der Schädel ist flach und breit. An ihm befinden sich hoch angesetzte mittellange Ohren. Die Nase soll so gefärbt sein wie die Tupfen des Haarkleides, die rundlich und schwarz oder braun sind.

1. Aus welchem Land stammt er?
2. Welche Farbe können die Tupfen des Haarkleides haben?
3. Mit welchem Tier hat der Dalmatiner große Ähnlichkeit?

B Welcher Hund soll es sein?

M 2

Peter möchte einen Hund kaufen. In einem Hundeführer schaut er sich verschiedene Rassen, ihre Eigenschaften und Merkmale an.

Der Afghane ist ein großer schlanker Hund mit vornehmer Haltung und bedächtigen Bewegungen. Er hat einen in die Weite gehenden geheimnisvoll verträumten Blick. Sein Kopf ist trocken, das heißt, er ist frei von Fettablagerungen, ohne überflüssiges Fleisch und ohne lose Haut. Meist hat er große dunkle Augen.

1. *Was bedeutet es, wenn man bei diesem Hund von einem trockenen Kopf spricht?*
2. *Welche Farbe haben seine Augen?*
3. *Beschreibe seinen Blick.*

Der Boxer ist ein Hund deutscher Züchtung. Seine Vorfahren schützten die Rinderherden und wurden bei der Jagd auf Bären und Wildschweine eingesetzt. Er gilt als mutig, aber ruhig und sehr gutmütig. Er hat dicke Lefzen. Seine Nase ist schwarz. An seinem Kopf ist ein deutlich markierter Stirnabsatz zu erkennen.

1. *Welche Farbe hat seine Nase?*
2. *Welche Tiere haben seine Vorfahren gejagt?*
3. *In welchem Land wird er vorwiegend gezüchtet?*

Der Irish Setter ist ein eleganter, gut bemuskelter Hund, der ein einfarbig rotes Haarkleid trägt. Sein Ohr liegt in hübscher Falte dem Kopf an.
Er gilt als ein Hund für sportliche temperamentvolle Jäger. Er ist häufig recht eigenwillig und daher nicht ganz leicht abzurichten. Die Rüden werden bis 66 cm hoch, die Hündinnen bis 60 cm.

1. *Vergleiche Rüde und Hündin hinsichtlich ihrer Größe.*
2. *Warum sind Irish Setter nicht ganz leicht abzurichten?*
3. *Für wen sind sie besonders gut geeignet?*

L 28 Mindmap zum Thema »Katze« erstellen

Intention: Eine Mindmap hilft, komplexere Informationen anschaulich zu ordnen. Sie verleiht den eigenen Gedanken eine übersichtliche Struktur. Mindmaps bestehen aus Hauptästen und Nebenästen. Mit Hilfe dieses Grundmusters können sich die SchülerInnen einen guten Überblick über das je zu bearbeitende Thema verschaffen. Mindmaps nutzen und trainieren beide Gehirnhälften

Ablauf (Mikrospirale):

❶ Stichwortsammlung (EA oder PA)
❷ Lehrer skizziert Mindmap an der Tafel
❸ Schrittweises Beschriften des Rasters
❹ Tandemvortrag im Plenum

Arbeitsschritte: Im ersten Arbeitsschritt sammeln die Kinder alles, was sie zum anstehenden Thema »Katze« wissen. Diese Punkte werden ungeordnet auf einem DIN-A5-Blatt notiert. Die Lehrkraft fertigt währenddessen an der Tafel ein Raster in Form einer Mindmap an (siehe M1). Im Zentrum steht das Thema; um es herum werden Hauptäste und Zweige angeordnet, sodass ein einfaches Grundmuster entsteht, in das die von den Kindern gefundenen Aspekte später einzutragen sind. Im zweiten Arbeitsschritt schreibt die Lehrkraft an die betreffenden Hauptäste zentrale Oberbegriffe wie »Aussehen« oder »Eigenschaften« und gibt zudem gezielte Erläuterungen zum Aufbau der Mindmap. Im dritten Arbeitsschritt wird sodann eine Meldekette in der Weise initiiert, dass die Lehrkraft einem Kind die Kreide mit dem Hinweis reicht, einen Nebenast der Mindmap zu beschriften (siehe M1). Dann wird die Kreide an den nächsten Interessenten weitergegeben etc. So wird das vorgegebene Mindmap-Schema schrittweise ausgefüllt. Sind zu den Oberbegriffen genügend Informationen gesammelt, so wird im vierten und letzten Arbeitsschritt die komplettierte Mindmap von einem ausgelosten Schüler-Tandem zusammenhängend erläutert. Etwaige Unklarheiten und/oder Fehler werden im Unterrichtsgespräch behoben; notwendige Ergänzungen werden von Lehrerseite eingebracht.

Methodenpflege: Die SchülerInnen trainieren, Informationen zu einem vorgegebenen Thema zu sammeln, Unter- und Oberbegriffe zu bilden und das Instrument der Mindmap durchdacht auszufüllen. Dabei werden Selbstständigkeit, logisches Denken und visuelles Gestaltungsvermögen angebahnt. Darüber hinaus üben sich die SchülerInnen in puncto Kooperation und Kommunikation, indem sie paarweise zusammenarbeiten und die erwähnte Meldekette mit aktivem Zuhören und Wort-Weitergeben praktizieren

Vorbereitung: Die Lehrkraft muss sich eine geeignete Struktur überlegen, um die vorgesehene Mindmap sinnvoll einzuleiten. Kreide und Lineal müssen bereitstehen.

M 1

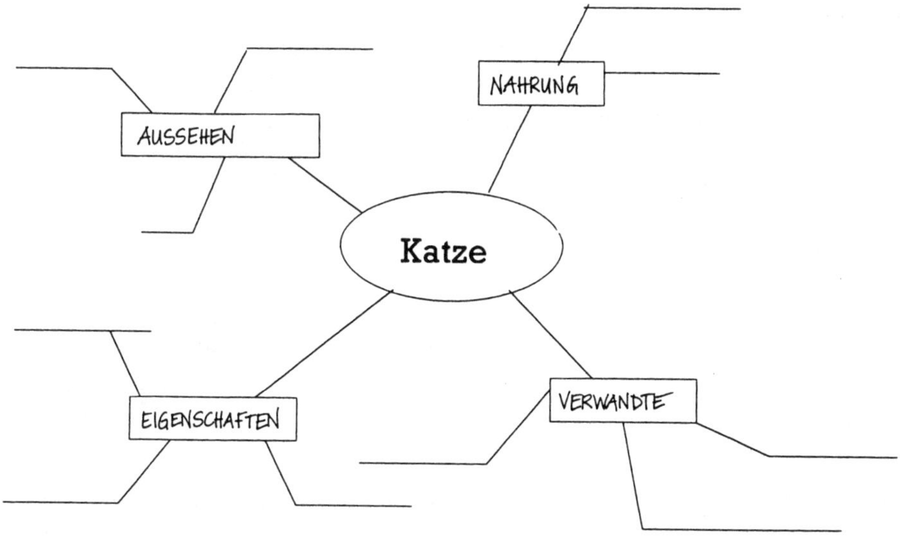
Katze
AUSSEHEN
NAHRUNG
EIGENSCHAFTEN
VERWANDTE

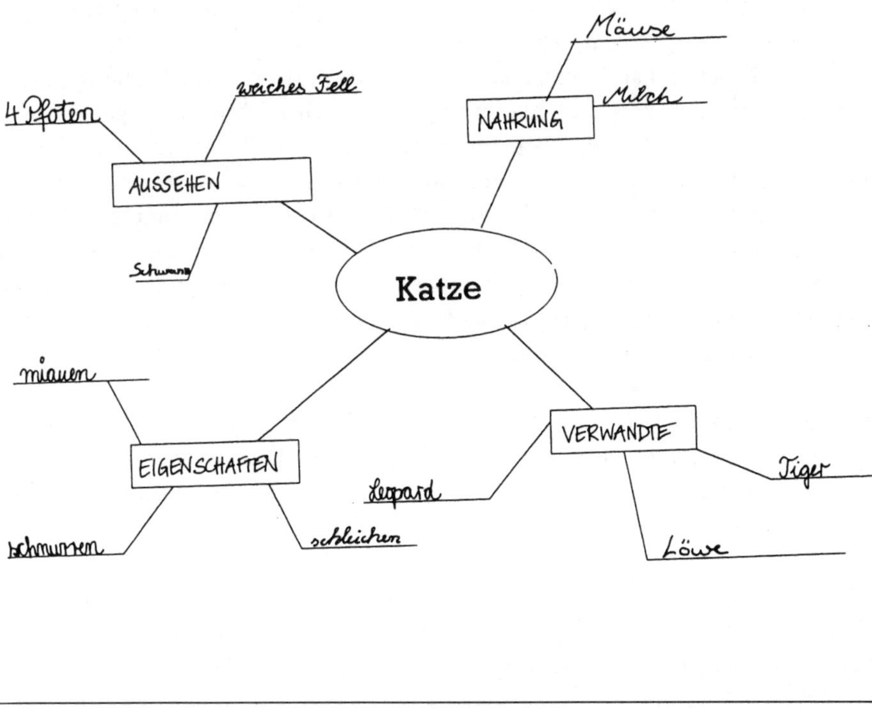
Katze
AUSSEHEN
4 Pfoten
weiches Fell
Schwanz
NAHRUNG
Mäuse
Milch
EIGENSCHAFTEN
miauen
schnurren
schleichen
VERWANDTE
Leopard
Tiger
Löwe

L 29

Körperteile erkennen und beschriften

Intention: Die Kinder sollen zum Nachdenken über ihren Körper veranlasst werden und wichtige Elemente des Körperaufbaus herausarbeiten. Ausgangspunkt dieser Reflexion können Schemazeichnungen sein, wie sie in den Arbeitsblättern M1 und M2 abgebildet sind. Diese Schemazeichnungen veranlassen die SchülerInnen, wichtige Körperteile zu benennen und zu beschriften und auf diese Weise den Körperaufbau des Menschen schrittweise zu entdecken und zu klären.

Ablauf (Mikrospirale):

1. Unterrichtsgespräch
2. Bildbetrachtung in Einzelarbeit
3. Fehlende Körperteile ergänzen (PA)
4. Beschriften eines Schaubildes (PA)
5. Präsentation im Plenum

Arbeitsschritte: Im ersten Arbeitsschritt tragen die Kinder im Unterrichtsgespräch zusammen, welche Elemente zu ihrem Körper gehören. Dabei kann die Lehrperson mit Impulsfragen wie »Was gehört alles zu meinen Armen?« »Was kann ich mit meinen Beinen tun?« Neugierde wecken und Motivation für die weitere Arbeit aufbauen. Im zweiten Arbeitsschritt schließt sich die nähere Sichtung und Beschreibung der auf M1 abgebildeten Körperteile an. Dazu blendet die Lehrperson eine entsprechende Folie ein. Im dritten Schritt setzen sich die SchülerInnen sodann paarweise zusammen und erhalten das Folienbild als Kopie. Die fehlenden Körperteile werden zunächst gemeinsam festgestellt, dann konkret benannt und schließlich zeichnerisch ergänzt. Im vierten Arbeitsschritt erhalten die Tandems zusätzlich Schaubild M2, in dem die betreffenden Körperteile zu beschriften sind. Zur Unterstützung schwächerer SchülerInnen kann die Lehrperson eine Karte des menschlichen Körpers mit kompletter Beschriftung an die Rückseite der Seitentafel hängen. Die betreffenden Kindern können ggf. nach vorne gehen, sich die richtige Lösung einprägen und dann in ihr Schaubild eintragen. Im fünften Arbeitsschritt präsentieren ausgeloste SchülerInnen die komplettierten Materialien M1 und M2 mittels OH-Projektor sowie an der Tafel.

Methodenpflege: Die Kinder üben sich im Beschriften und Visualisieren von Sachverhalten. Sie komplettieren Schaubilder zum Körperaufbau. Sie trainieren Partnerarbeit, sprechen miteinander, hören zu und müssen einander helfen und kontrollieren, um zu richtigen Lösungen zu kommen.

Vorbereitung: M1 und M2 sind im Klassensatz zu kopieren. M1 muss zusätzlich als Folie vorbereitet werden. M2 kann ferner auf DIN-A3 vergrößert werden. Überdies ist ein Schaubild des menschlichen Körpers als Karte bereitzustellen.

M 1

M 2

L 30

Einen Biologie-Text gezielt markieren

Intention: Die SchülerInnen sollen den vorliegenden Text so markieren, dass die lernrelevanten Informationen sofort ins Auge fallen. Auf diese Weise üben sie eine zentrale Arbeitstechnik, die eine wesentliche Voraussetzung für nachhaltiges Lernen und Behalten ist. Die SchülerInnen vergleichen und problematisieren ihre individuellen Markierungsweisen und entwickeln elementare Tipps und Regeln zum wirksamen Markieren und Unterstreichen von Textinformationen.

Ablauf (Mikrospirale):
❶ Schlüsselbegriffe markieren
❷ Kontrollphase in Kleingruppen
❸ Tipps zum Markieren formulieren
❹ Tipps zum Markieren visualisieren
❺ Markierungsregeln wiederholen

Arbeitsschritte: Die SchülerInnen erhalten im ersten Schritt Text M1, den sie alleine und ohne Vorgaben markieren müssen. Dabei markieren sie in aller Regel zu viel; auch die Stiftwahl ist meist problematisch und wird kaum durchdacht. Doch diese Unzulänglichkeiten sind in diesem Stadium erlaubt. Im zweiten Arbeitsschritt werden per Los oder Abzählen mehrere Zufallsgruppen gebildet, deren Mitglieder reihum die markierten Texte vorstellen und erläutern, warum sie bestimmte Wörter unterstrichen haben. Im dritten Arbeitsschritt überlegt sich sodann jedes Gruppenmitglied drei Tipps, die ihm beim Markieren besonders wichtig sind und notiert diese auf Arbeitsblatt M2. Die so gewonnenen Tipps werden innerhalb der Gruppe vorgestellt, besprochen und auf vier zentrale Markierungstipps der Gruppe verdichtet. Diese »Essenzials« werden im unteren Teil von M2 notiert und dann auf bereitgestellte Moderationskärtchen geschrieben. Im vierten Arbeitsschritt heftet jede Gruppe die vereinbarten Tipps gut sichtbar an die Tafel und organisiert die anschließende Präsentation so, dass möglichst jedes Gruppenmitglied eines der vier Kärtchen erläutert. Im fünften Arbeitsschritt schließlich müssen die SchülerInnen mit Hilfe von M3 die erarbeiteten Regeln festigen, indem sie die abgedruckten Teilinformationen in die richtige Reihenfolge bringen. Nach erfolgter Prüfung im Plenum werden die Regeln ins Heft übernommen.

Methodenpflege: Die SchülerInnen üben sich im sinnfälligen Markieren und Unterstreichen von Textinformationen. Sie vergleichen und kritisieren die markierten Texte und verständigen sich nach und nach auf einige wichtige Tipps bzw. Regeln, die beim Markieren beachtet werden sollten. Sie lernen voneinander und miteinander.

Vorbereitung: M1, M2 und M3 müssen im Klassensatz kopiert werden. Kärtchen, Stifte, Tesakrepp, Textmarker und Lineal sind bereitzuhalten.

Die Organe des Körpers

M 1

Der Körper funktioniert wie eine komplizierte Maschine. Er besteht aus Knochen, Muskeln, Nerven, Blut, Organen und vor allem aus sehr viel Wasser.

Die Lungen

Beim Atmen gelangt Sauerstoff aus der Luft in die beiden Lungenflügel. Dieser Sauerstoff wird dann in das Blut weitergeleitet, das durch unseren ganzen Körper kreist.

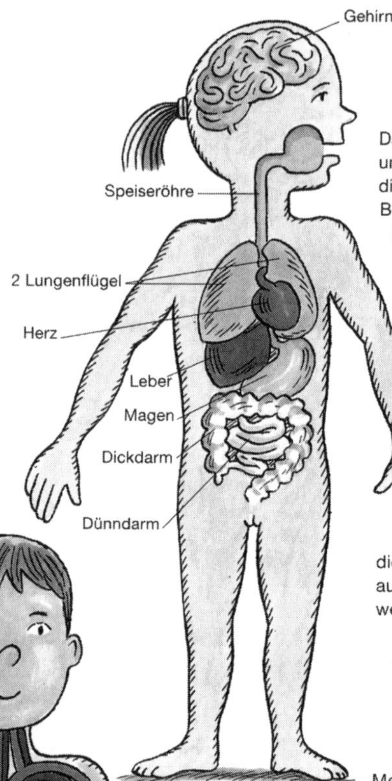

Das Gehirn

Das Gehirn befindet sich in unserem Schädel. Es koordiniert und kontrolliert alle Bewegungen unseres Körpers. Unser Gehirn steuert, dass wir etwas fühlen, sprechen und uns erinnern können. Es ist über Tausende von Nerven mit dem Rest des Körpers verbunden. Sie ähneln winzigen Stromleitungen. Die Nerven teilen dem Gehirn jedes Ereignis mit und geben die Befehle des Gehirns automatisch an den Körper weiter.

Wasser

Mehr als die Hälfte des Körpers besteht aus Wasser. Es befindet sich überall in unserem Körper, in der Haut, im Blut usw.

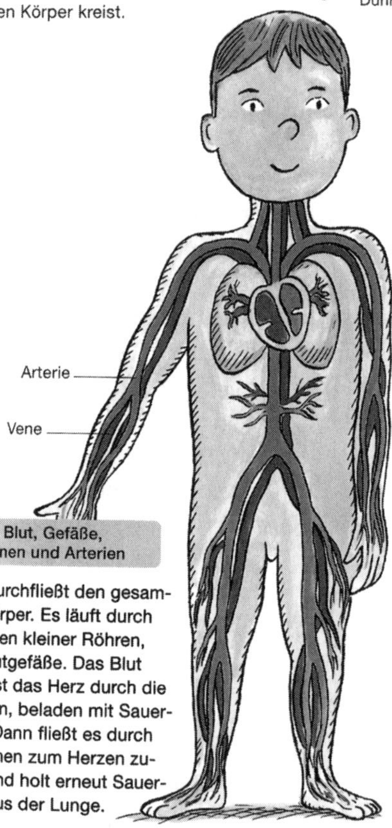

Blut, Gefäße, Venen und Arterien

Blut durchfließt den gesamten Körper. Es läuft durch Millionen kleiner Röhren, die Blutgefäße. Das Blut verlässt das Herz durch die Arterien, beladen mit Sauerstoff. Dann fließt es durch die Venen zum Herzen zurück und holt erneut Sauerstoff aus der Lunge.

Das Herz

Legt man die Hand auf die linke Seite der Brust, dann kann man seinen Herzschlag spüren. Das Herz ist ein Muskel in der Größe einer Faust. Mit jedem Schlag schickt es Blut in den Körper. So wird der Körper mit Sauerstoff versorgt.

☞ Markiere den Text so, dass dir die wichtigsten Wörter sofort auffallen. Setzt euch dann zu dritt oder viert zusammen, erklärt euch gegenseitig, warum ihr gerade diese Wörter ausgesucht habt. Überlegt euch drei Dinge, die beim Markieren eines Textes besonders wichtig sind. Bereitet euch darauf vor, eure Tipps in der Klasse vorstellen zu können.

M 2

Meine Tipps zum Unterstreichen und Markieren

1. ______________________________

2. ______________________________

3. ______________________________

Unsere Tipps zum Unterstreichen und Markieren

1. ______________________________

2. ______________________________

3. ______________________________

4. ______________________________

Tipps zum Markieren

M 3

Du findest auf diesem Blatt sechs Tipps, die dir beim Markieren helfen. Bringe sie in die richtige Reihenfolge, indem du die Ziffern 1–6 in die richtigen Kreise schreibst. Schneide dann die sechs Kästchen aus und klebe sie von 1–6 untereinander sauber in dein Heft.

○ Lies den Text erst einmal in Ruhe durch, damit du weißt, um was es geht.	○ Lies dir das Unterstrichene nochmals durch und hebe nur die allerwichtigsten Begriffe mit dem Textmarker hervor.
○ Unterstreiche zuerst wichtige Stellen mit Bleistift, denn dann kannst du immer noch etwas ändern.	○ Schreibe deine Schlüsselbegriffe auf einen Zettel und schaue nach, ob du mit ihrer Hilfe den Text nacherzählen kannst.
○ Wenige zusätzliche Informationen, die deine Schlüsselbegriffe erklären, darfst du mit dünnem roten Stift unterstreichen.	○ Lege dir einen Bleistift, Lineal, Radiergummi, Textmarker, einen dünnen roten Stift und einen Zettel auf deinen Arbeitstisch.

L 31 Gruppenpuzzle zur Klärung der fünf Sinne

Intention: Die SchülerInnen sollen sich zu unterschiedlichen Aspekten des Themenbereiches »Die fünf Sinne« einschlägige Informationen beschaffen und diese in gestuften Gesprächen weitergeben. Dabei wird die Methode »Gruppenpuzzle« eingesetzt. Diese zeichnet sich dadurch aus, dass die SchülerInnen in arbeitsteiliger Gruppenarbeit einzelne Teilgebiete erarbeiten und diese anschließend mittels spezifischer »Expertenvorträge« in mehreren Querschnittsgruppen zusammentragen.

Ablauf (Mikrospirale):

❶ Individuelle Lesephase
❷ Vorträge in Gruppen erarbeiten
❸ Expertenvorträge in Mischgruppen
❹ Ausgewählte Vorträge im Plenum

Arbeitsschritte: Im ersten Arbeitsschritt werden per Los oder Abzählen mehrere Zufallsgruppen gebildet. Diesen werden die Informationstexte M1 bis M5 zu den fünf Sinnen »Sehen«, »Hören«; »Riechen«, »Schmecken« und »Fühlen« zugelost. Die SchülerInnen lesen ihren jeweiligen Text und markieren das, was ihnen wichtig erscheint. Dann gehen sie im zweiten Arbeitsschritt in ihren Gruppen daran, die bestehenden Unklarheiten zu besprechen, wichtige Punkte zu notieren und einen Kurzvortrag zu ihrem Spezialgebiet vorzubereiten. Im dritten Arbeitsschritt werden alsdann mehrere Querschnittsgruppen gebildet, in denen Experten aus allen fünf Stammgruppen sitzen. Diese stellen sich wechselseitig ihre Spezialgebiete vor, fragen nach und beheben die vorhandenen Unklarheiten. Auf diese Weise wird jeder Text in jeder Gruppe relativ intensiv erschlossen. Im vierten Arbeitsschritt schließlich müssen die Mitglieder der Querschnittsgruppen übergreifende Vorträge zum Thema »Die fünf Sinne« vorbereiten; Gruppensprecher aus der einen oder anderen Gruppe tragen diesen Vortrag im Plenum vor. Die Sprecher können unter Umständen per Los ermittelt werden.

Methodenpflege: Die SchülerInnen üben sich in punkto Textarbeit. Sie lernen wesentliche Informationen aus einem vorgegebenen Text zu entnehmen, diese gezielt zu markieren und mit Blick auf den anstehenden Vortrag Notizen zu machen. Sie erarbeiten einen kleinen Vortragsleitfaden, fragen und helfen einander auf der Sachebene und präsentieren schließlich die vorbereiteten Kurzvorträge in den genannten Querschnittsgruppen. Jedes Kind wird zum »Experten« und muss versuchsweise Rede und Antwort stehen.

Vorbereitung: Die Materialien M1 bis M5 sind ausreichend zu kopieren. Die Bildung der Querschnittsgruppen läuft so ab, dass in jeder Stammgruppe fünf verschiedenfarbige Punkte auf die zugehörigen Mitglieder verteilt werden. Die SchülerInnen mit gleicher Punktfarbe bilden eine Expertengruppe.

Die fünf Sinne: Das Sehen

M 1

Sehen können wir mit unseren Augen. Sie machen es möglich, dass wir beim Spielen nicht hinfallen. An den Augen erkennen wir, ob sich jemand über uns freut oder sich über uns ärgert. Mit Hilfe unserer Augen können wir uns beim Lesen in Geschichten hineindenken, uns in andere Personen verwandeln oder in andere Welten wandern.

Wie funktioniert unser Auge? Wenn du in den Spiegel schaust, siehst du die Pupille. Das ist der kleine schwarze Fleck. Je nach Lichtstärke ist dieser schwarze Punkt größer oder kleiner. Durch die Pupille tritt Licht in dein Auge ein und gibt deinem Gehirn Informationen, welche Bilder du siehst. Wir können daher nur bei Licht sehen, wenn es tiefschwarze Nacht ist, sehen wir nichts. Das liegt daran, dass unsere Augen das Licht aufnehmen, das von allem, was wir sehen, zurückgeworfen wird. Es werden Botschaften an unser Gehirn gesendet, das uns dann mitteilt, was wir sehen.

Das Auge weiß aber nicht, dass ein Haus ein Haus ist. Unser Gehirn hat diese Informationen gespeichert, und deshalb erkennen wir ein Haus sofort – egal ob es groß oder klein, gelb oder grau, mit vielen oder wenigen Fenstern vor uns steht.

Im Auge bündelt eine Linse das einfallende Licht und erzeugt von dem, was man sieht, Bilder auf der Rückwand des Auges: der Netzhaut. Millionen lichtempfindlicher Zellen in dieser Netzhaut vermitteln die Bilder mit Hilfe des Sehnervs direkt ans Gehirn. Unsere Augen müssen immer feucht gehalten werden. Deshalb blinzelst du automatisch alle 2 bis 10 Sekunden. Durch das Schließen der Augenlider wird Tränenflüssigkeit über das Auge verteilt und so wird es gesund gehalten. Unsere Wimpern schützen es außerdem vor Schmutz und Staub. Das ist sehr wichtig, denn du hast sicherlich schon einmal Sand ins Auge bekommen und weißt, wie weh das tut.

Es gibt Menschen, die nicht so gut sehen wie andere. Brillen oder Kontaktlinsen helfen ihnen, Dinge besser zu erkennen. Ein Mensch ist weitsichtig, wenn er nahe Gegenstände nicht scharf erkennt. Jemand, der entfernte Dinge schlecht sieht, wird als kurzsichtig bezeichnet.

Die Augen vieler Tiere funktionieren völlig anders als die Augen von Menschen. Einige können bei Dunkelheit viel besser sehen wie wir, z.B. Katzen. Fliegen haben so genannte Facettenaugen, das sind Augen, die aus vielen kleinen Teilaugen zusammengesetzt sind. Du siehst, viele Tiere sehen die Welt im wahrsten Sinne des Wortes mit anderen Augen als die Menschen.

Die fünf Sinne: Das Hören

M 2

Schließe einmal deine Augen und konzentriere dich auf das, was du hörst. Mit geschlossenen Augen Vögel zwitschern zu hören, Regen aufs Fensterdach prasseln zu hören oder fließendem Wasser zu lauschen, ist fantastisch. Ebenso wunderbar wie – Musik zu hören, die für ein Kribbeln auf der Haut und im Bauch sorgen kann.

Wir hören mit unseren Ohren. Betrachtet man ein Ohr aus der Nähe, so entdeckt man eine Ähnlichkeit mit einem Trichter. Die Töne treten durch diesen Trichter für Geräusche, die Ohrmuschel, in das Innere der Ohren ein. Die Ohren empfangen Schallwellen – das sind Geräusche, die unsere Umgebung in Schwingungen durchqueren. Diese Schallwellen werden als Signale an unser Gehirn weitergeleitet. Unser Gehirn wertet diese Signale aus und übermittelt uns, ob es sich bei dem empfangenen Geräusch um ein Auto, ein Flugzeug, eine Katze, um Donner oder etwas völlig anderes handelt.

Unser Ohr besteht aus mehreren Teilen. Die Ohrmuschel leitet die Schallwellen weiter. Diese klopfen dann an ein kleines Häutchen – das Trommelfell. Diese dünne Haut verschließt das Ende unseres Trichters. Die Schallwellen bringen das Trommelfell zum Schwingen. Diese Schwingungen werden über kleine Knochen bis zu einem Gang in unser Ohr weitergeleitet, der mit Flüssigkeit gefüllt ist: der so genannten Schnecke. Diese Flüssigkeit in der Schnecke sendet Reize an feine Härchen, die auf Nervenzellen sitzen. Wenn diese Zellen dann Signale an unser Gehirn senden, hören wir Töne, Stimmen oder andere Geräusche.

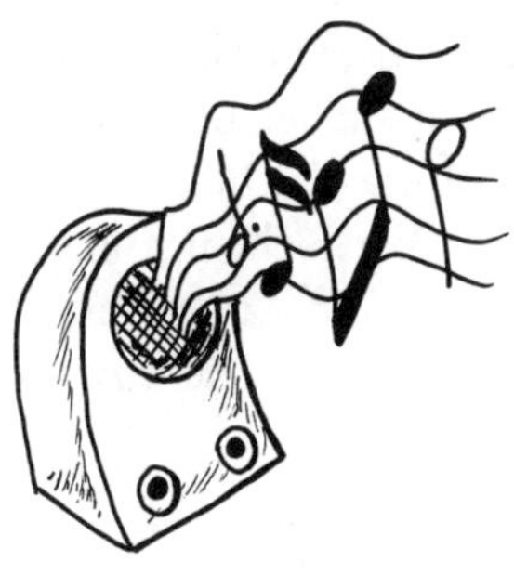

Nicht nur zum Hören brauchen wir unsere Ohren. Es ermöglicht uns auch, das Gleichgewicht zu halten. Unser Gleichgewichtssinn ist in unserem Ohr versteckt. In der Nähe der Schnecke befinden sich drei Bögen, die auch mit Flüssigkeit gefüllt sind. Diese Flüssigkeit bewegt sich, sobald wir uns bewegen. Nervenzellen übertragen dies wiederum ans Gehirn, das dann feststellt, ob wir gerade stehen oder nicht.

Viele Tiere hören ganz anders als wir Menschen. Einige, wie z.B. Hunde, können sehr hohe Töne hören, die wir Menschen überhaupt nicht mehr wahrnehmen. Und obwohl wir über 1500 verschiedene Töne voneinander unterscheiden können, so gibt es doch so hohe oder so tiefe Töne, die von Tieren erzeugt werden, dass wir sie überhaupt nicht mehr hören.

Die fünf Sinne: Das Riechen

M 3

Gerüche nehmen wir mit unserer Nase auf. Es gibt sehr viele Düfte, die wir mit Hilfe unserer Nase wahrnehmen können und die das Sehen und Hören ergänzen. Was wäre beispielsweise ein leckeres Essen ohne die Düfte, die in der Vorbereitungszeit aus der Küche zu uns dringen und uns Appetit machen?

Die Nase ist vor allem für unsere Atmung wichtig. Durch sie atmen wir Luft in unsere Lungen ein. Die Lungenbläschen befördern dann den Sauerstoff aus der Luft zu allen Organen. Jeder Mensch macht über 20 000 Atemzüge jeden Tag.

An kalten Tagen ist es angenehmer, durch die Nase einzuatmen, weil die Nase die Luft zunächst anwärmt. Schmutz, der sich in der Luft befindet, wird in der Nase durch kleine Härchen gefiltert. Aus diesem Grund musst du deine Nase auch regelmäßig putzen, damit sie nicht irgendwann ganz und gar von Schmutz und Dreck verstopft wird.

Manchmal ist die Nase trotzdem verstopft. Das Atmen fällt schwer oder funktioniert fast gar nicht mehr, man schläft schlecht und die Nase läuft, obwohl man sie andauernd putzt. Dies ist der Fall, wenn sich Krankheitserreger in der Nase eingenistet haben, die dafür verantwortlich sind, dass die Schleimhäute in der Nase anschwellen und besonders viel Schleim produzieren. Jeder hat von uns schon einmal eine heftige Erkältung gehabt und weiß, wie unangenehm das sein kann.

Im oberen Bereich unserer Nase befinden sich viele Nervenzellen, die empfindlich für Gerüche sind. Im Inneren der Nasenlöcher sitzen also Millionen kleiner Empfänger. Diese können den Geruch erkennen. Jeder Mensch kann etwa 10 000 verschiedene Gerüche wahrnehmen und ans Gehirn weiterleiten. Dies müssen aber nicht nur angenehme Düfte sein. Wir nehmen mit der Nase auch Gestank wahr, und das ist gut so. Unsere Nase teilt uns dann mit: »Schnell weg hier!« Und damit bewahrt sie uns vor dem Kontakt mit Krankheitserregern.

Viele Tiere können wesentlich besser riechen als wir. Sie orten die Beute, indem sie sie riechen. Andere, wie Fische, atmen nicht durch die Nase, sondern sie haben Kiemen.

M 4

Die fünf Sinne: Das Schmecken

»Das schmeckt prima!« Das hast du sicher schon beim Essen gesagt, wenn dir bestimmte Speisen so gut geschmeckt haben, dass du sie fast jeden Tag essen könntest. »Igitt!« Es gibt aber auch einiges, dass du überhaupt nicht gern isst.

Verantwortlich für diese Empfindungen ist der Sinn »Schmecken«. Jeder Mensch isst und schmeckt im Laufe seines Lebens ca. 30 Tonnen Nahrungsmittel und trinkt ungefähr 50 000 Liter Flüssigkeit.

Zuständig für den Geschmack ist die Zunge. Auf ihr befinden sich sehr viele kleine Erhebungen, mit denen wir den Geschmack der Speisen, die wir gerade zu uns nehmen, erkennen können.

Es gibt vier Geschmacksrichtungen: süß, salzig, sauer und bitter. Auf unserer Zunge sitzen in verschiedenen Bereichen vier Geschmacksknospen, die uns mitteilen, wie etwas schmeckt.

Die Spitze der Zunge ist für Süßes zuständig. Hier schmeckst du z.B. Bonbons oder Zucker.
Die vorderen Ränder erkennen Salziges. Ohne sie würden Chips nicht schmecken.
Die mittleren Ränder schmecken Saures aus unserem Essen heraus.
Und schließlich gibt es den hinteren Bereich der Zunge, wo sich die Geschmacksknospen für bitteres Essen befinden.

Kleine Sinneszellen in diesen Geschmacksknospen nehmen die unterschiedlichen Geschmäcker wahr und teilen dies unserem Gehirn mit. Das Gehirn wiederum ordnet dann den Geschmack ein und erkennt, von welcher Nahrung er kommt. Wenn dies einige Male geschehen ist, müssen wir gar nicht mehr in eine Zitrone beißen, um zu wissen, dass sie sehr sauer schmeckt. Unser Gehirn hat diese Information abgespeichert.

Aber unser Geschmacksinn kann noch mehr: Er warnt uns rechtzeitig, wenn wir verdorbenes Essen zu uns nehmen wollen und er verhindert so, dass wir krank werden.

Viele Tiere haben einen viel besser ausgestatteten Geschmackssinn als wir Menschen: sie können intensiver schmecken als wir.

Die fünf Sinne: Das Fühlen

M 5

Warum fühlt sich das Fell deines Hundes so herrlich weich an? Warum ist die Limonade aus dem Kühlschrank so kühl? Warum ist der Boden im Winter so kalt zu meinen Füßen und der Sand im Sommer so herrlich warm? Wieso weißt du, dass du an der heißen Herdplatte vorsichtig sein musst, damit du dich nicht verbrennst?

All diese Erkenntnisse liefert uns der Tastsinn. Mit Hilfe des Tastsinns wissen wir, ob etwas warm, heiß oder kalt, hart oder weich, sanft oder rau, glatt oder rissig usw. ist. Der Tastsinn lässt uns die sanfte Berührung mit dem Fell unseres Hundes erleben oder warnt uns vor Gegenständen, die aufgrund ihrer Hitze gefährlich für uns werden können.

Für das Fühlen können ist vor allem das Gehirn entscheidend. Es befindet sich im Kopf und arbeitet besser als jeder Computer. Das Gehirn besteht aus verschiedenen Bereichen, die jeweils für Sehen, Hören, Riechen, Schmecken, Sprechen, Denken oder Fühlen zuständig sind. Unser Tastsinn befindet sich in der rechten Hälfte des Gehirns.

Unser Gehirn besteht aus sehr vielen kleinen Nervenzellen, die alle miteinander verbunden sind. Unser Gehirn ist über das Rückenmark mit dem ganzen Körper vernetzt. Das Rückenmark wird von vielen Nerven gebildet, die durch die Wirbelsäule verlaufen. Über diese Nerven werden Mitteilungen von den Sinnesorganen zum Gehirn geleitet. Aber auch in unserer Haut sind sehr viele Nervenzellen verborgen, die es uns ermöglichen, zu fühlen und unsere Umwelt besser wahrzunehmen. Die Oberfläche unserer Haut und die Innenflächen unserer Hände informieren uns z.B. darüber, was wir anfassen. Und unser Gehirn übermittelt uns dann, ob das, was wir angefasst haben, kalt oder heiß, hart oder weich ist. Es sagt uns, ob wir die heiße Suppe schon essen können oder besser noch etwas warten.

Viele Tiere können viel besser fühlen als wir. Sie haben einen wesentlich ausgeprägteren Tastsinn als wir Menschen. So können beispielsweise einige Mücken mit ihren Fühlern die Körperwärme eines Menschen auf wenige Meter Entfernung erspüren.

L 32

Brainstorming: Was im Leben wichtig ist

Intention: Die SchülerInnen erarbeiten und klären in einem mehrstufigen Brainstormingverfahren, welche Dinge ihnen im Leben wichtig sind. Dazu stehen ihnen unterschiedliche Piktogramme zur Verfügung, die Denk- und Gesprächsanstöße geben. Es wird reflektiert und diskutiert. Die Kinder nehmen Gewichtungen vor und versuchen sich in Partner- und Gruppenarbeit über eine mögliche Prioritätenliste zu verständigen.

Ablauf (Mikrospirale):

1. Einzelarbeit: Piktogramme beschriften
2. Bedeutsame Piktogramme auswählen (EA)
3. In Partnerarbeit eine Auswahl vornehmen
4. Rangordnung erstellen (GA)
5. Präsentation im Plenum

Arbeitsschritte: Die SchülerInnen erhalten im ersten Schritt die Arbeitsblätter M1–M4 mit einer größeren Auswahl von Piktogrammen, die verschiedene Werte im Leben signalisieren. Die SchülerInnen beschriften die vorliegenden Piktogramme und besprechen etwaige Fragen mit ihrer Lehrkraft. Nachdem Klarheit herrscht, wählt jedes Kind im zweiten Arbeitsschritt in Einzelarbeit sechs Piktogramme aus, die es als besonders bedeutsam erachtet. Dabei ist wichtig, dass die Kinder wissen, dass es bei dieser Übung keine richtige oder falsche Auswahl gibt. Andernfalls könnten Ängste und gefährliche Kontroversen entstehen. Im dritten Arbeitsschritt gehen die SchülerInnen in Tandems zusammen, stellen sich wechselseitig ihre Gedanken und Präferenzen vor und einigen sich (möglichst) auf sechs gemeinsame Piktogramme. Im vierten Schritt finden sich jeweils zwei oder drei Tandems zu größeren Gruppen zusammen, vergleichen ihre Prioritätenlisten und versuchen sich in einem weiteren Diskussionsprozess auf die vier wichtigsten Dinge im Leben zu verständigen. Lässt sich kein Konsens erzielen, so kann abgestimmt und ein Mehrheitsentscheid herbeigeführt werden. Im fünften Schritt schließlich präsentieren und erläutern die einzelnen Gruppen ihre Prioritätenlisten, wobei möglichst alle Gruppenmitglieder mit je einem Piktogramm zu Wort kommen sollten. Hilfreich ist hierbei die Einblendung der Piktogramme mittels OH-Projektor.

Methodenpflege: Die SchülerInnen üben sich in punkto Visualisierung, indem sie die unterschiedlichen Piktogramme deuten, erläutern und zur Illustration ihrer eigenen Präferenzen einsetzen. In ihren Gruppen müssen sie argumentieren, zuhören, aufeinander eingehen, Meinungsverschiedenheiten austragen und möglichst zu Kompromissen gelangen.

Vorbereitung: M1–M4 sind im Klassensatz zu kopieren. Ferner sind sie auf Folie zu übertragen und so zu zerschneiden, dass die Piktogramme einzeln vorliegen.

M 1

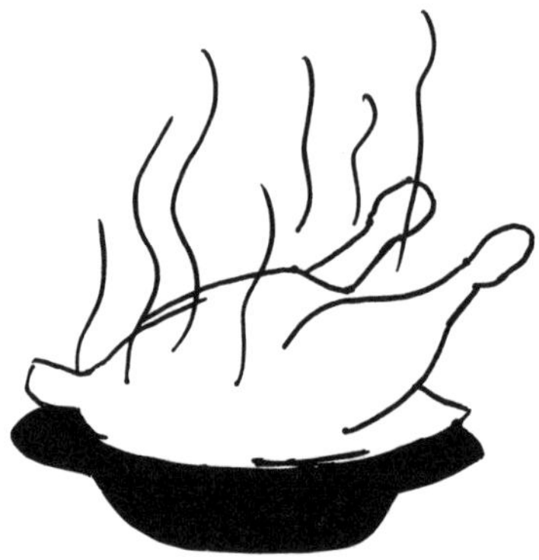

M 2

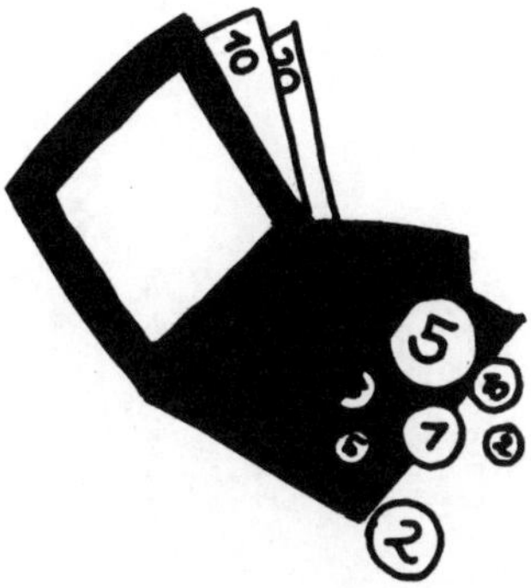

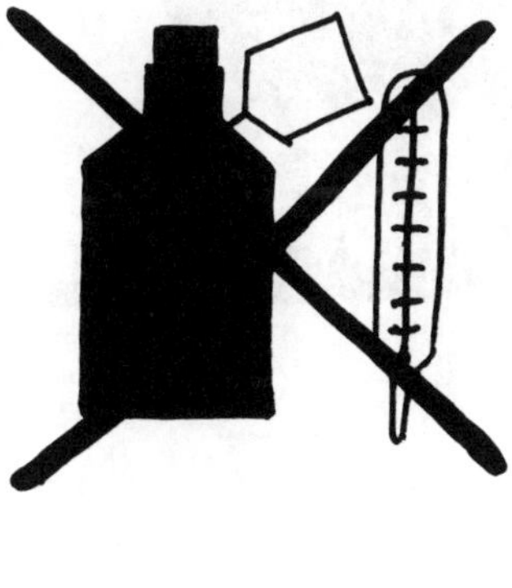

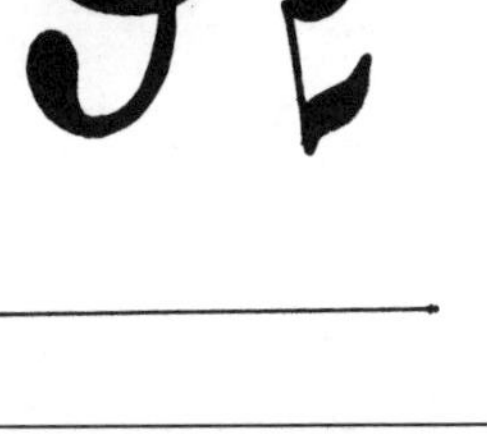

M 3

M 4

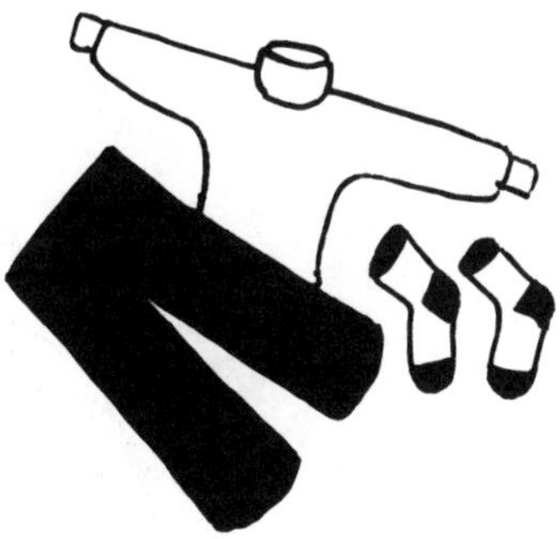

L 33

Nachschlageübung zum Neuen Testament

Intention: Die SchülerInnen sollen lernen mit der Bibel als Buch umzugehen, Bibelstellen zu finden und die Anordnung der verschiedenen Bücher der Bibel nachzuvollziehen. Das beginnt bei einfachen Übungen zum Inhaltsverzeichnis und reicht bis hin zum Finden bestimmter Begrifflichkeiten. Diese Nachschlagearbeit ist mittlerweile ein wichtiges Moment des alltäglichen Unterrichts geworden.

Ablauf (Mikrospirale):

❶ Ordnen der Bücher des NT in Partnerarbeit
❷ Suchspiel zum NT im Klassenverband
❸ Ereignisse ordnen in Kleingruppen
❹ Sicherung an der Tafel

Arbeitsschritte: Im ersten Arbeitsschritt muss die zuständige Lehrkraft den SchülerInnen zunächst einmal erläutern, dass das Neue Testament aus einer Reihe von Einzelbüchern oder Briefen besteht. Dazu schlagen die Kinder ihre Schulbibel auf und sichten das Inhaltsverzeichnis. Dann erhalten sie Arbeitsblatt M1, auf dem eine Bücherwand mit allen Einzelbüchern des Neuen Testamentes dargestellt ist. Aufgabe der Kinder ist es nun, in Partnerarbeit die jeweiligen Bücher zu beschriften und in die richtige Etage einzuordnen. Im zweiten Arbeitsschritt wird zur Vertiefung ein Suchspiel im Plenum durchgeführt. Ein/e SchülerIn beschreibt ein bestimmtes Buch (Welcher Brief folgt auf den Römerbrief? Welches ist das letzte Evangelium?). Die übrigen Kinder schlagen nach und melden sich, wenn sie die richtige Antwort gefunden haben. Der jeweilige Fragesteller erteilt das Wort; ist die Antwort richtig, darf nun der Antwortgeber seinerseits eine weitere Frage stellen usw. Im dritten Arbeitsschritt werden Gruppen gebildet, die verschiedene Ereignisse aus dem Markus-Evangelium erhalten, die durcheinander geraten sind (siehe M2). Diese Ereignisse werden ausgeschnitten und in die richtige Reihenfolge gebracht. Dazu müssen die Kinder das Markus-Evangelium genau sichten. Im vierten Arbeitsschritt werden diese Ereignisse nochmals mit Hilfe entsprechender DIN-A4-Ereigniskarten im Plenum präsentiert und in der richtigen Reihenfolge an die Tafel geheftet. Das richtige Ergebnis wird ins Heft übertragen.

Methodenpflege: Die SchülerInnen üben sich im gezielten Nachschlagen. Sie trainieren sowohl den gezielten Umgang mit dem Inhaltsverzeichnis als auch das rasche Erkennen relevanter Begrifflichkeiten der Bibel. Sie strukturieren Ereignisse aus dem Markus-Evangelium und praktizieren lebendige Teamarbeit.

Vorbereitung: Die Materialien M1 und M2 sind für alle Kinder zu kopieren. Arbeitsmittel (Stifte, Lineal etc.) sind von den SchülerInnen mitzubringen. Die beschrifteten DIN-A4-Karten und Tesakrepp werden vom Lehrer bereitgestellt.

M 1

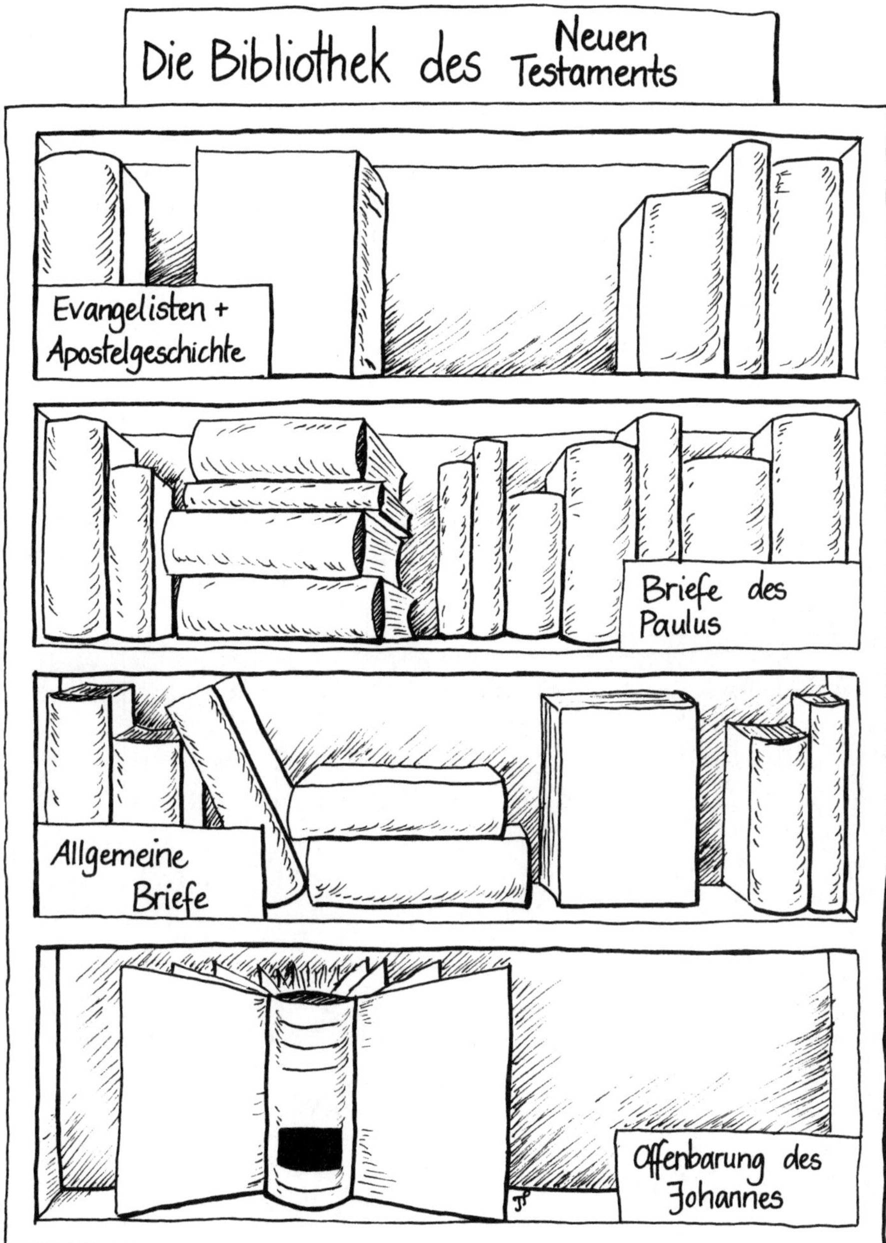
Die Bibliothek des Neuen Testaments
Evangelisten + Apostelgeschichte
Briefe des Paulus
Allgemeine Briefe
Offenbarung des Johannes

Auf dem Schreibtisch von Markus

M 1

Der Evangelist Markus hat Ereignisse aus dem Leben Jesu gesammelt.
Leider sind sie etwas durcheinander geraten.
Hilfst du ihm, sie in der richtigen Reihenfolge untereinander zu legen?
Dazu musst du sie zuerst sauber ausschneiden und dann in der Bibel nachschlagen, wann welches Ereignis stattgefunden hat.

Jesus wählt 12 Jünger aus	Jesus zieht in Jerusalem ein	Das letzte Mahl	Jesus heilt einen Gelähmten	
Die Jünger im Sturm	Jesus am Kreuz	Jesus wird getauft	Jesus heilt einen Taub-stummen	Der Auf-erstandene
Jesus zieht durch Galiläa	Der Täufer Johannes	Jesus gibt 5000 Menschen zu essen	Jesus vor Pilatus	

✂ ....

LÖSUNG:

Markus 1,2-8 - der Täufer Johannes
Markus 1,9-11 - Jesus wird getauft
Markus 1,35-39 - Jesus zieht durch Galiläa
Markus 2,1-12 - Jesus heilt einen Gelähmten
Markus 3,13-19 - Jesus wählt 12 Jünger aus
Markus 4,35-41 - die Jünger im Sturm
Markus 6,30-44 - Jesus gibt 5000 zu essen
Markus 7,31-37 - Jesus heilt einen Taubstummen
Markus 11,1-11 - Jesus zieht in Jerusalem ein
Markus 14,17-26 - das letzte Mahl
Markus 15,1-5 - Jesus vor Pilatus
Markus 15,21-32 - Jesus am Kreuz
Markus 16,9-20 - der Auferstandene

L 34

Assoziationen zum Thema »Freundschaft«

Intention: Die SchülerInnen erhalten Gelegenheit, sich über ihre Vorkenntnisse und Voreinstellungen zum Thema Freundschaft klar zu werden. Dazu erhalten sie verschiedene themenzentrierte Bilder (siehe M1), die sich als Assoziationsimpulse eignen und helfen, die eigenen Ansichten gezielt zu visualisieren und zu verbalisieren. Die SchülerInnen üben sich darin, frei zu erzählen und andere Sichtweisen anzuhören.

Ablauf (Mikrospirale):

1. Individuelle Besinnung
2. Erzählen in Kleingruppen
3. Bilderpräsentation im Sitzkreis
4. Vertiefende Rückfragen/Kommentare

Arbeitsschritte: Der erste Schritt dient dazu, die Kinder anhand unterschiedlicher Bildimpulse zur Mobilisierung ihrer persönlichen Erfahrungen und Sichtweisen zum Thema »Freundschaft« zu veranlassen. Voraussetzung dabei ist die Verfügbarkeit alternativer Bilder in größerer Zahl. Dazu kann auf vorliegende Bildkarteien oder auch auf geeignete Fotos, Zeichnungen, Karikaturen, Comics und sonstige Symbole zurückgegriffen werden, die sich als offene Denk- und Sprechanstöße anbieten (siehe die Beispiele in M1). Die betreffenden Bilder werden im Klassenraum ausgelegt. Die SchülerInnen sichten im zweiten Arbeitsschritt die ausliegenden Bilder und wählen nach ca. 3 Minuten eines dieser Bilder aus, das ihnen Wesentliches zum Thema »Freundschaft« aussagen hilft. Alsdann finden sie sich in Vierergruppen zusammen und erläutern sich wechselseitig ihre Bilder. Diese kleinen Gesprächsphasen dienen vor allem dazu, Sicherheit und sachliche Klarheit zu gewinnen. Im dritten Arbeitsschritt setzen sich die Kinder in einen Stuhlkreis und erläutern reihum ihre Gedanken zu den ausgewählten Bildern. Nach Beendigung ihrer Präsentationen legen sie die betreffenden Bilder für alle gut einsehbar auf dem Fußboden aus. So entsteht mit der Zeit ein differenziertes Spektrum von Bildern zum Thema. Im vierten Arbeitsschritt besteht die Möglichkeit zu Rückfragen und Kommentaren im Plenum.

Methodenpflege: Die SchülerInnen üben sich im Umgang mit unterschiedlichen Bildimpulsen. Sie machen sich Notizen, äußern entsprechende Assoziationen, fragen nach, hören zu und setzen sich alles in allem recht intensiv mit dem Thema »Freundschaft« auseinander. Sie treffen Auswahlentscheidungen und begründen und erläutern diese sowohl in Gruppen als auch im Sitzkreis im Plenum.

Vorbereitung: Die Bilder können aus fertigen Bildkarteien zusammengestellt oder auch aus Schulbüchern, Zeitschriften, Bildbänden, Clipparts etc. entnommen werden. Die Zahl der Bilder sollte nach Möglichkeit deutlich größer sein als die Zahl der SchülerInnen.

M 1

L 35

ABC-Übung zum Thema »Freundschaft«

Intention: Die SchülerInnen sollen zum Nachdenken und Reflektieren über das Thema »Freundschaft« veranlasst werden und ihre Ideen und Erfahrungen treffend formulieren lernen. Auf diese Weise erarbeiten sie sich ein breites Spektrum an Nomen, Verben und Adjektiven, die in teils engerem, teils weiterem Sinne Freundschaft definieren bzw. erläutern. Der spielerische Umgang mit dem ABC fördert zudem die Kreativität und Fantasie der SchülerInnen im inhaltlichen Bereich.

Ablauf (Mikrospirale):

❶ Individuelle Besinnung
❷ Ergänzung in Kleingruppen
❸ Fixierung wesentlicher Begriffe
❹ Präsentation der Ergebnisse im Plenum

Arbeitsschritte: Im ersten Arbeitsschritt erhalten die SchülerInnen Arbeitsblatt M1, auf dem die Buchstaben des Alphabets senkrecht untereinander gesetzt sind. Nun müssen sie zu den vorgegebenen Buchstaben in Einzelarbeit möglichst treffende Ausdrücke zum Thema »Freundschaft« finden, die mit eben diesen Buchstaben beginnen. Diese Begriffe werden notiert. Dabei dürfen Nomen, Verben oder auch Adjektive verwendet werden. Im zweiten Arbeitsschritt werden per Abzählen mehrere Zufallsgruppen mit vier bis fünf Schülern gebildet, die die notierten Wörter vergleichen, besprechen und nötigenfalls so ergänzen, dass zu den meisten Buchstaben Begriffe vorhanden sind. Erfahrungsgemäß ist es sinnvoll, jeder Gruppe zu erlauben bis zu vier Buchstaben zu streichen, denn zu »X« oder »Y« zum Beispiel lassen sich nur schwerlich Fachausdrükke finden. Im dritten Arbeitsschritt verständigen sich die Gruppenmitglieder sodann auf fünf wichtige Begriffe und unterstreichen diese farbig. Diese ausgewählten »Schlüsselbegriffe« werden im vierten Arbeitsschritt von einzelnen Gruppensprechern im Plenum präsentiert, erläutert und schließlich an die Tafel geschrieben. Rückfragen und Kommentare von Lehrer- wie Schülerseite können sich anschließen.

Methodenpflege: Die SchülerInnen üben sich im Umgang mit dem Alphabet und entwickeln in kreativer Weise passende Fachbegriffe zum Thema »Freundschaft«. Sie experimentieren mit verschiedenen Ausdrücken, Wortarten, Wortfamilien und Synonymen und verbessern auf diese Weise ihr Sprachvermögen. Sie trainieren das freie Reden, Argumentieren und Diskutieren, indem sie in den vorgesehenen Kleingruppen versuchen, auf einen gemeinsamen Nenner zu kommen.

Vorbereitung: Das Arbeitsblatt M1 ist entweder im Klassensatz zu kopieren oder die SchülerInnen schreiben die Buchstaben des Alphabets auf einem separaten Blatt senkrecht untereinander, sodass das benötigte Suchraster entsteht.

Das ABC der Freundschaft

M 1

Versuche dein persönliches
(oder mit deinem Partner ein gemeinsames)
ABC der Freundschaft herzustellen,
indem jedem Buchstaben Begriffe zugeordnet werden,
die etwas mit dem Thema »Freundschaft« zu tun haben:

A – ______________________

B – ______________________

C – ______________________

D – ______________________

E – ______________________

F – ______________________

G – ______________________

H – ______________________

I – ______________________

J – ______________________

K – ______________________

L – ______________________

M – ______________________

N – ______________________

O – ______________________

P – ______________________

Q – ______________________

R – ______________________

S – ______________________

T – ______________________

U – ______________________

V – ______________________

W – ______________________

X – ______________________

Y – ______________________

Z – ______________________

L 36

Texte zu berühmten Malern auswerten

Intention: Die SchülerInnen sollen sich anhand zweier Texte über zwei Maler informieren. Sie müssen die gewonnenen Informationen so aufbereiten, dass ein einfaches Erzählgerüst entsteht, das sich als Grundlage für die anstehenden »Vorträge« im Doppelkreis eignet. Ferner sind sie gehalten, einander zuzuhören und das Gehörte in eigenen Worten wiederzugeben. So gesehen üben sie sich nicht nur auf der Sachebene, sondern auch in punkto Kommunikation und Kooperation.

Ablauf (Mikrospirale):
❶ Die vorliegenden Texte lesen
❷ »Spickzettel« in Einzelarbeit erstellen
❸ Textinhalt im Doppelkreis nacherzählen
❹ Zusammenfassendes Tafelbild entwickeln

Arbeitsschritte: Im ersten Arbeitsschritt erhalten die SchülerInnen die Informationstexte M1 und M2 zu den beiden Malern. Die eine Hälfte der Klasse erhält den Text zu Leonardo da Vinci (M1), die andere Hälfte den Text zu Vincent van Gogh (M2). Die SchülerInnen lesen ihren jeweiligen Text durch und unterstreichen wichtige Stellen. Im zweiten Arbeitsschritt erhalten sie Karteikärtchen, auf denen sie wichtige Inhalte ihres Textes schriftlich fixieren; sie erstellen also einen »Spickzettel«. Im dritten Arbeitsschritt bilden die Kinder einen Doppelkreis dergestalt, dass sich jeweils zwei SchülerInnen mit Material M1 und M2 gegenübersitzen. Dies wird durch Abzählen in den beiden Teilgruppen organisiert. Zunächst erzählen die Mitglieder des Außenkreises unter Zuhilfenahme ihrer Spickzettel zu Maler 1, und die jeweiligen Partner im Innenkreis fassen das Gehörte in eigenen Worten zusammen. Dann läuft das Ganze zu Maler 2 genau umgekehrt ab. Nach einigen Minuten rücken die SchülerInnen im Innenkreis auf ein Signal der Lehrperson hin z.B. drei Stühle im Uhrzeigersinn weiter, und die beschriebene Prozedur läuft ein zweites Mal ab. Möglich ist auch, die SchülerInnen nach der Rotation zunächst das zuletzt Gehörte dem neuen Partner (Spezialisten!) gegenüber nacherzählen zu lassen. Im vierten Arbeitsschritt werden die gewonnen Informationen in einem Tafelbild gesammelt und ins Heft übertragen.

Methodenpflege: Die Kinder trainieren verschiedene Lern- und Arbeitstechniken. Sie unterstreichen und machen sich Notizen; sie suchen Schlüsselbegriffe und erstellen einen persönlichen »Spickzettel«. Sie fassen das Wesentliche zu den beiden Malern in freier Rede zusammen, hören zu, fragen nach, geben das Gehörte wieder und tragen diese Informationen an der Tafel zusammen.

Vorbereitung: Die beiden Texte M1 und M2 werden im halben Klassensatz kopiert. Karteikärtchen sind vom Lehrer bereitzustellen.

Der Maler Leonardo da Vinci

M 1

Der Italiener Leonardo da Vinci war nicht nur einer der berühmtesten Maler, sondern er entwarf bereits vor über 600 Jahren ganz viele Maschinen. Noch bevor die Menschen mit Schiffen die Erde umsegeln konnten, zeichnete da Vinci bereits Tauch- und Flugmaschinen und viele andere Dinge, die für die Menschen damals so merkwürdig schienen wie uns die Sachen aus Zukunftsromanen.

Geboren wurde Leonardo am 15. April 1452 als unehelicher Sohn eines Notars und einer Bauernmagd in der Nähe des Ortes Vinci. Nicht ganz sicher ist, wann der Junge in eine damals schon bekannten Künstlerwerkstatt eintrat und von den ganz großen Malern dieser Zeit sein Handwerk lernte.

Denn damals zeichneten Maler nicht einfach das auf, was ihnen besonders gefiel. Sie nahmen Aufträge an, um Geld zu verdienen und damit ihr Leben gestalten zu können. Viele reiche Männer wollten Portraits von sich selbst oder ihren Ehefrauen, Kirchenherren wollten ihre Gotteshäuser mit religiösen Bildern verziert haben.

Vielseitigkeit und Schönheit, Aufgeschlossenheit für alles Neue; das bewegte Leonardo da Vinci. Er lebte an vielen Orten, mal in Florenz, mal in Rom, mal in Mailand. Er konnte nicht nur hervorragend malen, sondern war auch als Bildhauer erfolgreich.

Ihn interessierte auch die Natur. Er bewunderte den Sternenhimmel und das, was er beobachtete, ließ ihn Maschinen und Musikinstrumente erfinden. 1519 starb da Vinci als weiser Mann im Alter von 67 Jahren.

Eines seiner bekanntesten und geheimnisvollsten Bilder ist die »Mona Lisa«. Bis heute weiß man nicht sicher, wer oder ob überhaupt jemand für dieses Meisterwerk Modell gestanden hat. Heute ist das Gemälde im Louvre in Paris ausgestellt. Es ist eines der bekanntesten Museen in der Welt. Hinter dickem Panzerglas lächelt die schöne Frau, von der wir bis heute nicht wissen, wer sie ist.

Der Maler Vincent van Gogh

M 2

Bei kaum einem anderen Maler kann man so gut nachempfinden, wie er sich während des Malens gefühlt hat. Die Bilder des niederländischen Malers Vincent van Gogh haben einen wirklich unverwechselbaren Stil. Häufig sieht man einzelne Pinselstriche, sie sind voller Farbigkeit und Bewegung. Oft malte er Landschaften, Stillleben (z.B. Blumen in einer Vase) oder Selbstporträts.

Van Gogh war sehr eigensinnig und auch jähzornig. Nach einem Streit schnitt er sich sogar selbst ein Stück von seinem rechten Ohr ab. Er merkte schon selbst, dass er sich nicht so verhielt, wie die meisten Menschen um ihn herum und deshalb suchte er schließlich Hilfe in einer Nervenheilanstalt. Geheilt wurde er aber nie.

1890 richtete er eine Pistole auf sich selbst und starb an seinen schweren Verletzungen. Kurz vor seinem Tod entstanden sehr traurige Bilder, in der Nervenheilanstalt malte er völlig aufgewühlt: Landschaften mit kreisenden Sonnen, Monden oder Sternen. Bei vielen Bildern kann man deutlich erkennen, in welcher Hektik und Eile sie entstanden.

Im Gegensatz zu anderen Künstlern hatte er in seinem Leben kaum Erfolg. Viele konnten einfach nichts mit seinen Bildern anfangen. So hat er z.B. zu Lebzeiten nur ein Bild verkauft, das ihm ein guter Freund sozusagen aus Mitleid abgenommen hat.

Van Gogh wollte das, was er sah, so wiedergeben wie er es in diesem Augenblick gerade empfand. Deshalb musste er sehr schnell arbeiten, er nahm sich nicht die Zeit die Farben zu mischen, sondern setzte kurze und schnelle Pinselstriche.

Erst nach seinem Tod wurden seine Bilder berühmt. Sie werden für große Summen gehandelt und sind in den berühmtesten Museen der Welt zu bewundern.

L 37 Aus einem Gedicht etwas Eigenes machen

Intention: Die SchülerInnen sollen das vorliegende Gedicht in spezifischer Weise reduzieren und eine geeignete Visualisierung anfertigen. Dabei müssen sie kreativ vorgehen und passende Gedichtpassagen finden, die sich zu einem neuen eigenen »Gedicht« verbinden lassen. Sie müssen die restlichen Teile des Gedichtes so übermalen und durch passende Illustrationen »verschönern«, dass sich am Ende ein kleines »Kunstwerk« ergibt. Aktivitäten dieser Art steigern erfahrungsgemäß die Motivation der kleinen Künstler.

Ablauf (Mikrospirale):

❶ Stilles Lesen des Gedichtes
❷ Unterrichtsgespräch im Plenum
❸ Gezieltes Markieren in Partnerarbeit
❹ Übermalen »überflüssiger« Textteile
❺ Präsentation der eigenen Produkte

Arbeitsschritte: Die SchülerInnen lesen in einem ersten Schritt das Gedicht »Ich male mir den Winter« von J. Guggenmos (siehe M1). Im zweiten Arbeitsschritt folgt ein Unterrichtsgespräch, das inhaltliche und sprachliche Komponenten dieses lyrischen Textes klären hilft. Die SchülerInnen erkennen, dass im betreffenden Gedicht mit vielen sprachlichen Redundanzen und Wortwiederholungen gearbeitet wird. Im dritten Schritt werden sodann per Los oder Abzählen Zufallsgruppen mit je vier SchülerInnen gebildet, die aus dem vorliegenden Gedicht einfache Sätze oder Satzteile entnehmen, die – wenn man sie verbindet – eine kleine Geschichte erzählen (siehe M2). Diese Sätze/Satzteile werden mit Bleistift und Lineal unterstrichen. Im vierten Arbeitsschritt folgt sodann die eigentliche Visualisierung. Zunächst überlegen sich die jeweiligen Gruppenmitglieder eine zeichnerische Idee, die als Grundlage dienen kann (Baum, Winterlandschaft etc.). Dann werden mit Wasserfarben jene Teile des Gedichtes übermalt, die nicht unterstrichen wurden. Im fünften Schritt erfolgt schließlich die Ergebnispräsentation in der Weise, dass die verschiedenen »Malgedichte« im Klassenraum ausgehängt und in einem Museumsrundgang besichtigt werden.

Methodenpflege: Die SchülerInnen üben sich im Reduzieren und Visualisieren eines Textes/Gedichtes. Sie experimentieren mit verschiedenen Ideen, Farben, Symbolen und übrig gebliebenen Sätzen bzw. Satzteilen. Dieses trial-and-error geschieht in Kleingruppen. Darüber hinaus müssen sie eingehend kommunizieren und kooperieren, um zu einem vorzeigbaren Ergebnis zu gelangen.

Vorbereitung: M1 wird im Klassensatz kopiert. Auch andere Gedichte von Guggenmos und Ringelnatz kommen in Frage. Wasserfarben, Pinsel, Stifte und Lineal sind von den SchülerInnen mitzubringen. Für die Präsentation wird Tesakrepp benötigt.

Ich male mir den Winter

Ich male ein Bild,
ein schönes Bild,
ich male mir den Winter.
Weiß ist das Land,
schwarz ist der Baum,
grau ist der Himmel dahinter.

Sonst ist nichts,
da ist nirgends was,
da ist weit und breit nichts zu sehen.
Nur auf dem Baum
auf dem schwarzen Baum,
hocken zwei schwarze Krähen.

Aber die Krähen,
was tun die zwei,
was tun die zwei auf den Zweigen?
Sie sitzen dort
und fliegen nicht fort.
Sie frieren nur und schweigen.

Wer mein Bild besieht,
wie's da Winter ist,
wird den Winter durch
und durch spüren.
Der zieht einen dicken Pullover an
vor lauter Zittern und Frieren.

Josef Guggenmos

M 2

Ich male mir den Winter

Josef Guggenmos

L 38 Memory-Übung zur modernen Popmusik

Intention: Die SchülerInnen sollen selbstständig ein Lernspiel zu Interpreten und Musikstücken der modernen Popmusik konzipieren, herstellen und praktisch erproben. Auf diese Weise erarbeiten, wiederholen und festigen sie den anstehenden Lernstoff. Die Übungsmaterialien werden bewusst nicht vorgegeben, sondern die Kinder müssen sie selbst erarbeiten und dabei auf die eigenen Vorkenntnisse in Sachen Popmusik zurückgreifen. Das fördert erfahrungsgemäß ihre Motivation. Die SchülerInnen lernen voneinander und miteinander, indem sie mehrfach in Gruppen agieren.

Ablauf (Mikrospirale):

❶ Lehrervortrag/Unterrichtsgespräch
❷ In Gruppen Memory-Karten erstellen
❸ Das Memory-Spiel gemeinsam erproben
❹ Gruppenwechsel und erneutes Spielen

Arbeitsschritte: Im ersten Arbeitsschritt gibt die Lehrperson einige grundlegende Erläuterungen zum Sinn und Zweck von Lernspielen im Allgemeinen und Memory-Spielen im Besonderen. Mit Hilfe des auf Folie vorbereiteten Materials M1 wird der Aufbau des Memory-Spiels näher beschrieben. Die Kinder fragen nach, falls sich Unklarheiten ergeben. Im zweiten Arbeitsschritt folgt sodann eine ausführliche Produktionsphase. Dazu werden mittels Los- oder Abzählverfahren mehrere Zufallsgruppen mit vier bis fünf SchülerInnen gebildet, die bekannte Interpreten und deren Musikstücke auf Notizzetteln sammeln. Als Zusatzmaterial können unter Umständen einschlägige Jugendzeitschriften mit den abgedruckten Singlecharts bereitgelegt werden. Die betreffenden Gruppenmitglieder schneiden nun in einem bestimmten Format kleine Kärtchen aus Plakatkarton aus und schreiben darauf die gefundenen Interpreten und Musikstücke (siehe M1). Die so entstehenden Memory-Spiele werden im dritten Arbeitsschritt in den einzelnen Gruppen erprobt. Im vierten und letzten Arbeitsschritt wechseln die Gruppen ihre Arbeitstische, auf denen das Material verbleibt, und spielen das Memory der jeweiligen Nachbargruppe durch. Ein kurzes Feedback zu den inhaltlichen und methodischen Aspekten der Spiele kann sich anschließen.

Methodenpflege: Die SchülerInnen üben sich im Ausschneiden und Beschriften der anzufertigenden Memory-Kärtchen; sie nehmen logische Zuordnungen vor und entwickeln auf diese Weise ein themenzentriertes Ordnungsmuster. Sie planen und organisieren die Arbeit in den Gruppen so, dass sich erfolgreiche Abläufe und/oder Produkte ergeben. Dabei üben sie sich in Kommunikation und Teamarbeit.

Vorbereitung: M1 muss als Folie vorbereitet werden. Zur Herstellung des Memorys werden Scheren, Plakatkarton und Stifte benötigt. Eventuell sind Jugendzeitschriften bereitzustellen oder von den Kindern mitzubringen.

M 1

I believe	Bro'Sis	Like a prayer	Mad House
Bevor du gehst	Xavier Naidoo	This is my time	Sasha

III. Trainingsspiralen zu wichtigen Methodenfeldern

Im Mittelpunkt dieses Kapitels steht die Trainingsarbeit mit Schülerinnen und Schülern, d.h. das systematische Einüben, Reflektieren und Festigen elementarer methodischer Fähigkeiten und Fertigkeiten im Rahmen fächerübergreifender Trainingstage. Kennzeichnend für diese Trainingstage ist, dass das Methodenlernen eindeutig im Vordergrund steht, während die inhaltliche Arbeit an diesen Tagen einen eher nachgeordneten Stellenwert hat und nicht unbedingt zu einem fundierten Abschluss gebracht werden muss. Andernfalls nämlich wird das redundante Arbeiten an und mit den je anstehenden Arbeits-, Kommunikations- und/oder Kooperationsmethoden über Gebühr verhindert. Da die besagten Trainingstage nur einen geringen Bruchteil der jährlichen Unterrichtszeit ausmachen, ist diese Prioritätensetzung fraglos vertretbar.

Vorbemerkungen

Die partielle Vorrangstellung des Methodenlernens ist notwendig, wenn die Kinder ein differenzierteres Methodenbewusstsein entwickeln und möglichst nachhaltige Routinen im arbeitsmethodischen, kommunikativen und kooperativen Bereich erwerben sollen. Das zeigen die bisherigen Erfahrungen im Grundschul- wie im Sekundarbereich sehr deutlich. Im Fachunterricht dieses so ganz nebenbei auch noch zu leisten, ist nach dem Bekunden vieler Lehrkräfte sehr schwierig. Die SchülerInnen sehen in der Regel vor lauter Inhalten die Methoden nicht, sodass eine bewusste und nachhaltige Methodenklärung eher die Ausnahme bleibt. Hinzu kommt, dass sich viele Lehrkräfte recht schwer damit tun, das hier in Rede stehende Methodenlernen als Aufgabenfeld an sich zu sehen und zu akzeptieren. Lernen ist für sie in erster Linie Stoffvermittlung in einem relativ engen Sinne des Wortes. Zwar wird im Unterricht immer mal wieder über Methoden gesprochen und auch der eine oder andere Tipp an die Adresse der Kinder gerichtet, aber eine konsequente Trainingsarbeit im Sinne dieses Buches steht vielerorts noch aus.

Wenn sich daran etwas ändern soll, müssen von Zeit zu Zeit profilierte Phasen des Methodenlernens im Schulalltag vorgesehen werden. Diese Trainingsarbeit ist Gegenstand dieses Kapitels. Wie sie in der Praxis ablaufen kann, lässt sich überblickshaft aus den Abbildungen 17 und 18 ersehen (vgl. dazu ferner die entsprechenden Abschnitte in den Kapiteln I und IV). Typisch für die skizzierte Trainingsarbeit ist, dass die SchülerInnen über mehrere Tage hinweg in konzertierter Weise Übungen und Reflexionen zu ausgewählten Methodenfeldern durchlaufen, die ihnen sowohl nähere Einblicke in die Vielfalt der methodischen Instrumente vermitteln, als auch einen tiefer gehenden Zugang zu den je anstehenden Methodenfeldern ermöglichen. Der zeitliche Umfang der einzelnen Trainingsspiralen beträgt in der Regel drei bis vier Unterrichtsstunden pro Methodenfeld, je nachdem, wie viele aufeinander aufbauende Übungen und Reflexionen vorgesehen werden. Die Grundstruktur dieser Trainingsarbeit lässt sich aus Abbildung 18 ersehen.

Die in Abbildung 17 ausgewiesenen Methodenfelder erheben selbstverständlich nicht den Anspruch, alle erdenklichen methodischen Fähigkeiten und Fertigkeiten, die die SchülerInnen irgendwann brauchen könnten, zu berücksichtigen. Die ausgewiesenen Methodenfelder bilden eine begründete Auswahl, nicht aber einen abgeschlossenen Kanon. Sie zeigen beispielhaft, wo und wie mit dem Training im Grundschulbereich angesetzt werden kann – nicht mehr, aber auch nicht weniger. Sie sind gleichsam ein Wahlangebot. Vom Zuschnitt her sind die angeführten Methodenfelder so dimensioniert, dass die SchülerInnen innerhalb des genannten Zeitrahmens von drei bis vier Trainingsstunden einigermaßen geklärt haben können, worauf es bei der Anwendung der betreffenden Arbeits-, Kommunikations- oder Kooperationstechnik ankommt. Diese drei- bis vierstündigen Trainingseinheiten sind identisch mit den hier in Rede stehenden »Trainingsspiralen«. Natürlich bedeutet das Durchspielen einer Trainingsspirale noch lange nicht, dass die SchülerInnen die betreffende Methode hernach auch tatsächlich beherrschen. Das Training schafft einen gründlichen Einblick, aber noch keine Kompetenz. Wenn nachhaltige Methodenbeherrschung erreicht werden soll, dann ist es unabdingbar notwendig, dass die betreffenden methodischen Verfahrensweisen in den einzelnen Schulfächern möglichst oft und möglichst konsequent gepflegt werden. Andernfalls werden die erzielten Trainings-

Mögliche Trainingsschwerpunkte

Methodenbereich »Lernen lernen«		
	Methodenfeld	**Mögliche Übungen**
1	Handwerkliche Grundtechniken einüben	➧ Ausschneiden ➧ Kleben ➧ Lochen ➧ Abheften ➧ etc.
2	Heftseiten übersichtlich gestalten	➧ Seite kritisieren ➧ Seite gestalten ➧ Regeln klären ➧ etc.
3	Ordnung am Arbeitsplatz halten	➧ Ranzen/Mäppchen packen ➧ Arbeitsplatz aufräumen ➧ etc.
4	Das kleine Einmaleins der Arbeitsplanung	➧ Fallbeispiel ➧ Stundenplanung ➧ Tagesplan ➧ Wochenplan ➧ etc.
5	Unterstreichen und markieren üben	➧ Mit Lineal unterstreichen ➧ Gezielt markieren ➧ etc.
6	Im Text/Buch rasch etwas finden	➧ Problemskizze ➧ Suchen im Text ➧ Nachschlagen ➧ Bibliothek ➧ etc.
7	Lernkärtchen herstellen und damit üben	➧ Basistext ➧ Fragestorming ➧ Lernkärtchen erstellen ➧ Üben ➧ etc.
8	Einfache Strukturmuster entwickeln	➧ Tabelle ➧ Fließschema ➧ Spickzettel ➧ Diagramm ➧ etc.
9	Sachverhalte anschaulich visualisieren	➧ Basistext ➧ Symbolklärung ➧ Ass. Zeichnen ➧ Plakat gestalten ➧ etc.

Methodenbereich »Kommunikation und Kooperation«		
	Methodenfeld	**Mögliche Übungen**
1	Über Sprechängste und -blockaden nachdenken	➧ Zettelabfrage ➧ Gruppengespräch ➧ Plakat ➧ Mutmacher ➧ etc.
2	Freies Erzählen und Berichten üben	➧ Fallbeispiel ➧ Bildkartei ➧ Stichworterzählung ➧ etc.
3	Aktives Zuhören und Nacherzählen trainieren	➧ Problemskizze ➧ Stille Post ➧ Doppelkreis ➧ Mitschreiben ➧ etc.
4	Das kleine Einmaleins des Kreisgesprächs	➧ Übung ➧ Regelklärung ➧ Wort weitergeben ➧ Blickkontakt ➧ etc.
5	Überzeugend Argumentieren und Vortragen lernen	➧ Problemskizze ➧ Begründungsspiel ➧ Argumentationskette ➧ etc.
6	Regeln für die Gruppenarbeit entwickeln	➧ Gestörte GA analysieren ➧ Regelplakat erstellen ➧ Würfelspiel ➧ etc.
7	Gruppenrollen klären und wahrnehmen	➧ Rollenpuzzle ➧ Rollenspiel ➧ Rollenanwendung ➧ Feedback etc.
8	Gruppenarbeitsfahrplan erstellen und anwenden	➧ Problemskizze ➧ Arbeitsplan entwerfen ➧ Schritte klären ➧ etc.
9	Umgang mit Konflikten in Gruppen lernen	➧ Brainstorming ➧ Fallstudie ➧ Rollenspiel ➧ Regelplakat ➧ etc.
10	Kooperative Präsentationsformen einüben	➧ Fallstudie ➧ Regelplakat ➧ Tandem-/Gruppenpräsentation ➧ etc.

Abb. 17

effekte sehr bald wieder verblassen und bei vielen Kindern dazu führen, dass sie ins alte Fahrwasser der methodischen Unsicherheit und Unbedarftheit zurückfallen. Wenn derartige Rückschläge verhindert werden sollen, dann muss gewährleistet sein, dass erstens konsequent und intensiv trainiert und zweitens darauf geachtet wird, dass die besagte Methodenpflege in den einzelnen Fächern der Grundschule hinreichend Gewicht erhält.

Die Hauptfunktion des Trainings ist, den SchülerInnen eine tragfähige Basis für durchdachtes und variantenreiches methodisches Arbeiten und Lernen zu vermitteln. Denn so intensiv und redundant, wie bestimmte Elementar-Methoden während der Trainingstage geübt und reflektiert werden können, ist das im normalen Fachunterricht nun einmal nicht möglich. Wie die entsprechenden Trainingstage akzentuiert werden können, lässt sich aus Abbildung 17 ersehen. Dass es dabei sinnvoll ist, auf mehrtägige Kompaktprogramme abzustellen, hat sich im Rahmen der Erprobungsarbeit an nordrhein-westfälischen Grundschulen bestätigt (vgl. dazu die Abschnitte 2.3 und 2.4 im ersten sowie die Abschnitte 1 und 7 im vierten Kapitel dieses Buches). Die entsprechenden »Sockeltrainings« dauern in den betreffenden Schulen in den Regionen Herford und Leverkusen in der Regel vier bis fünf Tage und sind mit dem gleichzeitig laufenden Lehrertraining so verzahnt, dass die SchülerInnen pro Tag üblicherweise drei bis vier Stunden praktisches Methodentraining zum einen oder anderen Methodenfeld durchlaufen. Die nachfolgend dokumentierten Trainingsspiralen T1–T10 machen deutlich, wie diese Trainingstage gestaltet werden können.

Ratsam ist es auf jeden Fall, zu den beiden großen Methodenbereichen *»Lernen lernen« und »Kommunizieren und Kooperieren lernen«* mehrtägige Sockeltrainings anzusetzen und mit den SchülerInnen entsprechende Trainingsspiralen durchzuspielen. Mehrtägig heißt: Mindestens drei Tage, möglichst fünf Tage. Die in diesem Kapitel dokumentierten Trainingsspiralen beziehen sich auf diese beiden Methodenbereiche und zeigen exemplarisch, wie bestimmte elementare Methodenfelder von den Kindern mittels diverser Übungen erschlossen werden können. Üben ➘ Reflektieren ➘ Regeln entwickeln ➘ Regeln anwenden ➘ weitere Übungs- bzw. Anwendungsphasen, das ist das Grundmuster dieser Trainingsspiralen (vgl. Abb. 18). Die Mehrtägigkeit des Methodentrainings ist deshalb wichtig, weil die SchülerInnen die betreffenden Methoden möglichst redundant und intensiv erleben müssen, um den angesprochenen »7. Sinn« für das jeweilige methodische Verfahren entwickeln zu können. Dieser »7. Sinn« stellt sich erfahrungsgemäß am ersten Trainingstag noch gar nicht ein; am zweiten Trainingstag wird den Kindern allmählich bewusst, was mit Methodenlernen gemeint ist und erst am dritten Tag beginnt die eigentlich produktive Auseinandersetzung. Von daher empfehlen sich als Trainingsdauer die oben erwähnten drei bis fünf Tage.

Pro Tag wird jeweils eine Trainingsspirale in mehreren Etappen durchgespielt. Die durchschnittliche Trainingszeit pro Tag beträgt üblicherweise drei bis vier Unterrichtsstunden. Eine längere Trainingszeit ist deshalb wenig sinnvoll, weil die konkrete Trainingsarbeit für die Kinder doch sehr anstrengend ist und ein hohes Maß an Konzentration und verbindlicher Mitarbeit verlangt. Von daher ist es ratsam, auf eine altersgemäße Rhythmisierung der Sockeltrainings zu achten. Diese Rhythmisierung kann zum einen so aussehen, dass die besagten drei bis vier Trainingsstunden pro Tag durch geeignete Bewegungs- und Entspannungsspiele unterbrochen werden, zum anderen kann natürlich auch so verfahren werden, dass ein vorzeitiger Unterrichtsschluss vorgesehen wird – vorausgesetzt, die Eltern stimmen dieser Regelung zu (vgl. die Praxisberichte in Kapitel IV, Abschnitt 7).

Selbstverständlich muss sich die skizzierte Trainingsarbeit nicht immer und überall auf mehrere zusammenhängende Tage erstrecken. Das gilt lediglich für die besagten Sockeltrainings zum »Lernen lernen« sowie für die Methodenbereiche »Kommunikation« und »Kooperation«. Diese Sockeltrainings haben die Funktion, den Schülerinnen und Schülern einen möglichst differenzierten Überblick über die betreffenden Methodenfelder und methodischen Verfahrensweisen zu verschaffen. Über diese mehrtägigen Sockeltrainings hinaus kann es sinnvoll sein, hin und wieder eintägige Trainingssequenzen vorzusehen, die der vertiefenden Behandlung einzelner Methoden dienen. Diese Einzeltage können allerdings die angesprochenen drei- bis fünftägigen »Crashkurse« nicht ersetzen. Das haben die zurückliegenden Versuche und Erfahrungen mit zeitversetzten Trainingstagen in diversen Grund- und Sekundarschulen gezeigt.

Zum Aufbau dieses Kapitels bleibt abschließend festzustellen: Im ersten Abschnitt werden ausgewählte Trainingsspiralen zum Schwerpunkt »Lern- und Arbeitstechniken« dokumentiert (vgl. T1–T5); im Zentrum des zweiten Abschnitts stehen diverse Trainingssequenzen zum Methodenbereich »Kommunikation und Kooperation« (vgl. T6–T10). Dokumentiert werden pro Methodenbereich jeweils fünf gängige Trainingsspiralen, was allerdings nicht bedeutet, dass damit der gesamte Methodenbereich abgedeckt ist. Einige weitere Ansatzpunkte sind in Abb. 17 angeführt und müssen bei Bedarf näher ausgearbeitet werden. Die dokumentierten Trainingsspiralen können dabei als »Muster« dienen. Auch ist es möglich, den Methodenbereich »Kommunizieren und Kooperieren lernen« zu trennen, sodass zwei separate Sockeltrainings herauskommen. Diese Trennung ist unter Umständen sogar sehr sinnvoll, da den SchülerInnen auf diese Weise die Möglichkeit eröffnet wird, sich mit den beiden Trainingsschwerpunkten »Kommunizieren lernen« und »Gruppenarbeit einüben« zu unterschiedlichen Zeitpunkten gezielter und intensiver zu befassen, als das bei einem integrierten Sockeltraining möglich ist.

Die übliche Zeitdauer pro Trainingsspirale beträgt drei bis vier Unterrichtsstunden. Die dokumentierten Trainingsspiralen T1–T5 bzw. T6–T10 zeigen exemplarisch, wie die Trainingsarbeit mit den Kindern über eine ganze Woche hinweg gestaltet werden kann. Sie können von interessierten Lehrkräften wahlweise genutzt und bei Bedarf natürlich auch ergänzt/verändert werden. Die angeführten Trainingsspiralen sind also kein fixes Programm, sondern ein Vorschlag für die praktische Arbeit in der Schule. Modifikationen sind selbstverständlich möglich und unter Umständen sogar nötig, je nachdem, in welchen Bereichen die SchülerInnen den größten Trainings- bzw. Klärungsbedarf haben. Und diese Bedarfe sehen in einer vierten Jahrgangsstufe naturgemäß anders aus als in einer ersten oder zweiten Klasse.

Modifikationsspielräume bestehen von daher nicht nur bezüglich der Art und Kompliziertheit der Trainingsspiralen, sondern auch hinsichtlich ihrer Anzahl pro Sockeltraining. Wichtig ist nur, dass die Grundstruktur der betreffenden Trainingsspiralen erhalten bleibt (vgl. Abb. 18) und die Dauer des jeweiligen Sockeltrainings drei Tage nicht unterschreitet. Denn eine zu ausgeprägte Kürzung des Trainingszeitraums führt beinahe zwangsläufig dazu, dass auf Schülerseite sowohl die Breiten- als auch die Tiefenwirkung des Methodenlernens verloren geht. Methodenüberblick und Methodenbeherrschung lassen sich unter diesen Vorzeichen schwerlich gewährleisten.

Vom Aufbau her sind die dokumentierten Trainingsspiralen so strukturiert, wie das in Abbildung 18 zum Ausdruck kommt (vgl. auch Abb. 5 auf Seite 49). Das Training zum jeweiligen Methodenfeld (z.B. Heftgestaltung) beginnt im *ersten Schritt* mit einer Sensibilisierungsphase, die den Kindern Gelegenheit gibt, ihre Vorkenntnisse und Vorerfahrungen zur betreffenden Methode zu mobilisieren und mit den Mitschülern auszutauschen (vgl. Abb. 18). Im *zweiten Trainingsschritt* folgt alsdann eine konkrete Übungs- bzw. Anwendungsaufgabe, die im Sinne des »trial and error« anzugehen ist. Fehler sind an dieser Stelle durchaus zulässig, wenn auch nur vorübergehend. Denn im *dritten Trainingsschritt* werden die individuellen Vorgehensweisen und Resultate verglichen, ggf. kritisiert und so ausgewertet, dass ein kleines Regelwerk mit praktischen Tipps für neuerliche Anwendungsaufgaben entsteht. Im *vierten Trainingsschritt* schließt sich eine weitere konkrete Anwendungsaufgabe an, die den Kindern Gelegenheit gibt, die betreffende Methode entsprechend den ermittelten Regeln anzuwenden und die eigene methodische Linie weiter zu festigen. *Im fünften Trainingsschritt* schließlich wird nochmals innegehalten und das praktizierte Vorgehen in Kleingruppen oder im Plenum gemeinsam geprüft und nötigenfalls erneut nachjustiert, bevor sich dann weitere vertiefende Übungs- und Anwendungsaufgaben anschließen, die das jeweilige Tagesprogramm abrunden. Die vorgesehene Trainingsdauer pro Tag beträgt – wie erwähnt – drei bis vier Unterrichtsstunden.

Ein entscheidendes Merkmal der skizzierten Trainingstage ist die Kleinschrittigkeit und Redundanz des methodischen Arbeitens der Kinder. Die betreffenden Arbeits-, Kommunikations- oder Kooperationstechniken werden also nicht nur beiläufig einmal angewandt, sondern mit einer gewissen Redundanz praktiziert, besprochen und in Form einfacher Regeln und Tipps geklärt. So gesehen steht das Metho-

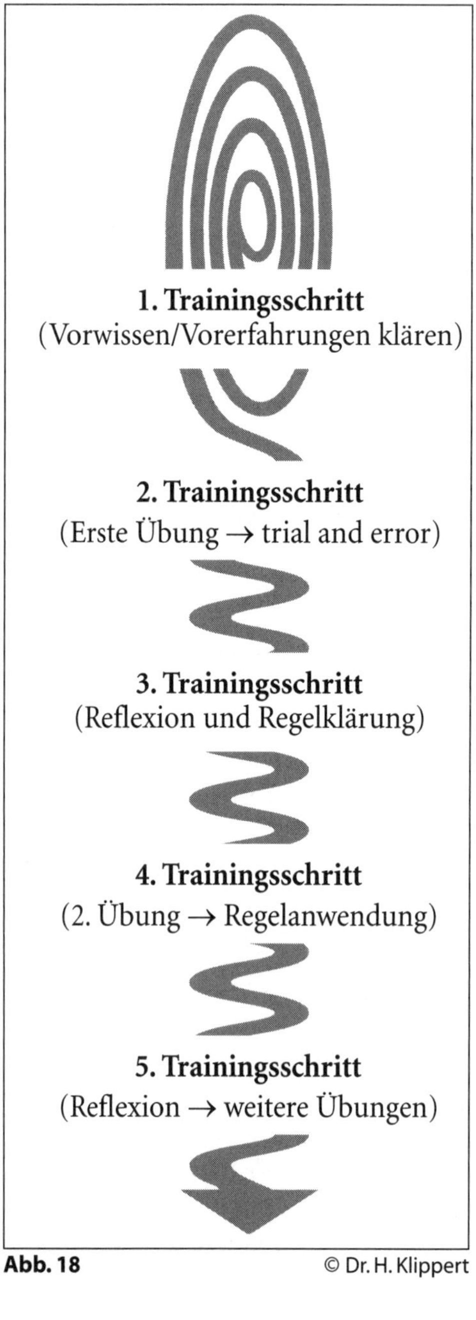

Abb. 18 © Dr. H. Klippert

denlernen in der Tat im Vordergrund. Diese ausgeprägte Konzentration auf spezifische Fragen und Verfahrensklärungen im methodischen Bereich ist das besondere Markenzeichen der in diesem Kapitel dokumentierten Trainingsspiralen. Das beginnt beim Einüben einfacher handwerklicher Grundtechniken wie Ausschneiden, Kleben, Lochen, Rahmen, Abheften etc. und reicht über das Training elementarer Markierungs-, Nachschlage-, Strukturierungs- und Visualisierungstechniken bis hin zu grundlegenden Übungen und Klärungen in den Bereichen Kommunikation und Kooperation. Näheres dazu lässt sich aus Abbildung 17 sowie aus den in diesem Kapitel dokumentierten Trainingsspiralen T1–T10 ersehen.

T 1 Handwerkliche Grundtechniken einüben

Intention: Die SchülerInnen sollen sich darin üben, einfache handwerkliche Techniken wie Ausschneiden, Kleben, Lochen, Abheften etc. durchdacht anzuwenden. Dies wird zwar bereits in der Vorschule praktiziert, aber damit ist keinesfalls ein gesichertes Instrumentarium gewährleistet. Die unzulängliche Gestaltung vieler Hefte ist ein Indiz dafür, dass die genannten Arbeitstechniken konsequenter eingeübt werden müssen.

Ablauf (Mikrospirale):

1. Formen ausschneiden und einkleben (EA)
2. Zahlen ausschneiden und ins Heft einkleben
3. In Gruppenarbeit Tipps formulieren
4. In Partnerarbeit Puzzle bearbeiten
5. Tafelbild im Plenum

Arbeitsschritte: Im ersten Schritt erhalten die SchülerInnen Arbeitsblatt M1 mit spielenden Kindern sowie Arbeitsblatt M2 mit unterschiedlichen »Bahnen«, wie man einen Fußball spielen kann. Die Kinder schneiden die in M2 skizzierten Wege sorgfältig aus und kleben sie so in M1 ein, dass die Bewegung des Balles sinnvoll abgebildet wird. Zur Kontrolle vergleichen sie ihre Arbeitsergebnisse mit denen ihrer Tischpartner und besprechen etwaige Schwierigkeiten. In einem zweiten Arbeitsschritt erhält jedes Kind M3. Die darauf abgebildeten Zahlen werden zunächst ausgeschnitten und dann mit einem Zufallspartner nach Schwierigkeitsgrad sortiert und ins Heft eingeklebt. Im dritten Arbeitsschritt finden sich die Kinder sodann in Vierer-Gruppen zusammen, stellen sich wechselseitig ihre Schneide- und Klebetricks vor und halten je zwei Tipps zum Ausschneiden und Kleben auf farbigen Kärtchen fest (M4). Die so erstellten Kärtchen werden von Gruppensprechern an die Tafel geheftet und erläutert. Inhaltlich identische Kärtchen werden übereinander gehängt. In einem vierten Arbeitsschritt werden mittels Abzählverfahren Tandems gebildet. Der eine Partner erhält jeweils M5, der andere M6. Dann schneiden die Kinder ihr Puzzle unter Beachtung der formulierten Regeln sauber aus. Die dabei entstehenden Puzzleteile werden zwischen den Partnern ausgetauscht und von diesen erneut zusammengesetzt und exakt ins Heft eingeklebt. Im fünften Arbeitsschritt reflektieren die Kinder ihre Arbeit und halten wichtige »Erkenntnisse« an der Tafel fest. Weitere Übungen zum Ausschneiden und Aufkleben, wie z.B. Buchstaben oder Comic-Figuren können sich anschließen.

Vorbereitung: Die Arbeitsmaterialien M1 bis M6 sind für alle Kinder zu kopieren. Die in M4 abgebildeten Kärtchen zum Schneiden und Kleben werden in unterschiedlichen Farben bereitgestellt. M5 und M6 sollten auf DIN-A4-Format vergrößert und zum Zweck der späteren Sicherung auf Folie kopiert werden. Arbeitsmittel wie Schere und Klebstoff sind von den SchülerInnen mitzubringen.

M 1

Heute üben die Kinder im Fußballtraining das genaue Zuspielen und passen den Ball von einem zum anderen.

Lisa dribbelt in neuer Rekordzeit um die aufgestellten Hütchen.

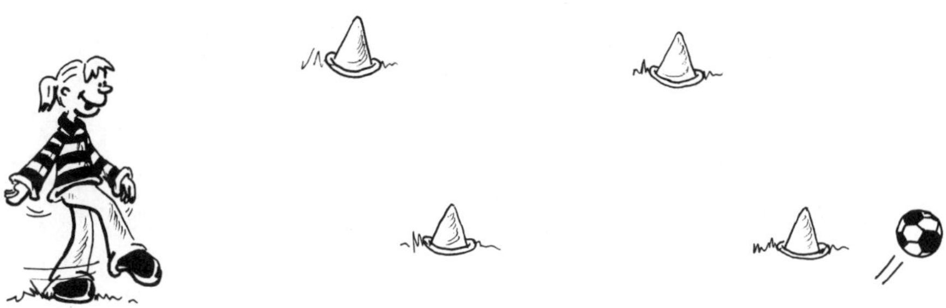

Paul schoss im Meisterschaftsspiel den entscheidenden Elfmeter.

M 2

Du siehst hier 3 Wege, die ein Fußball zurückgelegt hat.
Schneide diese sauber aus und entscheide dann, zu welchem Bild sie gehören. Klebe sie zu den entsprechenden Kindern.

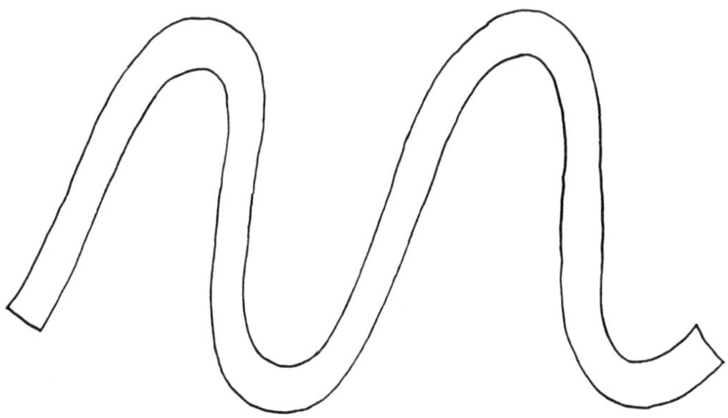

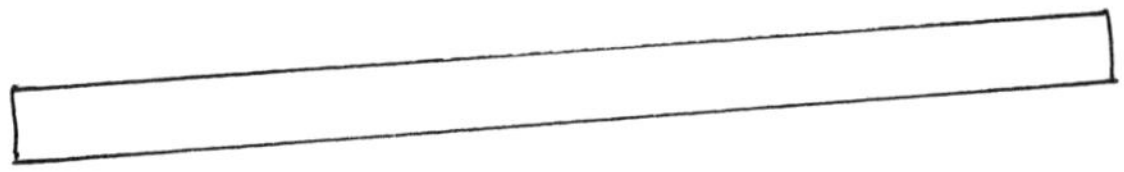

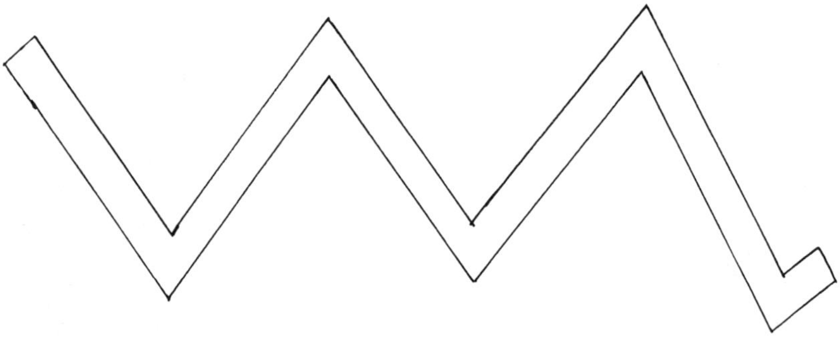

M 3

1 2

5 8

M 4

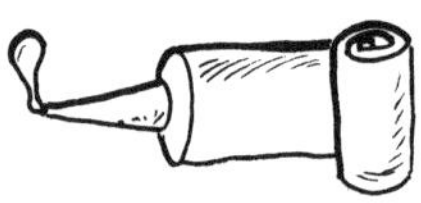

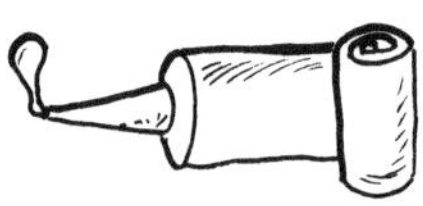

M 5

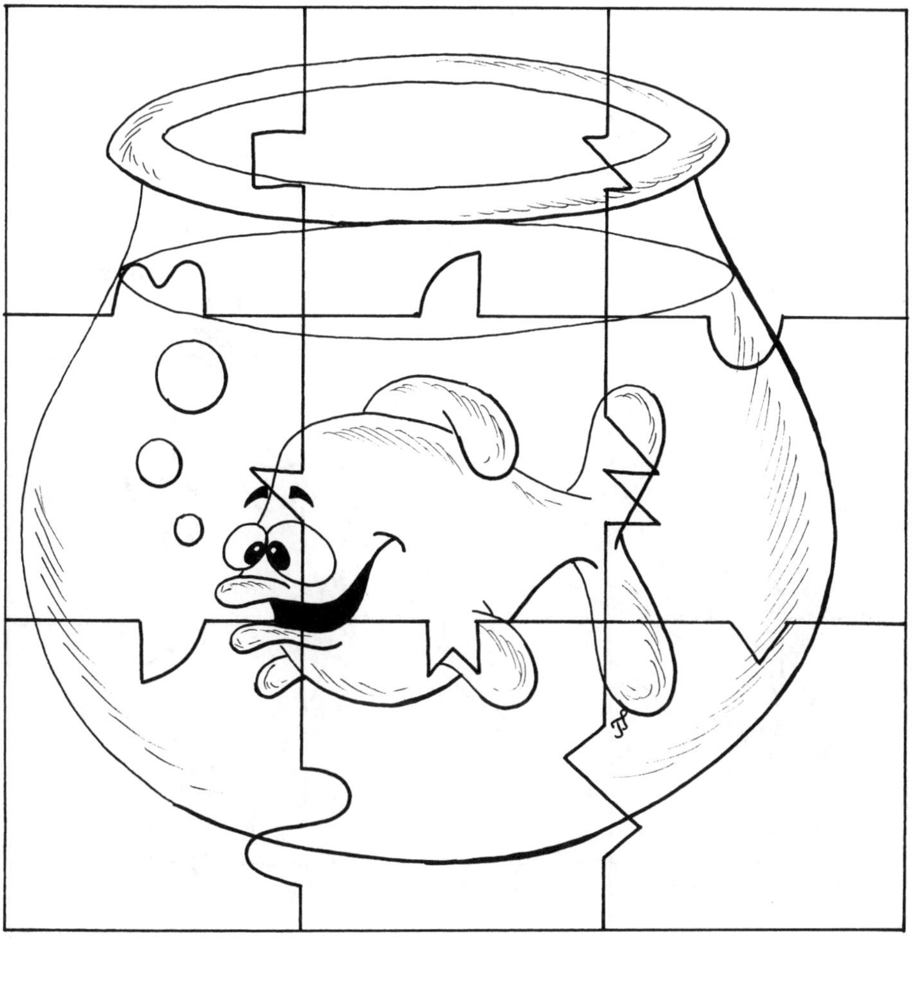

M 6

T 2

Ordnung am Arbeitsplatz halten

Intention: Die SchülerInnen sollen reflektieren und klären, worauf bei der Gestaltung des häuslichen und/oder schulischen Arbeitsplatzes zu achten ist und welche Arbeitsmittel wann wohin gehören. Zwar gibt es keine allseits gültigen Normen, wohl aber ist es sinnvoll und wichtig, die gängige »Unübersichtlichkeit« am Arbeitsplatz kritisch zu beleuchten und über sinnvolle Ordnungsprinzipien gemeinsam nachzudenken.

Ablauf (Mikrospirale):

1. Bildbetrachtung/Unterrichtsgespräch
2. Gegenstände im Schulranzen sortieren
3. Entsprechende Tabelle anlegen und ausfüllen
4. In Partnerarbeit »Arbeitsmittel« beurteilen
5. Die erstellte Tabelle im Plenum erweitern

Arbeitsschritte: Im ersten Arbeitsschritt wird den SchülerInnen mittels M1 ein Blick in einen sehr chaotisch gefüllten Ranzen gewährt. Dazu wird M1 als Folie gezeigt. Die SchülerInnen benennen die im Ranzen liegenden »Arbeitsmittel« und geben eventuell bereits erste kritische Kommentare ab. Im zweiten Arbeitsschritt erhalten sie M1 in Kopie und gehen in Zufallstandems daran, den Ranzeninhalt nochmals detailliert zu sichten, zu benennen und dann zu entscheiden, welche Gegenstände in einem Schulranzen nichts zu suchen haben. Dazu müssen sie diskutieren, argumentieren und auf ihre Gesprächspartner eingehen. Alsdann werden alle Objekte farbig angemalt, die in einen Schulranzen gehören. Im dritten Arbeitsschritt wird zur Sicherung der gewonnenen Erkenntnisse eine Tabelle angelegt. Dazu zeichnet die Lehrperson ein Grundraster mit den beiden Spalten »Was in meinen Ranzen gehört« und »Was in meinem Ranzen nichts zu suchen hat«. Die SchülerInnen tragen die entsprechenden Begriffe im Wechsel in die Tabelle ein und liefern die Begründungen dazu. Im vierten Schritt werden sodann Tandems gebildet. Diese erhalten M2 – einen gezeichneten Schreibtisch mit diversen Gegenständen – und kreuzen an, ob die betreffenden Gegenstände auf den Schreibtisch gehören oder nicht. Die getroffenen Einschätzungen werden anschließend im Plenum vorgestellt und kurz begründet. Im fünften Arbeitsschritt wird die erwähnte Tabelle an der Tafel um die beiden Spalten »Das gehört auf meinen Schreibtisch« und »Das hat auf meinem Schreibtisch nichts zu suchen« erweitert und schließlich ins Heft übertragen. Als vertiefende Übung kann M3 eingesetzt werden – ein Arbeitsblatt, das den SchülerInnen Gelegenheit gibt, einen Arbeitsplatz auf dem Papier sinnvoll einzurichten. Weitere Übungen zum »realen« Packen eines Mäppchens bzw. zum gemeinsamen Einrichten eines Arbeitsplatzes in der Klasse können sich anschließen.

Vorbereitung: M1 bis M3 werden für alle Kinder kopiert. M1 ist zusätzlich auf Folie zu übertragen. Stifte, Scheren und Klebstoff werden von den Kindern mitgebracht.

M 1

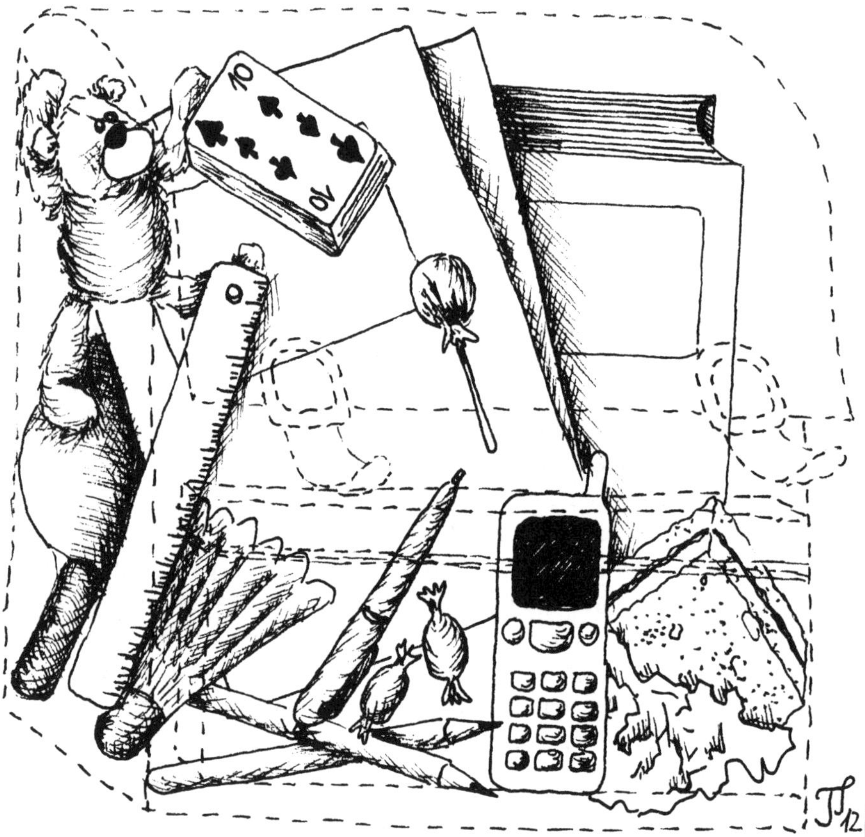

M 2

Gehört das auf deinen Schreibtisch?

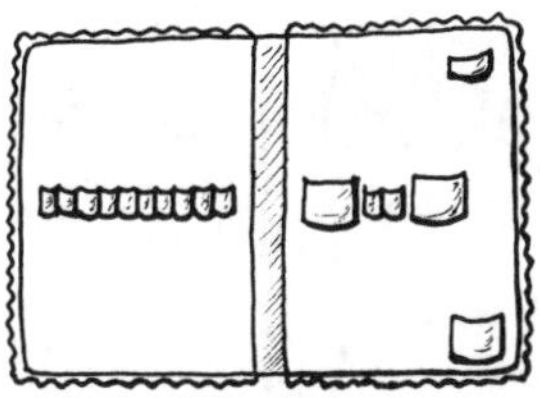

☐ ja
☐ nein

☐ ja
☐ nein

☐ ja
☐ nein

☐ ja
☐ nein

☐ ja
☐ nein

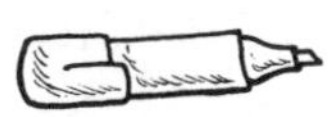

☐ ja
☐ nein

☐ ja
☐ nein

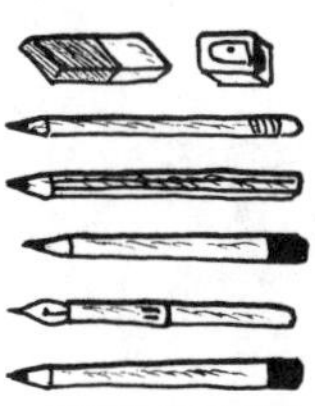

☐ ja
☐ nein

☐ ja
☐ nein

☐ ja
☐ nein

☐ ja
☐ nein

M 3

T 3

Unterstreichen und Markieren üben

Intention: Die SchülerInnen sollen üben und lernen, in Bild- und Textvorlagen bestimmte Elemente zu erkennen und so zu markieren, dass sie anschaulich vor Augen stehen. Sie sollen ihre gängigen Vorgehensweisen überdenken und einfache Regeln fürs wirksame Unterstreichen und Markieren finden. Diese Fähigkeit zur »Visualisierung« ist eine wichtige Voraussetzung dafür, dass die betreffenden Sachverhalte gedanklich besser erfasst und behalten werden können. Die diesbezüglich bestehende Defizite lassen sich in unseren Schulen alltäglich beobachten.

Ablauf (Mikrospirale):

1. Suchspiel in Einzelarbeit
2. Begriffe in Einzelarbeit unterstreichen
3. Lösungen in Kleingruppen vergleichen
4. Schlüsselbegriffe in Gruppen markieren
5. Regelplakate in Kleingruppen erstellen

Arbeitsschritte: Die SchülerInnen erhalten im ersten Schritt M1, auf dem ein Apfel abgebildet ist, dessen Grundform durchgehend mit dem Begriff »Apfel« gefüllt ist. An insgesamt elf Stellen sind andere Obstsorten eingestreut. Diese gilt es ohne Zuhilfenahme von Schreibmaterialien zu suchen. Anschließend präsentiert die Lehrperson M1 am Tageslichtprojektor. Die Kinder zeigen auf die gefundenen Begriffe und stellen meist sehr schnell fest, dass einige dieser Wörter nur schwer wiederzufinden sind und deshalb gekennzeichnet werden sollten. Im zweiten Arbeitsschritt heben die Kinder die betreffenden Obstsorten in einer ihnen geeignet erscheinenden Weise hervor: durch Unterstreichen, Rahmen, Durchstreichen, Umkreisen etc. Im dritten Arbeitsschritt berichten sie in Vierergruppen über ihre Erfahrungen und erläutern sich wechselseitig ihre Vorgehensweisen. Sie einigen sich auf ein »Markierungsverfahren« und präsentieren und begründen dieses mittels Folie im Plenum. Im vierten Schritt erhalten sie sodann mit M2 einen speziellen Text, in dem alle Eigennamen zu markieren sind. Welche Stifte dabei wie benutzt werden, bleibt jedem selbst überlassen. Die vorgenommenen Markierungen werden erneut verglichen und exemplarisch im Plenum präsentiert. Im fünften Arbeitsschritt schließlich erfolgt die Ergebnissicherung – und zwar in der Weise, dass vier Markierungsregeln im Unterrichtsgespräch herausgefiltert und anschließend von den SchülerInnen als Regelplakat aufbereitet und zusätzlich ins Heft übernommen werden. Weitere Markierungsübungen können die Trainingsspirale abrunden (so können z.B. in M2 alle Familienmitglieder markiert werden).

Vorbereitung: M1 bis M3 sind im Klassensatz zu kopieren. Für Präsentationszwecke müssen sie z.T. mehrfach auf Folie vorhanden sein. Eine Auswahl an Stiften (Buntstifte, Filzstifte, Textmarker etc.) wird von der Lehrkraft bereitgestellt.

M 1

Apfel
Kiwi
Birne
Orange
Pfirsich
Aprikose
Banane
Ananas
Kirsche
Zitrone
Grapefruit
Melone

Pauls Geburtstag

M 2

Paul feiert heute seinen 8. Geburtstag. Seine Mutter hat einen großen Kuchen für ihn gebacken. Paul muss aufpassen, dass sein kleiner Bruder Bernd nicht davon nascht. Sein Vater hat ihm erlaubt, alle seine Freunde einzuladen. Das sind seine Klassenkameraden Ingo, Steffen, Stefan, Franz und Boris und sein Cousin Werner.
Leider kann seine große Schwester Nicole heute nicht kommen, weil sie keinen Urlaub bekommen hat.
Es klingelt. An der Tür stehen Oma und Opa mit einem riesigen Geschenk. Vielleicht ist es das Skateboard, das sich Paul schon lange gewünscht hat. Letztes Jahr hat Paul von seinem Onkel Willi ein neues Fahrrad bekommen; das war sein schönstes Geschenk. Die ersten Gäste treffen ein. Alle haben etwas mitgebracht. Cousin Werner hat sein Geschenk in knallrotes Papier eingewickelt. Sieht ziemlich witzig aus.
16.00 Uhr. Jetzt fehlen nur noch Stefan, Boris und Pauls Tante Gertrud. Der Kuchen mit acht Kerzen steht schon auf dem Tisch. Paul hat gestern bunte Tischkärtchen gebastelt und beschriftet. Die Mutter bringt Kaffee und leckeren Kakao ins Wohnzimmer. Opa möchte Tee haben. Paul kann es kaum noch erwarten, endlich seine Geschenke aufzumachen.
»Reichst du mir mal die Milch, mein Sohn?«, sagt Opa. Er verwechselt wieder die Wörter »Enkel« und »Sohn«. Das passiert ihm häufiger.
17.00 Uhr. Alle sind satt. Jetzt kommt Pauls großer Moment. Er bekommt seine Geschenke. Alle sind gespannt.
Was Paul wohl alles bekommen wird?

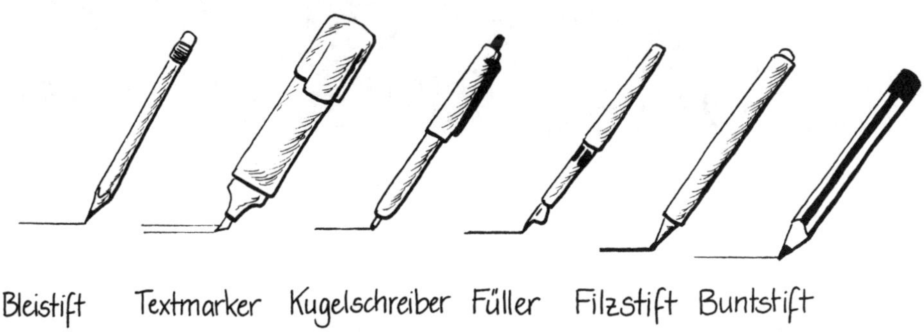

M 3

Was die Gefühle mit uns machen!

Du – das ist nicht nur dein Körper, das sind auch deine Gefühle. Manchmal bist du lustig und vergnügt, ein anders Mal traurig oder schlecht gelaunt. Viele Gefühle sind so stark, daß man sie dir sofort ansieht: Du lachst oder weinst, zappelst vor Aufregung, schreist vor Wut oder wirst vor Angst ganz blass – oder du hängst herum und hast zu nichts Lust.

Selbst die besten Freunde sind manchmal stinksauer aufeinander.

Lass deine Wut ruhig heraus, aber tu keinem weh dabei!

Angst ist ein besonders starkes Gefühl. Oft fürchtest du dich vor etwas, was sich nur in deiner Vorstellung abspielt. Auch wenn du weißt, dass es keine Monster gibt, hast du doch manchmal Angst vor ihnen, wenn es dunkel ist oder wenn du alleine bist.
Wenn Tibo aus einem schlimmen Traum aufwacht, schlüpft er schnell zu seinen Eltern ins Bett.

T 4

Lernkärtchen herstellen und damit üben

Intention: Die SchülerInnen sollen sich im Umgang mit der Lernkartei üben. Sie sollen lernen, elementare Frage-Antwort-Kärtchen zu einem bestimmten Thema zu erstellen und damit die Basis für entsprechende Quiz-Runden im Unterricht oder zu Hause schaffen. Sie sollen mit unterschiedlichen W-Fragen experimentieren und auf diese Weise mit der Logik des Fragens vertraut werden.

Ablauf (Mikrospirale):

1. Frage-Antwort-Kärtchen besprechen
2. In Partnerarbeit Quizfragen entwickeln
3. Im Unterrichtsgespräch Fragewörter sammeln
4. In Partnerarbeit eigene Lernkärtchen erstellen
5. Frage-Antwort-Spiel in Kleingruppen

Arbeitsschritte: Im ersten Arbeitsschritt präsentiert die Lehrkraft den Impuls M1 als Folie. Die SchülerInnen ergänzen die fehlenden Frage-Antwort-Elemente. Im zweiten Schritt vertiefen die Kinder diese Frage-Antwort-Suche anhand von M2. In der rechten Spalte von M2 sind elf Antwortsätze vorgegeben, zu denen es passende Fragen zu finden und zu formulieren gilt. Die Kinder fragen in Tandems gezielt nach den unterstrichenen Satzteilen und verwenden dabei die Fragewörter Wo?, Wie?, Warum?, Wer?, Was? oder Wann? Die ermittelten Fragen werden in die dafür vorgesehene Spalte eingetragen (M2). Im dritten Arbeitsschritt erfolgt die Ergebnissicherung im Plenum. Dazu werden die genannten Fragewörter in einer Tabelle gesammelt und die gefundenen Antworten so zugeordnet, dass bestimmte Regeln erkennbar werden wie: Nach Orten fragt man mit »wo?«. Nach Zeiteingaben fragt man mit »wann?« etc. Im vierten Schritt bearbeiten die bestehenden Tandems die kurzen Sachtexte in M3, in denen Merkmale von Kleintieren beschrieben werden. Sie suchen in diesen Texten gezielt nach Begriffen oder Satzteilen, zu denen sich W-Fragen stellen lassen. Dann erhalten sie von Lehrerseite je fünf Kärtchen mit den vorgegebenen Fragewörtern Wo, Wer, Wann, Wie und Was. Diese Frageanfänge sind in Anlehnung an M3 fortzuführen und die entstehenden Fragen auf der einen Seite der Kärtchen zu notieren. Die zugehörigen Antworten werden auf die Rückseiten geschrieben. Nun wird im fünften Arbeitsschritt ein entsprechendes Frage-Antwort-Spiel in mehreren Sechsergruppen durchgeführt. Dazu werden die Kärtchen gemischt und mit der Frage nach oben gestapelt. Abwechselnd ziehen die Gruppenmitglieder die eine oder andere Frage und geben ihre Antworten. Bei Unklarheiten wird im Text nachgeschaut. Eine Reflexionsrunde schließt sich an. Weitere Übungen zu ausgewählten Lesebuchtexten können folgen.

Vorbereitung: Die Materialien M1 bis M3 sind für alle zu kopieren. M1 muss zudem auf Folie vorbereitet werden. Moderationskärtchen werden vom Lehrer bereitgestellt.

M 1

Der Zirkus

M 2

?	Heute gastiert der berühmte Zirkus »Simsalabim« in Hannover.
?	Das Zirkuszelt erstrahlt in bunten Farben.
?	Damit sich die Artisten nicht verletzen, ist der Boden mit Holzspänen und Sand bedeckt.
?	Der Direktor begrüßt die Gäste und stellt alle Künstler vor.
?	Zuerst wird eine Pferdedressur gezeigt.
?	Dann unterhalten Clowns die Kinder und bringen sie zum Lachen.
?	Für die Tiger und Löwen wird ein Käfig aufgestellt, denn diese Tiere sind gefährlich.
?	Der Zauberer führt einige Kartentricks vor.
?	Am Schluss werden Jonglierkunststücke gezeigt.
?	Zwei Artisten arbeiten mit mehreren Bällen und Keulen.
?	Um 22 Uhr ist die Vorstellung zu Ende.

M 3

Wenn du ein Kleintier kaufen möchtest

Bevor du dir ein Kleintier aussuchst, versuche so viel wie möglich über die verschiedenen Arten herauszufinden und erkundige dich, wie man sie richtig versorgt. Beim Kleintierzüchterverein, in Tierhandlungen oder beim Tierschutzverein kannst du dir Ratschläge holen.

Wellensittiche
Wilde Wellensittiche leben in Schwärmen. Deshalb sind sie auch in Gefangenschaft lieber mit Artgenossen zusammen. Sprechen lernt jedoch nur ein einzeln gehaltener Vogel.

Wellensittiche gibt es in vielen leuchtenden Farben – du kannst dir einen in deiner Lieblingsfarbe aussuchen.

Rennmäuse

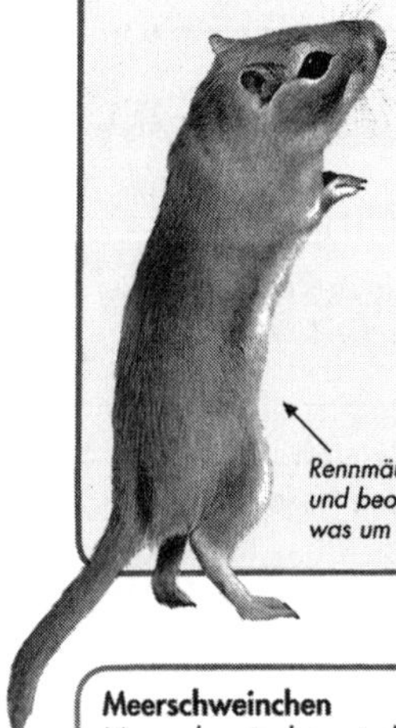

Diese sauberen und lebhaften Tiere nagen gern. Sie sind Tag und Nacht in Bewegung und haben lange, behaarte Schwänze.

Rennmäuse sind neugierig und beobachten aufmerksam, was um sie herum vorgeht.

Goldhamster
Goldhamster sind reinlich und können sehr zahm werden. Gewöhnlich schlafen sie tagsüber und werden erst abends munter. Sie haben kurze Schwänze und tragen ihr Futter in ihren Backentaschen herum.

Dieser Goldhamster füllt gerade seine Backentaschen mit Futter. Darin hebt er es auf und frisst es später.

Meerschweinchen
Meerschweinchen sind scheu, sanft, einfach zu halten und zu zähmen. Sie haben keinen Schwanz und können nicht gut klettern. Der Stall muss wöchentlich 2- bis 3-mal gesäubert werden.

Langhaarige brauchen viel Pflege!

Rauhaariges Meerschweinchen

Glatthaariges Meerschweinchen

Kaninchen
Sie werden schnell zahm und zutraulich. Beschäftige dich viel mit ihnen, damit sie sich nicht langweilen, und gib ihnen Karotten und hartes Brot zum Nagen. Manche Kaninchen kann man zusammen mit Meerschweinchen halten.

Das Holländer-Kaninchen eignet sich gut für Kinder – es wird nicht zu schwer.

T 5

Einfache Strukturmuster entwickeln

Intention: Die SchülerInnen sollen sich darin üben, einfache Strukturmuster zu entwickeln und vorliegende Informationen in einprägsamer Weise zu visualisieren. Zuordnungs- und Visualisierungsübungen dieser Art sind das A und O des erfolgreichen Lernens und Behaltens. Das beginnt beim einfachen Mnemotraining mit Hilfe des Clusterns und reicht über Tabellen und Diagramme bis hin zu einfachen Mindmaps.

Ablauf (Mikrospirale):

❶ Kimspiel im Plenum
❷ Austausch in Kleingruppen
❸ Strategieklärung im Unterrichtsgespräch
❹ Mindmaps in Partnerarbeit erstellen
❺ Weitere Kimspiele entwickeln und spielen

Arbeitsschritte: Im ersten Schritt präsentiert die Lehrperson den Einkaufzettel M1 mittels Folie. Die SchülerInnen erhalten die Aufgabe, sich in einer 2-minütigen Besinnungsphase so viele Nahrungsmittel wie möglich einzuprägen. Dann wird der OH-Projektor abgeschaltet und die Rekonstruktionsphase beginnt (eventuell kann zur »Zerstreuung« auch eine kurze Geschichte erzählt werden). Jedes Kind notiert sich nun die Nahrungsmittel, die es behalten hat. Die erreichte Gesamtzahl wird aufgeschrieben. Im zweiten Arbeitsschritt werden sodann Zufallsgruppen zu je vier SchülerInnen gebildet, die reihum berichten, wie sie vorgegangen sind, um sich möglichst viele Wörter merken zu können. Diejenigen Vorgehensweisen, die sich als besonders erfolgreich erwiesen haben, werden von den Gruppensprechern im Plenum vorgestellt und näher erläutert. Auf dieser Basis werden im dritten Schritt einige zentrale »Mnemotipps« genannt und gegebenenfalls an der Tafel festgehalten. Einer dieser Tipps ist erfahrungsgemäß, den jeweiligen Lernstoff in bestimmte Gruppen zu unterteilen. Dementsprechend zeichnet die Lehrperson eine Tabelle mit mehreren Spalten an die Tafel, zu denen die Kinder zunächst passende Oberbegriffe aus dem Bereich Nahrungsmittel nennen. Dann werden die betreffenden Spalten per Meldekette mit den entsprechenden Nahrungsmitteln ausgefüllt. Die so entstehende Tabelle wird schließlich ins Heft übertragen. Im vierten Arbeitsschritt wird dieses tabellarische Ordnungsmuster sodann in ein Mindmap nach dem Muster von M2 überführt. Das geschieht in Tandemarbeit. Die SchülerInnen ergänzen das in M2 vorgegebene Mindmap aus dem Gedächtnis. Hefte und Tafel werden geschlossen. Im fünften Arbeitsschritt wird ein weiteres Kimspiel vorgestellt (M3). Die Kinder erhalten wiederum drei Minuten Zeit und die Aufforderung, sich möglichst viele Begriffe zu merken. Die Ergebnisse im zweiten Durchgang sind meist besser als im ersten.

Vorbereitung: M1 muss auf Folie kopiert werden. M1 bis M3 sind im Klassensatz zu vervielfältigen und allen SchülerInnen zur Verfügung zu stellen.

M 1

Mein Einkaufszettel

Butter	Kopfsalat
Chips	Pflaumen
Orangen	Flips
Coca Cola	Milch
Karotten	Salzstangen
Tomaten	Paprika
Äpfel	Joghurt
Sprite	Kekse
Sahne	Wasser
Fanta	Bananen

M 2

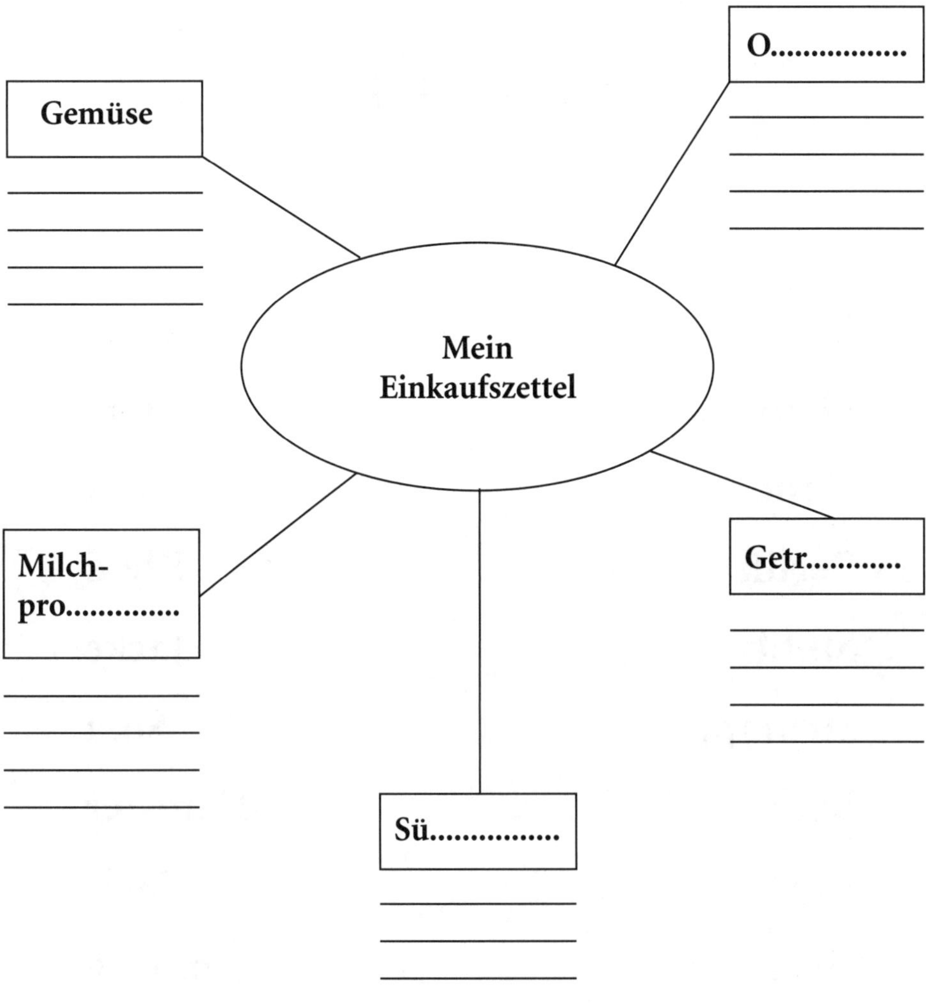

M 3

Kimspiel 2

Opa	Katze
Maus	Oma
Hund	Bett
Berlin	Kleid
Stuhl	Jacke
Strumpf	Sofa
Rom	Hamster
Papa	Paris
Hose	Hamburg
Paris	Sessel

T 6

Freies Erzählen und Sprechen üben

Intention: Die SchülerInnen sollen durch gezielte Sprechanlässe veranlasst werden, vor der Klasse frei zu reden. Sie sollen ermutigt werden, sich mündlich stärker zu beteiligen und selbstbewusst Rede und Antwort stehen. Dabei ist es wichtig, dass möglichst angstfreie Sprechsituationen geboten werden, die positive Sprecherfahrungen gewährleisten und den Kindern das Gefühl des »Könnens« vermitteln.

Ablauf (Mikrospirale):

❶ Fallbeispiel lesen
❷ Gespräche in Kleingruppen
❸ Stafettenpräsentation im Plenum
❹ Freies Erzählen in Kleingruppen
❺ Stimmungsbarometer im Plenum

Arbeitsschritte: Im ersten Schritt erhalten die SchülerInnen M1. Sie lesen den Text, markieren wichtige Stellen und notieren sich je drei Tipps, wie Peter geholfen und Mut gemacht werden könnte. Im zweiten Arbeitsschritt werden durch Abzählen Kleingruppen zu vier Personen gebildet. Die Gruppenmitglieder tauschen ihre Empfehlungen aus, liefern Begründungen und diskutieren ihre unterschiedlichen Auffassungen. Schließlich einigen sie sich auf vier gemeinsame Tipps und schreiben diese auf Moderationskärtchen. Im dritten Arbeitsschritt präsentieren die Gruppenmitglieder diese Tipps abwechselnd im Plenum. Kennzeichnend für diese Stafettenpräsentation ist, dass ein erster Vertreter von Gruppe eins zur Tafel geht, sein Moderationskärtchen gut sichtbar hinhängt und die Begründung dazu liefert. Dann folgt ein Vertreter der zweiten Gruppe nach gleichem Ritual, dann ein Vertreter der dritten Gruppe usw. Im Unterrichtsgespräch wird dafür gesorgt, dass die vorgestellten Tipps nach Oberbegriffen geordnet und anschließend ins Heft übernommen werden. Im vierten Arbeitsschritt begeben sich die SchülerInnen erneut in ihre Kleingruppen. Auf dem Tisch liegen nun verdeckt diverse Bildimpulse (M2). Jedes Kind zieht zwei Bildkarten. Dann formuliert ein erstes Kind anhand seiner Bildkarte einen Einleitungssatz und erteilt anschließend seinem Nebenmann das Wort, der zunächst den Satz des Vorredners inhaltlich wiederholt, bevor er mit einer Bildkarte die Geschichte fortführt. Dann kommt der Nächste an die Reihe usw. Da jedes Kind zwei Bildkarten hat, besteht eine Auswahlmöglichkeit, sodass der übliche »Stress« gemindert wird. Abgerundet wird die Trainingsspirale im fünften und letzten Arbeitsschritt mit einer Reflexionsrunde anhand von M3.

Vorbereitung: Moderationskärtchen, Klebepunkte, Tesakrepp und Stifte sowie M1 und M2 müssen bereitgestellt werden. M3 wird zudem auf DIN-A3-Format vergrößert und zu gegebener Zeit an der Wand des Klassenraumes ausgehängt. Weitere Erzählbilder können aus Computer-Cliparts übernommen werden.

M 1

Peter ist ein guter Schüler. Deutsch ist sein Lieblingsfach. In fast allen Fächern hat er gute Noten. Aber immer, wenn er im Unterricht aufgerufen wird, ist er sehr aufgeregt. Er hat Angst, vor der Klasse zu reden.

Letzte Woche hat sein Lehrer vor einer Gruppenarbeit gesagt, dass ein Kind ausgelost wird, das dann das Ergebnis vortragen soll. Die ganze Zeit hat Peter gehofft, dass es ihn nicht erwischt. Aber dann hat der Lehrer ausgerechnet seinen Namen aus dem Lostopf gezogen.

Schon auf dem Weg zur Tafel hat Peter gemerkt, wie seine Beine zittern. Und als er vor der Klasse stand, wäre er am liebsten weggelaufen. Vor lauter Aufregung hatte er völlig den Faden verloren. Das war ein schlimmes Erlebnis.

Komisch! Während der Gruppenarbeit hatte er die besten Ideen und hat die meiste Arbeit erledigt. Seine Freunde waren auch froh, dass er das Gruppenergebnis vortragen sollte, weil er ja der beste Schüler der Klasse ist. Wie peinlich! Jetzt hatte er nicht nur sich, sondern auch die ganze Gruppe blamiert.

Was soll diese blöde Mitarbeit im Unterricht überhaupt? Peter will sowieso kein Fernsehreporter werden. Und in seinem Traumberuf Bäcker muss er sowieso nicht viel reden.

M 2

M 3

Die Tipps waren für mich ...			
Das Reden war für mich ...			
Das Reden war für meine Mitschüler ...			

T 7

Aktives Zuhören und Nacherzählen trainieren

Intention: Die SchülerInnen sollen ihre Fähigkeit und Bereitschaft zur konstruktiven Gesprächsführung verbessern. Sie sollen lernen, in Tandems und Gruppen konzentriert und verständnisvoll zuzuhören und sich gegenüber dem/den jeweiligen Gesprächspartner/n klar und verständlich auszudrücken. Eine derartige Kultur des guten Zuhörens ist in unseren Schulen bislang keinesfalls die Regel.

Ablauf (Mikrospirale):

1. Stille Post als Basisübung
2. Gespräche im Doppelkreis
3. Reflexion in der Kleingruppe
4. Kettengeschichte erzählen
5. Feedback und Plakatgestaltung

Arbeitsschritte: Im ersten Schritt stellen sich die Kinder der Klasse in einer Reihe auf. Die Lehrperson gibt dem ersten Kind ein Kärtchen z.B. mit dem Satz »Ein Hase rennt über das Kartoffelfeld im Galopp«. Dieses liest den Satz durch und flüstert ihn dann dem nächsten Kind ins Ohr, dieses wiederum dem nächsten usw. Am Ende dieser »Nachrichtenkette« muss der letzte Schüler die empfangene Nachricht auf ein separates Kärtchen schreiben. Dieses Stille-Post-Spiel kann anhand einer zweiten Eingangsinformation wiederholt werden. Wichtig ist, dass in der anschließenden Reflexion bewusst gemacht wird, dass Zuhören gelernt sein will. Diese Erkenntnis wird im zweiten Arbeitsschritt dahingehend vertieft, dass die SchülerInnen im Doppelkreis (siehe M1) zu einem bestimmten Erfahrungsbereich einem Zufallspartner berichten müssen. Gestartet wird dieses »aktive Zuhören« mit einer kurzen vorbereitenden Notizphase. Dann beginnen die SchülerInnen im Innenkreis zu erzählen. Ihre Partner hören zu, fragen bei Bedarf nach und schreiben gegebenenfalls mit. Nach ca. 2 Minuten muss der jeweilige Zuhörer im Außenkreis das Gehörte in eigenen Worten zusammenfassen. Dann ertönt ein Klingelzeichen; die SchülerInnen im Innenkreis wandern im Uhrzeigersinn z.B. zwei Personen weiter und starten eine neue Erzähl-Nacherzähl-Runde – diesmal mit den Außenkreisvertretern in der aktiven Rolle. Im dritten Schritt besprechen die Kinder in Kleingruppen, wie sie diese Übung erlebt haben und berichten über ihre Eindrücke im Plenum. Im vierten Arbeitsschritt ist eine Satzketten-Übung vorgesehen. Jemand beginnt z.B. mit dem Satz »Ich heiße Tanja und esse gerne Tortellini«. Der Sitznachbar schaut den Vorredner an, wiederholt dessen Satz in indirekter Rede und fügt dann einen eigenen hinzu usw. Im fünften Schritt wird diese Übung unter Verwendung von M2 ausgewertet sowie auf Gruppenplakaten festgehalten, worauf beim »Miteinander-Reden« besonders zu achten ist.

Vorbereitung: M1 ist auf Folie zu übertragen; M2 wird im Klassensatz sowie einmal auf DIN-A3 kopiert. Moderationspunkte und Satzkärtchen sind bereitzustellen.

M 1

M 2

meine Begründung:

T 8

Regeln für die Gruppenarbeit entwickeln

Intention: Die SchülerInnen sollen klären und üben, wie eine gedeihliche Gruppenarbeit im Unterricht abzulaufen hat. Sie sollen über kooperativen Arbeitsprozesse nachdenken und die Probleme und Chancen des Gruppenunterrichts herausarbeiten. Sie sollen Regeln für ein konstruktives Miteinander in Gruppenarbeitsphasen entwickeln und in ihrer Fähigkeit und Bereitschaft zur Teamarbeit gestärkt werden.

Ablauf (Mikrospirale):

❶ Besinnungsphase mit erster Übung
❷ Puzzle in Gruppenarbeit zusammensetzen
❸ Elementare Gruppenregeln visualisieren
❹ Steckbrief in Gruppenarbeit erstellen
❺ Gruppenarbeitsvertrag abschließen

Arbeitsschritte: Im ersten Arbeitsschritt legt die Lehrkraft M1 als Folienpuzzle auf den Tageslichtprojektor. Die Kinder beschreiben das leicht aus den Fugen geratene Haus. Anschließend werden die einzelnen Folienteile kräftig durcheinander gemischt, sodass keine Struktur mehr erkennbar ist. Nun werden vier SchülerInnen ausgelost, die die ungeordneten Teile zu einem intakten Haus zusammenfügen sollen. Dabei darf nicht gesprochen werden. Ein kurzes Feedback der Gruppenmitglieder wie der Zuschauer zum beobachtbaren Gruppenverhalten schließt sich an. Im zweiten Arbeitsschritt wird die Klasse per Los- oder Abzählverfahren in mehrere Dreiergruppen unterteilt. Jede Gruppe erhält in einem Briefumschlag die in M2 und M3 abgebildeten Puzzleteile, die einmal zu einem Rechteck, zum anderen zu einem Dreieck zusammenzufügen sind. Dabei darf ebenfalls nicht gesprochen werden. Die Kinder kooperieren und setzen Mimik und Gestik ein. Im dritten Arbeitsschritt erhalten sie den Beobachtungsbogen M4, anhand dessen sie ihre Zusammenarbeit reflektieren. Danach überlegt sich jedes Kind zwei Regeln für die »gute Gruppenarbeit«. Anschließend filtern die jeweiligen Gruppenmitglieder drei gemeinsame Regeln heraus und notieren diese im Beobachtungsbogen M4. Danach gehen je zwei »Trios« zusammen und entwickeln als Sechsergruppe Plakate mit je fünf wichtigen Gruppenregeln und präsentieren diese am Ende im Plenum. Auf diese Weise entsteht ein gemeinsamer Verhaltenskodex. Im vierten Arbeitsschritt füllt jedes Kind in Einzelarbeit M5 aus. Dann werden neue Gruppen gebildet, in denen strittige Punkte besprochen und ein gemeinsamer »Ausschreibungstext« formuliert wird. Gruppensprecher tragen die Ergebnisse im Plenum vor. Im fünften Schritt schließlich wird auf der Grundlage der gewonnenen Erkenntnisse und Einsichten ein Gruppenvertrag erstellt (siehe M6) und abschließend ins Heft übertragen.

Vorbereitung: M1 bis M6 sind im Klassensatz zu kopieren. Stifte und Klebstoff werden von den Kindern mitgebracht.

M 1

M 2

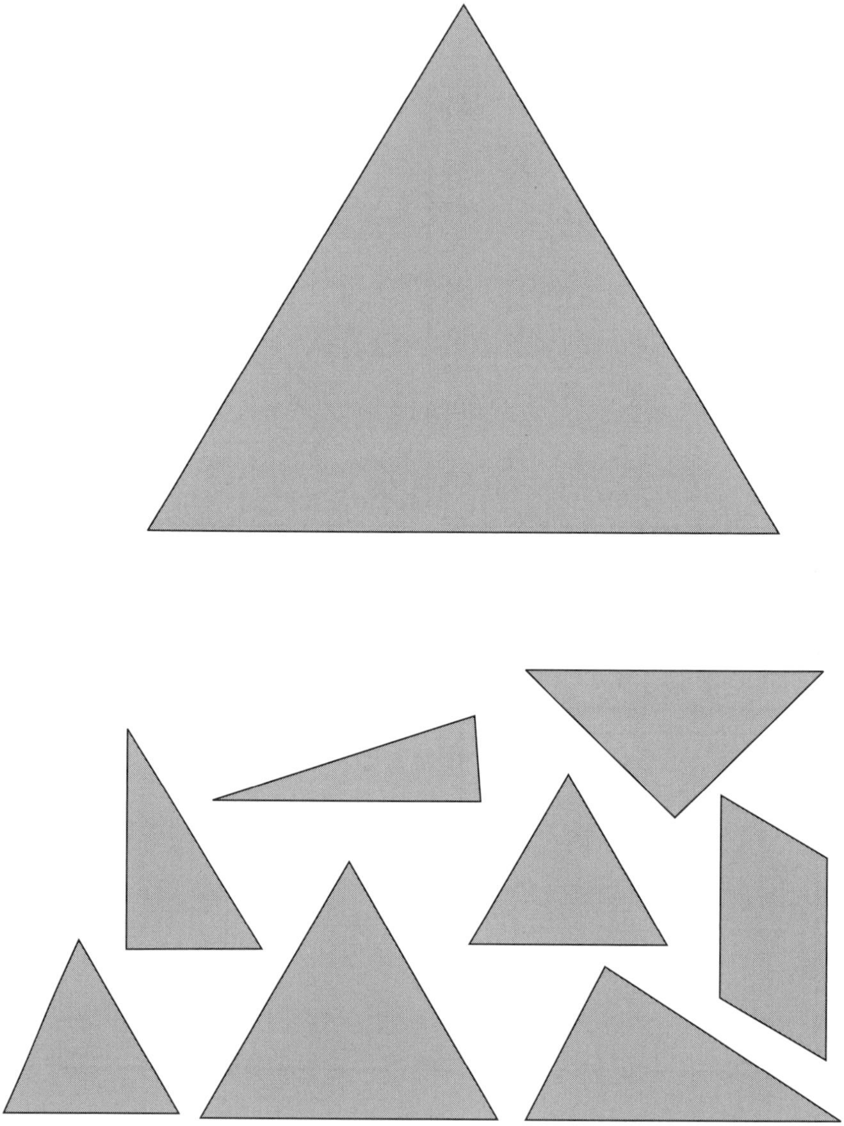

M 3

M 4

Beobachtungsbogen

	Ja	Nein
Hat jeder in eurer Gruppe mitgearbeitet?		
Habt ihr die Aufgabe gelöst?		
Hast du dich bei der Arbeit wohl gefühlt?		
Seid ihr freundlich miteinander umgegangen?		

Das ist für uns bei einer guten Gruppenarbeit wichtig:

1. ______________________________
____

2. ______________________________
____

3. ______________________________
____

M 5

Gesucht wird

ein neues Mitglied für unsere Gruppe

Unsere Gruppe besteht aus …

____

____

____

____

____

Wir können besonders gut …

____

____

____

____

____

Wir erwarten von dir …

____

____

____

____

M 6

Vertrag für unsere Gruppe

Wir wollen uns an folgende Regeln halten,
damit unsere Gruppe gut zusammenarbeitet
und wir uns in unserer Gruppe wohl fühlen …

1. ______________________________

____

____

2. ______________________________

____

____

3. ______________________________

____

____

4. ______________________________

____

____

5. ______________________________

____

____

T 9

Umgang mit Konflikten in Gruppen lernen

Intention: Die Schüler sollen erkennen, dass zu einer erfolgreichen Gruppenarbeit eine gute Atmosphäre und ein partnerschaftlicher Umgang gehören. Wenn Gruppenarbeit gelingen soll, müssen sich die Mitglieder wohl fühlen und in der Lage sein, auftretende Konflikte und Meinungsverschiedenheiten friedlich zu lösen. Ziel dieser Trainingsspirale ist es, die Kinder in puncto Konfliktlösung zu sensibilisieren.

Ablauf (Mikrospirale):

1. Fallbeispiel lesen und erschließen
2. Konflikterörterung in Kleingruppen
3. Tipps zur Konfliktlösung herausarbeiten
4. Rollenspiel in Gruppenarbeit vorbereiten
5. Präsentation des Rollenspiels und Feedback

Arbeitsschritte: Im ersten Arbeitsschritt erhalten die SchülerInnen Arbeitsblatt M1, das eine alltägliche Konfliktsituation in einer Klasse dokumentiert. Die SchülerInnen lesen den Text und machen sich Notizen zum Verhalten der einzelnen Kinder. Im zweiten Arbeitsschritt werden mittels Los oder Abzählen mehrere Zufallsgruppen mit je vier Kindern gebildet. Deren Aufgabe ist es, das Verhalten der angeführten SchülerInnen zu problematisieren und Vorschläge zu erarbeiten, wie die beschriebenen Gruppenprobleme (vielleicht) zu lösen sind. Hierbei hat sich jedes Gruppenmitglied zum einen oder anderen Problemschüler zu äußern, sodass sich niemand aus der Verantwortung stehlen kann. Im dritten Arbeitsschritt werden die zusammengetragenen Konfliktlösungs-Vorschläge im Plenum besprochen. Das Verhalten der einzelnen Personen wird kritisch beleuchtet, und gemeinsam werden Vorschläge formuliert, wie die in M1 skizzierten Störungen behoben werden können. Diese Tipps schreibt die zuständige Lehrperson an die Tafel. Die SchülerInnen kleben ihrerseits M1 ins Heft und übertragen den Tafelanschrieb in M1. Im vierten Arbeitsschritt wird zur Vertiefung ein Rollenspiel durchgeführt. Dazu werden acht Zufallsgruppen eingerichtet, die je eine der vier Rollenkarten ziehen (siehe M2). Jede Rolle ist also doppelt besetzt. Die Gruppen überlegen nun, wie sich der von ihnen zu entsendende Rollenspieler verhalten und im Spiel argumentieren soll. Im fünften und letzten Arbeitsschritt wird das Rollenspiel durchgeführt. Dazu muss sich aus jeder Gruppe jemand melden, der die entsprechende Rolle übernehmen möchte. Am Ende des Rollenspiels steht ein Feedback sowohl der Spieler als auch der Zuschauer. Ein Lehrerkommentar und ein Unterrichtsgespräch zum abgelaufenen Gruppenprozess schließen sich an.

Vorbereitung: M1 muss für jeden Schüler bereitgestellt werden. Die Lehrkraft muss die Rollenkärtchen auseinander schneiden und kann sie gegebenenfalls auf farbiges Papier kopieren. Stifte und Notizblätter sind von den SchülerInnen mitzubringen.

M 1

»Schon wieder Gruppenarbeit!«, stöhnt Stefan, als der Lehrer die Klasse abzählen lässt, um Zufallsgruppen zu bilden. Schon erhält jede Gruppe ein Arbeitsblatt, das sie gemeinsam ausfüllen soll.

Markus fängt direkt an, die Aufgabe zu lösen.

Anja und Rosi setzen sich zusammen und lesen sich den Text erst mal in Ruhe durch.

Stefan lehnt sich zurück und beobachtet die anderen. »Sag mir Bescheid, wenn du fertig bist, dann schreibe ich es schnell ab«, sagt er zu Markus und grinst dabei.

Beschreibe das Verhalten der einzelnen Schüler.
Lobe oder kritisiere sie!

Markus:

Anja:

Rosi:

Stefan:

M 2

Klaus
Du magst Gruppenarbeit überhaupt nicht und arbeitest lieber für dich alleine. Du weißt nicht wofür Gruppenarbeit gut sein soll. Außerdem hat der Lehrer dann überhaupt nichts zu tun.

Du redest gerne und hältst die anderen von der Arbeit ab.

Anke
Du magst Gruppenarbeit, weil du glaubst, dass es für alle viel bringt. Du möchtest im Unterricht häufiger Gruppenarbeit.

Du kannst ganz schön aggressiv werden, wenn dir jemand dumm kommt. Dann sagst du z.B.: »Du bist doch bescheuert!«

Danijela
Du siehst mehr Vorteile als Nachteile in der Gruppenarbeit. Deshalb bist du neugierig und fragst immer wieder nach.
Streit magst du überhaupt nicht, deshalb bemühst du dich, auf ein gemeinsames Ergebnis zu kommen. Dir ist es wichtig, dass jeder zu Wort kommt.

Jason
Du hast mit Gruppenarbeit unterschiedliche Erfahrungen gemacht; das kommt auf das Thema an. Außerdem ist dir diese ganze Diskussion ziemlich egal, denn du hast heute sehr schlechte Laune. Viel lieber willst du über das nächste Sportfest reden. Deshalb kommst du immer wieder auf dieses Thema.

T 10 Kooperative Präsentationsformen einüben

Intention: Die SchülerInnen sollen sich darin üben, ihre Gruppenergebnisse möglichst anschaulich, lebendig und wirksam vor der Klasse zu präsentieren, und zwar unter Beteiligung mehrerer Gruppenmitglieder. Diese kooperative Präsentationsweise möglichst ausgewogen und überzeugend gestalten zu lernen, ist Inhalt und Ziel dieser Trainingsspirale. Diesbezüglich besteht erheblicher Klärungsbedarf.

Ablauf (Mikrospirale):

❶ Impulstext erarbeiten
❷ Präsentationsideen sammeln
❸ Darstellungstechniken klären
❹ Gruppenpräsentation vorbereiten
❺ Präsentation im Plenum durchführen

Arbeitsschritte: Im ersten Arbeitsschritt erhalten die SchülerInnen den Impulstext M1, der zunächst in Einzelarbeit sorgfältig zu lesen und zu markieren ist. Darüber hinaus müssen sie überlegen, wie der betreffende Text interessant präsentiert werden kann. Im zweiten Schritt werden per Los mehrere Gruppen mit ca. vier Mitgliedern gebildet, die sich reihum ihre Präsentationsideen vorstellen und dabei in der Regel die Erfahrung machen, dass sie gemeinsam wesentlich kreativer sind als alleine. Die in der Gruppe zusammengetragenen Präsentationsideen werden anschließend intern besprochen und auf ein bestimmtes Verfahren hin verdichtet. Im dritten Schritt erhalten die SchülerInnen sodann M2, auf dem fünf Darstellungstechniken abgebildet sind. Diese alternativen Präsentationsformen werden zunächst in Partnerarbeit und dann im Plenum besprochen und auf ihre Praktikabilität hin abgeklopft. Danach folgt im vierten Arbeitsschritt eine Anwendung des Gelernten dergestalt, dass ausgehend von M3 und M4 möglichst überzeugende Präsentationen zu den Jahreszeiten vorbereitet und durchgeführt werden müssen. Dazu werden mehrere Zufallsgruppen gebildet, die sich ihre Jahreszeit losen müssen. Auf dem Lehrerpult stehen zwei Lostöpfe. Im ersten liegen Informationskärtchen zu den besagten vier Jahreszeiten (siehe M3 und M4), im zweiten befinden sich beschriftete Lose mit den Darstellungsformen »Spielen«, »Malen«, »Geschichte«, »Pantomime« und »Ausstellung«. Mitglieder einer jeden Gruppe ziehen nun aus den beiden Töpfen je ein Los und bereiten eine entsprechende Präsentation unter Beteiligung aller Gruppenmitglieder vor. Dafür sind ca. 50 Minuten anzusetzen. Im letzten Schritt werden die Präsentationen dargeboten. Nach jeder Vorführung erfolgt ein kurzes Feedback.

Vorbereitung: M1 bis M4 müssen im Klassensatz kopiert werden. Plakate, Wachsmalstifte, Folien, Folienstifte, Klebstoff und Tesakrepp sind bereitzustellen.

Ein Schlaumeier

M 1

Irgendwo an der Grenze erschien der Wastl hoch zu Fahrrad mit einem großen Karton auf dem Gepäckträger bei der Zollkontrolle.
»Etwas zu verzollen?«, fragte der Zöllner.
»Nein, nichts!«
»Was haben Sie im Karton?«
»Bloß Sand«, sagte der Wastl, »den bring' ich dem Maler für seine Kinder zum Spielen.«
»Aufmachen!«, sagte der Zöllner.
Aber es war nur Sand.
»Fahren Sie weiter«, sagte der Zöllner ärgerlich, »den Sand brauchen Sie nicht zu verzollen!«
Am nächsten Tag kam der Wastl wieder angeradelt, mit einem Karton Sand für die Kinder. Er musste absteigen, der Sand wurde durchsucht. Nichts. Er durfte weiterfahren.
Doch als er am dritten Tag wiederkam, eilten gleich fünf Mann herbei. Der Karton wurde ausgeleert, jedes Körnchen beguckt. Nichts wurde gefunden. Verärgert beförderten die Beamten den Sand wieder in den Karton.
Von da an konnte der Wastl ungehindert, Tag für Tag, Woche für Woche, mit dem Sand für die Kinder vom Maler über die Grenze radeln. Er hatte seinen Frieden, obwohl ihm die Zöllner nicht trauten. Verzweifelt dachten die Zollbeamten nach, was wohl der Wastl über die Grenze bringen könnte.
Eines Tages traf ein Zöllner den Wastl leicht angeheitert beim Wirt. Er trank weiter mit ihm auf gute Freundschaft und fragte ihn ganz vertraulich: »Sag mal, Wastl, ich verrat' dich nicht, und es passiert dir auch nichts, was schmuggelst du eigentlich?«
Da lachte der Wastl in seinem Rausch: »Ja, seid ihr denn nicht drauf gekommen? Fahrräder natürlich, heut hab ich das letzte Stück auf die andere Seite geradelt.«

M. Taborsky

M 2

Trage diese Beschreibungen unter dem passenden Bild ein!

Bild (ein Bild zeichnen, einen Comic zeichnen, ein Plakat herstellen, …)

Pantomime (eine Geschichte vorspielen ohne zu sprechen)

Erzählen (einen Text vorlesen, frei erzählen, …)

Ausstellung (Plakate, Bilder, Collagen aufhängen und anschauen)

Spiel (ein Rollenspiel durchführen, ein Puppenspiel aufführen, mit Marionetten vorspielen, …)

M 3

Im Frühling werden die Tage länger und das Wetter wird schöner. Man hört Vögel singen, die ersten Blumen sprießen und die Bäume bekommen Blätter.
Frühlingsmonate sind:
März, April und Mai.
In dieser Zeit kann allerhand passieren …

Die wärmste Jahreszeit ist der Sommer. Man kann ins Schwimmbad gehen.
Sommerzeit ist Urlaubszeit!
Äpfel und Birnen werden reif.
Sommermonate sind:
Juni, Juli und August.
In dieser Zeit kann allerhand passieren …

M 4

Im Herbst werden die Tage kürzer und es wird kälter.
Viele Vögel fliegen in wärmere Gebiete.
Obst und Getreide werden geerntet.
Herbstmonate sind:
September, Oktober und November.
In dieser Zeit kann allerhand passieren…

Im Winter ist es morgens dunkel, wenn du zur Schule gehst.
Die Bäume sind kahl und es ist sehr kalt.
Wintermonate sind:
Dezember, Januar und Februar.
In dieser Zeit kann allerhand passieren…

IV. Hinweise und Beispiele zur schulinternen Umsetzung

In diesem abschließenden Kapitel werden einige Erfahrungen, Anregungen und praktische Beispiele vorgestellt, wie sich die skizzierte Methodenschulung im Alltag der Grundschulen umsetzen lässt. Grundsätzlich gilt: Die Umsetzung gelingt umso besser, je mehr Lehrkräfte an einem Strang ziehen und sich gegenseitig unterstützen, anregen und die Arbeit erleichtern. Das gilt auch und nicht zuletzt für den Primarbereich. Das hat die Evaluation in Nordrhein-Westfalen sehr deutlich gezeigt (vgl. Bastian/Rolff 2002). Das beginnt bei der Teamfortbildung und reicht über gemeinsame Workshops bis hin zu regelmäßigen Teambesprechungen. Wichtig für den Erfolg der Methodenschulung sind aber nicht nur funktionierende Teamstrukturen, sondern auch und zugleich präzise, verbindliche »Fahrpläne» für die Umsetzung der unterschiedlichen Vorbereitungs- und Schulungsmaßnahmen. Näheres dazu wird in diesem Kapitel ausgeführt.

1. Lehrertraining als Basisstrategie

Wie sich bei zahlreichen Veranstaltungen und Gesprächen mit GrundschullehrerInnen gezeigt hat, sind ihnen viele der hier ins Auge gefassten Methoden im Ansatz durchaus bekannt, nicht aber hinreichend vertraut. Kurzum: Es mangelt ihnen sowohl am nötigen praktischen Know-how als auch an hinreichenden persönlichen Erfahrungen im Umgang mit diesen Methoden. Wie kann mit Kindern der ersten bis vierten Klassen Methoden-, Kommunikations- und Teamschulung betrieben werden und welche Übungen sind diesbezüglich geeignet? Diese und andere Fragen lassen sich nun einmal theoretisch nur schwer beantworten. Nötig sind vielmehr konkrete Einblicke und Mut machende persönliche Erfahrungen und Erlebnisse, die genauere Vorstellungen davon entstehen lassen, wie die besagten Methoden und Übungen auf die SchülerInnen wirken und sich im alltäglichen Unterricht umsetzen lassen. Kein Wunder also, dass der Ruf nach entsprechenden Fortbildungsangeboten ertönt.

Signalisiert wird von vielen Lehrkräften der nachdrückliche Wunsch nach möglichst ausgeprägtem »Erfahrungslernen«, das ihnen Gelegenheit gibt, die für den unterrichtlichen Einsatz vorgesehenen methodischen Übungen zunächst einmal selbst zu erleben, um sie dann gemeinsam näher zu reflektieren und auf ihre unterrichtlichen Umsetzungsmöglichkeiten hin abzuklopfen. An dieser methodenzentrierten »Selbsterfahrung« mangelt es bislang noch in hohem Maße. Das ist insofern ein Dilemma, als die skizzierten Methoden von den Lehrkräften erfahrungsgemäß nur dann offensiv eingesetzt werden, wenn sie von den praktischen Umsetzungsprozeduren und Erfolgsaussichten dieser Methoden hinreichend überzeugt sind. So gesehen gilt es, die entsprechende Überzeugungsarbeit konsequent zu forcieren und das korrespondierende »learning by doing« auszubauen. Durch das hier in Rede stehende Lehrertraining wird dieser Einsicht Rechnung getragen.

Welche Möglichkeiten des Lehrertrainings es gibt und wie das besagte »Erfahrungslernen« in Gang gesetzt werden kann, lässt sich aus der linken Spalte von Abbildung 19 ersehen. Eine erste Möglichkeit betrifft den sporadischen Besuch einschlägiger Lehrerfortbildungsseminare zum Methoden-, Kommunikations- und/oder Teamtraining mit Kindern sowie zu EVA im Fachunterricht – vorausgesetzt die zuständigen Fortbildungsinstitute unterbreiten entsprechende Angebote. Angeboten werden derartige »Schnupperseminare« seit Jahr und Tag vom Lehrerfortbildungsinstitut in Landau (EFWI), an dem die Verfasser dieses Buches als Dozenten und Trainer tätig sind. Auch andere Fortbildungsinstitute in Berlin, Hessen, Nordrhein-Westfalen, München und Nürnberg verfügen über ausgebildete »Klippert-TrainerInnen«, die entsprechende methodenzentrierte Trainingsseminare anbieten. Die betreffenden Seminare dauern in der Regel zwei bis drei Tage und sind durch vielfältige praktische Übungen, Reflexionen und sonstige Beispiele, Tipps und Materialangebote »angereichert«.

Neue Methoden erleben	Neue Methoden vorbereiten	Neue Methoden umsetzen
• Besuch einschlägiger Lehrerfortbildungsseminare (meist 2- bis 3-tägig) • Teilnahme an schulinternen »Schnupperseminaren« mit ausgewählten Übungen (3–8 Std.) • Teilnahme an Studientagen fürs Gesamtkollegium (mit praktischen Übungen) • Hospitationen im Unterricht erfahrener KollegInnen • Teilnahme an mehrtägigen schulinternen Seminaren	• Workshops zur Vorbereitung spezieller Trainingsspiralen • Workshops zur Vorbereitung fachspezifischer Lernspiralen (zur Methodenpflege) • Individuelle Vorbereitung methodenzentrierter Lernarrangements für den eigenen Unterricht • Vorbereitung spezieller methodischer Übungen für die Elternarbeit • Teamsitzungen zur Auswertung und Überarbeitung des Schülertrainings	• Punktuelle Methodenpflege im eigenen Fachunterricht • Durchführung einzelner Trainingsspiralen im Rahmen von AG's etc. • Gelegentliches Teamteaching zur gemeinsamen Erprobung bestimmter methodischer Übungen • Methodentag mit differenzierten Übungen zu einem Methodenbereich • Mehrtägiges Schülertraining mit differenzierten Übungen zu mehreren Methodenfeldern

Abb. 19 © Dr. H. Klippert

Ähnliches gilt für die schulinternen »Schnupperseminare«, die im Unterschied zu den erstgenannten Fortbildungsveranstaltungen vorrangig durch erfahrene LehrerInnen der beteiligten Schulen moderiert und mit den nötigen praktischen Übungen und »Inputs« bestückt werden. Zeitlich erstrecken sich diese selbstorganisierten Qualifizierungsmaßnahmen in der Regel über drei bis fünf Stunden – teils nach Schulschluss am Nachmittag, teils mit partieller Unterrichtsbefreiung am Vor- und Nachmittag. Wenn die Eltern entsprechend informiert sind, ist die erforderliche Unterrichtsbefreiung normalerweise kein Problem. Unter Umständen muss eben nur für die Kinder, die nicht vorzeitig nach Hause können, eine soziale Betreuung bzw. Beaufsichtigung organisiert werden. Dabei kann durchaus auf die Unterstützung einzelner Eltern (Mütter) zurückgegriffen werden.

Die dritte in Abbildung 19 angeführte Fortbildungsmöglichkeit betrifft die gängigen Studientage (Pädagogischen Tage) für ganze Kollegien, die ebenfalls mit einschlägigen Übungen und Reflexionen verbunden sind. Diese Studientage können sowohl von externen als auch von internen »Experten« moderiert und vorbereitet werden. Wichtig ist nur, dass die betreffenden »TrainerInnen« über einschlägige Unterrichts- und Fortbildungserfahrungen verfügen und von daher möglichst überzeugend in der Lage sind, didaktisch-methodische Grundinformationen wie bewährte praktische Übungen anzubieten. Erleichtert wird diese Fortbildungsaufgabe dadurch, dass es während der besagten Studientage in erster Linie darum geht, mit den versammelten KollegInnen bewährte Schülerübungen exemplarisch durchzuspielen und nicht etwa primär ein spezielles Übungsprogramm für Erwachsene anzubieten und zu entwickeln. Diese Synchronisation von Fortbildung und Unterrichtsgestaltung ist ein Markenzeichen des hier in Rede stehenden Erfahrungslernens.

Selbstverständlich können auch Hospitationen und Teamteaching dazu beitragen, dass die anvisierten neuen Methoden anschaulich erfahrbar werden. Erleichtert wird diese Art des Erfahrungslernens durch die gemeinsame Vorbereitung entsprechender Trainings- und Lernarrangements. Denn die Bereitschaft zur wechselseitigen Hospitation steht und fällt erfahrungsgemäß damit, dass es zwischen den beteiligten Personen einen hinreichenden Grundkonsens in punkto Methodenschulung gibt. Mit anderen Worten: Je größer die praktische Vertrautheit der betreffenden Lehrpersonen mit den vorgesehenen methodischen Lernarrangements und je ausgeprägter ihr pädagogisches Einvernehmen, desto geringer fallen in aller Regel ihre Ängste und Vorbehalte gegenüber Hospitationen und anschließenden Unterrichtsbesprechungen aus. Von daher bieten sich Workshops zur gemeinsamen Unterrichtsvorbereitung nachgerade an; sie erweitern nicht nur das Knowhow der teilnehmenden Lehrkräfte, sondern auch und nicht zuletzt die Bereitschaft zur Öffnung des eigenen Unterrichts für interessierte »Besucher« aus dem eigenen Kollegium.

Die fünfte in Abbildung 19 angeführte Ebene des Erfahrungslernens betrifft ein sehr weitreichendes Lehrerfortbildungsprogramm, wie es seit zwei Jahren in zahlreichen Grundschulen in Nordrhein-Westfalen praktiziert wird. Dort gibt es in den vom Verfasser betreuten Modellregionen Herford und Leverkusen insgesamt rund 40 Grundschulen, die sich mit Unterstützung durch Eltern und Schulaufsicht daran gemacht haben, ganze Fortbildungswochen durchzuführen, die Lehrertraining und Schülertraining unmittelbar integrieren. Wie das geschieht, lässt sich aus der schematischen Übersicht in Abbildung 20 ersehen. Demzufolge laufen die besagten Fortbildungswochen so ab, dass am Montagvormittag zunächst eine differenzierte Einführung zum jeweiligen Methodenfeld (z.B. Heftführung und Heftgestaltung) mit gezielten Informationen und ausgewählten praktischen Übungen erfolgt, ehe sich nachmittags eine korrespondierende Unterrichtsvorbereitung anschließt – eine Vorbereitung, in deren Rahmen die versammelten Lehrkräfte in Jahrgangs- oder Stufenteams versuchen, die eine oder andere Trainingsspirale für den eigenen Unterricht am nächsten Vormittag zu entwickeln (vgl. das Wochenprogramm in Abb. 6c auf Seite 54); dabei verfahren sie analog zu dem, was sie selbst als Trainingsspirale erlebt haben. So gesehen werden Lehrertraining und Schülertraining unmittelbar synchronisiert. Nötig ist lediglich eine gezielte Anpassung der selbst erlebten Übungen an die Möglichkeiten und Fähigkeiten der eignen SchülerInnen.

Der zweite Tag – Dienstag – beginnt alsdann damit, dass für drei Stunden »Erprobungsunterricht« in der je eigenen Klasse stattfindet, d.h. die vorbereiteten Trainingsspiralen werden im Unterricht unmittelbar ausprobiert und nötigenfalls durch weitere Lernangebote ergänzt (vgl. Abb. 20). Da in der Regel nicht alle Lehrkräfte in allen Stunden im Einsatz sind, werden partielle Hospitationen möglich und können zu ersten vertrauensvollen Gesprächen »von KollegIn zu KollegIn« genutzt werden. Nach Abschluss der dritten Unterrichtsstunde gehen die meisten SchülerInnen dann nach Hause; der Rest wird von »pädagogischen Hilfskräften« bis zum offiziellen Schulschluss betreut. Die Lehrkräfte dagegen setzen ihre Eigenfortbildung bis gegen 16.00 Uhr am Nachmittag fort. Gestartet wird diese Fortbildungsphase mit einer gezielten Reflexion der durchgeführten Unterrichts- bzw. Trainingssequenzen in Kleingruppen und/oder im Plenum; danach wird eine weitere Trainingsspirale zu einem neuen Methodenschwerpunkt (z.B. Unterstreichen und Markieren) im Lehrerkreis durchgespielt und reflektiert; und in einem letzten Tagesab-

Struktur eines 5-Tage-Trainings

durchgeführt in zahlreichen Grundschulen in NRW

	8.00 – 10.30 Uhr	11.00 – 13.00 Uhr	13.30 – 16.00 Uhr
1. Tag	Einführung ins PSE-Programm und erste praktische Übungen (Schwerpunkt EVA)	Durchspielen einer Trainingsspirale zu einem ausgewählten Methodenbereich	Vorbereitung einer entsprechenden Trainingsspirale für den Unterricht
2. Tag	Durchführung der Trainingsspirale im Unterricht ♦ evtl. mit Hospitation	Reflexion der Unterrichtsversuche ♦ Durchspielen einer weiteren Trainingsspirale	Vorbereitung einer entsprechenden Trainingsspirale für den Unterricht am nächsten Tag
3. Tag	Durchführung der Trainingsspirale im Unterricht ♦ Hospitation von Lehrern/Eltern	Reflexion der Unterrichtsversuche ♦ Durchspielen einer weiteren Trainingsspirale	Vorbereitung einer entsprechenden Trainingsspirale für den Unterricht am nächsten Tag
4. Tag	Durchführung der Trainingsspirale im Unterricht ♦ Hospitation von Lehrern/Eltern	Reflexion der Unterrichtsversuche ♦ Durchspielen einer weiteren Trainingsspirale	Vorbereitung einer entsprechenden Trainingsspirale für den Unterricht am nächsten Tag
5. Tag	Durchführung der Trainingsspirale im Unterricht ♦ Hospitation von Lehrern/Eltern	Feedback zur Trainingswoche ♦ Auswertungsgespräch ♦ evtl. Pressekonferenz	

Erstellt in Anlehnung an die Programmübersicht von »Schule & Co«

Abb. 20

schnitt wird erneut eine korrespondierende Trainingsspirale für die Erprobungsarbeit mit den SchülerInnen am nächsten Vormittag entwickelt.

Dieser Tagesablauf wiederholt sich Mittwoch und Donnerstag, wobei zusätzlich interessierten Eltern die Möglichkeit eingeräumt wird, in den unterrichtlichen Erprobungsphasen zu hospitieren. Von dieser Möglichkeit machen erfahrungsgemäß zwar nicht allzu viele Eltern Gebrauch, gleichwohl begünstigen vertrauensbildende Maßnahmen dieser Art das Innovationsklima in der jeweiligen Schule nicht unwesentlich. Am Freitag schließlich geht es nach Beendigung des Erprobungsunterrichts um die Auswertung der Trainingswoche. Dabei steht zunächst die Frage im Vordergrund, was während der Woche gelungen ist, was Schwierigkeiten bereitet hat und was bei der nächsten Trainingswoche anders und besser gemacht werden sollte. Die dabei zusammenkommenden Rückmeldungen werden sorgfältig festgehalten und bei der Vorbereitung der nächsten Fortbildungswoche berücksichtigt. Hierbei empfiehlt es sich, klare Zuständigkeiten zu schaffen, damit die gefassten Vorsätze und Anregungen zu gegebener Zeit auch tatsächlich bedacht und verbindlich umgesetzt werden. Denn die nächste Fortbildungs- und Trainingswoche kommt in den betreffenden Grundschulen bestimmt. In den erwähnten NRW-Grundschulen wurden derartige Qualifizierungswochen im Halbjahres- bzw. Jahresabstand durchgeführt und zwar zu den bekannten Methodenfeldern »Methodentraining mit Schülern«, »Teamentwicklung im Klassenraum« und – bislang noch eher selten – »Kommunikationstraining im Unterricht«.

Die Erfahrungen mit diesen Trainingswochen sind bislang außerordentlich positiv. Die konsequente Verzahnung von methodenzentrierter »Selbsterfahrung«, gemeinsamer Reflexion, kooperativer Unterrichtsvorbereitung, unmittelbarer Erprobung im Unterricht, Hospitationen und Unterrichtsbesprechungen – und das gleich mehrfach hintereinander – lässt kaum jemanden unberührt und unbeeindruckt. Das ist unter dem Gesichtspunkt der Teamentwicklung und der Kreativitätsförderung in den Kollegien gar nicht hoch genug einzuschätzen. Freilich lässt sich ein derartiges Programm nur dann ernsthaft realisieren, wenn das jeweilige Kollegium entschieden dahinter steht, und die betreffenden Elternvertreter die skizzierte Fortbildungs- und Trainingswoche mit allen ihren Konsequenzen akzeptieren und unterstützen. Das gilt vor allem für den ins Haus stehenden Unterrichtsausfall. Die Tatsache, dass die Elternschaft in den besagten Grundschulen in NRW die mutige Qualifizierungsoffensive ihrer Kollegien durchweg zu schätzen wusste, macht deutlich, dass im Schulalltag offenbar doch manches geht, was bis dato als eher utopisch und undurchführbar galt. So gesehen sind unkonventionelle Qualifizierungsprogramme der genannten Art nicht nur nötig und hilfreich, sondern sie sind auch durchaus möglich und mit Gewinn für alle Beteiligten zu realisieren.

Alles in allem lässt sich festhalten, dass das skizzierte »learning by doing« der Lehrkräfte ein entscheidender Hebel ist, um die anvisierte Methodenschulung im Unterricht wirksam in Gang zu setzen. Denn was Lehrkräfte nicht selbst erlebt und erfahren haben, das bleibt ihnen in aller Regel auch relativ fremd und wird bestenfalls halbherzig übernommen und im Unterricht umgesetzt. Mit den angeführten Fortbildungs- und Trainingsmaßnahmen wird dieser drohenden Halbherzigkeit entgegengewirkt. Mit anderen Worten: Über Methodenschulung wird in den betreffenden Seminaren nicht nur geredet und informiert, sondern es werden ausgewählte methodische Arrangements auch ganz praktisch durchgespielt und auf dem Hintergrund des eigenen Erlebens reflektiert und für die Umsetzung im eigenen Unterricht aufbereitet. Dieses Simulationsverfahren hat sich in den zurückliegenden Jahren als ausgesprochen hilfreich erwiesen und gehört mittlerweile zum festen Bestandteil der entsprechenden Fortbildungstagungen in Rheinland-Pfalz wie in anderen Bundesländern.

Als hilfreich und wichtig haben sich des Weiteren die Systematik und die konsequente Teamorientierung der Fortbildung erwiesen. »Systematik« meint hierbei, dass das besagte Erfahrungslernen der Lehrkräfte möglichst regelmäßig und verbindlich stattfindet, damit sich in einem überschaubaren Zeitraum ein tragfähiges Know-how bilden kann. Diese Systematik ist selbstverständlich bei der zuletzt beschriebenen Trainingswoche am stärksten gegeben, da sich in diesem Rahmen praktische Übungs-, Reflexions-, Planungs-, Anwendungs-, Hospitations- und Auswertungsphasen sehr dicht und redundant miteinander verzahnen lassen. Bei gelegentlichen Halbtages- oder Tagesveranstaltungen ist das natürlich deutlich weniger gewährleistet. Daher ist auf jeden Fall anzuraten, die Lehrerfortbildung so zu organisieren, dass entweder mehrtägige Komptaktfortbildungen mit integriertem (Teilzeit-)Unterricht stattfinden oder aber dort, wo dieses nicht möglich ist, zumindest auf Veranstaltungsreihen gesetzt wird, die mehrere aufeinander aufbauende Tages- und/oder Halbtagesveranstaltungen pro Jahr umfassen. Eine solche Reihe kann z.B. mit einem Studientag beginnen und über präzise festgelegte Konferenzen und Workshops zu einem zweiten Studientag mit integrierten Unterrichtsversuchen und Hospitationen führen. Derartige Studientagsreihen bietet das EFWI in Landau seit Jahr und Tag an.

2. Konsequente Teamarbeit im Kollegium

Zum angesprochenen Kriterium der Teamorientierung gehört, dass das anvisierte Methodenlernen in der Schule so organisiert wird, dass die Mitglieder des jeweiligen Kollegiums in möglichst vielfältiger Weise zur Teamarbeit veranlasst werden. Das beginnt bei der externen Teamfortbildung, an der mindestens zwei bis drei Lehrkräfte gleichzeitig teilnehmen, und reicht über die schulinterne Teamarbeit im Rahmen von Konferenzen und Workshops bis hin zum gelegentlichen Teamteaching im Zuge der unterrichtlichen Umsetzung der neuen Methoden. Bestätigt wird die Bedeutung konsequenter Lehrerkooperation für den Erfolg der Unterrichtsentwicklung u.a. durch die Evaluation des »Klippert-Programms« in Nordrhein-Westfalen. Wie die Professoren Johannes Bastian und H.-G. Rolff in ihrer Abschlussevaluation des Projekts »Schule & Co« feststellen, erleben die befragten Lehrerkräfte die Teams, in die sie eingebunden sind, als wesentlichen Rückhalt und als Hilfe bei der persönlichen Reflexion der laufenden Methodenschulung. Die regelmäßige Teamarbeit im Rahmen von Fortbildung, Workshops und sonstigen Teamsitzungen wirke der individuellen Verunsicherung entgegen, die mit der veränderten Lehrerrolle einhergehe, wie sie im Zuge der neuen Lern- und Methodenkultur zu übernehmen sei (vgl. Bastian/Rolff 2002, S. 18).

So gesehen wirkt Teamarbeit – wenn sie denn einigermaßen funktioniert – inspirierend und motivierend, ermutigend und entlastend. Sie erweitert die Ideenvielfalt der betreffenden Lehrkräfte und erleichtert die Entwicklung neuer Materialien und Lernarrangements. Und sie führt zu größerer Überzeugungskraft und Durchsetzungsfähigkeit gegenüber Eltern, Schulleitung, Kollegium und Schulaufsicht, wenn es darum geht, die Implementierung der skizzierten Methoden- und EVA-Schulung sicherzustellen. Teamarbeit ist einer der entscheidenden Schlüssel auf dem Weg zu einer neuen Lernkultur. Denn der Einzelne kann noch so gut qualifiziert sein, er wird die anvisierte Lernkultur im Alleingang nicht aufbauen und pflegen können. Dazu bedarf es einer *konzertierten Aktion* gleich mehrerer Lehrkräfte, die ihre SchülerInnen Tag für Tag in puncto EVA, Methodentraining, Kommunikationstraining und Teamtraining fordern und fördern.

Eingespielte Teamstrukturen und Teamkompetenzen sind an unseren Schulen bislang allerdings eher selten zu finden. In vielen Kollegien herrscht nach wie vor das klassische Einzelkämpfertum vor. »Ich und meine Klasse«, das ist der pädagogische Horizont, der für nicht wenige Lehrkräfte maßgebend ist – gerade in den Grundschulen. Kein Wunder also, dass unter diesen Umständen eine nachhaltige Unterrichtsentwicklung schwer ist. Denn letztlich muss die ganze Energie, Arbeit und Ideenvielfalt, die eine Unterrichtsreform nun einmal verlangt, von der jeweiligen Einzelperson aufgebracht werden. Das mündet natürlich schnell in Überforderung ein oder führt eben zu dem, was hinlänglich bekannt ist: nämlich zum mehr oder weniger krampfhaften Festhalten am althergebrachten Methodenrepertoire. Bildungsreformen, so weiß der kanadische Schulentwicklungsforscher Michael Fullan überzeugend zu berichten, schlagen vor allem deshalb fehl, weil keine »neue pädagogische Teamkultur« erreicht wird (Fullan 1999, S. 85). Soll dieses Dilemma aufgelöst werden, so muss zwingend dafür gesorgt werden, dass stabile und funktionierende Teamstrukturen entstehen, die den skizzierten Innovationsprozess anstoßen, absichern und erfolgreich in Gang halten.

Kennzeichnend für diese Teamkultur sind Teams auf verschiedenen Ebenen – auf der Leitungsebene genauso wie auf der Jahrgangs-, Stufen- und/oder Fachebene (vgl. Abb. 21). Da die meisten Grundschulen freilich relativ kleine Systeme sind, bedarf es in der Regel keiner überzogenen Ausdifferenzierung dieser Teamstruktur. Zu empfehlen ist auf jeden Fall die Einrichtung eines *Steuerungsteams*, das sich um die in Abbildung 21 angeführten »Führungsaufgaben« kümmert und für möglichst innovationsfördernde Rahmenbedingungen sorgt. Mitglieder dieses Steuerungsteams sind obligatorisch der/die SchulleiterIn und ein Vertreter des örtlichen Personalrats sowie wahlweise ein bis drei weitere engagierte KollegInnen, die sich um das übergeordnete Innovationsmanagement kümmern wollen.

Die zweite wichtige Ebene betrifft die *Jahrgangsteams*, die sowohl für die Vorbereitung der Trainingstage/-wochen als auch für die möglichst konsequente Methodenpflege in den unterschiedlichen Fächern zuständig sind. In kleineren Grundschulen können diese Jahrgangsteams auch durch »Stufenteams« für die 1./2. und die 3./4. Jahrgangsstufe ersetzt werden; in größeren Grundschulen ist es dagegen unter Umständen sinnvoll, zusätzlich spezielle Fachteams zu bilden, die in besonderer Weise dafür verantwortlich sind, dass einschlägige Lernarrangements und Materialen für die gängigen Grundschulfächer entwickelt und archiviert werden. Diese Trennung von Fachteams und Jahrgangsteams erübrigt sich in der Regel jedoch, weil die betreffenden Lehrkräfte für ihre Klassen so umfassend zuständig sind, dass sie sowohl das Methodentraining als auch die Methodenpflege im Rahmen des EVA-Unterrichts abdecken.

Die Hauptfunktion des erwähnten Steuerungsteams liegt darin, die schulinterne Fortbildung und Umsetzung der neuen Methoden- und Lernkultur konsequent zu unterstützen und entsprechende Rahmenbedingungen und Verbindlichkeiten zu schaffen. Denn das größte Problem der Unterrichtsentwicklung ist seit Jahr und Tag, dass in den Schulen viel zu unverbindlich, punktuell und planlos gearbeitet wird. Das gilt nicht nur für die weiter oben angesprochenen Einzelkämpfer, sondern häufig auch für die in den Schulen existierenden Gruppen und Grüppchen. Da werden weder konkrete Schritte vereinbart noch verbindliche Termine festgelegt. Da werden getroffene Absprachen nicht eingehalten und erforderliche Vorbereitungsarbeiten vernachlässigt. Da stimmt der Informationsfluss nicht, und die interne (Selbst-)Kontrolle lässt zu wünschen übrig. Da sind viele vage Vorsätze vorhanden, aber niemand übernimmt so recht die Verantwortung. Wenn diese *Kultur der Unverbindlichkeit* überwunden werden soll, dann bedarf es dazu zwingend kompetenter »Führungskräfte«, die für klare Vereinbarungen, präzise Zeit- und Arbeitspläne, zügigen Informationsfluss, ergiebige Konferenzen, geschickte Öffentlichkeitsarbeit sowie insgesamt für innovationsfördernde Rahmenbedingungen Sorge tragen. Muss dieses übergreifende Projektmanagement nämlich auch noch von den für die unterrichtliche Trainings- und Innovationsarbeit zuständigen Lehrkräften geleistet werden, so führt das

Teams zur Umsetzung der Methodenschulung

Steuerungsteam

zuständig für …

▼

Teambildung im Kollegium

♦

Erstellen von »Fahrplänen«

♦

Organisation der Fortbildung

♦

Produktive Konferenzarbeit

♦

Ressourcen-Bereitstellung

♦

Öffentlichkeitsarbeit

♦

Konfliktbereinigung

etc.

Jahrgangsteams

zuständig für …

▼

Trainingstage bzw. -wochen

♦

Methodenpflege in den Fächern

♦

Gestaltung des Klassenraums

♦

Materialentwicklung

♦

Gezielte Elternarbeit

♦

Hospitationsangebote

♦

Evaluation

etc.

Konkrete Umsetzungsmaßnahmen

Fortbildung des Steuerteams im Blick auf seine Aufgaben	Trainingstage mit Schülern	EVA im Fachunterricht
Gezielte Hospitationen	Fortbildung der Jahrgangsteams im Blick auf ihre Aufgaben	Evaluationsphasen im Unterricht
Gelegentliches Teamteaching	Evaluations-konferenzen	Workshops der Jahrgangsteams zur Material-entwicklung

Abb. 21

beinahe zwangsläufig zur Überforderung. Von daher empfiehlt sich die Einrichtung eines engagierten Steuerungsteams.

Gleiches gilt für die Bildung von Jahrgangs- oder Stufenteams. Ihre Hauptaufgabe ist es, den SchülerInnen in puncto EVA-, Methoden-, Kommunikations- und Teamschulung möglichst konsequent und wirksam unter die Arme zu greifen und die entsprechenden Vorbereitungs-, Umsetzungs- und Auswertungsarbeiten zu leisten. Das beginnt bei der Vorbereitung und Durchführung einschlägiger Trainingstage bzw. -wochen und reicht über die unabdingbare Methodenpflege in den Fächern bis hin zur korrespondierenden Materialentwicklung, Materialarchivierung, Klassenraumgestaltung, Elternarbeit und Unterrichtsevaluation (vgl. Abb. 21). Indem die betreffenden Lehrkräfte auf Jahrgangs- und/oder Stufenebene konkret kooperieren und sich wechselseitig unterstützen, wird die Bewältigung dieses Aufgabenspektrums überhaupt erst möglich. Jede/r alleine tut sich dagegen unverhältnismäßig schwer, wenn es gilt, eine neue Lernkultur nach dem in diesem Buch skizzierten Muster dauerhaft zu etablieren und so abzusichern, dass die Kinder die betreffenden Methoden hinreichend beherrschen und routiniert anwenden können.

Teamentwicklung und Teamarbeit im Kollegium sind also fraglos ein zentraler Stützpfeiler der angestrebten Unterrichtsreform. Nur sind die Voraussetzungen vielerorts noch nicht hinreichend gegeben. Wie Peter Senge, ein renommierter amerikanischer Schulforscher feststellt, verschwenden viele Teammitglieder unnötige Energien, indem sie in geradezu penetranter Weise versuchen, ihre eigenen Interessen und Anliegen ungeachtet den Wünschen und Optionen der anderen Teammitglieder durchzusetzen. So ergibt sich wenig Synergie (vgl. Senge 1999, S. 285). Von daher ist es Senge zufolge wichtig, dass die betreffenden Teammitglieder durch geeignete Formen des »Team-Lernens« dazu befähigt werden, die vorhandenen Energien auf einen gemeinsamen Zweck hin zu bündeln und die jeweilige Innovationsaufgabe möglichst konstruktiv anzugehen Zu diesem »Team-Lernen« rechnet er an zentraler Stelle das Einüben elementarer Dialog- und Diskussionstechniken sowie – in Verbindung damit – die Befähigung zum Umgang mit Konflikten und Widerständen. Die Teammitglieder müssten lernen, frei und kreativ zu den je anstehenden Fragen und Problemen zu kommunizieren sowie »aktiv zuzuhören« und nicht von vornherein neue Gedanken und Vorschläge vorschnell abzublocken. Zugleich müssten sie in die Lage versetzt werden, jene »starken Kräfte« im Kollegium zu integrieren, die einer produktiven Diskussion im Wege stehen (vgl. ebenda, S. 288 f.; vgl. ferner Mahlmann 2000).

Dieses Team-Lernen verlangt selbstverständlich eine Menge Übung, Reflexion, Selbstkritik und Regelklärung. Die Fülle der Teamaktivitäten, die im Rahmen des hier interessierenden Programms vorgesehen ist, gibt vielfältig Gelegenheit dazu, die eigene Teamfähigkeit zu »trainieren«. Das beginnt mit teamorientierten Fortbildungsveranstaltungen außerhalb wie innerhalb der Schule und reicht über schulinterne Workshops, Konferenzen und sonstige Teambesprechungen auf Jahrgangs-, Fach- und/oder Stufenebene bis hin zum gelegentlichen Teamteaching, zu gemeinsamen Hospitationen sowie zur kooperativen Vorbereitung und Durchführungen von Elternabenden und Elternseminaren. Wenn diese Meetings konsequent genutzt, reflektiert und sukzessive optimiert werden, dann wird es um die Verbesserung der Teamfähigkeit und Teamarbeit in den Kollegien nicht schlecht bestellt sein.

3. Produktive Workshops und Konferenzen

Die bereits angesprochenen Workshops zeichnen sich dadurch aus, dass sich das jeweilige Jahrgangsteam von Zeit zu Zeit für einige Stunden zusammenfindet, um gemeinsam Materialien und Lernarrangements für die anstehende Methodenschulung zu entwickeln. Das können sowohl Lehr-/Lernhilfen für die anstehenden Trainingstage als auch spezifische Materialien für die EVA- und Methodenpflege in einzelnen Fächern sein. Diese produktiven Phasen tragen erfahrungsgemäß entscheidend dazu bei, dass den betreffenden Lehrpersonen das methodenzentrierte Denken und Planen so vertraut wird, dass sie die erstellten Materialien und Lernarrangements auch tatsächlich zu schätzen wissen und im eigenen Unterricht einsetzen. Die erwähnten »Schnupperseminare« mit ihren exemplarischen Übungen und Materialhandreichungen können letztlich noch so überzeugend sein, sie ersetzen keinesfalls die eigenhändige Produktion einschlägiger Lernarrangements und Materialien durch die Lehrkräfte selbst. Mit anderen Worten: Die betreffenden Lehrerinnen und Lehrer müssen vom Sammeln und Abnehmen zum kompetenten Herstellen und Weitergeben einschlägiger Trainings- und Lernspiralen gelangen. Erst dann werden sie die nötige Routine und Kreativität entwickeln, auf die sie im Zuge der anstehenden Unterrichtsreform so dringlich angewiesen sind.

Die besagten Workshops können schulintern oder auch schulübergreifend eingerichtet werden. Schulintern heißt, dass sich die interessierten Lehrkräfte einer bestimmten Schule von Zeit zu Zeit zu mehrstündigen Produktionssitzungen zusammenfinden, während sich im Falle schulübergreifender Workshops gleichgesinnte LehrerInnen unterschiedlicher Schulen treffen, um zum einen oder anderen Thema ihrer Wahl einschlägige Lern- und/oder Trainingsarrangements zu entwickeln (vgl. die Planungsraster in den Abbildungen 22 und 23 auf den Seiten 291f.). Die Regel ist freilich, dass schulintern getagt und produziert wird. Von der Zeitdauer her sind die meisten Workshops auf ca. drei Stunden angelegt und finden nachmittags statt, um keinen zusätzlichen Unterrichtsausfall hervorzurufen. Allerdings gibt es auch Schulen, die aus gutem Grund und mit gutem Erfolg einen anderen Zeittakt gewählt haben und bereits nach der vierten oder fünften Unterrichtsstunde mit der Workshoparbeit beginnen und diese bis ca. 15.00 Uhr laufen lassen (häufig wird es später). Diese Variante ist zwar mit einem partiellen Unterrichtsausfall verbunden, hat aber den Vorteil, dass sie eher konsensfähig ist und die Produktionsphase etwas länger dauert, nämlich mindestens drei Stunden.

Noch weiter gehen einige Schulen, die dann und wann ganztägige Workshops durchführen, indem sie die für die schulinterne Fortbildung zur Verfügung stehenden Studientage bzw. Pädagogischen Tage nutzen. Diese ganztägigen Workshops werden von den betreffenden Lehrkräften durchweg recht positiv beurteilt, da auf diesem Wege ebenso intensiv wie ergiebig gearbeitet werden kann. Zwar bringen derartige Workshops unter Umständen zusätzlichen Unterrichtsausfall mit sich, doch handelt es sich dabei in aller Regel um eine sinnvolle »Investition«, da am Ende tatsächlich etwas herausspringt, was den betreffenden Lehrer- wie SchülerInnen weiterhilft. Unterrichtsausfall ist also nicht per se etwas Schlechtes, sondern kann unter bestimmten Bedingungen durchaus nützlich und gerechtfertigt sein. Denn wenn die Implementierung der hier ins Auge gefassten neuen Lernkultur zu lange hinausgezögert wird, besteht die Gefahr, dass der anfängliche Elan der Lehrkräfte mangels Material und Know-how bald wieder abebbt.

Die konkrete Arbeitsweise während der Workshops sieht üblicherweise so aus, dass die betreffenden Jahrgangsteams zu den je anstehenden Methodenfeldern oder Fachthemen einschlägige Trainings- bzw. Lernspiralen entwickeln. Beispiele für derartige Lern- bzw. Trainingsspiralen finden sich in den Abschnitten 2.3 und 2.5 im ersten Kapitel dieses Buches (vgl. die Abbildungen 5, 7, 8 und 10). Ein wichtiges Moment dieser Workshoparbeit ist, dass möglichst zeit- und arbeitsökonomisch gearbeitet wird, d.h., die zu entwickelnden Lern- bzw. Trainingsspiralen sollten so konzipiert werden, dass die Kinder in erster Linie mit den in der Klasse bereits vorliegenden Medien und Materialien arbeiten müssen (Schulbücher, Tafelbilder, Wortkärtchen, Fragekärtchen, Fotosets, Arbeitsblätter, Atlanten, Lexika, Wörterbücher, Filme, Lehrerzählungen, Tonkassetten, CD-ROMs etc.). Die Leitfrage bei dieser Planungsarbeit lautet: »Wie kann ich die SchülerInnen zum jeweiligen Lehrplan- bzw. Methodenthema möglichst vielseitig zum eigenverantwortlichen Arbeiten und Lernen sowie zur Pflege elementarer Arbeits-, Kommunikations- und/oder Teamtechniken veranlassen«. Näheres dazu lässt sich aus dem Workshop-Fahrplan in Abbildung 24 ersehen.

Das Hauptaugenmerk richtet sich in der Anfangsphase der Workshoparbeit also auf die *einfacheren Methoden* und Lernarrangements und nicht gleich auf Projekte oder komplexere Wochenpläne und/oder Lernzirkel. Diese Elementarisierung der Unterrichtsvorbereitung gerade in den ersten Workshops ist insofern wichtig, als die konsequente Implementierung der hier in Rede stehenden Methodenschulung erfahrungsgemäß stark davon abhängig ist, dass das Gros der Lehrpersonen rasch die Überzeugung gewinnt, dass die neue Lernkultur ohne übermäßige Risiken und Mehrbelastungen »machbar« ist. Später ändert sich das dann ohnedies. Je ausgeprägter die Sicherheit und Ideenvielfalt der Lehrkräfte ist und je zügiger ihnen die Entwicklung geeigneter Lern- und Trainingsspiralen für die eigenen Klassen von der Hand geht, desto eher sind sie in der Regel auch bereit, aufwändigere und anspruchsvollere Aufgaben und Projekte zu planen und im Unterricht in Angriff zu nehmen.

Das Eruieren einfacher »Methödchen« kann z.B. so aussehen, dass die am Workshop teilnehmenden Lehrkräfte zu einem bestimmten Sachtext möglichst viele Ideen entwickeln, wie die SchülerInnen zum aktiv-produktiven Erschließen dieses Textes veranlasst werden können. So kann die je zuständige Lehrkraft z.B. fünf »Schlüsselfragen« zum vorliegenden Text formulieren und die SchülerInnen damit auf »Entdeckungsreise» schicken sie kann ferner einzelne Fachbegriffe im Text mit Tippex löschen und von den SchülerInnen auf der Basis eines vorgegebenen Begriffspools rekonstruieren lassen; sie kann Zwischenüberschriften tilgen und passende Formulierung suchen und einsetzen lassen; sie kann diverse Richtig-Falsch-Aussagen zum Textinhalt vorlegen und beurteilen/korrigieren lassen; sie kann ein einfaches Kreuzworträtsel zu wichtigen Fachbegriffen des Textes vorlegen und ausfüllen lassen; sie kann die SchülerInnen auffordern, den Textinhalt im Doppelkreis wiederzugeben oder anhand korrespondierender Fragekärtchen ein Quiz durchführen lassen. Sie kann den SchülerInnen aber beispielsweise auch die Aufgabe geben, auf der Basis des vorliegenden Sachtextes eigene Schaubilder/Mindmaps zu erstellen, eine kleine Tonreportage zu »produzieren«, einen korrespondierenden Kurzbericht oder Kommentar für die Schülerzeitung zu schreiben, geeignete Lernkärtchen für die Lernkartei zu erstellen oder ein szenisches Spiel zur Präsentation in der Klasse vorzubereiten (vgl. dazu die »Produktpalette« in Abb. 9 auf Seite 62).

So gesehen ist methodische Kreativität nicht nur nötig, sie ist im Rahmen der besagten Workshops auch mit relativ einfachen Mitteln möglich. Die Lehrkräfte jedenfalls, die im Rahmen der zurückliegenden Workshops derartige Brainstorming-Phasen durchlaufen haben, entwickelten in der Regel sehr schnell Zuversicht und viele gute methodische Ideen, Arbeitsaufträge, Spiele und Materialien, wie die SchülerInnen in vielseitiger Weise z.B. zum Lesen, Markieren, Schreiben, Zeichnen, Strukturieren, Vortragen, Diskutieren, Fragen, Antworten und regelgebundenen Arbeiten im Team veranlasst werden können. Damit jedoch keine Missverständnisse entstehen: Natürlich sieht die gemeinsame Unterrichtsvorbereitung der Teams früher oder später auch die Entwicklung komplexerer Projektaufgaben, Rollenspiele, Lernzirkel, Wochenpläne, Rechercheaufträge, Erkundungen, Debatten etc. vor. Nur sollten diese »Hochformen« nicht gleich am Anfang der Workshoparbeit stehen, da sie bei den betreffenden Workshop-Teilnehmern sehr viel Kreativität und Einverständnis im Kleinen voraussetzen.

Wie die zu planenden Lernarrangements (Mikrospiralen) aussehen können, zeigt Abbildung 22 im Entwurf. Nähere Hinweise und Konkretionen dazu lassen sich aus den Beispielen und Abbildungen in den Abschnitten 2.3 und 2.5 in Kapitel I dieses Buches ersehen. Wichtig Eigenheiten der besagten Lernspiralen sind zum einen die Mehrstufigkeit der Schülerarbeit (Einzelarbeit → Partnerarbeit → Gruppenarbeit → Plenum → Lehrerkommentar → evtl. weitere Übungsfolge), zum Zweiten die differenzierte Förderung des eigenverantwortlichen Arbeitens und Lernens sowie drittens die konsequente Pflege unterschiedlicher Arbeits-, Kommunikations- und Kooperationstechniken. Dementsprechend finden sich in Abbildung 22 auch separate Spalten zu EVA und zur Methodenpflege, die von den beteiligten Lehrkräften während der Workshops gezielt reflektiert und ausgefüllt werden müssen.

Diese methodische Vielschichtigkeit findet sich selbstverständlich nicht minder bei der Planung der so genannten »Makrospiralen« (vgl. das Planungsraster in Abbildung 23). Makrospiralen dieser Art können zum einen zu den gängigen Lehrplanthemen entwickelt werden – z.B. zum Thema Märchen –, zum anderen zu solchen Methodenfeldern wie Markieren, freie Rede, aktives Zuhören oder Heftgestaltung. Typisch ist in beiden Bereichen, dass das jeweilige Fach- bzw. Methodenthema in unterschiedliche *Arbeitsinseln* der SchülerInnen aufgelöst wird, die sich ihrerseits wiederum in diverse *Arbeitsschritte* unter Berücksichtigung unterschiedlicher Sozialformen gliedern (nähere Hinweise zur Struktur wie zum Inhalt dieser Makrospiralen finden sich beispielhaft in Abbildung 10 auf Seite 65 sowie in den Kapiteln II und III dieses Buches). Auch wenn diese Makrospiralen im Grundschulbereich in aller Regel auf recht überschaubare Arbeitsprozesse der Kinder beschränkt bleiben, so hat sich die Trennung von Makro- und Mikrospiralen dennoch auch im Primarbereich bewährt. Wie die TeilnehmerInnen der Workshops immer wieder zurückgemeldet haben, erziehen die abgebildeten Planungsraster zur konsequenten Suche nach schüleraktivierenden, trainingsrelevanten Methoden im Großen (Makrospirale) wie im Kleinen (Mikrospirale).

Wie die Ablaufstruktur der skizzierten Workshops aussieht, geht aus Abbildung 24 hervor. Grundsätzlich gilt, dass sich das jeweilige Lehrerteam im Vorfeld des Workshops darauf verständigen muss, welches Lehrplanthema bzw. Methodenfeld bearbeitet werden soll, und welche Medien und Materialien diesbezüglich zur Verfügung stehen und von wem im Einzelnen mitzubringen sind. Diese Vorklärung ist dringend anzuraten, da andernfalls die Gefahr besteht, dass am Anfang zu viel Zeit mit der Rahmenplanung zugebracht werden muss. Der Workshop selbst dauert üblicherweise drei Stunden, gelegentlich auch fünf Stunden bis zu einem ganzen Tag, wenn er z.B. mit dem Instrument des Studientages gekoppelt wird. Die erste Workshop-Phase sieht in der Regel so aus, dass das je anstehende Methoden- bzw. Lehrplanthema unter didaktischen Gesichtspunkten reflektiert und alsdann in groben Zügen so aufgedröselt wird, dass mehrere *Arbeitsinseln* für die SchülerInnen entstehen, die unterschiedliche Teilthemen betreffen und unterschiedliche Lernaktivitäten auslösen (vgl. dazu auch Abb. 10 auf Seite 65). Dieses Brainstorming zur Grobstruktur der *Makrospirale* sollte möglichst nicht länger als 60–90 Minuten dauern, damit die anschließende Ausarbeitung einzelner *Mikrospiralen* (Mikrospirale = Kette von Arbeitsschritten) nicht zu kurz kommt. Im Anschluss an die didaktische Grobgliederung werden nämlich einzelne Arbeitsinseln in spezifische Arbeitsschritte mit unterschiedlichen methodischen Anforderungen aufgegliedert. Diese Zerlegung in elementare Arbeitsschritte ergibt die besagte *Mikrospirale.*

Mit der Ausarbeitung einer Mikrospirale sind in der Regel zwei bis maximal drei Lehrkräfte befasst (vgl. Abb. 24). Das hat den doppelten Vorteil, dass zum einen eine relativ straffe Arbeitsweise und Konsensfindung gewährleistet ist, zum anderen ein Mehr an Arbeitsteilung erreicht wird. Denn wenn ein Jahrgangs- oder Stufenteam z.B. vier bis sechs Lehrkräfte umfasst, dann können von den besagten Untergruppen zur gleichen Zeit zwei bis drei Mikrospiralen – inklusive Material – ausgearbeitet werden. Werden die so entstehenden Lernspiralen zwischen den betreffenden Teammitgliedern ausgetauscht, so kommt pro Workshop verhältnismäßig viel Know-how und Material zusammen, das bei nächster Gelegenheit im Unterricht genutzt werden kann. Diese »Ökonomie« der Unterrichtsvorbereitung wird noch dadurch verstärkt, dass die Ausarbeitung der Lern- bzw. Trainingsspiralen vorrangig auf die vorliegenden Medien, Materialien und sonstigen Lehrerinputs (Tafelbilder, Versuche etc.) abstellt und außerdem räumlich so organisiert wird, dass die Ausarbeitung im Computerraum der jeweiligen Schule stattfindet, damit eine möglichst komplette Fertigstellung der vorgesehenen Materialien und Lernarrangements gewährleistet ist. Denn wenn die betreffenden Ausarbeitungen am Ende des Workshops nicht wirklich abgeschlossen sind, dann besteht erfahrungsgemäß die Gefahr des Vergessens und Verschleppens der Materialbereitstellung. Und das ist für viele Lehrkräfte sehr schnell frustrierend und entmutigend.

Gesetzt den Fall, der skizzierte Zeit- und Arbeitsplan wird eingehalten, der Computerraum produktiv genutzt und die eine oder andere Lernspirale praxistauglich ausgearbeitet, dann hat die besagte Workshoparbeit ganz fraglos ihr Positives. Sie sorgt für Sicherheit und Ideen, ermöglicht Arbeitsteilung und pädagogisches Miteinander und trägt last but not least dazu bei, dass die angemahnte Methodenpflege zur festen Einrichtung der jeweiligen Schule wird. Denn das Training ausgewählter Methoden ist nur das eine, die systematische Methodenpflege in den Fächern ist das andere – und Letzteres ist langfristig entscheidend. Und zur Sicherstellung dieser Pflegearbeit leisten die skizzierten Workshops einen ganz wesentlichen Beitrag. Dieses gilt umso mehr, je regelmäßiger und verbindlicher die Workshoparbeit stattfindet. In den fortgeschrittenen Grundschulen hat es sich mittlerweile eingespielt, dass ein- bis zweimal pro Monat entsprechende Workshops mit einer durchschnittlichen Zeitdauer von ca. drei Stunden durchgeführt werden (vgl. die Praxisberichte im nachfolgenden Abschnitt 7). Aber auch länger dauernde Workshops sind hin und wieder an der Tagesordnung. Die Rückmeldungen der beteiligten Lehrkräfte bestätigen sehr deutlich den Nutzen dieser Zusammenkünfte.

Planungsraster: Mikrospiralen

Eng begrenztes Fach- bzw. Methodenthema	
z.B. »Tabelle zu den Gesundheitsgefahren des Rauchens erstellen«	
Vorbemerkungen	
→ Ausgangspunkt ist eine eng begrenzte Aufgabe bzw. Methode → Diese Aufgabe/Methode wird in mehrere Arbeitsschritte gegliedert (3 – 7)	→ Die so entstehende Mikrospirale dient u.a. der Methodenpflege → Bei deren Ausarbeitung werden gängige Medien/Materialien herangezogen

Inhaltliche Kernziele

1. ....

2. ....

Arbeitsschritte (z.B.)	Lernaktivitäten der Schüler – inklusive Sozialformen – (EVA)	Welche Methoden werden gepflegt? (At, Kt, Tt)	Zeitbedarf	Anlagen (M1 ...)	Arbeitsmittel
1					
2					
3					
4					
5					

Abb. 22

Planungsraster: Makrospiralen

Lehrplanthema bzw. Methodenfeld	
z.B. »Die Welt der Ritter« oder »Miteinander reden lernen«	
Vorbemerkungen	
→ Ausgangspunkt ist ein komplexeres Lehrplanthema bzw. Methodenfeld	→ Diese Arbeitsinseln sind »Bausteine« und keine geschlossene U-Einheit
→ Dieses Lern- bzw. Trainingsfeld wird in diverse *Arbeitsinseln* gegliedert	→ Auch Lehrvorträge können Kern einer Arbeitsinsel sein

Arbeits-insel	**Tätigkeitsfeld plus Inhaltsbezug** (mit Inhalts- bzw. Methodenbenennung)	**Arbeitsschritte** (in Stichwortform)
Vorwissen und Voreinstellungen aktivieren		
A 1		
A 2		
Neue Kenntnisse und Verfahrensweisen erarbeiten		
A 3		
A 4		
A 5		
A 6		
A 7		
A 8		
Komplexere Anwendungs- und Transferaufgaben		
A 9		
A 10		

Abb. 23

Hinweise zu den Workshops

1. Die Workshops werden jahrgangs-, stufen und/oder fachbezogen organisiert und richten sich an interessierte Lehrkräfte der betreffenden Grundschule; es können sich eventuell auch mehrere Grundschulen zusammentun.

2. Die TeilnehmerInnen der besagten Workshops sollten vorher möglichst das eine oder andere Methoden- und/oder EVA-Seminar besucht haben, um eine genauere Vorstellung von den anvisierten Lern- bzw. Trainingsspiralen zu haben.

3. Die Teilnehmerzahl pro Workshop beträgt in der Regel 4 + X Personen; es können unter Umständen auch Teams verschiedener Grundschulen »gemixt« werden; das fördert eine ausgeprägtere Arbeitsteilung.

4. Im Vorfeld des jeweiligen Workshops verständigen sich die betreffenden Teams auf die zu bearbeitenden Methoden- bzw. Lehrplanthemen, zu denen einschlägige Trainings- bzw. Lernspiralen entwickelt werden sollen.

5. Zu diesen Themen bringen die beteiligten Lehrpersonen gängige Medien und Materialien mit, die den SchülerInnen ohne größeren Vorbereitungsaufwand als »Arbeitsmittel« zur Verfügung gestellt werden können (»ökonomisches Prinzip«!).

6. Die Zeitdauer der Workshops beträgt meist drei Stunden; für den Anfang ist allerdings ein Zeitrahmen von eher 5–7 Stunden anzuraten, damit einmal gründlich und zusammenhängend an ausgewählten Makro- und Mikrospiralen gearbeitet werden kann.

7. Die Ausarbeitung der ins Auge gefassten Mikrospiralen wird in der Regel von Tandems oder Trios vorgenommen; das sorgt für einen relativ straffen Arbeitsfluss.

8. Der Ablauf der ersten 5- bis 7-stündigen Workshops sieht üblicherweise wie folgt aus: (wohlgemerkt: vorausgehen sollte der Besuch einschlägiger Methodenseminare!)

Workshop-Ablauf

Einführende Informationen/Beispiele/Übungen duch erfahrene Lehrkräfte

↓

Brainstorming zur anvisierten *Makrospirale* in Teams von 4–6 Personen

↓

Zuteilung der vorgesehenen *Arbeitsinseln* auf Tandems oder Trios

↓

Differenzierte Ausarbeitung der Arbeitsinseln als *Mikrospiralen*

↓

Kurzes Feedback zum Arbeitsprozess in den Tandems bzw. Trios

↓

Vereinbarung bezüglich der endgültigen Ablieferung der Lernspiralen

↓

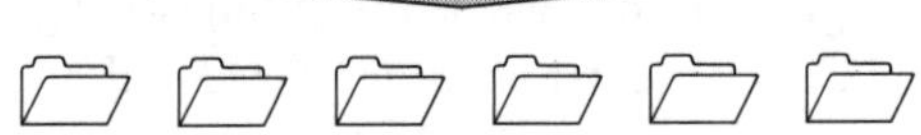

Abb. 24

4. Mit Fahrplänen zu mehr Verbindlichkeit

Die erfolgreiche Umsetzung der skizzierten Methodenschulung ist mit Teamgeist, Workshops und prall gefülltem Methodenkoffer allein freilich nicht zu bewerkstelligen. Hinzu kommen müssen zwingend durchdachte und allseits beachtete Arbeits- und Zeitpläne, die an der jeweiligen Grundschule für eine zügige und verbindliche Umsetzungsarbeit auf verschiedenen Ebenen sorgen: Auf der Führungsebene genauso wie auf der Kollegiums-, der Klassen- und der Elternebene. Dementsprechend braucht es einen Jahresarbeitsplan, der bezüglich der anvisierten Methodenschulung präzise regelt und immer wieder in Erinnerung ruft, was, wann, von welchen Teams auf Klassen- wie auf schulorganisatorischer Ebene in Angriff zu nehmen ist. Das beginnt bei der Planung, Vorbereitung und Auswertung der Traininswochen und reicht über die planvolle Reihung und Ausgestaltung korrespondierender Fortbildungsseminare, Workshops, Teambesprechungen, Hospitationen und Elternveranstaltungen bis hin zur systematischen Evaluation und Öffentlichkeitsarbeit (vgl. Abb. 25).

Fehlen derartige Fahrpläne und Vereinbarungen, so führt dieses sehr schnell zu halbherzigen und unverbindlichen Aktionen, wie sie an unseren Schulen seit Jahr und Tag üblich sind. Jeder »reformiert« irgendwas, aber in Summe ergibt sich selten eine konzertierte Aktion, die nachhaltige Veränderungen und Verbesserungen für die Schüler- wie für die Lehrerseite mit sich bringt. Amerikanische Schulentwicklungsforscher sprechen diesbezüglich vom »Glühwürmchen-Effekt«. Es glühen immer neue Methoden und Experimente kurz auf, machen eine Menge Arbeit und verglühen meist ziemlich spurlos wieder. Das gilt auch und nicht zuletzt für zahlreiche bundesdeutsche Schulen. Wenn diese Perspektive vermieden werden soll, dann bedarf es zwingend eines planvollen, systematischen, verbindlichen Vorgehens, damit sich die anvisierte Methodenschulung am Ende nicht als kurzes Strohfeuer erweist.

Ein weiterer Grund für die Sinnhaftigkeit stringenter Innovationspläne ist der, dass sich auf diese Weise sicherstellen lässt, dass im jeweiligen Kollegium nicht immer wieder neu abgestimmt und verhandelt werden muss, ob nun diese oder jene Maßnahme tatsächlich realisiert werden soll oder nicht doch verschoben oder gar ganz aufgehoben werden kann. Jeder Schulkenner weiß, dass diese Neigung zum Verschieben und Infragestellen vage gefasster Vorsätze in den meisten Kollegien recht verbreitet ist und im Schulalltag immer wieder dazu führt, dass die innovationsbereiten Lehrkräfte auf der Stelle treten (müssen) und womöglich frustriert aufgeben. Hat sich ein Kollegium dagegen auf konkrete »Fahrpläne« für die Trainings-, Fortbildungs-, Workshop-, Eltern-, Konferenz- und Evaluationsarbeit verständigt, dann entstehen fast zwangsläufig gewisse Automatismen, die für viele Lehrkräfte auf Dauer äußerst wohltuend und entlastend sind. Denn feste Verabredungen mindern die Konfliktgefahr und fördern zugleich eine größere Verbindlichkeit, Zielstrebigkeit und Erfolgschance bei der Umsetzung der einzelnen Innovationsmaßnahmen.

Wie derartige »Innovationsfahrpläne« für die unterschiedlichen Arbeitsfelder aussehen können, lässt sich beispielhaft aus Abbildung 25 ersehen. Die betreffende Grundschule ist bereits in einem relativ fortgeschrittenen Stadium angelangt, wie die bemerkenswerte Vielfalt und Systematik der skizzierten Innovationsschritte deutlich macht. Steuerungsteam, Jahrgangsteams und Kollegium als Ganzes sind unverkennbar um eine konzertierte Aktion im Hinblick auf die anvisierte Methodenschulung bemüht. Methodentraining und Methodenpflege sind offenkundig zum Schulprogramm geworden und zwar insofern, als die innovativen Kräfte im Kollegium sehr stark in Richtung Methodenschulung gebündelt und gebunden werden. Die Regelmäßigkeit, mit der sich die unterschiedlichen Teams fortbilden, abstimmen und zu gemeinsamen Vorbereitungs- und Evaluationsmaßnahmen zusammenfinden, ist schon eher ungewöhnlich. Gleichwohl ist genau das die Voraussetzung und Gewähr dafür, dass das zu vermittelnde Methodenrepertoire relativ nachhaltig auf Schüler- wie auf Lehrerseite ankommt. Denn nachhaltige Methodenschulung verlangt nun einmal im besten Sinne des Wortes »Routinebildung« – und genau darauf zielen die skizzierten Fahrpläne.

Ausgangspunkt und Stützpfeiler der besagten Methodenschulung ist die Fortbildung der Lehrkräfte. Dabei reicht es allerdings nicht, irgendwelche sporadischen Fortbildungsaktivitäten einzelner Lehrpersonen anzustoßen, sondern nötig sind richtiggehende Fortbildungs- und Workshopreihen, die ein Mindestmaß an Kontinuität und methodischer Routinebildung gewährleisten. Die entsprechenden Fahrpläne in Abbildung 25 zeigen diesbezüglich gute Ansätze. Gleiches gilt für die methodenzentrierte Übungsarbeit mit Schülerinnen und Schülern. Auch in puncto Teambesprechungen, Konferenzen, Hospitationen und Elternarbeit sind die Verantwortlichen der betreffenden Grundschule offenkundig auf Kontinuität, Regelmäßigkeit und Verbindlichkeit bedacht. Natürlich kann das skizzierte Maßnahmen-Netzwerk immer noch dichter und differenzierter geknüpft werden, aber die angeführte Systematik hat bereits ein bemerkenswertes Niveau erreicht. Wenn alle interessierten Grundschulkollegien auch nur annähernd so systematisch an die Methodenschulung herangehen würden, dann müsste einem um die Fach-, Methoden-, Kommunikations- und Teamkompetenz der Kinder gewiss nicht bange sein.

Wohlgemerkt: Die in Abbildung 25 skizzierten Fahrpläne sind kein festes »Rezept«, sondern nur mögliche Varianten, wie ein Kollegium die sukzessive Vorbereitung und Umsetzung der anvisierten Methodenschulung angehen kann. Modifikationen, Ergänzungen und Erweiterungen sind selbstverständlich möglich und in vielen Schulen auch durchaus nötig, da die Bedingungen für eine konzertierte Aktion der skizzierten Art vielerorts erst noch reifen müssen. Gleichwohl darf die Relativierung der skizzierten Systematik nicht so weit gehen, dass das ganze Programm in eine diffuse Beliebigkeit, Unverbindlichkeit und individuelle Zufälligkeit abgleitet. Dilettantische Innovationsbemühungen dieser Art sind in der Vergangenheit immer wieder wegen ausbleibender Erfolge und Routinebildung gescheitert und in aller Regel auch recht spurlos »verglüht«. So gesehen verlangt die Vermeidung des an anderer Stelle angesprochenen »Glühwürmcheneffekts« ein beträchtliches Maß an Konsequenz, Verbindlichkeit, Systematik und Teamgeist – ganz so, wie dies in Abbildung 25 zum Ausdruck kommt.

Fahrpläne einer Grundschule

1. Schulmonat →→→→→→→→→→→→→→→ 9. Schulmonat

Fortbildungsseminare für LehrerInnen								
3er-Team besucht Seminar		SCHILF-Tagung ›Lernen lernen‹ (5 Tage)		3er-Team besucht Seminar		SCHILF-Tagung zur Teamarbeit (1 Tag)		2er-Team besucht Seminar
Workshops zur Materialentwicklung								
Vorbereitung des Elternabends ›Lernen lernen‹	Vorbereitung der Lehrertrainingswoche	Vorbereitung von Lernspiralen für den FU	Vorbereitung von Trainingsspiralen	Vorbereitung von Lernspiralen für den FU	Vorbereitung der SCHILF Tagung ›Teamarbeit‹	Vorbereitung von Lernspiralen für den FU	Vorbereitung von Lernspiralen für den FU	Vorbereitung des Tags der offenen Tür
Trainigstage mit Schülerinnen und Schülern								
		Trainingstage ›Lernen lernen‹ (alle Klassen)		Trainingstag ›Ordnung halten‹ (1. Schj.)	Trainingstag ›Heftgestaltung‹ (2. Schj.)		Trainingstage zur Teamarbeit (3./4. Schj.)	
Teambesprechung und Konferenzen								
Steuer. team Jahrg. teams	Steuer. team Stufenteams Jahrg. teams	Steuer. team Evaluat. Konferenz	Steuer. team Jahrg. teams	Steuer. team Jahrg. teams	Steuer. team Jahrg. teams	Steuer. team Stufenteams Jahrg. teams	Steuer. team Jahrg. teams	Steuer. team Evaluat. Konferenz
Hospitations- und Elternveranstaltungen								
Hospit. angebote (in 2 Kl) Elternabend ›Lernen lernen‹		gezieltes Hospit. angebot für Eltern		Elternabend zum ›Teamtraining‹	Hospit. angebote (in 2 Kl)	gezieltes Hospit. angebot für Eltern	Hospit. angebote (in 3 Kl)	›Tag der offenen Tür‹ zur Method. schulung

Abb. 25

5. Methodenzentrierte Elternveranstaltungen

Wie an anderen Stellen dieses Buches bereits angedeutet, ist die erfolgreiche Implementierung der hier in Rede stehenden Methodenschulung in erheblichem Maße darauf angewiesen, dass die betreffenden Eltern(-vertreter) verständnisvoll und wohl wollend dahinter stehen. Denn wenn von Seiten der Elternschaft quer geschossen wird, weil z.B. für schulinterne Fortbildungszwecke die eine oder andere Stunde ausfällt oder in Verbindung mit den Methodentagen regulärer Fachunterricht »umfunktioniert« wird, dann kann dieses sehr schnell zu schwerwiegenden Blockaden führen. So gesehen sind die Eltern eine ganz wichtige Instanz in jedem schulinternen Innovationsprozess. Sie frühzeitig ins Vertrauen zu ziehen und um ihre Unterstützung zu werben, ist eine entscheidende strategisch-taktische Maßnahme, die später manchen Ärger verhindert, der die Motivation der verantwortlichen Lehrkräfte leicht zum Versiegen bringen kann.

Da viele Eltern erfahrungsgemäß noch recht konventionelle Vorstellungen von gutem Unterricht und effektivem Lernen haben, müssen sie möglichst konkret und überzeugend mit den Vorzügen der anvisierten EVA- und Methodenschulung vertraut gemacht werden. Die gängigen Elternbriefe helfen dabei meist wenig. Selbst wenn die betreffenden Eltern die eingehenden Informationsschreiben noch lesen sollten, so tun sie sich in aller Regel doch recht schwer damit, die angeführten Begründungen und Erläuterungen zum Sinn und Zweck der Methodenschulung so zu verstehen und für die Arbeit mit dem eigenen Kind so zu akzeptieren, dass daraus entschiedene, dauerhafte Unterstützung erwächst. Von daher ist die Gefahr groß, dass es zu unnötigen Missverständnissen und Vorbehalten kommt, wenn sich die Elternarbeit nur auf die Weitergabe »trockener Informationen« beschränkt.

Die Eltern für die hier in Rede stehende Methodenschulung zu gewinnen, gelingt am besten dadurch, dass sie nicht nur schriftlich informiert werden, sondern auch und zugleich konkrete methodische Beispiele und Verfahrensweisen sehen bzw. erleben, die zeigen, wie das eigenverantwortliche, methodenzentrierte Arbeiten und Lernen der SchülerInnen im Unterrichtsalltag initiiert und organisiert wird. Mit anderen Worten: Die betreffenden Eltern sollten zumindest in Ansätzen Gelegenheit erhalten, in die eine oder andere richtungsweisende Lern- bzw. Trainingsspirale (Mikrospirale) hineinzuschnuppern, um im praktischen Vollzug zu sehen, welche Chancen die anvisierte EVA- und Methodenschulung für die Kinder eröffnet. Dieses »learning by doing« hat sich – wie bereits erwähnt – in der Lehrerfortbildung wie in der methodenzentrierten Elternarbeit bestens bewährt.

Bevor die Methodenschulung in den Klassen anläuft, werden daher sowohl für die Vertreter des Schulelternbeirates als auch und besonders für die Eltern der betreffenden »Pilotklassen« entsprechende Elternabende zum anstehenden Schulungsprogramm angebo-

Ein Elternabend einmal anders

Thema des Elternabends in einer rheinland-pfälzischen Grundschule war das »Lernen lernen«. Dazu hatten sich mehr als 20 Mütter und Väter von Kindern der dritten Klassen zusammengefunden. Sie wollten erfahren und erleben, wie mit ihren Kindern demnächst in der Schule das Lernen trainiert werden soll.

In der Ankündigung der Abendveranstaltung war den Eltern nämlich mitgeteilt worden, dass es unter anderem darum gehen werde, das Vorbereiten der Klassenarbeiten genauer unter die Lupe zu nehmen und mittels praktischer Übungen und Informationen möglichst anschaulich zu klären, was beim Lernen so alles zu beachten ist.

Der zeitliche Rahmen des Elternabends war für 19.00 Uhr – 21.30 Uhr angesetzt. Das durchgeführte Programm sah wie folgt aus:

① Kurze Einführung durch die Schulleiterin und eine Lehrerin der dritten Jahrgangsstufe

② Regiehinweise zum angekündigten Simulationsspiel durch die zweite Lehrkraft der dritten Jahrgangsstufe

③ Lesen und Markieren des vorliegenden Textes zum Thema »Klassenarbeiten vorbereiten«

④ Erstellen eines entsprechenden Lernplakats in Zufallsgruppen (→ Entwurf anfertigen → Plakat gestalten)

⑤ Besichtigung der aushängenden Lernplakate und nähere Präsentation eines dieser Plakate durch zwei GruppenvertreterInnen (Tandempräsentation)

⑥ Auswertungsgespräch in vier Etappen: → Wie war der Arbeitsprozess? → Nähere Erläuterungen zu den zusammengetragenen Lerntipps → Hinweise zum bevorstehenden Schülertraining → Aussprache

Abb. 26

ten. Dementsprechend stehen zum Beispiel Themen wie »Lernen lernen«, »Das kleine Einmaleins der Hausaufgaben«, »Von der Gruppe zum Team«, »Soziales Lernen in der Klasse« oder »Präsentieren und Vortragen lernen – aber wie?« auf der Tagesordnung. Die betreffenden Elternabende dauern in der Regel von 19.00 bis ca. 22.00 Uhr und bieten den versammelten Eltern nicht nur grundlegende Informationen zur vorgesehenen schulischen Vorgehensweise, sondern eröffnen ihnen auch und zugleich die Gelegenheit, das eine oder andere methodische Arrangement und Material auch mal praktisch kennen zu lernen. Dazu werden ausgewählte Simulationsspiele angeboten, die vom je zuständigen Lehrerteam vorbereitet und moderiert werden. Wie ein derartiger Elternabend mit integrierten Übungsphasen aussehen kann, lässt sich der Programmübersicht in Abbildung 26 entnehmen.

Der in Abbildung 26 skizzierte Elternabend ist vom Zuschnitt her sicherlich ungewöhnlich, sollen doch die Eltern selbst aktiv werden und analog zum Übungsprogramm ihrer Kinder ein recht forderndes »Schnuppertraining« durchlaufen. Die bisherigen Erfahrungen zeigen jedoch ziemlich eindrucksvoll, dass das Gros der Eltern dieses Vorgehen durchaus zu schätzen weiß. Interessant und ermutigend ist dabei vor allem, wie viele Fragen im Vollzug des »Simulationsspiels« überhaupt erst entstehen und sodann genutzt werden können, um eine fruchtbare Auseinandersetzung und Klärung in Sachen Lerntraining und Methodenschulung in Gang zu bringen. Natürlich kommen auch bei diesen Elternveranstaltungen längst nicht alle Eltern, aber die erzielten Teilnehmerzahlen zeigen doch unverkennbar an, dass ein beträchtliches Interesse besteht und die betroffenen Eltern die angebotene »Methodenfortbildung» auch und nicht zuletzt als Service und Chance für sich selbst sehen. Denn viele von ihnen sind selbst höchst unsicher, wenn es um die Frage geht, worauf es denn beim erfolgreichen Lernen, Kommunizieren, Präsentieren und/oder Kooperieren ankommt.

Diese wenigen Hinweise machen deutlich, wie wichtig es ist, die Elternschaft rechtzeitig anzusprechen und mit den Intentionen, Maßnahmen und konkreten Chancen der intendierten Methodenschulung vertraut zu machen. Denn andernfalls besteht die Gefahr, dass einzelne Eltern womöglich Widerstand leisten, weil sie das Gefühl haben, der »gestörte Unterrichtsbetrieb« beeinträchtige die Zukunftsfähigkeit ihrer Kinder. Diese Ängste und Befürchtungen dürfen nicht unterschätzt werden, soll das skizzierte Methodenlernen mit Nachdruck und Rückendeckung durch die Eltern vorangebracht werden. Dass die Elternschaft gleichwohl zu überzeugen ist, kann nach den bisherigen Erfahrungen mit Fug und Recht festgestellt werden. Das gilt vor allem dann, wenn an konkreten Beispielen gezeigt und erlebbar gemacht wird, wie sehr das besagte Schulungsprogramm der breit gefächerten Qualifizierung und Persönlichkeitsentwicklung der eigenen Kinder verpflichtet ist. Das Gros der Eltern ist unter diesen Umständen sehr wohl bereit, den skizzierten Qualifizierungsmaßnahmen und -schritten zuzustimmen und diese als »notwendige Investition« zu akzeptieren, auch wenn dadurch mal die eine oder andere Stunde ausfällt oder zu Trainingszwecken »umfunktioniert« werden muss.

6. Gezielte Evaluation und Öffentlichkeitsarbeit

Auf die Bedeutung gezielter Evaluations- und Reflexionsphasen am Ende einzelner Übungen, Trainingstage oder Trainingswochen ist in Kapitel I, Abschnitt 2.4 bereits hingewiesen worden. Im Unterschied zu diesen »Mikroevaluationen« geht es in diesem Abschnitt um die so genannte »Makroevaluation« am Ende einer längeren Innovationsperiode – z.B. am Ende des Schuljahres. Schließlich ist es wichtig, nach einer längeren Phase der Methodenschulung einmal zu bilanzieren, ob und inwieweit die unterschiedlichen Fortbildungs-, Workshop- und Umsetzungsmaßnahmen gegriffen und zu Kompetenzverbesserungen auf Schülerseite geführt haben. Zwar geht es dabei weniger um eine wissenschaftlich ausgefeilte Evaluation, als vielmehr darum, die unterschiedlichen Akteure des schulischen Innovationsprozesses zu einem Innehalten und einer Selbstvergewisserung in Sachen »Innovationsmanagement«, Methodeneinsatz und Trainingserfolg zu veranlassen. Denn natürlich wird es in der Praxis die eine oder andere Unzulänglichkeit geben. Indem die unterschiedlichen Akteure des hier in Rede stehenden Schulungsprogramms rückblickend befragt und zur gezielten Reflexion der durchgeführten Maßnahmen veranlasst werden, können derartige Unzulänglichkeiten aufgedeckt und korrigiert/behoben werden.

Grundsätzlich bieten sich zwei Wege an, um zu den besagten Rückmeldungen und Diskussionsanstößen zu gelangen. Der erste Weg betrifft das offene Brainstorming und Gespräch im Rahmen von Konferenzen, Teambesprechungen, Klassenratsstunden und Elternveranstaltungen – z.B. in Anlehnung an die Trias: »Was mir an der zurückliegenden Methodenschulung besonders gefallen hat ...«, »Was mich an den neuen Methoden und Umsetzungsmaßnahmen gestört hat ...«, »Was bei der zukünftigen Methodenschulung unbedingt beachtet bzw. verändert werden sollte.« Natürlich müssen diese Leitfragen adressatengerecht modifiziert werden. Kommunikative Evaluation kann aber auch heißen, dass gezielte (leitfadengestützte) Interviews mit ausgewählten/ausgelosten Lehrkräften, SchülerInnen und Eltern durchgeführt werden, wobei die Interviewer dann aber möglichst von außen kommen sollten.

Die zweite zentrale Evaluationsstrategie betrifft die schriftliche Befragung. Wie die entsprechenden Fragebögen aussehen können, zeigen die beiden Abbildungen 27 und 28. Wichtig ist, dass die betreffenden Fragebögen überschaubar sind und sich auf einige wenige »Schlüsselmomente« des Programms beschränken, die ohne überzogenen Arbeits- und Auswertungsaufwand zu würdigen sind. Denn die Akzeptanz des jeweiligen Fragebogens bei den Befragten steht und fällt erfahrungsgemäß damit, dass er gut und zügig zu bearbeiten und auszuwerten ist. Von daher ist bei der Entwicklung der entsprechenden Fragebögen hinreichendes Augenmerk auf deren Praktikabilität zu richten. Am besten, das besagte Steuerungsteam nimmt sich dieser Aufgabe an und erstellt in Abstimmung mit anderen interessierten Lehrkräften des Kollegiums derartige Fragebögen »für den Hausgebrauch«. Dabei kann auf Anregungen, wie sie sich aus den Abbildungen 27 und 28 sowie aus anderen Passagen dieses Buches ergeben, zurückgegriffen werden (vgl. dazu auch die korrespondierenden Abbildungen in den Abschnitten 2.1 und 2.4 in Kapitel I dieses Buches).

Die Grundgesamtheit der Befragten kann unterschiedlich definiert werden, je nachdem, wie groß die jeweilige Schule ist und wie ambitioniert die »Evaluatoren« ihre Aufgabe angehen möchten. Bei den Lehrkräften ist es in der Regel sinnvoll, alle mit der Umsetzung des Programms befassten Akteure einzubeziehen, zumal Grundschulen meist recht überschaubar sind und sich der Datenaufwand von daher in Grenzen halten lässt. Bei den Elternbefragungen sieht es dagegen etwas anders aus. Für die Elternseite gilt z.B., dass es generell schwierig ist, verbindliche Rückläufe zu sichern, sodass das anonyme Versenden von Fragebögen meist wenig Sinn macht. Als günstig hat es sich erwiesen, zu einem methodenzentrierten Elternabend einzuladen und bei dieser Gelegenheit u.a. direkt den betreffenden Fragebogen ausfüllen zu lassen. Das bringt im Ergebnis zwar keine repräsentative Stichprobe, ist aber für die hier verfolgten Zwecke allemal hilfreich und ausreichend.

Was die Schülerbefragung betrifft, so bietet sich der Einsatz des abgebildeten Bilanzbogens (vgl. Abb. 27) im Regelfall nur in den Jahrgangsstufen 3 und 4 an – Modifikationen eingeschlossen. In den Jahrgangsstufen 1 und 2 ist zum einen der lange Zeitraum ein Problem, da Kinder dieses Alters viele Lernoperationen nur kurzfristig erfassen und würdigen können. Zum anderen bedarf es in dieser Altersstufe vereinfachter Items oder Zeichensysteme, damit die SchülerInnen wirklich verständnisvoll Rückmeldungen geben können. Letztlich ist über den Sinn und die Angemessenheit einer »Langfrist-Bilanz« nur von den unmittelbar vor Ort agierenden Lehrkräften zu entscheiden. Was grundsätzlich immer geht, ist die Durchführung konkreter Feedback- und Reflexionsphasen mit den Kindern im direkten Anschluss an bestimmte Übungen (vgl. dazu die Beispiele und Anregungen in Kapitel I, Abschnitt 2.4). Was ebenfalls immer machbar ist, ist eine gezielte Lehrer- oder auch Elternbefragung zur Kompetenzentwicklung der SchülerInnen am Ende eines Schuljahres. Nur müssen dann die in Abbildung 27 angeführten Items und Antwortrubriken überarbeitet werden.

Die Auswertung und Aufbereitung der eingehenden Rückmeldungen kann einmal natürlich das Steuerungsteam übernehmen; zum anderen kann dafür aber auch ein spezieller »Ausschuss« gebildet werden, der sich dieser Aufgabe annimmt. Die Evaluationsbefunde selbst werden dem Gesamtkollegium im Rahmen einer separaten Konferenz oder eines Studientages vorgestellt und in einer anschließenden Aussprache auf etwaige Konsequenzen und neue Weichenstellungen hin abgeklopft. Selbstverständlich ist auch die Elternseite zu informieren, d.h. es empfiehlt sich zu gegebener Zeit auf einem speziell einberufenen Elternabend über die ermittelten Evaluationergebnisse zu berichten. Auch gezielte Presseartikel und/oder Journalistenbesuche in der Schule können dazu beitragen, die »neue Lernkultur« ins rechte Licht zu rücken. Nicht zuletzt ist den SchülerInnen Feedback zu geben und das Gespräch über den Verlauf und die Ergebnisse der Methodenschulung aufzunehmen.

Das Thema »Öffentlichkeitsarbeit« ist zwar eher ein Nebenaspekt der skizzierten Unterrichtsentwicklung, sollte in ihrer Bedeutung aber auch nicht ganz unterschätzt werden. Wenn im letzten Abschnitt auf die Überzeugungsarbeit hingewiesen wurde, die

Beispiel für eine Schülerbefragung

→ Selbstverständlich müssen die vorgegebenen »Items« in Abhängigkeit vom Alter und Trainingsprogramm der Kinder modifiziert werden.

→ Der Fragebogen kann auch als Grundlage einer Lehrer- oder Elternbefragung zum Methodenlernen der SchülerInnen verwandt werden.

Wie gut kannst du die folgenden Sachen?	kann ich sehr gut	kann ich eher gut	kann ich nicht so gut	kann ich gar nicht gut
Die Schulsachen in Ordnung halten				
Heftseiten übersichtlich gestalten				
In Texten das Wesentliche markieren				
Hausaufgaben selbstständig erledigen				
Klassenarbeiten geschickt vorbereiten				
Zu einem Text eine Tabelle erstellen				
In Büchern rasch etwas nachschlagen				
Schaubilder (»Spickzettel«) erstellen				
Mit der Lernkartei gezielt arbeiten				
Gestellte Aufgaben zügig erledigen				
Einen Zeit- und Arbeitsplan machen				
Nach Stichwörtern einen Text schreiben				
Tipps zum Auswendiglernen beachten				
In der Klasse frei berichten/erzählen				
Nach Stichwörtern Vortrag halten				
Beim Vortrag laut und deutlich sprechen				
Die geltenden Gesprächsregeln befolgen				
Bei Klassengesprächen gut mitmachen				
Mit Mitschülern ein Interview führen				
Im Doppelkreis Partner genau zuhören				
Die zugelosten Lernpartner akzeptieren				
In der Gruppe ein Plakat gestalten				
Den Gruppenmitgliedern helfen				
Für zügige Gruppenarbeit sorgen				
Die Arbeit in der Gruppe gut aufteilen				
Bei Konflikten geschickt vermitteln				
Regelverstöße in der Gruppe kritisieren				
Mit Partner/n ein Ergebnis vortragen				
Die Gruppenmitglieder bewerten				

Abb. 27

Beispiel für eine Lehrerbefragung

Wenn Sie auf das letzte Jahr zurückblicken: Wie effektiv (hilfreich/wirksam) waren für Sie die nachfolgenden Maßnahmen?

Maßnahmen auf Kollegiums- und Schulebene	war/en sehr effektiv	war/en eher effektiv	war/en nicht so effektiv	war/en gar nicht effektiv
Besuch einschlägiger Fortbildungsseminare zum Methodenlernen in der Grundschule				
Studientag («Schnupperseminar«) zur Methodenschulung für das Gesamtkollegium				
Trainingswoche mit integriertem Lehrer- und Schülertraining				
Workshops zur Entwicklung von Lern- und Trainingsspiralen				
Konferenzen/Besprechungen der Steuerungsteams und der Jahrgangsteams				
Methodenzentrierte »Schnupperveranstaltungen« für (interessierte) Eltern				
Vorbereitung und Auswertung der Schüler-Trainings-Tage				
Hospitationen in den Klassen der vierten Jahrgangsstufe am ...				

Trainingsmaßnahmen mit Schülerinnen und Schülern	haben sehr viel gebracht	haben eher viel gebracht	haben eher wenig gebracht	haben sehr wenig gebracht
Übungen zur Verbesserung der Heftführung und Heftgestaltung				
Übungen zum Erstellen einfacher Zeit- und Arbeitspläne				
Übungen zum gezielten Markieren und Unterstreichen von Texten				
Übungen zum raschen Nachschlagen und Beschaffen von Informationen				
Übungen zum Strukturieren und Visualisieren von Sachverhalten				
Übungen zur Förderung des freien Sprechens und Vortragens in der Klasse				
Übungen zum regelgebundenen Diskutieren und Miteinander-Reden				
Übungen zum aktiven Zuhören und Helfen in Partner- und Gruppenarbeitsphasen				
Übungen zur Förderung zielstrebiger, effektiver Gruppenarbeit				
Übungen zum überzeugenden Präsentieren von Gruppenergebnissen				

Abb. 28

Bericht über eine Trainingswoche ...

Teamfähigkeit als Schlüsselqualifikation

»Kirchlengern. Ordentlich arbeiten, nicht streiten und meckern – Luise und André aus der Klasse 3b der Grundschule Stift Quernheim stellten gestern wichtige Voraussetzungen für eine Partner- und Gruppenarbeit vor. Eine Woche lang hatten sie mit ihren Klassenkameraden diese Arbeitsformen erprobt und schließlich deren Bewertung vorgenommen. Nebenbei bauten sie Häuser aus Zahnstochern und Erbsen. (...)

Das Thema ›Teamentwicklung im Klassenraum‹ wurde von allen Jahrgängen auf verschiedene Weise unter die Lupe genommen. Die ersten Klassen beantworteten sich zunächst die Frage, was Partnerarbeit überhaupt ist und erstellten in dieser Arbeitsform herbstliche Bilder oder bastelten Drachen. Die zweiten Klassen setzten die Partnerarbeit bei dem Thema ›Eichhörnchen‹ ein, die Klase 3a machte Entdeckungen am Teich und stellte Bilder und Ergebnisse auf Tonpapier vor. Die vierten Klassen konzentrierten sich auf das Thema Wasser, erst in Einzel-, dann in Gruppenarbeit. Alle Klassen stellten für sich Regeln für eine erfolgreiche Gruppenarbeit zusammen, die auch in Zukunft berücksichtigt werden sollen.

›Die Fähigkeit im Team zu arbeiten ist eine der wichtigsten Schlüsselqualifikationen der Gegenwart und der Zukunft‹, betonte Schulleiter Hans-Jürgen Ebeling. ›Kein Zweifel, dass die Schulen darauf reagieren müssen.‹ Alle Eltern der beteiligten Schüler und andere interessierte Besucher können sich am Montag und Dienstag im Rahmen der Grundschulwoche ... über die Arbeitsergebnisse der Trainingswoche informieren.«

(Auszug aus Neue Westfälische vom 16.9.2000)

bezüglich der Elternschaft zu leisten ist, dann können einschlägige Zeitungsberichte (s. Kasten) oder auch eindrucksvolle »Tage der offenen Tür« durchaus dazu beitragen, dass die laufende Methodenschulung ins Blickfeld der Öffentlichkeit gerät und in ihrer Bedeutung für die Zukunft der Kinder (und der Region) herausgestellt wird. Die Lokalredaktionen der Tageszeitungen sind in aller Regel recht interessiert daran, konkrete Trainingsmaßnahmen vor Ort zu studieren und bei dieser Gelegenheit auch SchülerInnen, Lehrkräfte und Eltern zu befragen. Für die Schaffung eines ermutigenden Innovationsklimas und »Wir-Gefühls« in den betreffenden Grundschulen ist das nicht ganz unwichtig.

7. Praxisberichte aus zwei Grundschulen

Zum Abschluss dieses Buches soll am Beispiel der beiden nordrhein-westfälischen Grundschulen »Herzogschule Opladen« und »Grundschule Stift Quernheim in Kirchlengern« gezeigt werden, wie sich Kollegien auf den Weg machen und durch systematische Umsetzungsmaßnahmen bemerkenswerte Erfolge erzielen können. Beide Schulen sind eingebunden in das Reformprojekt ›Schule & Co‹, in dessen Mittelpunkt die systematische Unterrichtsentwicklung nach dem in diesem Buch skizzierten Muster steht. Als wichtiger Anlass für die Teilnahme am besagten Trainings- und Reformprogramm wird in beiden Schulen ins Feld geführt, dass die Praxis des Offenen Unterrichts häufig unzulänglich ist, weil es den SchülerInnen am nötigen methodischen Fundament mangelt. Ohne Methoden-, Sozial- und Kommunikationskompetenz seien die SchülerInnen mit der gewünschten Selbstständigkeit überfordert, arbeiteten lediglich lustbetont und könnten insgesamt mit den eingeräumten Gestaltungschancen des Offenen Lernens reichlich wenig anfangen (vgl. den Evaluationsbericht von Bastian/Rolff 2002, S. 9).

Zentrale Eckpunkte des Innovationsmanagements sind in beiden Grundschulen (a) die systematische Fortbildung der Lehrkräfte, (b) die regelmäßige Teamarbeit in den Kollegien, (c) die entschiedene Unterstützung durch die Schulleitungen und die Schulaufsicht, (d) die sensible und überzeugende Zusammenarbeit mit den Eltern, (e) die konsequente Methodenschulung und -pflege im Unterricht sowie (f) die gezielte Produktion und Archivierung einschlägiger Lern- und Trainingsspiralen für die einzelnen Klassen und Fächer. Dazu einige nähere Anmerkungen und Erläuterungen:

- *Systematische Fortbildung der Lehrkräfte:* Beide Schulen greifen auf ein recht differenziertes Fortbildungsangebot zurück, das in den beiden Regionen Herford und Leverkusen von ausgebildeten »Klippert-TrainerInnen« aus dem Grundschulbereich unterbreitet und moderiert wird. Die besagten TrainerInnen arbeiten in der Regel im Tandem und bieten einschlägige Trainingsseminare und Beratungsleistungen für die betreffenden Kollegien an. Dabei wird auf die wohl anspruchsvollste Form des Lehrertrainings zurückgegriffen, nämlich auf die an anderer Stelle näher beschriebene Trainingswoche mit integriertem Lehrer- und Schülertraining (vgl. Abschnitt 1 dieses Kapitels). Trainingswochen dieser Art werden zu den drei großen Bereichen »Lerntraining«, »Kommunikationstraining« und »Teamtraining« angeboten. Die Struktur dieser Wochenveranstaltungen entspricht dem aus Abbildung 29 ersichtlichen Ablaufplan. Nach einer grundlegenden Einführungs- und Trainingsphase am ersten Tag wird an allen Tagen ein stetes Wechselspiel von praktischem Üben, gemeinsamer Unterrichtsvorbereitung, unterrichtlicher Erprobung mit Hospitation, Unterrichtsbesprechung, neuerlichem Üben etc. praktiziert. Diese dichte Koppelung von Erleben, Planen, Erproben und Reflektieren gewährleistet erfahrungsgemäß eine

Struktur eines 5-Tage-Trainings

Training, Umsetzung und Reflexion als gemeinsamer Prozess

1. Tag	2. Tag	3. Tag	4. Tag	5. Tag
Beginn: 8.00 Uhr ▸ Ganztägiges Lehrertraining ▸ Unterrichts-vorbereitung für den 2. Tag *Ende: 17.00 Uhr*	▸ Durchführung von Unterricht ▸ Hospitationen	▸ Durchführung von Unterricht ▸ Hospitationen	▸ Durchführung von Unterricht ▸ Hospitationen	▸ Durchführung von Unterricht ▸ Hospitationen
	▸ Reflexion und Auswertung ▸ Lehrertraining ▸ Unterrichts-vorbereitung für den 3. Tag	▸ Reflexion und Auswertung ▸ Lehrertraining ▸ Unterrichts-vorbereitung für den 4. Tag	▸ Reflexion und Auswertung ▸ Lehrertraining ▸ Unterrichts-vorbereitung für den 5. Tag	▸ Reflexion und Auswertung ▸ Präsentation von Ergeb-nissen

Ablaufplan der Herzogschule Opladen (entspricht dem ›Muster‹ von »Schule & Co«)

Abb. 29

höchst intensive Fortbildung und trägt gleichzeitig dazu bei, dass im Kollegium wichtige Prozesse der Teamentwicklung in Gang kommen. Denn letztlich kann sich niemand über eine ganze Woche hinweg dem kreativen »Treiben« im Kollegium völlig entziehen und lediglich zuschauen. Die Chance, dass eine Atmosphäre der Inspiration und Ermutigung entsteht, ist auf jeden Fall groß, und hat sich in beiden Grundschulkollegien auch überzeugend eingestellt.

■ *Regelmäßige Teamarbeit in den Kollegien:* Ganz ähnlich wie in Abschnitt 2 dieses Kapitels ausgeführt, wird in den besagten Grundschulen sehr konsequent auf Teamarbeit gesetzt. Das gilt für die Steuerungsteams genauso wie für die Jahrgangs- bzw. Stufenteams. Regelmäßige Besprechungen der Steuerungsteams gehören mittlerweile zum Alltag. Den Grundstock für die Qualifizierung des Kollegiums bilden die skizzierten Trainingswochen zum Methoden-, Kommunikations- und Teamtraining, die im Halbjahres- oder Jahresabstand durchgeführt werden. Doch die Teamarbeit der Lehrkräfte geht noch deutlich weiter: So heißt es z.B. im Arbeitsbericht der Grundschule Herzogstraße in Opladen vom Dezember 2000: »Teamarbeit ... (ist) für uns die Grundlage der Arbeit in unserem ›Haus des Lernens‹. Wir kommen regelmäßig einmal pro Woche zu einer Dienstbesprechung zusammen, in der Regel für 1–1fi Stunden. Hier werden organisatorische Absprachen getroffen und Termine mitgeteilt ... Die einzelnen Teamsitzungen als zentraler Bestandteil der Unterrichtsvorbereitung finden im Anschluss an diese Besprechungen statt oder zu einem anderen vom Team festgelegten Zeitpunkt. An acht Terminen im letzten Jahr fanden sogenannte Schulprogrammkonferenzen statt, die jeweils von 12.00 Uhr bis 15.00 Uhr laufen und in denen wir an unseren Schwerpunktthemen arbeiten.« In einem weiteren Arbeitsbericht der gleichen Schule heißt es unter der Rubrik »Arbeitsplanung im Team« präzisierend, dass eine Materialsammlung geplant sei, ein Ideenpool für Trainingsspiralen gebildet und ein Kalender für die »Pflege« der Methoden erarbeitet werden solle. Inzwischen ist es so, dass die Lehrkräfte der Herzogschule in Opladen einmal pro Monat an einem bestimmten Donnerstag von 11.00 Uhr bis ca. 15.00 Uhr einen Workshop zu einem je spezifischen Thema durchführen, um entsprechende Lernspiralen auszuarbeiten. Dabei wird in Stufenteams gearbeitet, d.h., die Lehrkräfte der Klassenstufen 1/2 und 3/4 gehen zusammen, um zu Themen ihrer Wahl in möglichst zeit- und arbeitsökonomischer Weise EVA- und methodenzentrierte Lernarrangements zu entwickeln und so aufzubereiten, dass sie zukünftig auch von anderen Lehrkräften genutzt werden können.

Ähnliche »Rituale« finden sich in der Grundschule Stift Quernheim im Kreis Herford, in der es mittlerweile ebenfalls selbstverständlich geworden ist, dass an jedem Dienstag einer jeden Schulwoche in der Zeit von 12.00 Uhr bis ca. 14.00 Uhr eine Lehrerkonferenz stattfindet. Diese Konferenzzeit wird in der Regel ein- bis zweimal pro Monat dafür verwendet, einschlägige Lernspiralen zu unterschiedlichen Fachthemen zu erarbeiten, wobei für diesen Fall meist über 14.00 Uhr hinaus getagt wird. Außerdem hat sich das Kollegium der betreffenden Grundschule darauf verständigt, ein- bis zweimal pro Jahr einen ganzen »Pädagogischen Tag« zu nutzen, um in Jahrgangsteams Materialien und Spiralen für die laufende Trainings- und EVA-Arbeit zu entwickeln und/oder zu überarbeiten. Sicherlich wird diese intensive Zusammenarbeit nach einiger Zeit zurückgefahren werden können, da sich entsprechende Routinen und Materialpools bilden; gleichwohl ist sie gerade in der Anfangsphase der hier in Rede stehenden Unterrichtsentwicklung nachgerade unerlässlich, damit ein Kollegium richtig aus den Startlöchern herauskommt und zu einer konzertierten Aktion findet, wie sie für die genannten Grundschulen kennzeichnend ist. Zu dieser konzertierten Aktion gehört in beiden Grundschulen auch und nicht zuletzt, dass neu an die Schule kommende Lehrkräfte gezielt eingebunden und mit der laufenden Methodenschulung und -pflege vertraut gemacht werden. Dazu gibt es in Stift Quernheim z.B. die Regelung, dass »Neueinsteiger« regional angebotene Trainingsseminare durchlaufen und außerdem an hausinternen »Nachschulungsmaßnahmen« (Hospitationen, Workshops etc.) teilnehmen dürfen bzw. sollen.

- *Unterstützung durch Schulleitung und Schulaufsicht:* Der Innovationsprozess in beiden Grundschulen wird begünstigt durch gutwillige Führungskräfte, die sich um innovationsfördernde Rahmenbedingungen und Freistellungsregelungen für die involvierten Lehrkräfte bemühen. Diese Besonderheit hat mit dem erwähnten Modellversuch »Schule & Co« zu tun, der nicht nur auf systematische Unterrichtsentwicklung nach Klippert-Muster abstellt, sondern auch darauf, dass die betreffenden Schulleiter- und SchulaufsichtsvertreterInnen diesen Innovationsprozess verständnisvoll unterstützen und entsprechende Qualifizierungsmaßnahmen erfahren. Denn eines ist klar: Ohne die gutwillige Billigung der skizzierten unkonventionellen Fortbildungs-, Freistellungs- und Trainingsregelungen durch die zuständigen Führungskräfte wäre vieles in den betreffenden Grundschulen Stückwerk geblieben oder gar nicht erst in Angriff genommen worden. So gesehen impliziert der obige Hinweis auf die »konzertierte Aktion« in den angeführten Grundschulen sowohl die konsequente Zusammenarbeit in den Kollegien als auch und zugleich die ideenreiche Begleitung und Unterstützung durch die pädagogischen Führungskräfte. Dazu gehören auch und nicht zuletzt die Vertreter der zuständigen Schulträger, die in Herford und Leverkusen ebenfalls von vornherein recht intensiv eingebunden waren und sind. Auch wenn diese Grundbedingung in anderen Regionen und Bundesländern in der Regel weniger gegeben sein mag, so ist aus den skizzierten Erfahrungen und Ansätzen gleichwohl zu lernen, dass es sich auf jeden Fall empfiehlt, auf eine möglichst konsequente und frühzeitige Einbindung der pädagogischen Führungskräfte in den anvisierten Innovationsprozess zu achten. Mit engagierter und ideenreicher Begleitung und Unterstützung »von oben« geht eben vieles besser!

■ *Gezielte Zusammenarbeit mit den Eltern:* Auch in diesem Punkt werden in den beiden Grundschulen »Herzogschule« und »Stift Quernheim« frühzeitig wichtige und erfolgreiche Weichenstellungen vorgenommen. Das beginnt bei gezielten Informationsschreiben und Informationskonferenzen zur anvisierten Unterrichtsreform und reicht über die in Abschnitt 5 ausführlich beschriebenen »Leraning-by-doing-Veranstaltungen« bis hin zur Hospitation interessierter Eltern in methodenzentrierten Unterrichtsstunden. Eine an der Herzogschule in Opladen durchgeführte Elternbefragung macht denn auch deutlich, dass die Eltern diesen »Service« nicht nur zu schätzen wissen, sondern für sich selbst bei alledem offenbar auch eine Menge über moderne Unterrichtsgestaltung und -ziele lernen. Im entsprechenden Schulbericht heißt es dazu: Die befragten Eltern hätten die »Unterrichtsentwicklung nach Klippert als kaum wegzudenkendes Werkzeug für den Unterricht« bewertet. Die jährlich wiederkehrenden Informationsabende, in denen Eltern aktiv mitarbeiten und Lernspiralen durchlaufen müssen, vermittelten sowohl inhaltlich als auch methodisch gute Einblicke in die aktuelle Unterrichts- und Trainingsarbeit der Schule. »Vor diesem Hintergrund wurde der Unterrichtsausfall während der Trainingswochen als nebensächlich und absolut tragbar empfunden« (vgl. Abschlussbericht der Herzogschule). Auch die Grundschule »Stift Quernheim« weiß über ähnlich ermutigende Erfahrungen mit Eltern zu berichten. Dabei wird vor allem auf die positive Resonanz verwiesen, die die praktischen Übungen im Rahmen der Elternabende ausgelöst hätten. Auch die Tage der offenen Tür am Ende der Trainingswochen werden als wichtige Begegnungs- und Meinungsbildungsforen für Eltern und LehrerInnen hervorgehoben.

■ *Konsequente Methodenpflege im Unterricht:* Dieser Punkt wird in den Interviews in beiden Schulen zwar als äußerst bedeutsam herausgestellt, gleichzeitig aber wird kein Hehl daraus gemacht, dass diesbezüglich noch eine Menge Arbeit zu leisten ist. Die Entwicklung fach- und themenzentrierter Lernspiralen ist zwar in beiden Schulen angelaufen, aber von einem größeren Materialpool kann zum Zeitpunkt der Befragung (Mai 2002) noch nicht die Rede sein. Gleichwohl wird daran gearbeitet. Die recht regelmäßig stattfindenden Teamsitzungen (s. oben) werden seit einiger Zeit verstärkt dafür verwendet, drei- bis vierstündige Workshops durchzuführen und in diesem Rahmen die besagten fachbezogenen Lernspiralen zu entwickeln (s. die Beispiele in Kapitel II dieses Buches). Selbst ganztägige Workshops sind ins Auge gefasst und sollen ein- bis zweimal pro Jahr realisiert werden. Die bisherigen Erfahrungen mit der gemeinsamen Entwicklung von Lernspiralen und Materialien auf Jahrgangs- und oder Stufenebene werden als außerordentlich positiv geschildert. Da sitze man nach Schulschluss noch einige Stunden zusammen und kaum jemand käme auf die Idee, das als vertane Zeit abzutun – so die Rückmeldung einer Lehrerin während einer kurzen »Dienstbesprechung« in Stift Quernheim. Berichtet wird sowohl über ein Mehr an Ideen und Material als auch darüber, dass die Zusammenarbeit im Rahmen der Workshops immer wieder zeige, dass man mit seinen methodischen Zielen, Fragen und Problemen nicht allein stehe; das tue gut und mache Mut. Gemeinsam sei man nun einmal durchsetzungsfähiger als allein. Das gilt auch und vor allem für die zwingend notwendige Methodenpflege.

- *Aufbau eines Material- und Medienpools:* In beiden Grundschulen werden nicht zuletzt beträchtliche Anstrengungen unternommen, die notwendigen Ressourcen für die anvisierten Methodenschulung bereitzustellen. Das beginnt bei den einfachen Gebrauchs- und Verbrauchsmaterialien wie Tonpapier, Plakatpapier, Eddings, Klebestiften, Handlexika, Wörterbüchern, Freiarbeitsmaterialien und Kopien und reicht über aufwändigere Gerätschaften wie Pinnwände, OH-Projektoren und Computer bis hin zur Archivierung der von den Lehrkräften entwickelten Lernspiralen und Materialien für die anstehende Methodenschulung. Dieser Materialpool befindet sich in beiden Schulen zwar noch im Aufbau, wird aber mit ziemlichem Engagement entwickelt und Monat für Monat weiter aufgestockt. Die Frage, ob es dafür nicht einen separaten Raum und speziell verantwortliche Lehrkräfte geben müsse, die u.a. für die nötigen Nachbestellungen sorgen, wird im Interview angesprochen, nicht aber abschließend beantwortet. Auch der Aspekt der Finanzierung wird nur gestreift – ein Thema, das gerade im Zeitalter der kommunalen Sparzwänge erhebliches Gewicht hat. Der Hinweis auf das Instrument des Sponsoring kann bei dieser Gelegenheit natürlich nicht fehlen, gleichwohl hat auch dieser Finanzierungsweg seine Tücken. Fazit: Die Notwendigkeit, einen hilfreichen Material- und Medienpool aufzubauen, ist unstrittig erkannt und wird in den beiden Grundschulen auch ernsthaft verfolgt. Trotzdem bleibt diesbezüglich noch eine Menge zu tun. Aber das ist ja auch nur normal angesichts eines Innovationszeitraums, in dem andere Schulen kaum über die Formulierung eines theoretischen Leitbilds und/oder Schulprogramms hinauskommen.

Die Auswirkungen, die sich in den beiden Grundschulen mittlerweile zeigen, sind ganz fraglos positiv und ermutigend. Hervorgehoben wird in einem Bericht der Grundschule »Stift Quernheim« unter anderem, dass es im Kollegium inzwischen selbstverständlich geworden sei, gemeinsam Trainings- und Lernspiralen zu erarbeiten, am Unterricht von Kollegen teilzunehmen und den eigenen Unterricht im Gegenzug für Kollegen und Eltern zu öffnen. Ferner wird positiv herausgestellt, dass der Austausch von Unterrichtsmaterialien inzwischen recht gute funktioniere; »abgucken« sei erlaubt. Dadurch habe sich nach anfänglicher Mehrarbeit inzwischen spürbare Entlastung eingestellt – Entlastung einmal aufgrund der gewachsenen Methodenkompetenz der SchülerInnen, Entlastung zum anderen aber auch infolge der konsequenten Teamarbeit im Kollegium. Als wichtig wird dabei genannt, dass es auf die »kleinen Schritte« ankomme, auf die »kleinen Gemeinsamkeiten«, die nach einer anfänglichen Übungs- und Konsolidierungsphase peu a peu ausgebaut werden können und müssen (vgl. Abschlussbericht vom Februar 2002).

Mit Blick auf die SchülerInnen wird im gleichen Bericht herausgestellt, dass sich die Zusammenarbeit zwischen den Kindern wesentlich verbessert habe. Mädchen und Jungen sitzen gemischt, ohne dass das zu Aufständen führt. Die Plätze werden regelmäßig alle vier Wochen verlost; die Kinder sind es gewohnt mit wechselnden Partnern zu arbeiten, zielstrebig und regelkonform in Gruppen mitzumachen, im Wechsel die Aufgabe des Gruppensprechers zu übernehmen und die erstellten Arbeitsergebnisse selbstbewusst und methodisch geschickt zu präsentieren. Generell sei die Fähigkeit zum selbstständigen Arbeiten und Erschließen von Materialien und Basiswissen deutlich größer geworden. Gleiches gilt für die Fähigkeit, das methodische Vorgehen gezielt zu reflektieren, konstruktive Kritik zu üben, anderen zuzuhören sowie insgesamt effektiv und angstfrei an unterrichtlichen Aufgaben zu arbeiten und zu lernen (vgl. ebenda).

Alles in allem sind die Maßnahmen und Entwicklungen, wie sie sich in den beiden Grundschulen »Stift Quernheim« und »Herzogschule Opladen« vollziehen und vollzogen haben, anregend und beispielgebend für alle Nachahmer. Auch wenn es vielerorts ungünstigere Ausgangsbedingungen geben mag, so zeigt das konsequente Fortbildungs-, Trainings-, Evaluations- und sonstige Innovationsmanagement der beiden Schulen doch sehr deutlich, wie man die anvisierte neue Lernkultur aufbauen und die korrespondierende EVA- und Methodenschulung systematisch angehen kann. Als Empfehlungen für Nachahmerschulen werden von Seiten des Steuerungsteams der Herzogschule Opladen formuliert: (a) Teamarbeit auf allen Ebenen in Gang bringen, (b) ein Steuerungsteam zur Entlastung des Kollegiums einrichten, (c) auf produktive Teamarbeit achten, (d) die Kräfte bündeln und in kleinen Schritten vorgehen, (e) sich Zeit für Feedback und Reflexionen nehmen, überzeugende Eltern- und Öffentlichkeitsarbeit betreiben und ansonsten die wachsenden Schülerkompetenzen genießen und nicht einfach als selbstverständlichen Erfolg hinnehmen. Bleibt nur zu hoffen, dass sich viele Grundschulkollegien durch die angeführten Tipps, Strategien und Praxisberichte »anstecken« lassen. Anregungen und Hilfen finden sich im vorliegenden Buch in großem Umfang.

Literaturverzeichnis

Aebli, H.: Zwölf Grundformen des Lehrens. Eine Allgemeine Didaktik auf psychologischer Grundlage. Stuttgart 1983.

Bastian, J.; Rolff, H.-G.: Abschlussevaluation des Projektes »Schule & Co«. Kurzfassung. Bertelsmann-Stiftung. Gütersloh 2002.

Baumert, J.; Köller, O.: Nationale und internationale Schulleistungsstudien. Was können sie leisten, wo sind ihre Grenzen? In: Pädagogik 6/1998, S. 12ff.

Breunig, C.: Programmqualität für Kinder. Diskussion Kinderfernsehen. In: Media Perspektiven 12/1999, S. 641ff.

Bruner, J. S.: Der Akt der Entdeckung. In: H. Neber (Hrsg.): Entdeckendes Lernen. Weinheim und Basel 1981, 15ff.

Bund-Länder-Kommission: Gutachten zur Vorbereitung des Programms »Steigerung der Effizienz des mathematisch-naturwissenschaftlichen Unterrichts«. Heft 60 der Materialien zur Bildungsplanung und zur Forschungsförderung. Bonn 1997.

Csikszentmihalyi, M.: Kreativität. Wie Sie das Unmögliche schaffen und Ihre Grenzen überwinden. 4. Auflage. Stuttgart 1999.

Edelmann, W.: Erfolgreicher Unterricht. Was wissen wir aus der Lernpsychologie? In: Pädagogik 3/2000, S. 6ff.

Feierabend, S.; Simon, E.: Was Kinder sehen. Eine Analyse der Fernsehnutzung 1999 von Drei- bis 13-Jährigen. In: Medie Perspektiven 4/2000, S. 159ff.

Fullan, M.: Die Schule als lernendes Unternehmen. Konzepte für eine neue Kultur in der Pädagogik. Stuttgart 1999.

Gardner, H.: Der ungeschulte Kopf. Wie Kinder denken. Aus dem Amerikanischen von M. Heim. 3. Auflage. Stuttgart 1996.

Giesecke, H.: Vermutungen über die Zukunft der Familie. In: Pädagogik. Heft 7–8/1991, S. 6ff.

Goleman, D.: Emotionale Intelligenz. Aus dem Amerikanischen von F. Griese. München und Wien 1996.

Hage, K. u.a.: Das Methoden-Repertoire von Lehrern. Eine Untersuchung zum Unterrichtsalltag in der Sekundarstufe I. Opladen 1985.

Hensel, H.: Unterrichtsstörungen – na und? Man kann sich darauf einstellen und gelassen damit umgehen. In: Pädagogik 1/2000, S. 8ff.

Herrmann, J.; Höfer, C.: Evaluation in der Schule – Unterrichtsevaluation. Berichte und Materialien aus der Praxis. Gütersloh 1999.

Herrmann, J.: Unterrichtsentwicklung im Projekt »Schule & Co«. Interne Evaluation. Bertelsmann-Stiftung. Gütersloh 2002.

Klippert, H.: Methoden-Training. Übungsbausteine für den Unterricht. Weinheim und Basel 1994 (13. Auflage 2002).

Klippert, H.: Kommunikations-Training: Übungsbausteine für den Unterricht. Weinheim und Basel 1995 (9. Auflage 2002).

Klippert, H.: Planspiele. Spielvorlagen zum sozialen, politischen und methodischen Lernen in Gruppen. 10 komplette Planspiele. Weinheim und Basel 1996 (4. Auflage 2002).

Klippert, H.: Teamentwicklung im Klassenraum. Übungsbausteine für den Unterricht. Weinheim und Basel 1998 (6. Auflage 2002).

Klippert, H.: Pädagogische Schulentwicklung. Planungs- und Arbeitshilfen zur Förderung einer neuen Lernkultur. Weinheim und Basel 2000 (2. Auflage 2000).

Klippert, H.: Eigenverantwortliches Arbeiten und Lernen. Bausteine für den Fachunterricht. Weinheim und Basel 2001 (3. Auflage 2002).
Kramer, W.; Werner, D.: Familiäre Nachhilfe und bezahlter Nachhilfeunterricht. Ergebnisse einer Elternbefragung in Nordrhein-Westfalen. Köln 1998.
Lempp, R.: Die Belastungen der Familie durch die Schule. In: Pädagogik. Heft 7–8/1991, S. 25ff.
Litt, Th.: Führen oder Wachsenlassen. Eine Erörterung des pädagogischen Grundproblems. Stuttgart 1965.
Mahlmann, R.: Konflikte managen. Psychologische Grundlagen, Modell und Fallstudien. Weinheim und Basel 2000.
Müller, F.: Selbstständigkeit fördern und fordern. Landau 2001 (2. Auflage 2002).
Piaget, J.: Psychologie der Intelligenz. München 1976 (Original: Paris 1947).
Postman, N.: Wir amüsieren uns zu Tode. Urteilsbildung im Zeitalter der Unterhaltungsindustrie. Frankfurt am Main 1985.
Reinmann-Rothmeier, G.; Mandl, H.: Wissensmanagement in der Schule. In: Profil 10/1997. Hrsg. vom Deutschen Philologenverband, S. 20ff.
Rolff, H.-G.: Schule in den 90er Jahren: Eine Schere geht auf. In: rhein-pfälzische Schulblätter 11/1991, S. 37ff.
Schräder-Naef-R.: Lerntraining in der Schule. Voraussetzungen, Erfahrungen, Beispiele. Weinheim und Basel 2002.
Senge, P. M.: Die fünfte Disziplin. Kunst und Praxis der lernenden Organisation. Aus dem Amerikanischen von M. Klostermann. 7. Auflage. Stuttgart 1999.
Struck, P.: Schul- und Erziehungsnot in Deutschland. Ein Ratgeber für Eltern, Lehrer und Bildungspolitiker. Neuwied u.a. 1992.
Vester, F. Denken, Lernen, Vergessen. München 1978.
Weinert, F. E.: Vorwort zur deutschsprachigen Ausgabe des Buches von H. Gardner: Der ungeschulte Kopf. 3. Auflage. Stuttgart 1996, S. 7ff.
Weinert, F. E.: Ansprüche an das Lernen in der heutigen Zeit. 10 Thesen. In: Profil 4/1999. Hrsg. vom Deutschen Philologenverband. S. 16f.
Weinert, F. E.: Ansprüche an das Lernen in der heutigen Zeit. In: Lehren und Lernen im Offenen Unterricht. Empirische Befunde und kritische Anmerkungen. Hrsg. vom Hessischen Landesinstitut für Pädagogik. Wiesbaden 1999, S. 99ff.
Witzenbacher, K.: Handlungsorientiertes Lernen in der Hauptschule. Anregungen und Beispiele für einen hauptschulgemäßen Unterricht. Ansbach 1985.

Abbildungsnachweis

S. 176: Aus: Alles was ich wissen will. Ravensburger Buchverlag 2000. S. 98.
S. 194: Aus: Mein buntes Kinderlexikon. ars edition. München 2002. S. 10, 11.
S. 198: Text in Anlehnung an Rheinpfalz vom 29.06.2002.
S. 199: Text in Anlehnung an Rheinpfalz vom 06.07.2002.
S. 200: Text in Anlehnung an Rheinpfalz vom 20.07.2002.
S. 201: Text in Anlehnung an Rheinpfalz vom 27.07.2002.
S. 202: Text in Anlehnung an Rheinpfalz vom 13.07.2002.
S. 216: Text in Anlehnung an Rheinpfalz – Kinderserie »Nils und die Maler«.
S. 217: Text in Anlehnung an Rheinpfalz – Kinderserie »Nils und die Maler«.
S. 244: Aus: Rübel, Doris: Wir entdecken unseren Körper, Ravensburger Buchverlag, 1998, S. 16.
S. 248: Aus: Alles was ich wissen will. Ravensburger Buchverlag 2000, S 76, 77.
S. 271: Aus: Mobile 3. Lesebuch. Westermann Schulbuchverlag 1997. S. 28, 29.